* * *

ANALYSE ET COMPRÉHENSION

DES

ŒUVRES ET OBJETS D'ART

PRÉSENTÉES DISTINCTEMENT ET CLAIREMENT A L'ESPRIT

DES

AMATEURS, ANTIQUAIRES

OFFICIERS MINISTÉRIELS

PAR

ÉDOUARD ROUVEYRE

Officier de l'Instruction publique

Membre de la Commission extra-parlementaire chargée d'étudier toutes les questions relatives
à l'organisation des Musées de Provinces et à la Conservation de leurs richesses artistiques.

— FORMES — DÉCORS — STYLES —

— ANTIQUITÉ, MOYEN-AGE, RENAISSANCE, TEMPS MODERNES —

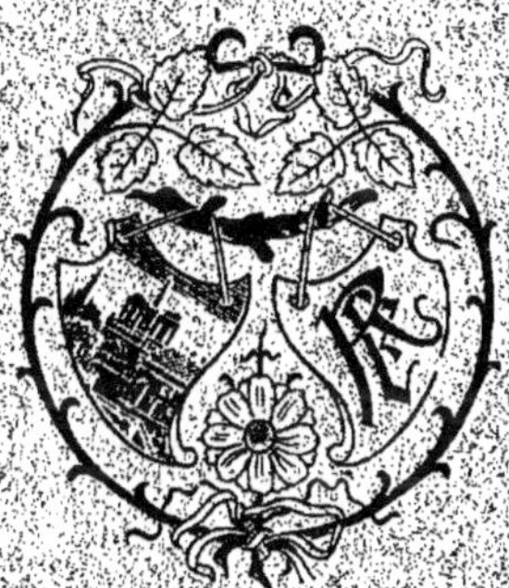

— LETTRE FAC-SIMILE —

SEPT CENT SOIXANTE DOCUMENTS — TROIS CARTES GÉOGRAPHIQUES

CENT BLASONS POUR RELIURES, ÉTUIS ET COFFRETS DE LA MAISON ROYALE DE FRANCE

PARIS

LIBRAIRIE EUGÈNE REY ÉDITEUR

11 bis, RUE DROUOT, 11 bis

1926

Désirant faciliter la compréhension des œuvres et objets d'art ancien, nous en définirons les caractères, allant du dessin au relief, de la forme à la couleur, classant les types, fixant les dates, reproduisant marques, monogrammes et poinçons, signalant les provenances, ainsi que les imitations ou contrefaçons, indiquant les procédés pratiques et expérimentés pour les réparations et la conservation.

Un aperçu des mœurs et croyances des sociétés auxquelles les arts se rapportent, quelques réflexions sur la tendance des idées et le choix des sujets, permettront d'analyser et de comprendre les styles.

Nous exposerons tout ce qui doit intéresser les experts, les antiquaires et les amateurs; et, en rappelant les souvenirs de ceux qui savent, nous espérons déterminer, chez les autres, la volonté d'étudier et de se pénétrer d'enseignements d'un si haut intérêt.

En ce qui concerne l'impression des documents graphiques, nous avons tenu compte de la substance (bois, marbre, métal, terre, etc.) des œuvres et objets d'art représentés; il en est résulté des aspects typographiques différents.

GAZETTE
DE
L'Hôtel Drouot

FEUILLE OFFICIELLE D'ANNONCES JUDICIAIRES & LÉGALES

ANNONCES ET COMPTES RENDUS
DE
VENTES ARTISTIQUES ET MOBILIÈRES

PARIS, PROVINCE, ÉTRANGER

PARAISSANT LES MARDI, JEUDI ET SAMEDI

(sauf du 15 Juillet au 15 Octobre, les MERCREDI et SAMEDI seulement)

Directeur-Gérant : **M. Alexandre FRAPPART**

Administration et Rédaction : Rue Milton, 8, Paris-IX⁰.

Sur demande, un N⁰ spécimen est adressé gratuitement.

✿ ✿ ✿

ANALYSE ET COMPRÉHENSION DES ŒUVRES ET OBJETS D'ART

——— SOMMAIRES DU TROISIÈME VOLUME PUBLIÉ EN 1926 ———

In-8° (18 × 24), 304 pages.

— SEPT CENT SOIXANTE DOCUMENTS GRAPHIQUES ET CARTES —
— CENT BLASONS POUR RELIURES, ÉTUIS ET COFFRETS DE LA MAISON ROYALE DE FRANCE —

——————— L'ART ET LE STYLE HISTORIQUE FRANÇAIS ———————

Logique qui a présidé à leur développement. Affermissement de leur puissance, Abandon de l'art national. Retour à l'esthétique et à des sentiments vrais.   Pages 7 à 10.

——————— COMPRÉHENSION DES ŒUVRES D'ART EN MÉTAL ———————

CE QUE, EN BRONZE D'ART, FONTE A CIRE PERDUE SIGNIFIE

Technique de la *cire perdue*. — Maquette en cire. Moulage. Armature. — Jets, Evans. Technique de la *fonte en sable*. — Exemples de fontes.. Figures 3 à 8. — Pages 11 à 14.

FORMES ET DÉCORS DE QUARANTE-CINQ VASES EN BRONZE, ART JAPONAIS

Décoration ingénieuse et hardie, en vannerie, en bambou. Anses étrangers de diverses formes ; plantes, fruits, papillons, têtes d'éléphant, de monstres. Anses annelées de conceptions bizarres, d'une grande perfection d'exécution. Figures 9 à 56. — Pages 15 à 18.

——————— COMPRÉHENSION DES ŒUVRES D'ART EN VERRE ———————

LES ENVELOPPES DE LAMPES EN VERRE ÉMAILLÉ DESTINÉES
AU SERVICE DES MOSQUÉES

Emprunt des formes et décors aux arts primitifs de l'Orient. La verrerie syro-égyptienne. Le verre dit de Charlemagne. Versets des légendes ou du Koran, reproduits en lettres émaillées, dites de Sarrazin. Les œuvres dites de Damas. Rareté des verres syro-égyptiens authentiques. Contrefaçon des verreries musulmanes. On en trouve des types au Musée de la Manufacture de Sèvres. . . . . Figures 57 à 66. — Pages 19 à 27.

——————— COMPRÉHENSION DES ŒUVRES D'ART EN CÉRAMIQUE ———————

LES FAÏENCES HISPANO-MORESQUES A LUSTRE MÉTALLIQUE

Pour quelle raison *lustre* et non *reflet*. Domination des Mores en Espagne. La littérature exprime le caractère d'un peuple. Analyse des œuvres d'art de l'Espagne soumise à la domination étrangère durant huit siècles, de 712 à 1492. Il est indispensable d'en connaître les événements politiques. Confusion des faïences hispano-moresques avec les majoliques italiennes. Faïences hispano-moresques, famille brillante de l'industrie céramique. Classification des provenances. Science des procédés arabes. Les mosaïques arabes en faïence. Fabriques des îles Baléares. Les ateliers de Malaga. Les artisans de Valence et autres localités renommées. Qualités de leurs terres à modeler. Les Azulejos, leurs décors. Les alcarazas. Les vases dits de l'Alhambra. Décadence des faïences hispano-moresques. Caractéristiques du style moresque. Les ors ou azurs mordorés ou changeants. Décors fantasques. Méthode employée pour donner le *lustre métallique* aux faïences hispano-moresques. . . . . Figures 67 à 104. — Pages 28 à 64.

——————— QUALITÉS FUGITIVES DE QUELQUES ŒUVRES D'ART ———————

ESSAIS, ENTREMETS, NEFS, NAUTILES, SURTOUTS

Les craintes du poison au Moyen-Age. Haines politiques et sociales. Essais et épreuves des mets servis à la table royale. Les maléfices et les envoûteurs. Vertus merveilleuses de la corne de licorne. Ustensiles d'or et d'argent richement ornés. Appréhension des boissons et mets empoisonnés. Les services à couvert. Somptuosité des festins. Leurs descriptions historiques. Usages des entremets, ce que c'était. Exemple des intermèdes donnés pendant les festins. Les coupes, hanaps, estamores, quarts, etc. Les nefs en forme de vaisseaux, les cadenas. Leur luxueuse richesse. Les nautiles montées en métaux précieux. Usage des tables volantes. Les nefs royales en or, fondues. Le mobilier de la Couronne.

Initiative intelligente de la Société de propagation des Livres d'Art. Les surtouts et autres pièces décoratives, en métaux précieux. . . . Figures 105 à 143. — Pages 65 à 96.

——————— ANALYSE ET COMPRÉHENSION DES STYLES FRANÇAIS ———————

MARQUETERIES SOMPTUEUSES, ÉCAILLE, CUIVRE, ÉTAIN
DONT LA RICHESSE S'HARMONISAIT AVEC LE FASTE DU ROI SOLEIL

Ce en quoi consiste la *Première Partie* et la *Seconde* dite *Contre-Partie*, dans les somptueuses marqueteries de C.-A. Boulle. Technique. Procédés. Les hideuses contrefaçons qui en sont faites. Les ornements de meubles, en bronze ciselé et doré. Harmonie du mobilier avec les merveilles de la statuaire et de la peinture. Éclat du siècle de Louis XIV; les artisans d'élite. Décoration fixe liée à celle du mobilier et des étoffes. Richesse et ornementation des meubles Imitation des travaux de C.-A. Boulle.

Leur *nettoyage* et leur *raccommodage* au dix-huitième siècle. Sobriété et richesse des meubles de l'Époque Louis quatorze. . . . . Figures 144 à 186. — Pages 97 à 112.

——————— QUALITÉS FUGITIVES DE QUELQUES ŒUVRES D'ART ———————

BRULE-PARFUMS, PARFUMOIRS, POTS-POURRIS

Les parfums dans l'antiquité. Leur usage immodéré. Préparation des baumes et onguents parfumés. Brûle-parfums chinois et japonais, leur décoration, leur naturalisme. Rôle considérable du parfumoir en Orient. Les brûle-parfums et les pots-pourris en France, du Moyen-Age au dix-neuvième siècle. Nos aïeules parcimonieuses d'ablutions. Les secrets des dames galantes. Bienséance et civilité. Raisons odoriférantes qui déterminent l'emploi du pot-pourri. Singulières coutumes. Luxe des chaises d'affaires et des meubles intimes. Quelques amateurs et antiquaires ignorent la forme et le décor des beaux vases destinés à recevoir le pot-pourri. Définition de ceux en porcelaine de Vincennes, Sèvres, Mennecy, Saxe, la Chine, etc. Leurs riches et somptueuses montures. Recettes compliquées pour composer un pot-pourri, l'empoter et l'entretenir. Comment discerner les vases dits pots-pourris. . . . . Fig. 187 à 255. — Pages 113 à 144.

——————— COMPRÉHENSION DES PROCÉDÉS DITS ÉGLOMISÉS ———————

PASSE-PARTOUT ÉGLOMISÉS DITS A LA GLOMY

Origine du mot églomisé. Estampes et dessins ajustés avec des filets de papier doré. Les embordures dites *églomisées*. Confusion du procédé églomisé avec celui du passe-partout dit à la Glomy. Effronterie ignorante de certains experts du dix-huitième siècle. Fabrication frauduleuse et restauration inintelligente. Emploi de verres spéciaux pour les pastels. Ce qu'on entend par dessins, études, académies, cartons, dessins arrêtés, finis. Importance d'une collection de dessins, etc. . . . . . Figure 261. — Pages 145 à 149.

——————— LES VERRES ÉGLOMISÉS, FONDS DE COUPES A IMAGES D'OR ———————

PLAQUES DE VERRE A SUJET COLORIÉ POUR DÉCORATIONS MOBILIÈRES
ESTAMPES FIXÉES SUR FOND DE VERRE. — LA POTICHOMANIE

Origine et rareté des fragments de verre égrisé à image d'or. Leurs sujets chrétiens et païens. Rapacité des vandales pour en voler l'or. Comment on les fabriquait, leur emploi. Fonds de coupes égrisés de verre coloré. Leur destination religieuse. Procédés pour obtenir des plaques en verre décoré à froid. Vogue dévastatrice au dix-huitième siècle. Estampes enluminées, découpées et fixées sur fond de verre. Une manie de très mauvais goût, la potichomanie. . . . . Figures 256 à 260, 262 à 276. — Pages 150 à 158.

——————— COMMENT METTRE LES ESTAMPES EN VALEUR ———————

EMBORDURES DITES A LA GLOMY
MISE SOUS VERRE CARRÉ, OBLONG, ROND, OVALE, ELLIPSOIDAL
ACCORD DES BORDURES AVEC LES NUANCES DES ESTAMPES ET DESSINS

Préservation des estampes et des dessins. Distance à laquelle doit se placer l'amateur pour en bien juger. La surface des marges ne doit pas être exagérée. Comment procéder pour la mise sous verre, les embordurer, et fixer les anneaux de suspension. Exemples à suivre. Recette pour obtenir une bonne colle de pâte. Les filets de marge. Types d'embordures dites à la Glomy. Cartels pour inscriptions. Types de papiers, originaux et conseils pour assortir le ton des bordures avec celui des estampes et des dessins. Ce qu'il faut éviter. Agencement et décoration pour la mise en valeur des estampes et des dessins. Termes relatifs. Comment obtenir des passe-partout de forme ovale et de forme ellipsoïdale. Notes préliminaires sur la coloration des fonds dont la tonalité a pour but de faire valoir ou ressortir, sans transition, les œuvres et les objets d'art, et d'harmoniser leur couleur avec un fond repoussoir. . . . . . . Figures 277 à 301. — Pages 159 à 176.

——— ÉCLAIRAGE DES GALERIES ET MISE EN VALEUR DES TABLEAUX, ———
PRÉCÉDÉ DE NOTES RELATIVES AUX DÉCOUVERTES, DESTRUCTION ET CONSERVATION, DE 1815 A 1850,
D'ESTAMPES, DE TABLEAUX, DE DESSINS ET D'ŒUVRES D'ART.

Découvertes de précieuses épaves, tableaux, estampes, dessins, livres armoriés. Intelligence des connaisseurs. Mil huit cent trente, âge d'or pour les chercheurs. Valeur minime des estampes et des dessins. Destruction de somptueuses grilles de clôture en fer forgé. Inscriptions historiques, gravées sur cuivre, transformées en casseroles. Tableaux, estampes et dessins du dix-huitième siècle exposés aux intempéries. Les équarrisseurs de reliures armoriées. Les fondeurs d'or provenant de meubles dorés.
Figures 302 à 304. — Pages 177 à 181.

Les bordures doivent être subordonnées aux tableaux. Peintures conçues en vue de l'harmonie décorative des appartements. Comment placer les tableaux pour les bien embrasser en leur entier. Comment voir un tableau dans son jour. Effets d'optique. Exemple du portrait dont le regard vous suit. Explication de ce fait vulgaire. Illusion que fait naître une peinture. Quelle place doit occuper celui qui regarde un tableau. Opinions de Léonard de Vinci et de Jean-François Millet.

Dans un Cabinet ou dans une Galerie, tout doit être subordonné aux œuvres et objets d'art. Agencement et éclairage. Éclairage latéral et éclairage unilatéral. L'éclairage latéral convient aux objets s'exprimant par un relief. Prescription de l'éclairage bilatéral. Les Galeries de tableaux doivent être éclairées par en haut. La lumière solaire est préférable à la lumière artificielle. Les tableaux doivent rayonner la lumière. Emploi des teintes chaudes pour la décoration des parois d'une Galerie de tableaux. — Notes sur les cadres des dix-septième et dix-huitième siècles. Figures 305-311, et 312 à 321. — Pages 181 à 192.

——— COMPRÉHENSION DES OBJETS DITS DE HAUTE CURIOSITÉ ———
LES IMAGES OUVRANTES EN IVOIRE, EN BOIS, OU PEINTES
DIPTYQUES, TRIPTYQUES, POLIPTYQUES
PAREMENTS D'AUTELS, RETABLES, CONTRE-CHEVETS

Origine des diptyques, des pugillaires. — Diptyques consulaires. — *Diptycha viventium et mortuorum*. Tableaux ouvrans et fermans. Les triptyques reliquaires. La toreutique, sculpture en ivoire. Triptyques émaillés. Les ymagiers. Les groupes en ivoire. Travaux remarquables. Sculpture à jour. Les *ymages d'yvire*. Les vierges à ventre ouvrant, mentionnées dans les inventaires. Les poliptyques. Les retables portatifs et fixes, sculptés ou peints, dorés, etc. Somptuosité du parement d'autel de la Cathédrale de Sens. Intérêt historique présenté par deux de ses panneaux. Les tapisseries en triptyques. Tableau de dévotion à volets. Sculptures naïves. Les retables à tableaux.
Figures 322 à 357. — Pages 193 à 228.

——— COMPRÉHENSION DES ŒUVRES D'ART EN CÉRAMIQUE ———
CARACTÉRISTIQUES DES MAJOLIQUES ITALIENNES
NOMS DES PIÈCES ET LEURS DÉCORS
COPIES OU INTERPRÉTATIONS DE DOCUMENTS GRAVÉS

Les *bottega* (ateliers) des artisans céramistes. Comment ils travaillent. Mention du traité de Cipriano Piccolpassi, *Li tre Libri dell' Arte del Vasaio*. Villes et centres de céramique. Termes italiens et français en usage pour désigner les pièces, leur usage, et description de leur décoration. Leur représentation et leur définition. Artistes ou graveurs le plus souvent copiés ou interprétés par les artisans en majoliques. Résumé historique des majoliques. Quatre époques. Caractéristiques de la première, 1450 à 1520; de la deuxième, 1520 à 1530; de la troisième, 1530 à 1560; de la quatrième, 1560 à 1610. Disparition de cette industrie. . . . . Figures 358 à 377. — Pages 229 à 240.

——————— COMPRÉHENSION DES ŒUVRES D'ART EN MÉTAL ———————
LES ARMURES D'HOMME ET DE CHEVAL, XIᵉ AU XVIᵉ SIÈCLE

— Armure d'homme. Schéme des armures de gens d'armes bardés de toutes pièces. Les Collections et les célèbres Cabinets d'armes. Sensation indéfinissable éprouvée en face de ces merveilleuses réunions d'armures. Représentation, disposition et définition des pièces fixes et articulées.

— Armure de cheval. Schéme d'un cheval, monté en guerre, bardé de fer et d'acier, ou monté en joute, houssé de drap, avec pièces battantes. Les chevaux de bataille, de selle ou de mains. Équipage d'un chevalier tournoyeur. Représentation d'un tournoi. Luxe d'ornements propres aux armures de cheval . . Fig. 378 à 439. — Pages 241 à 252.

——————— COMPRÉHENSION DES ŒUVRES D'ART CATHOLIQUE ———————
TRÉSOR DE L'ABBAYE ROYALE DE SAINT-DENIS
ÉNUMÉRATION ET REPRÉSENTATION
DES QUATRE-VINGT-DIX SAINTUAIRES, CHASSES, CALICES, CHEFS, ETC.

Trésors des rois, seule caisse royale. Les *ex-voto* forment les trésors d'art catholique. Ce en quoi ils consistaient. Classes nombreuses et variées. Leurs formes se rapportent spécialement à l'objet sacré pour lequel le vœu a été fait. Richesses du Trésor de l'Abbaye royale de Saint-Denis. Dons royaux. L'orfèvrerie catholique marche de pair avec l'architecture. Inventaires dressés en 1505 et 1739. Figures 440 à 551. — Pages 253 à 260.

——————— POUR COMPRENDRE LES ŒUVRES D'ART CATHOLIQUE ———————
IL FAUT POUVOIR LES REMETTRE A LEUR PLACE PRIMITIVE

Déplacer les œuvres d'art catholique est une erreur. Pour les remettre, par la pensée, à leur place primitive, on doit connaître le plan des églises et celui des cathédrales. Ce que représente le plan en croix. La cathédrale française née avec le pouvoir monarchique. Le Christ en croix, face aux fidèles, donnant sa droite et sa gauche, détermine ainsi la droite et la gauche de l'église. Heureuses proportions observées par les Maîtres de l'œuvre. Aspect de l'intérieur et de l'extérieur. Pour bien comprendre l'architecture des édifices catholiques, on doit en étudier tous les développements, en connaître les formes et les différentes parties. Leur énumération et leur analyse. Distinction architecturale et hiérarchique des églises. Représentation et explication de leur plan. C'est une grave erreur que d'en lire, superficiellement, le frontispice. Représentation de tous les caractères de l'architecture la plus riche de la Période Ogivale. Échelle fournie par la stature humaine. Comment comprendre une cathédrale. Fig. 552 à 561. — Pages 261 à 272.

——————— COMPRÉHENSION DES PROVENANCES HISTORIQUES ———————
CENT BLASONS DE LA MAISON ROYALE DE FRANCE
Du quinzième au dix-neuvième siècle, représentés et identifiés.

Reliures, étuis et coffrets aux armes. Notes sur *reliures armoriées*. Les Collections royales de reliures historiques, du XVᵉ au XIXᵉ siècle. Figures 562 à 664. — Pages 273 à 284.

——————— COMPRÉHENSION DES OBJETS DITS DE VITRINE ———————
Courtines et mignardises galantes formées, au Moyen-Age, par un mélange de *cheveux*, d'or et de *soye*. — Boucles, palmes, vignettes, urnes, etc., exécutées en *cheveux* pour décors de bagues, médaillons, bracelets, etc. Figures 665 à 711. — Pages 285 à 292.

Les objets de *galanterie* et de *contenance*. Scènes galantes, bergerades, peintes en émail translucide, à la manière éludorique, sous verre, fixés, etc. — Les tabatières et les surtouts à portrait. — Le guilloché. — Les objets de vitrine en écaille, nacre ou burgau, piqués, coulés, incrustés, posés ou brodés d'or, etc. — Scènes d'intérieur ou villageoises, à figures minuscules. — Les tabatières à portrait, les *boëtes*, les *journées*, en or, en argent, ou entourées de diamants, décorées en émail translucide sur flinqué, etc. Figures 712 à 748. — Pages 293 à 298.

Les surtouts de montres, étuis à lancettes, boîtes, etc., en *galluchat*. Mise en couleurs des peaux spéciales. — Couleur naturelle ou teinte. — Rareté du *galluchat* à *miroirs*. — Les *gaisniers* et *escriniers* au Moyen-Age. — Les gaines de cuir ou de métal. — Emploi du *galluchat* au dix-huitième siècle. — Exemples de travaux en *galluchat* exécutés pour la Cour, etc. Recette pour nettoyer le *galluchat*. Figures 749 à 752. — Pages 298 à 300.

COMMENT RÉPARER LES ŒUVRES D'ART EN FAYENCE

Fracture des pièces. Réunion des fragments. Comment les fixer. Composition de la pâte pour bouchage. Remplacement des morceaux manquant. Emploi du fil de fer. Mauvais procédé employé par les répareurs. On doit éviter les retouches faites à l'huile. Emploi du plâtre, sa composition. Modelage des ornements à modeler. Calques piqués à l'aiguille. Décomposition des motifs compliqués.. . . . Fig. 753 à 760. — Pages 301 à 304.

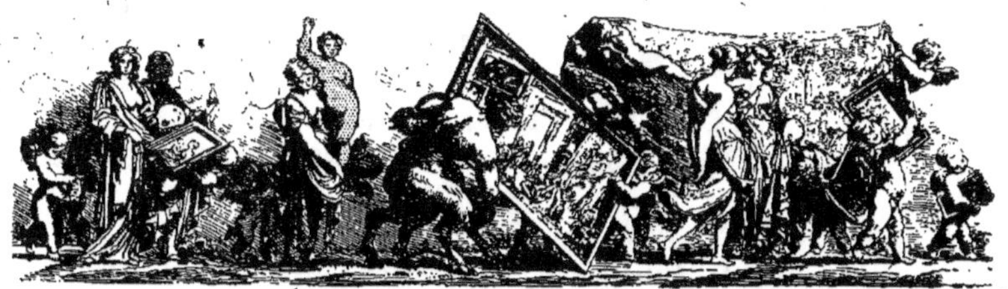

ANALYSE ET COMPRÉHENSION DES ŒUVRES ET OBJETS D'ART

SOMMAIRES DU PREMIER VOLUME PUBLIÉ EN 1924
In-8° (18×24), 304 pages.
— NEUF CENT QUATRE-VINGT DOCUMENTS GRAPHIQUES —
— HUIT CENT QUATRE-VINGT-DIX MARQUES ET POINÇONS —

Tenant compte des difficultés matérielles pour une publication, dont le but est d'être à la portée du plus grand nombre de lecteurs, nous avons adopté un plan ayant l'avantage de présenter des chapitres indépendants.
+ Ce premier volume ne doit pas être vendu séparément. +

COMPRÉHENSION DES ŒUVRES D'ART EN CÉRAMIQUE

Développement des formes d'art de cent vases. — Comment en discerner et apprécier la beauté. — Éléments. — Calibres. — Formes typiques.

Les œuvres d'art en Fayence de Rouen. — Louis XIV fait fondre ses somptueux services d'or et d'argent et les remplace par la vaisselle en fayence. — Personnages et renseignements historiques. Provenances. — Importance, supériorité, perfection de la fayence de Rouen. — Répertoire de *cinquante-quatre ateliers*. — Désignation de quelques formes. — Types des principaux décors. — Variantes de la fleur de lys. — *Deux cent trente marques* nominatives, déterminées ou indéterminées.

Les œuvres d'art en Porcelaine de Sèvres. — Renseignements historiques. — Technique, formes. Qualification de pâte tendre et de pâte dure. — Concordance des lettres et dates de fabrication. — Marques officielles. — Comment identifier *cent soixante-trois marques*. — Surdécoration, Contrefaçon de la porcelaine de Sèvres. — Importance, supériorité, faussaires, marques, etc. — Marques et décors, dates des travaux des artisans. — Personnages historiques, auteurs et noms divers cités. — Noms de villes.

COMPRÉHENSION DES MEUBLES DE STYLES ROYAUX

Sept cent vingt meubles du XII° au XVIII° siècle. — Période mobile et période fixe. — Les âges du chêne, du noyer, de l'ébène, des bois de couleur. — Chronologie royale pouvant aider à déterminer les styles. — Renseignements historiques. — Provenances. — Les Coffres. — Les Sièges. — Les Tables. — Les Lits. —

Les coffres de styles royaux, XV° au XVIII° siècle. — Personnages. — Ensemble et détails, formes, ornements, décors. — Noms et manières des artisans. — Renseignements historiques, Personnages cités. — Provenances. = Cassones, bahuts, dressoirs, cabinets, médailliers, armoires, bibliothèques, commodes, meubles d'appui, etc.

Les sièges de styles royaux, xv⁰ au xviii⁰ siècle. — Personnages historiques. Ensembles et détails, formes, ornements, décors. — Artisans. — Provenances. = Archebans, chaires à dais, chaires à fronton, stalles, capucines, caquetoires, perroquets, turquoises, duchesses, ottomanes, bergères, etc.

Les tables de styles royaux, xv⁰ au xviii⁰ siècle. — Personnages historiques. —Ensembles et détails, formes, ornements, décors. — Renseignements divers. — Provenances. — Périodes, époques, styles. = Dressoirs, tables-roues, tables-banc à dais, à châssis, à éventails, consoles, bureaux-cabinets, tricoteuses, tables-haricot, guéridons, tables-rognon, poudreuses, bonheur-du-jour, duchesses, coiffeuses, etc.

Les lits de styles royaux, xv⁰ au xviii⁰ siècle. — Ensembles et détails, formes, ornements, décors. — Personnages historiques et littéraires. — Mœurs et coutumes. — Ouvrages cités. — Provenances. = Lits à hussiaux, en épervier, à courtines, à devises, à colonnes, de parade, drapés, en house, de trivelin, à tournant, à balustres, lits d'ange, à la polonaise, à la turque, façon la chine, à l'anglaise, etc.

COMPRÉHENSION DES STYLES FRANÇAIS
FORMES, DÉCORS ET STYLES DE PIEDS ET MONTANTS DE MEUBLES

Ages du chêne, du noyer, de l'ébène, des bois dorés, de couleur, acajou, etc. — Louis XII, François Iᵉʳ à Henri IV, Louis XIII, Louis XIV, Régence et Louis XV, Louis XVI. — *Appendice.* Napoléon Iᵉʳ. — *Cent quarante pieds et montants de meubles.*

BAGUETTES DE MEUBLES, BRONZE CISELÉ, DORÉ, ET EN BOIS SCULPTÉ

Ornements et Décoration de meubles composés. *Cent types de baguettes, cannelures, rudentures.* — Décoration homogène et hétérogène. Époque Louis seize.

COMPRÉHENSION DE LA VIEILLE ARGENTERIE FRANÇAISE

Cent quarante-sept poinçons de la vieille Argenterie de Paris. — Renseignements généraux, artisans. — Ce qu'on entend par poinçon de maître orfèvre, poinçon de charge du fermier, poinçon de la maison commune, poinçon de décharge. — Initiales des poinçons identifiés de maîtres orfèvres. — Différents des poinçons d'orfèvres dont les poinçons ont été identifiés. — Mise en place des poinçons sur les pièces en orfèvrerie.

Cent quatre-vingts poinçons de la vieille Argenterie de province. — Matières d'or et d'argent et artisans. — Titrés et poinçons des ouvrages d'or et d'argent. — Comment identifier et classement alphabétique des poinçons. — Communautés d'orfèvres des anciennes provinces françaises. — Poinçons particuliers. — Nombre des maîtres jurés. — *Deux cent quarante-deux ateliers* d'orfèvres. — Note relative aux poinçons faux.

OBJETS DITS DE HAUTE CURIOSITÉ
COMPRÉHENSION DES ŒUVRES D'ART EN ÉMAILLERIE

Artisans émailleurs du ix⁰ au xiv⁰ siècle. — Documents historiques. — Époques. — Personnages historiques, artisans. — *Cinquante-neuf œuvres d'art* représentées. Sujets fantastiques et allégoriques. — Procédés.

Artisans émailleurs du xv⁰ au xviii⁰ siècle, procédés et manières. — Analyse de ce qu'on entend par émail cloisonné, champlevé, taille d'épargne, plite, mixte, basse-taille, translucide, etc. — Technique, procédés et arts divers. — Provenances. — Personnages historiques. — Artisans cités. — Analyse et manières de leur technique. — Artisans dont *cent quarante-cinq marques* sont représentées. Pays et noms cités.

SOMPTUOSITÉ DES RELIQUAIRES

Écoles du Rhin. Ateliers de Limoges. — De la période byzantine au treizième siècle. — Analyse *des œuvres et objets d'art* représentées. — Technique, mise en œuvre, caractères, décoration. — Symbolisme, mysticisme, apôtres, saints, etc. — Ateliers et provenances.

— Éclats des émaux. = *Sens mystique, nature, propriété et éclat des pierreries.* — Dogmes, mystagogie, tropologie. — Pierres figurant la sainteté et les vertus.

COMMENT RÉPARER LES ŒUVRES D'ART ANCIEN EN MARBRE

Œuvres d'art antique retouchées, déformées, grattées, etc. — *Vingt figures* en marbre antique réparées. — Provenance des marbres. — Réparations, membres disparates, etc.

COMPRÉHENSION DE TERMES RELATIFS A LA STATUAIRE
QUALITÉ DES MARBRES ET CONTREFAÇON

Noms et colorations diverses. — Défauts et contrefaçons. — Provenances des marbres. — Documents historiques et mythologiques. — Marbre blanc, dit statuaire. — Dessus de tables, commodes, consoles, etc. — Beauté et variété du marbre coloré…

ANALYSE ET COMPRÉHENSION DES ŒUVRES ET OBJETS D'ART
SOMMAIRES DU DEUXIÈME VOLUME PUBLIÉ EN 1925
In-8° (18 × 24), 304 pages.

— CINQ CENT CINQUANTE DOCUMENTS GRAPHIQUES ET CARTES —

— SIX CENT SOIXANTE BLASONS, MONOGRAMMES ET POINÇONS —

Tenant compte des difficultés matérielles pour une publication, dont le but est d'être à la portée du plus grand nombre de lecteurs, nous avons adopté un plan ayant l'avantage de présenter des chapitres indépendants.

COMPRÉHENSION DES ŒUVRES D'ART ORIENTAL

Pièces avec inscriptions. Porcelaines dites à modèles ou hiératiques. Ornements employés par les artisans de tous pays. Le sceau de chaque époque est empreint sur les œuvres et objets d'art ancien.

Formes composées de vingt-sept vases en bronze, *fondus à cire perdue,* art chinois, du quatorzième au dix-huitième siècle.
Contrefaçons des œuvres d'Art oriental, Surdécorations ancienne de pièces en céramique.

TRACÉ DES FORMES PRINCIPALES DE VASES ANTIQUES

Tracé de douze formes typiques principales, relevées d'après des bronzes antiques : canthares, coupes, cratères, bursaires, hydries, vases d'ornement. — Profils et ensemble.

COMPRÉHENSION DES ŒUVRES D'ART EN CÉRAMIQUE

Formes comparées de majoliques italiennes. — Bernard Palissy, l'*Œuvre de Bernard Palissy comprend trois manières* correspondant aux phases de sa vie. — Procédés employés. — Fayences et émaux de Bernard Palissy. Caractéristiques de ses trois manières. — *Imitation et contrefaçon des Bernard Palissy.* Comment les discerner. Le père Porthiot célèbre vieillisseur de céramique. Les fabriques modernes de rustiques figulines. — *Recettes et procédés* : Réparation des fayences de Bernard Palissy et autres. Réparation et recollage à la gomme laqué. Préparation de la gomme blanche et brune. Emploi de la colle forte. Ciment et mastic pour recoller et réparer la fayence et la porcelaine.

COMPRÉHENSION DES STYLES FRANÇAIS
ÉCOLES PROVINCIALES DU MEUBLE FRANÇAIS AU SEIZIÈME SIÈCLE

Le sculpteur s'empare du meuble, tout se règle sur les maîtres de l'œuvre architecturale. — La division provinciale fut d'une grande utilité au développement de l'art. — *Dénomi-*

nation et contours des anciennes provinces. Accroissement graduel et figuré des territoires français depuis Hugues Capet (987-996) jusqu'en 1815. — Les douze provinces françaises aux seizième et dix-septième siècles. — *Origines, limites, influences des Écoles.*

Picardie, Normandie, Ile-de-France, Champagne, Bretagne, Orléanais, Bourgogne, Guyenne, Auvergne, Languedoc, Dauphiné, Provence.

COMPRÉHENSION DES ŒUVRES D'ART EN DINANDERIE

Cuivre, laiton, bronze, fondus, tournés et repoussés. Chaudronnerie historiée et ustensiles de ménage. — Décadence de l'art de la dinanderie. — *Recettes et procédés :* Nettoyage des dinanderies anciennes et modernes, des bronzes ou cuivres oxydés ; cuivres ternis, objets en cuivre recouverts de taches de graisse.

COMPRÉHENSION DES STYLES FRANÇAIS
ŒUVRES D'ART EN BRONZE CISELÉ DE L'ÉPOQUE LOUIS SEIZE

Montures de vases, fixes ou mobiles, en bronze ciselé et doré. — Ciseleurs et doreurs de bronzes d'ameublement. — *Technique de la ciselure et de la dorure.* — *Imitations et malfaçons.* — *Recettes et procédés :* Nettoyage des bronzes ciselés et dorés.

COMPRÉHENSION DE LA DÉCORATION ET DU STYLE DES TAPISSERIES

Quelques notes sur la tapisserie. — Ce que doit être la coloration des tapisseries. — *Technique des œuvres d'art en tapisserie.* Tapisseries dites de haute lisse, de basse lisse, et de la Savonnerie. — Ce qu'on entend par Haute lisse, par Basse lisse, et par Savonnerie. — *Tapisseries dites verdures,* décor dit Nicotiana, Tapisseries parlantes, héraldiques, grotesques, etc. — Importance des bordures. — Comment suspendre les tapisseries.

Ateliers français : Arras, Amiens, Angers, Aubusson, Autun, Avignon, Bellegarde, Beauvais, Béthune, Blois, Boulogne-sur-Mer, Bourges, Cadillac, Cambrai, Felletin, Fontainebleau, Gisors, Lille, Limoges, Maincy, Marseille, Montpellier, Nancy. — Paris : Trinité, Maison des Jésuites, Palais du Louvre, Savonnerie, Tourelle, La Planche, Gobelins. — Poitiers, Reims, Rouen, Saumur, Tourcoing, Tours, Troyes, Valenciennes.

Étrangers : Allemagne, Angleterre, Flandres, Danemark, Espagne, Italie, Russie.

COMPRÉHENSION DES PROVENANCES CÉLÈBRES

Représentation, analyse et compréhension de *cent soixante-huit blasons,* couronnes, cordelières. *Ordres de chevalerie,* religieux, civils et militaires. *Dignités ecclésiastiques* de l'ancien régime. — Trois cent trente-cinq *Lettres, Chiffres et Monogrammes historiques,* représentés, décrits, identifiés.

VIEILLE ARGENTERIE FRANÇAISE ET BIJOUX DITS DE HAZARD

Neuf cent quarante *différents des orfèvres français.* Ouvrages en tous genres, or, argent, ou doublé : Argenterie, boucles, boutons, cachets, chaînes, christs, clefs, coutellerie, couverts, croix, filigranes, fourbisseurs, garnitures, goblets, grosserie, horlogerie, instruments de chirurgie, jaseron, montres, nécessaires, optique, orfèvrerie, paillons, timbales, vaisselle, etc. Époques du Consulat, Directoire, Premier Empire, Restauration. Recence au contrôle de neuf cent quarante poinçons d'orfèvres, exécution de la loi du 19 brumaire an VI (9 novembre 1797) pour la session du bureau de garantie à Paris, et pour ceux des départements, jusqu'au 1ᵉʳ août 1819, classés par ordre alphabétique des différents, avec indication des noms, ouvrages et initiales des fabricants.

Formes des poinçons pour or, argent, doublé ou plaqué. — Vérification des poinçons. — Argenterie et *bijoux anciens,* dits de hazard. — Tableaux synoptiques de cent trente poinçons de garantie, de 1798 à 1838. — Bigornes authentiques ou fausses, etc.

La conception des arts du dessin se rattache, par un lien réel, aux mouvements que le regard est obligé d'exécuter pour fournir, à l'intelligence, les sensations dont elle a besoin afin d'arriver à leur entendement.

Tenant compte de ce phénomène de la vision, et pour permettre d'analyser sans effort les œuvres et les objets d'art dont la compréhension nécessite une description technique, nous avons placé la plupart des documents graphiques à la gauche du lecteur.

CHAPITRES COMPOSANT CE VOLUME

*pour la pagination du texte et celle des documents graphiques
consulter les sommaires imprimés sur papier teinté.*

— L'ART ET LE STYLE HISTORIQUE FRANÇAIS —

— CE QU'ON ENTEND PAR FONTE A CIRE PERDUE —

— FORMES COMPARÉES DE QUARANTE-CINQ VASES EN BRONZE JAPONAIS —

— LES ENVELOPPES DE LAMPES EN VERRE ÉMAILLÉ —
DESTINÉES AUX MOSQUÉES

— LES FAIENCES HISPANO-MORESQUES A LUSTRE MÉTALLIQUE —

— QUALITÉS FIGURATIVES DE QUELQUES ŒUVRES D'ART —
ESSAIS, ENTREMETS, NEFS SOMPTUEUSES, NAUTILES,
BRULE-PARFUMS, PARFUMOIRS, POTS-POURRIS

— COMPRÉHENSION DU STYLE FRANÇAIS, ÉPOQUE LOUIS QUATORZE —

— FONDS DE COUPES ANTIQUES A IMAGES D'OR ÉGLOMISÉES —

— PASSE-PARTOUT ÉGLOMISÉS, DITS A LA GLOMY —

— ÉCLAIRAGE DES GALERIES ET MISE EN VALEUR DES TABLEAUX —
— DÉCOUVERTES ET DESTRUCTIONS, DE 1815 A 1850 —
DE DESSINS, TABLEAUX, ŒUVRES D'ART

— LES IMAGES OUVRANTES EN IVOIRE, EN BOIS, OU PEINTES —
DIPTYQUES, TRIPTYQUES, POLIPTYQUES

— DÉCORS CARACTÉRISTIQUES DES MAJOLIQUES ITALIENNES —

— LES ARMURES D'HOMME ET DE CHEVAL, DU XIe AU XVIe SIÈCLE —

— TRÉSOR DE L'ABBAYE ROYALE DE SAINT-DENIS —

— COMMENT REMETTRE A LEUR PLACE LES ŒUVRES D'ART CATHOLIQUE —
ANALYSE ET COMPRÉHENSION DES CATHÉDRALES FRANÇAISES

— CENT BLASONS HISTORIQUES FIGURÉS ET DÉCRITS —

— LES OBJETS DITS DE VITRINE, DE GALANTERIE, DE CONTENANCE —
EN CHEVEUX, EN GUILLOCHÉ, EN PIQUÉ,
EN COULÉ, EN INSCRUSTÉ, EN BRODÉ, EN GALLUCHAT
PEINTS A LA CIRE, AU LAIT, A L'EAU D'ŒUF, A LA MANIERE ÉLUDORIQUE, ETC.

— COMMENT RÉPARER LES ŒUVRES D'ART EN FAYENCE —

✳✳✳

ANALYSE ET COMPRÉHENSION

DES

ŒUVRES ET OBJETS D'ART

PRÉSENTÉES DISTINCTEMENT ET CLAIREMENT A L'ESPRIT

DES

AMATEURS, ANTIQUAIRES

OFFICIERS MINISTÉRIELS

PAR

ÉDOUARD ROUVEYRE

Officier de l'Instruction publique.

Membre de la Commission extra-parlementaire chargée d'étudier toutes les questions relatives à l'organisation des Musées de Province et à la Conservation de leurs richesses artistiques

— FORMES — DÉCORS — STYLES —

— ANTIQUITÉ, MOYEN-AGE, RENAISSANCE, TEMPS MODERNES —

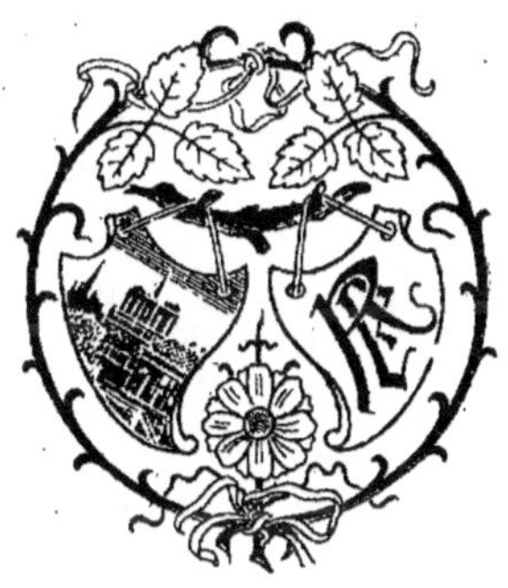

— LETTRE FAC-SIMILE —

SEPT CENT SOIXANTE DOCUMENTS — TROIS CARTES GÉOGRAPHIQUES

CENT BLASONS POUR RELIURES, ÉTUIS ET COFFRETS DE LA MAISON ROYALE DE FRANCE

PARIS

LIBRAIRIE EUGÈNE REY ÉDITEUR

11 bis, RUE DROUOT, 11 bis

1926

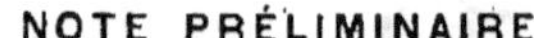

Pour analyser et comprendre les styles et les œuvres d'art, rien ne saurait être vague; tout doit être défini, expliqué, prouvé le plus rigoureusement possible, soit au moyen de documents manuscrits ou imprimés, c'est-à-dire de relations dues aux contemporains, soit par l'étude de monuments, véritables figurations de faits consignés dans ces documents; de la simultanéité de ces témoignages résulte l'authenticité et la valeur historique.

Si le texte est précieux par les vues d'ensemble ou les détails qu'il révèle, la représentation, puis l'examen et la critique des monuments, est un élément de constatation indéniable.

La représentation des monuments comportant, à elle seule, leur propre histoire, nous nous sommes attaché, pour chaque chapitre, à les *disposer dans l'ordre chronologique* afin que le lien historique qui les réunit puisse être saisi facilement.

Ajoutons que, par monument, nous entendons désigner les œuvres et les objets produits par l'Art et non point, comme il est d'usage, un ouvrage d'Architecture qui doit porter le nom d'édifice.

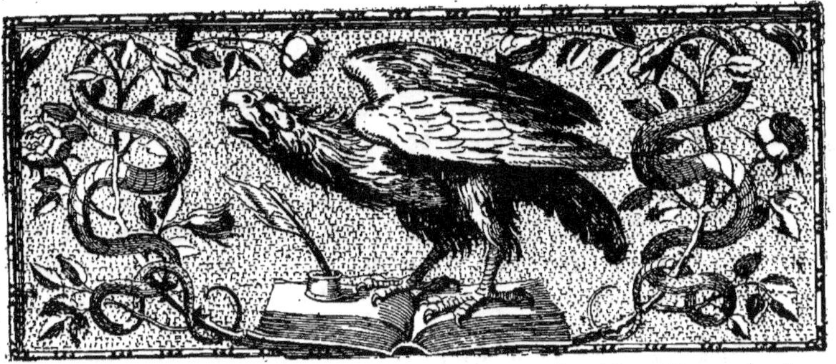

Le travail intellectuel luttant contre l'envie, tandis que la lâcheté l'assaille par derrière.
L'original provient du Cabinet de travail de l'Historien d'Art Henry Havard, à qui
l'avait offert Edouard Corroyer, architecte du Comptoir National d'Escompte de Paris.

Au-dessous se lit cette dédicace :

L'ART ET LE STYLE HISTORIQUE FRANÇAIS
CARACTÉRISÉS PAR LA FORMULE : TELLE SOCIÉTÉ, TEL ART

> L'Histoire qui raconte est un art, l'Histoire qui explique, qui classe les
> phénomènes sous les lois, je veux dire les faits sous leurs causes, est une science.
>
> VICTOR DURUY.

Considérer les destinées de la France à travers son histoire, ses
victoires et ses défaites, dans les bons ou dans les mauvais jours,
c'est être frappé de la logique qui a présidé à son développement, à
l'affermissement de sa puissance, après des périodes de luttes et
d'épreuves ; c'est aussi se rendre compte de l'incontestable supériorité
de sa civilisation, et de l'ascendant que ce pays privilégié a exercé
dans le monde des faits et des idées.

Étudier les grandes Époques de sa glorieuse Histoire depuis la
conquête romaine, la conquête franque, la Période féodale, la Période
monarchique, la Révolution, le Premier Empire, tout le dix-neuvième
siècle et jusqu'au premier quart du vingtième, c'est reconnaître
que la civilisation française ne se renferme pas dans les limites de
fleuves et de montagnes, mais qu'elle s'accroît au dehors, toujours
communicative et acceptée, parce qu'elle manifeste son action non
seulement dans sa loyauté, mais aussi par la double loi de la théorie
et de l'application, de la spéculation et de l'esprit pratique.

La science critique moderne a développé ces faits avec une certitude nouvelle, il y aurait témérité à les rappeler après les écrivains

qui les ont mis en lumière si, pour parler à notre tour de l'Art français, nous ne devions nous appuyer sur leur autorité (¹).

Un grand historien, Jules Michelet (1798 † 1874), a écrit : « telle société, tel art ». L'Art français, parfaitement caractérisé par cette formule, a toujours été l'expression de la forme religieuse ou politique de la société française, il en est le symbole, et son histoire correspond exactement à celle des grandes rénovations religieuses, sociales et politiques de ce pays.

Les artisans et les artistes français se sont constamment préoccupés de mettre l'art au service des idées, tout autant que de rechercher la beauté de la forme ; c'est un des caractères de l'art français, aux diverses périodes de son Histoire, et principalement au Moyen-Age, d'avoir été un enseignement.

Il faut remonter à l'art romain pour trouver le point de départ de l'art français, la civilisation latine ayant été une des principales causes du développement social de la Gaule.

Les invasions, l'établissement du Christianisme ne modifièrent pas, tout d'abord, la tradition antique ; c'est seulement au onzième siècle, que l'introduction d'un certain nombre de formes politiques nouvelles et l'influence de la religion, produisirent une société très différente de la précédente ; la France, sortant de l'apathie des temps barbares, ses actes se modifièrent en même temps que les institutions ; l'art roman se développa jusque vers le milieu du treizième siècle où, ayant atteint son apogée, il fit place à l'art ogival.

Le Roman et l'Ogival sont souvent réunis et désignés par une appellation commune, *l'Art chrétien*, expression qui indique clairement son origine et son principe, art tout français, né d'une société dont le développement fut parallèle à celui de la langue et des mœurs de la France. L'art français de la Période Ogivale dura trois siècles ;

(¹) Nos lecteurs devront consulter la magistrale *Histoire de la Nation française, ses origines préhistoriques jusqu'en* 1920, publiée en quinze volumes de format in-4° (29 × 24) d'ensemble, environ, neuf mille pages, sous la direction de M. Gabriel Hanotaux, de l'Académie française, somptueusement éditée par la librairie Plon, avec une documentation composée de nombreuses estampes, dont cent quatre-vingts en couleurs.

Cette *Histoire de la Nation Française* comprend les volumes suivants : *Géographie humaine de la France* : 2 vol. par M. Jean Brunhes ; — *Histoire politique* : 3 vol. par MM. P. Imbart de La Tour, Louis Madelin et Gabriel Hanotaux ; — *Histoire militaire et navale* : 2 vol. par le généra Colin, le colonel Fr. Reboul et le général Mangin ; — *Histoire diplomatique et coloniale* : 1 vol. par M. René Pinon ; — *Histoire religieuse* : 1 vol. par M. Georges Goyau ; — *Histoire économique et sociale* : 1 vol. par M. Henri Moysset ; — *Histoire des arts* : 1 vol. par M. Louis Gillet ; — *Histoire des lettres* : 2 vol. par MM. Joseph Bédier, François Picavet, Alfred Jeanroy, Fortunat Strowski ; — *Histoire des sciences* : 2 vol. par MM. H. Andoyer, L. Colson, Ch. Fabry, Maurice Caullery, R. Lote.

il disparut à l'époque où l'on revint à l'Antiquité qui n'avait cessé d'être cultivée en Italie (¹).

Le droit romain, l'histoire, la philosophie, la littérature, l'art des anciens, occupèrent exclusivement les esprits et devinrent la base de l'éducation. Cette révolution intellectuelle coïncide avec deux grands événements : la réforme religieuse et l'établissement de la monarchie absolue en France.

Elle s'accomplit avec rapidité parce que les mœurs, étant hostiles au Moyen-Age et travaillés par les premières idées d'une philosophie nouvelle, acceptèrent la Renaissance comme une protestation et comme un moyen d'effacer jusqu'au souvenir des siècles précédents. L'unité religieuse et la féodalité étaient brisées; l'esprit nouveau,

(¹) Consulter la *Vie privée des anciens* par René Ménard et Claude Sauvageot. Paris, Ernest Flammarion, Editeur. Cette importante publication, formant huit volumes (14×20) d'ensemble 2500 pages, est documentée par trois mille gravures.

Les peuples, Egypte, Asie, Grèce, Italie. — *La famille*. Sa constitution et sa Composition. Vêtement, Habitation. — *Le travail*. Agriculture, Industrie, Commerce, Architecture, Beaux-Arts. — *Les institutions*, Civiles, Religieuses, L'éducation, La guerre.

Chaque volume est précédé par un sommaire analytique; des index alphabétiques renvoient à plus de *vingt cinq mille* noms de personnes et de lieux. On ne lira pas la *Vie privée des Anciens* pour le seul plaisir de s'instruire, mais aussi pour donner à l'âme ce qui lui manque et qu'elle attend, pour céder à nous ne savons quel cri du plus grand bien de l'homme, *l'intelligence* qui demande à se dérober aux ténèbres du passé.

« La vie, comme un prodigue, écrit Alexandre Moreau de Jonnès (1778 † 1870), dans *La France avant ses premiers habitants e Origines nationales de ses populations*, dissipe et répand tout sur son passage. La mort, comme l'avare, ramasse ce que l'autre a perdu et le cache dans la terre. Un jour, le soc ouvre le sol et retrouve ce qu'elle a enfoui.

« Tous les Musées, un grand nombre de Collections, ne sont riches que du pillage de ses silos. Avec le butin qu'il y a recueilli, le monde nouveau a refait le mobilier du monde antique et a rempli ses palais du luxe et de l'industrie des Ages qui touchent à la fable. Il a retrouvé les preuves de la succession des arts, la suite des formes du beau, les modèles que l'Egypte a transmis à la Grèce, la Grèce à l'Italie étrusque, à l'Italie romaine, à toute civilisation qui est ou qui sera.

« Tant la mort vigilante est amie des générations qui se reposent à son ombre; tant la terre est économe et attentive à ne rien perdre de ce qui lui a été confié ! »

Et, pour ne citer que la France, demandez aux archéologues ce que sa terre tient en garde pour la science, et quels trésors l'Histoire la force à rendre quand elle sait les lui arracher. On dirait que toutes ses richesses sont à sa surface; on se trompe; elle a encore au-dessous

Au-dessus, un seu siècle qui passe; au-dessous, soixante siècles et cette semaine de la création dont chaque jour est sans doute une semaine de siècles.

Au-dessus, jeunesse brillante et fugitive, gloire de la paix, gloire de la guerre, un moment radieux qui se hâte et va prendre sa place dans les fastes du passé.

Au-dessous, le passé moins un jour, six mille ans : combien de couches de générations superposées

La France des Valois sous la France de Henri IV et de sa descendance, la France de Charlemagne sous la France des Capétiens, la France romaine sous la France mérovingienne, la France celtique sous la France romaine, la France antédiluvienne sous la France celtique, la France antérieure à l'homme sous la France antérieure au déluge.

3. — L. 2

pour lés remplacer, retourna aux formes de l'Antiquité, retour qui dégénéra bientôt en imitation servile. Pendant près de trois siècles le génie national français eut à se débattre contre l'étreinte de formes littéraires ou artistiques qui, bien qu'elles ne fussent pas antipathiques à sa nature, n'en étaient pas moins des entraves.

Le Moyen-Age fut renié, l'art ogival méprisé, abandonné. La tradition, une fois rompue, on oublia ce qu'il y avait d'original et de fécond dans les créations antérieures du caractère français.

Dès lors, plus d'Art National proprement dit : les formes étaient étrangères à la France. Vers la fin du dix-huitième siècle, l'imitation de l'Antiquité atteignit son apogée, elle fut la base de la doctrine de David et de son École ; doctrine beaucoup trop exclusive, envahissante, qui pesa sur les arts.

Quelques années après le Premier Empire, ce fut l'éclosion du Romantisme, réaction mal dirigée, manquant de théorie, affectant certains défauts, mais qui parvint cependant à renverser l'École de David, en marquant l'intention de revenir aux traditions nationales.

Ce retour de l'esthétique à des sentiments vrais, coïncida avec le rétablissement de la liberté en France. L'art français, écarté de sa route, se perd ensuite dans l'imitation : le Byzantin, le Roman, l'Ogival, arrêtent son développement normal, jusqu'au jour où il reviendra à ses traditions, en tenant compte des progrès et des modifications de la société.

Edouard Rouveyre.

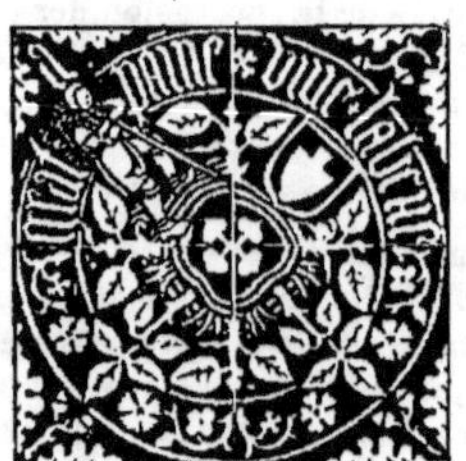

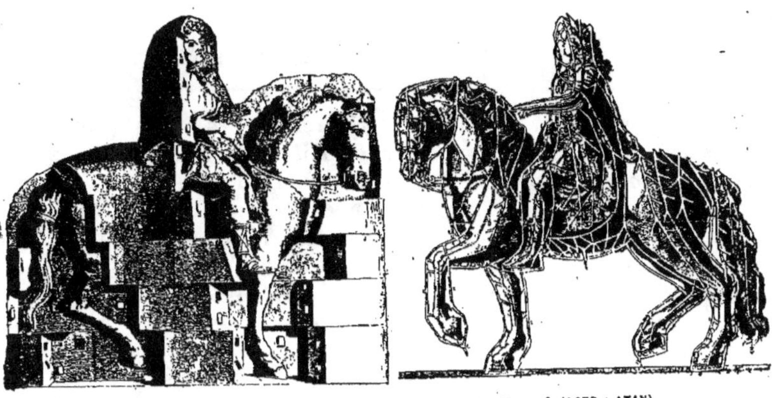

Figure équestre de Louis XIV, dit Louis le Grand (1638 † 1715),
coulée en bronze, d'un seul jet, *à cire perdue*, par Martin Van den Bogaert,
dit Desjardins (1640 † 1694).

Fig. 3. — *Première Opération.* — Chape en plâtre prise sur la maquette originale en cire

Fig. 4. — *Dernière Opération.* — Figure équestre coulée en bronze,
avant la réduction des exubérances provenant des *jets*, des *évents* et des *égouts*.

COMPRÉHENSION DES ŒUVRES D'ART EN MÉTAL

CE QU'ON ENTEND PAR FONTE A CIRE PERDUE

FONTE D'UN SEUL JET ET FONTE EN SABLE

La fonte est, dans l'art statuaire, ce qui consiste à produire des figures, des vases, ou toute œuvre d'art de bronze, c'est-à-dire à traduire en bronze l'œuvre d'un sculpteur.

On y procède de deux manières : la première, dite à *cire perdue* ou *d'un seul jet*, et la seconde, connue sous le nom de *fonte en sable*.

Pour la première, dite *fonte à cire perdue*, on lève, sur la *maquette originale* ou le *modèle* du sculpteur qu'on veut jeter en bronze, une chape (fig. 3), un moule semblable à ceux dont on se sert pour mouler

---

(1) Pline l'Ancien (22 † 79), dans son *Histoire de la nature*, nous a fait connaître les plus beaux bronzes employés par les anciens, et leurs différents mélanges : il aurait été à désirer qu'il nous eût transmis leurs procédés pour la *fonte des figures*. Son silence, et celui des auteurs grecs e romains, dont les écrits nous sont parvenus, a fait perdre un art que les artisans des Temps Modernes ont été obligés de créer à nouveau.

Mais, si ces procédés ont été perdus, plusieurs des ouvrages antiques en bronze ont été conservés, et rendent témoignage de l'habileté des anciens dans *l'art de la fonte*.

La *fonte* de la *figure équestre* et colossale de Marc-Aurèle a été si heureuse, que les ciseleurs n'ont eu a réparer que les places des *jets* et des *évents* : le reste est venu aussi pur que pouvaient l'être la *cire de l'artiste*; l'épaisseur de la fonte est partout égale.

les figures en plâtre. On enduit intérieurement les diverses parties de cette *chape* avec une *couché de cire*, d'épaissseur égale à celle que doit avoir le bronze, puis on en remplit le surplus d'un ciment à l'épreuve du feu. Les pièces de ce premier moule (*chape*) étant enlevées découvrent donc une figure *modelée en cire* dont le *noyau*, pour les pièces importantes, est renforcé par une armature en fer (fig. 5). Remarquer, sur cette figure, l'épaisseur de la cire signalée par un filet blanc.

Le sculpteur revoit ce *modèle en cire* dans toutes ses parties, le

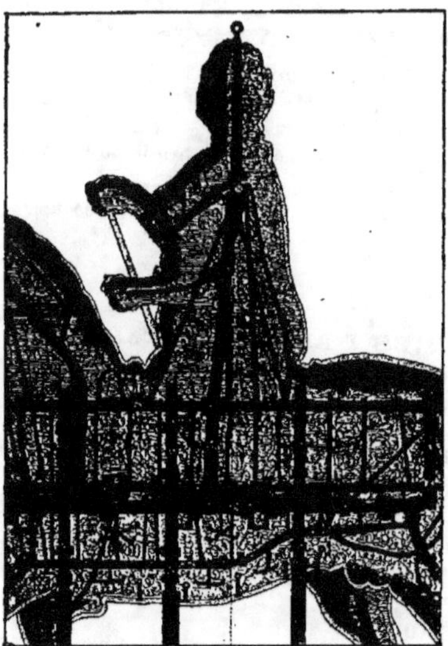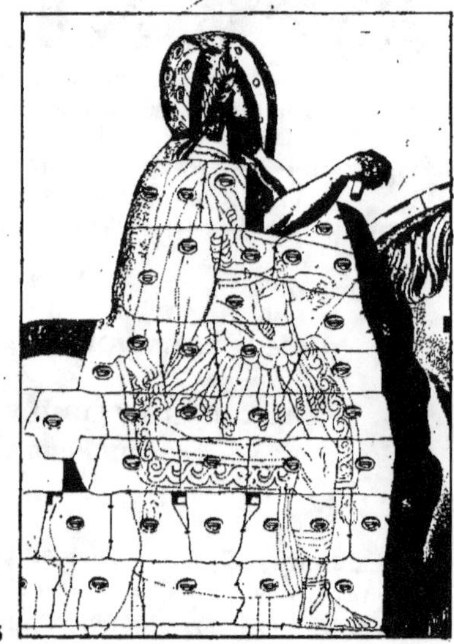

Fig. 5. — Armature de fer placée à l'intérieur du *noyau* qui remplit la capacité.

Fig. 6. — Renforcement du moule de potée par une chemise de maçonnerie.

répare, le pétrit, le retouche de la main et de l'ébauchoir et lui donne, en un mot, un cachet original, une empreinte intime.

On conçoit que l'œuvre ainsi créée sera *une pièce unique* car, en la répétant, le sculpteur en modifierait, même involontairement, soit la proportion, soit les détails, ou bien y introduirait des variantes.

Pour obtenir le moule qui recevra le bronze, on revêt le *modèle en cire* d'un enduit à l'épreuve du feu, enduit étendu au pinceau par couches en tel nombre qu'il est nécessaire, pour lui donner une consistance garantissant la cire de toute atteinte dans l'opération qui doit suivre ; c'est ce qu'on appelle *moule de potee*.

L'opération suivante consiste à renforcer le *moule de potée* d'une *chemise de maçonnerie* résistante au feu, réfractaire et assez forte pour soutenir le poids et l'action du métal en fusion (fig. 6). Puis, le bronze en coulant, fait fondre la cire dont il prend la place.

Pour cette dernière opération il a fallu ouvrir des *voies*, les unes au bronze (fig. 7), afin de l'introduire aussi simultanément qu'il est possible dans les vides du moule, les autres fig. 8), pour que l'air puisse s'échapper poussé par sa propre dilatation et par le poids de a matière en fusion à laquelle il doit faire place.

A cet effet on a ménagé, à travers le *moule de votée*, deux ouvertures, la première, les *jets* disposés pour recevoir la matière (fig. 7), la seconde, les *évents* destinés à évacuer l'air (fig. 8).

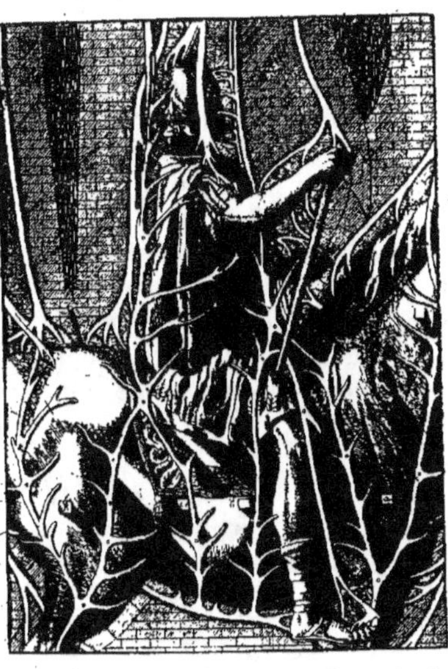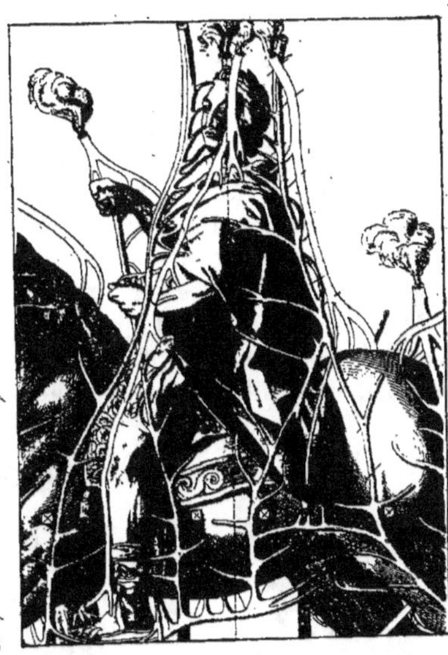

Fig. 7. — Profil de la figure équestre formée en cire, et conduits des jets et des égouts.

Fig. 8. — Autre figure avec les ramifications des évents destinés à évacuer l'air.

Lorsque le tout est refroidi, ce qui exige un temps plus ou moins long selon l'importance de l'œuvre, on démolit la *chemise de maçonnerie* puis le *moule de potée*, et on répare le bronze. Cette dernière opération consiste d'abord à enlever les parties de bronze qui ont occupé le vide des *jets* et des *évents* à mesure que le moule s'est rempli, puis à réduire les exubérances auxquelles ces *jets*, ces *évents* (fig. 4), et les petits accidents survenus au moule, ont donné lieu, ou bien à suppléer, par des pièces ou des soudures, les vides que la fonte a pu laisser accidentellement.

L'opération de cette fonte est d'autant plus difficile, que l'œuvre à jeter en bronze est plus volumineuse, particulièrement à cause de la très grande force, qu'il faut donner 1° *au moule de potée*, 2° à la *chemise de maçonnerie*, ainsi qu'aux fourneaux qui ont à contenir et à mettre en fusion une masse considérable de matière. Les *figures équestres* de Louis XIV et de Louis XV dont nous avons représenté quelques aspects, très réduits, doivent être considérées comme des chefs-d'œuvre de *fonte à cire perdue.*

Lorsque l'œuvre d'art à jeter en bronze se prête d'elle-même à un morcellement, et qu'il n'y a rien à appréhender des raccords ou des traces de soudures, il est préférable de fondre en plusieurs pièces.

La seconde manière de fondre, *fonte en sable,* demande moins de préparatifs : on lève, sur un *modèle en plâtre,* un moule fait de sable corroyé, de manière à ce qu'il possède, tout à la fois, la consistance et la souplesse nécessaires pour en prendre et conserver la forme. On rapproche et l'on contient, sous une *chape,* les pièces de ce *moule en plâtre* qu'il a fallu diviser en un plus ou moins grand nombre de parties, afin qu'elles dépouillassent la *maquette* ou le *modèle ;* on établit dans le centre un *noyau* conforme aux cavités de la paroi du moule et, dans l'intervalle ménagé entre cette paro et le noyau, on fait couler la matière en fusion ; puis, *comme pour la fonte en cire,* après avoir enlevé la *chape* on abat les *jets* et les *évents,* et l'on répare.

Aux dix-septième et dix-huitième siècles, ce procédé de la *fonte en sable* a été appliqué à des objets mobiliers, tels que cartels, pendules, et à des garnitures de meubles : mains, sabots, culs-de-lampe, etc.

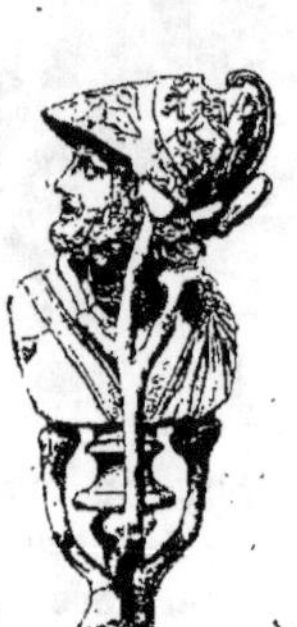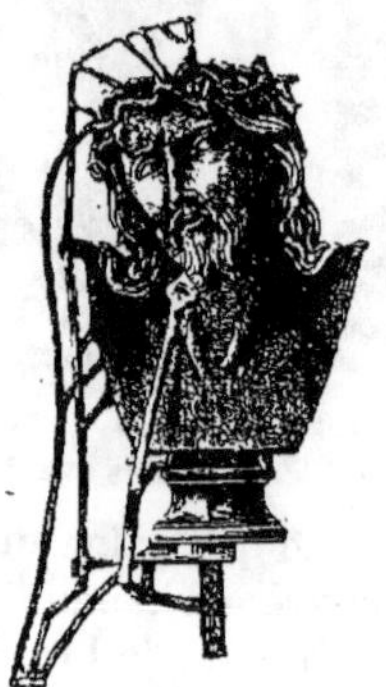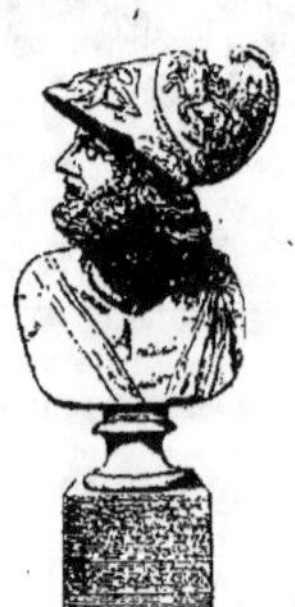

EXEMPLES DE BRONZES AVEC JETS DE FONTE BRUTE, ET APRÈS LA CISELURE

MOULAGE ET FONTE DES BRONZES ORIENTAUX
FORMES ET DÉCORS DE QUARANTE-CINQ VASES, ART JAPONAIS
(Consulter les pages 116 à 122, fig. 200 à 219).

Fig. 9 à 18. — Ces vases d'une décoration ingénieuse et hardie, dont plusieurs offrent des formes générales vraiment étranges, ont dû être simplement moulés sur des objets en verre ou en faïence, puis fondus revêtus d'une enveloppe tressée par les vanniers du pays, afin de les préserver d'accidents inévitables. Cette vannerie forme une décoration originale sans détruire la forme des vases, tel est le 3, rappelant une lanterne, le 4, crabes grimpant sur un filet, le 5, vase évidé recouvert d'une large feuille végétale. — Dans une étude : *Le bambou en Chine et au Japon*, due au docteur Mène, *Mémoires de la Société des Etudes Japonaises*, Tome III, partie I. (Paris, Edouard Rouveyre, éditeur, libraire de la Société pour l'étude de l'Orient bouddhique, 1881), nos lecteurs trouveront des renseignements du plus haut intérêt sur une plante très importante de l'Empire du Soleil Levant : le *Bambou* que les Japonais appellent *Take*, auquel les Chinois donnent le nom de *Tchou*, et que l'imagination féconde de ces deux peuples a su approprier à presque tous leurs besoins.

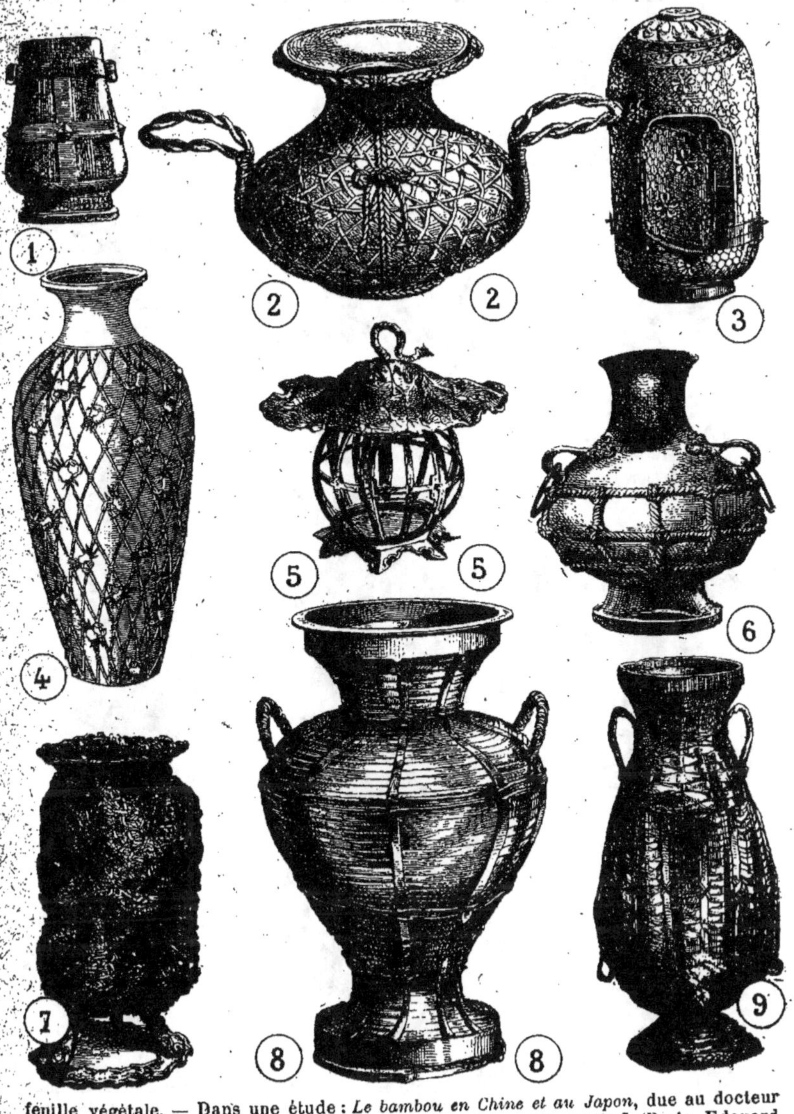

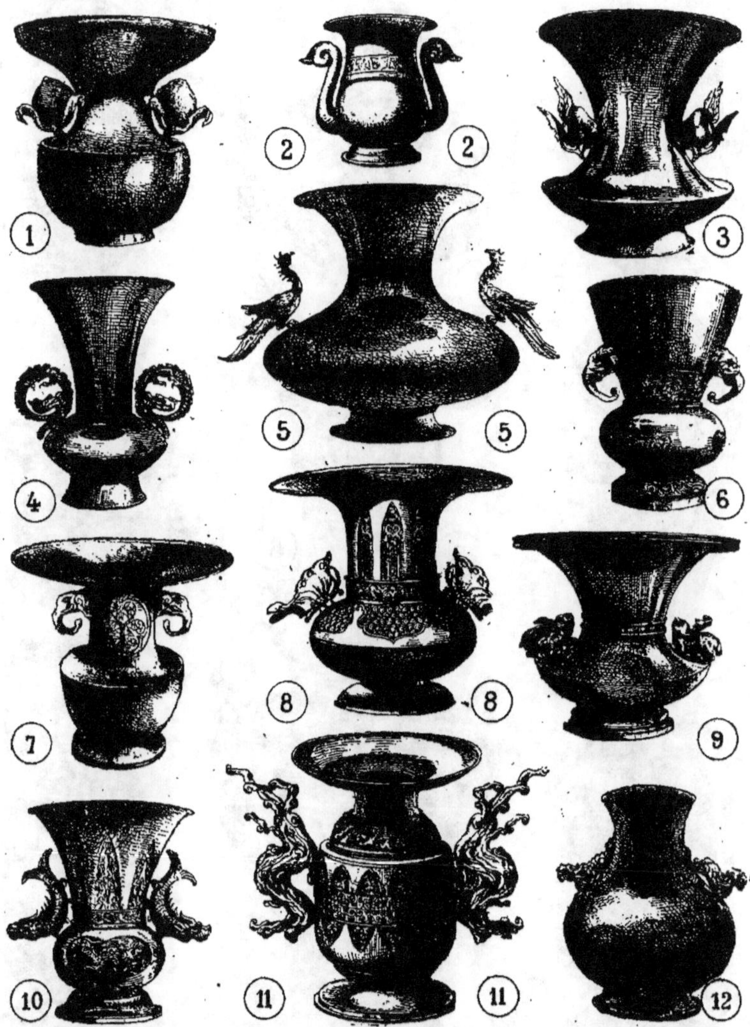

Fig. 19 à 30. — Les anses, parfois aussi étranges qu'ingénieuses de ces vases, en sont la partie caractéristique et celle qui attire le plus vivement l'attention. Ce sont ou des plantes ou des fruits, des papillons ornemanisés, des têtes d'éléphants, ou bien l'orifice même du vase qui se développe et s'étend, comme une lanière découpée, jusqu'à la panse du vase. Le 5, anses en forme de grues; 6 et 7, en forme de trompes; 8, en forme de papillons; le 11, offre cette particularité que les anses, sorte de racines d'arbre, sont adaptées à la panse au moyen d'un gond.

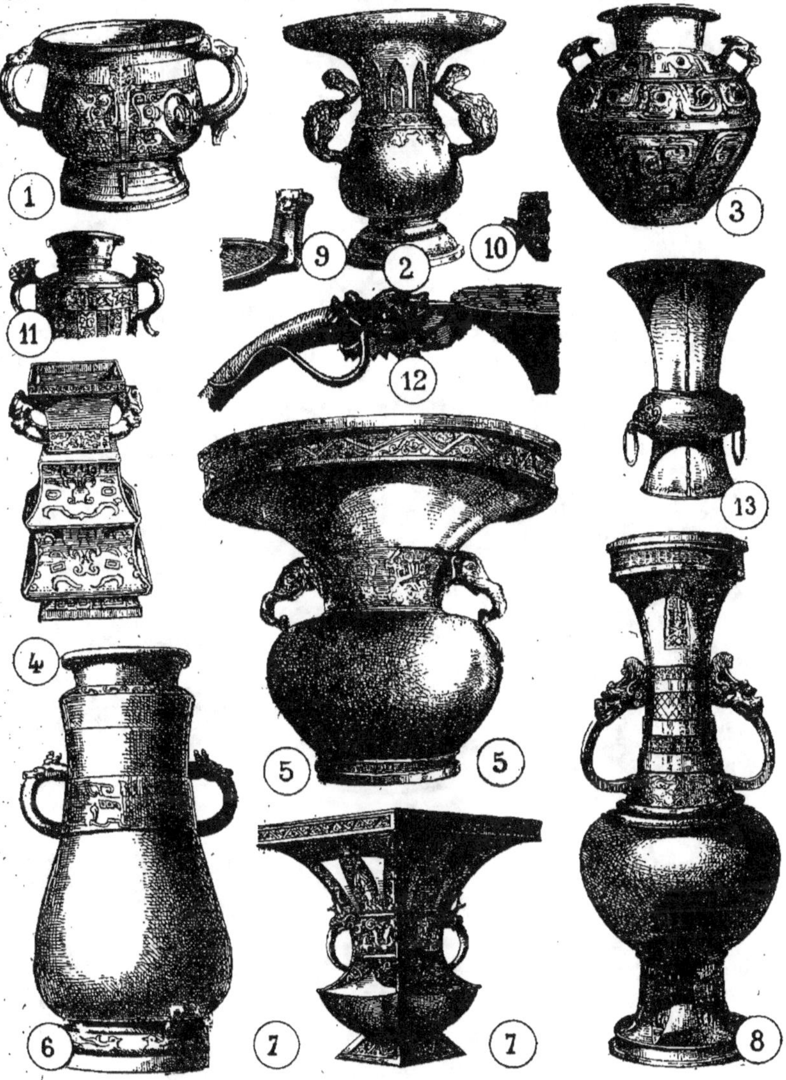

Fig. 31 à 44. — La fonte à *cire perdue* joue, depuis les temps les plus reculés, un rôle très important dans le travail des bronzes japonais et chinois : on atteint toujours, par ce procédé, à une perfection d'exécution, à une ampleur, à une puissance de modelé, à un aspect décoratif que la ciselure ne saurait remplacer, quelque bien exécutée qu'elle soit. Ainsi, et pour ne pas sortir des exemples que nous représentons, les têtes de monstres, qui forment les anses de ces vases, sont parfaites autant comme appendice de l'objet, que comme exemple d'une fonte arrivée à son plus haut point de perfection.

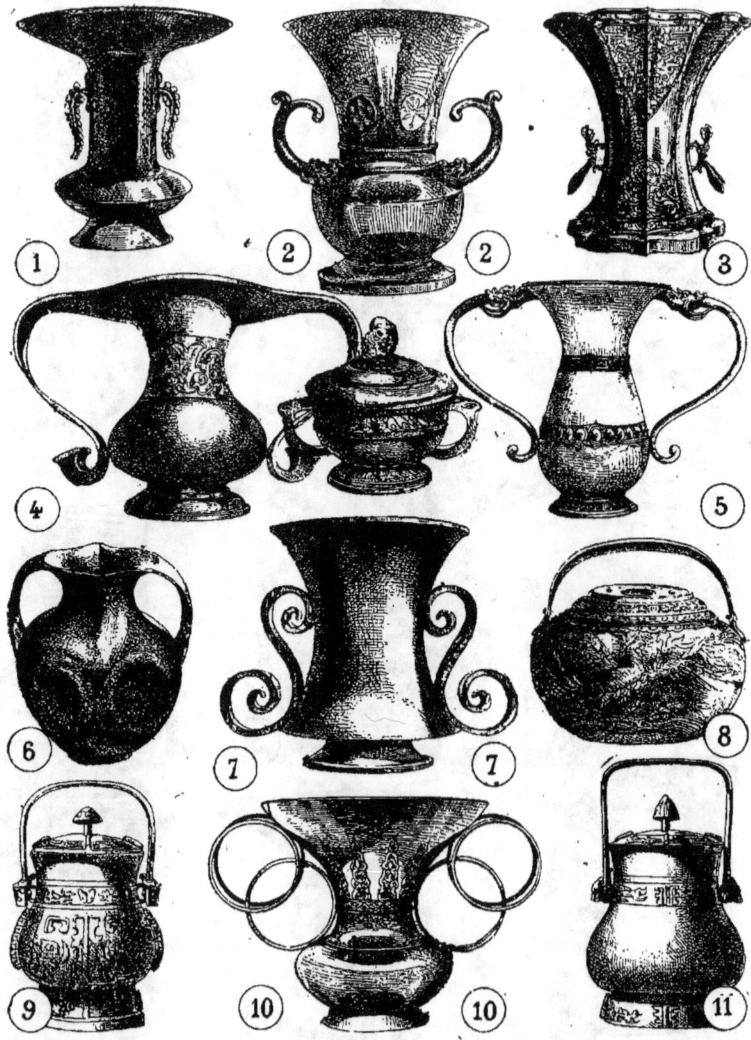

Fig. 45 à 56. — On peut affirmer que, chez les Japonais et les Chinois, la
forme des vases est sans limite et que les artisans de ces nations sont, dans la
céramique comme dans les bronzes, intarissables dans leurs inventions, depuis les
formes les plus simples et les plus sévères, jusqu'aux conceptions les plus bizarres,
les plus tourmentées. La richesse ne leur fait pas défaut, lorsqu'ils le veulent, et
ne les effraye pas ; mais ils s'appliquent souvent à créer des œuvres d'art d'un
remarquable caractère et d'une incontestable beauté, à l'aide, pour ainsi dire, de
formes élémentaires et qui semblent être trouvées sans aucun effort. La plus
remarquable de ces anses est représentée n° 10 : anses formées de trois animaux
singulièrement arrangés, c'est-à-dire deux en haut et un en bas, placés entre eux.

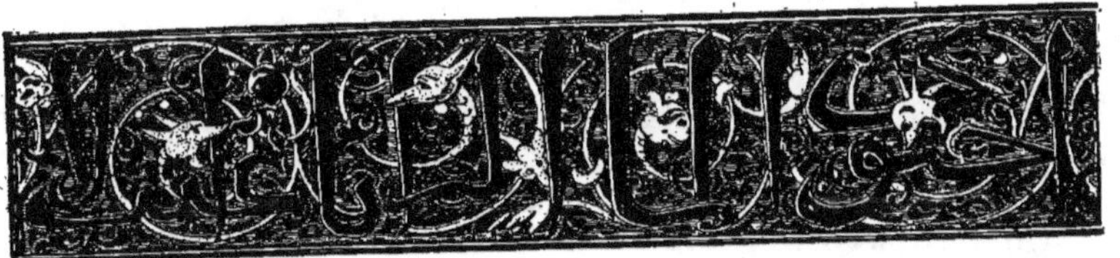

Collection Fréderic Spitzer

Fig. 57. — Cette inscription, en lettres émaillées de bleu sur fond rouge et or, semé de rinceaux terminés par des têtes d'animaux fantastiques, forme la deuxième zone du gobelet représenté fig. 61. (Consulter page 24.)

COMPRÉHENSION DES ŒUVRES D'ART ORIENTAL

LES ENVELOPPES DE LAMPES EN VERRE ÉMAILLÉ
DESTINÉES AU SERVICE DES MOSQUÉES

Lorsque nous étudierons l'industrie, toute byzantine, de la *verrerie vénitienne* qui se rattache par Constantinople, l'antique Byzance, à celle de l'ancien monde, nous ferons remarquer qu'elle adopta les fantaisies des Phéniciens et celles des Romains (1).

Plus sévère dans son choix, la *verrerie syro-égyptienne* n'emprunta, aux arts primitifs de l'Orient, que des formes et des ornements en harmonie avec la loi musulmane; elle laissa de côté les ampoules, les lacrymatoires, les vases qui pouvaient rappeler les instruments des sacrifices et, sauf de rares exceptions, elle ne modela ni ne peignit de figures humaines.

Des coupes avec leur couvercle, d'un profil simple, à fond jaune et à dessins vert et rouge rehaussés d'or, des bouteilles au col très allongé, avec deux larges zones d'émaux, l'une à la panse et l'autre au goulot, avec des fleurs à paillons dans les intervalles, des *enveloppes de lampes* destinées aux mosquées, telles sont les verreries qui nous sont restées des artisans Syro-Égyptiens.

1. Quand les Vénitiens eurent dérobé le secret des verreries arabes aux fabriques byzantines qui, jusqu'au milieu du quinzième siècle, en avaient le monopole, la France fut leur tributaire jusqu'au 3 février 1552, date à laquelle Theseo Mutio, gentilhomme bolonais, obtint des lettres patentes du roi Henri II, « pour faire verres, mirouers, canons (canettes) et autres verreries à la façon de Venise ».

Le temps n'a pas épargné ces monuments fragiles, répandus principalement en Europe; cependant, il en est encore de conservés dans les mosquées de la Syrie et de l'Egypte.

Un verre à boire, forme calice, désigné sous le nom de *verre de Charlemagne* (fig. 58), provenant de l'abbaye de Châteaudun, fait partie du Musée de Chartres. Le Musée des Thermes et de l'Hôtel de Cluny, à Paris, en possède un type; citons aussi,

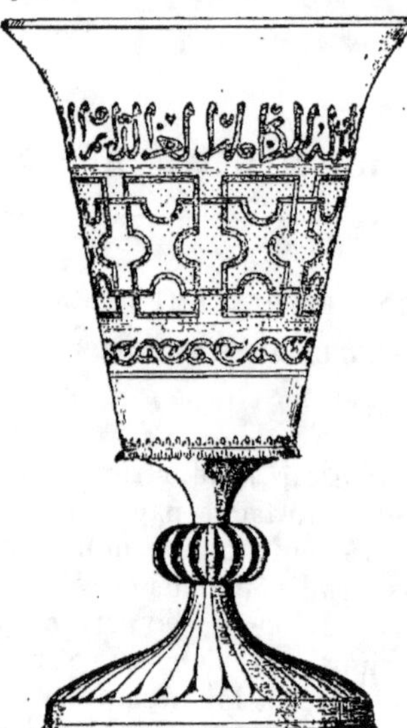

XIIIᵉ SIÈCLE. — ART SYRO-ÉGYPTIEN

Musée de la ville, Chartres

Fig. 58. — Les dessins variés formant la décoration de ce *verre dit de Charlemagne*, la légende en caractères arabes qui l'entoure, la tradition fabuleuse par laquelle il aurait appartenu à un roi de France, premier Empereur d'Occident; son antiquité seule, abstraction faite de ce souvenir historique, tout concourt à la représentation et à la description d'un objet d'art aussi précieux.

« Cette pièce, écrit L. Roger-Milès, est désignée sous le nom de Charlemagne bien qu'elle ne vienne nullement d'un don fait au célèbre empereur par Haroun-al-Raschid. On sait, par la *nomenclature* d'Eginhard, quels présents Charlemagne avait reçus du calife abasside : cette coupe ne s'y trouve pas. » L'inscription en caractères arabes, de la forme appelée *neskhy*, que nous reproduisons, se rapproche

dans un autre genre, la *lampe de mosquée*, que le Trésor de l'église Saint-Étienne, à Vienne (Autriche), possède depuis le quatorzième siècle. Cette lampe, d'une grande élégance de forme, est munie de six petites anses ; les dessins, en or bordé de rouge et d'émail bleu, forment trois zones d'entrelacs alternant avec des semis de rosettes, séparés par des anses à ailettes.

Les *enveloppes de lampes* méritent de fixer l'attention des experts, antiquaires, et celle des amateurs.

La plupart se composent d'une panse arrondie, qui s'évase par le haut en forme d'entonnoir. L'aspect en est bleuâtre, avec des zones de diverses nuances. Dans les parties brunes, l'émail dessine des versets du *Koran* ou des *légendes*, presque toujours en *lettres dites de Sarrazin*, séparés par des médaillons. Des *zones* plus claires sont décorées d'arabesques et de fleurs, en émail sur or, ou en or sur émail.

Ces *enveloppes de lampes* se balancent, nombreuses, dans les mosquées, suspendues à la voûte par de longs cordons de soie passés dans des anses

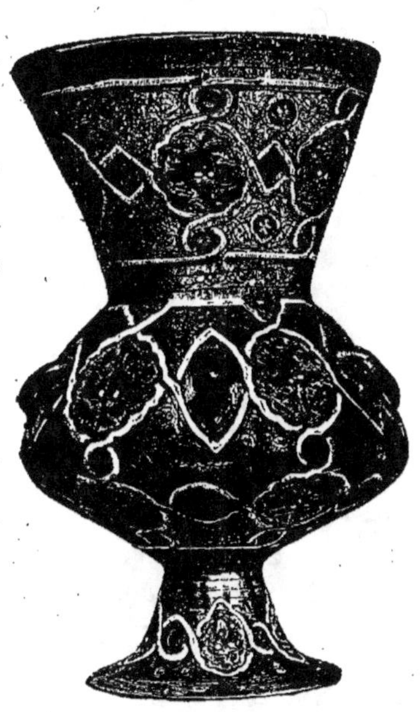

XIVe SIÈCLE. — ART SYRO-ÉGYPTIEN

Fig. 59. — Trésor de l'église St-Étienne de Vienne (Autriche).

d'une inscription qui se trouve sur un globe céleste fabriqué pour le sultan d'Egypte, Malék-Kamel, fils de Malek-Adel, et neveu de Saladin, en l'an 622 de l'Hégire, soit 1225 de notre ère. (En ce qui concerne le cycle des années de l'Hégire, consulter la légende des fig. 220 à 223.) L'inscription émet des vœux et forme des souhaits : « Gloire durable, vie longue et exempte de maladie, succès croissants, fortune toujours favorable, prospérité parfaite. » Ce sont là de banales et courtoises généralités, sans plus. Il est probable que la coupe fut rapportée par quelque croisé et offerte, par lui, en signe de dévotion reconnaissante, au Trésor de l'abbaye de la Madeleine de Châteaudun (Eure-et-Loir), d'où elle passa à la bibliothèque de Chartres, qui la conserva jusqu'à la création du Musée de cette ville (1834).

La partie supérieure de la coupe offre un limbe lisse : au-dessous, l'inscription ; plus bas, une zone d'entrelacs, puis un cordon. Les lettres, en rouge sur les côtés de leurs entailles, sont dorées au milieu : au-dessous, il y a des points d'émail blanc et bleu en relief, incrustés dans le verre et filetés d'or ; le support, qui dut être argenté à l'origine, est en cuivre ; le pied est décoré de *godrons*.

légères, formant saillie sur la panse du vase ; ces cordons d'attache se dessinent comme les arêtes d'un polyèdre à un sommet commun.

A cet angle est suspendu un œuf d'autruche, d'où *tombe une petite lampe* qui descend à l'intérieur de l'*enveloppe en verre*.

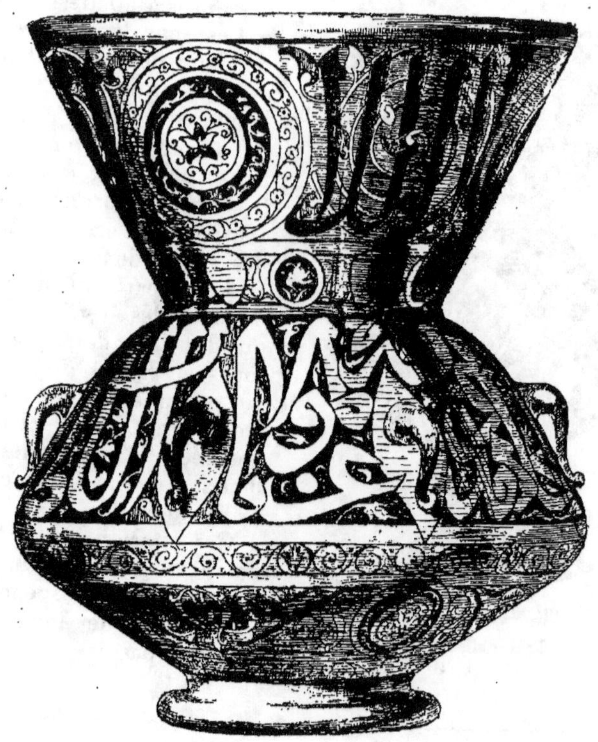

XIII SIÈCLE. — ART SYRO-ÉGYPTIEN. — ATELIERS DE DAMAS

Collection de la baronne Salomon de Rothschild

Fig. 6o. — Nous donnons, d'après Albert Jacquemart, l'analyse d'une de ces *enveloppes de lampes de mosquées* qui, depuis près de 75 ans, ont été rapportées de Syrie ou d'Egypte, où elles faisaient l'ornement de mosquées. « Sur un verre épais, un peu jaunâtre, un artisan, évidemment d'origine persane, a jeté d'élégantes arabesques en bleu, rouge de fer et blanc qui, mêlées à des caractères, interceptent la lumière intérieure et la tamisent, selon le vœu de la *sourate du Koran* rappelée par le savant Adrien de Longpérier, en rendant le vase comparable au *Mischkha* consacré.

« Ici, les caractères tracés ont un intérêt puissant d'histoire, car, d'après la lecture qu'en a faite l'archéologue érudit que nous venons de citer, ils donnent

Ces chefs-d'œuvre fragiles, désignés le plus souvent sous le nom de *verres de Damas* ou, d'une façon plus générale, mais fautive, sous celui de *verres arabes* (1), remontent presque tous à la dynastie des princes mameluks qui régnèrent sur la Syrie et sur l'Egypte.

Leur date est antérieure au quinzième siècle, les manufactures du Caire et celles d'Alep ayant cesser d'exister à cette époque.

une date, une provenance et un nom peu connu. Le corps du vase porte, entre les six bélières de suspension : « *Honneur à notre seigneur le sulthan Malek el Adel el Alem, el Modjahid : que (Dieu) exalte sa victoire !* »

« Sur le col, remplissant l'espace libre entre les médaillons circulaires, on trouve répétés, en émail bleu, les trois titres : *El Soulthan, el Malek, el Alem.*

« Tout ceci paraît pouvoir s'appliquer à un membre de la célèbre famille aïoubite, à laquelle appartenaient Salah-ed-dine (Saladin) et Abou-Bekr-Mohammed (Malekadel). Cet homme, appelé Sandjar-halebi, était gouverneur de Damas, lorsqu'en 658 de l'Hégire (1258), le sultan mamlouk Koutouz fut assassiné par Béibars, qui se fit proclamer à sa place par les émirs. Sandjar-halebi refusa de reconnaître ce nouveau maître et se fit proclamer sultan lui-même en prenant les surnoms de *Alem* et *Modjahid*.

« Moins de trois mois après son élévation à la suprême puissance, ce sultan était emmené prisonnier en Egypte ; mais, ajoute Adrien de Longpérier, puisqu'il eut le temps de frapper des monnaies, ce que nous apprend Makrisi, il n'est pas étonnant qu'il ait fait inscrire son nom sur une lampe fabriquée dans la ville même où il comptait autant d'amis que d'habitants, et qu'il ait consacré cette lampe comme un remerciement au ciel pour son avènement au trône. »

Nous avons donc représenté une verrerie faite à Damas en 1260 de notre ère, et qui ne diffère en rien, comme art, des œuvres trouvées en Egypte et consacrées, de 1293 à 1341, par Mohammed fils de Kelaoun, ou de 1382 à 1399 par Abou-Saïd-Barbouk. (En ce qui concerne le cycle des années de l'Hégire, consulter la légende des figures 220 à 223.)

1. « On appelait *Œuvre de Sarrazin*, au Moyen Age, écrit le comte Léon de Laborde, tout ce qui avait un air oriental, le grec, ou comme nous l'appelons, le byzantin, compris. Ainsi, lorsque l'architecte Willars de Honnecourt dessine de souvenir, au treizième siècle, dans son *Album* conservé à la Bibliothèque nationale de Paris, Manuscrits Latins, S. G., nº 1108, le *Tombeau d'un Sarrazin*, il est clair qu'il nous met sous les yeux un monument romain de la décadence, ou grec de basse-époque. Les étoffes sarrazinoises sont dans le même cas. Le modèle avait été créé en Orient ; toutes les imitations fabriquées à Venise, à Paris, à Arras, à Bruxelles étaient censées faites *de main sarrazinoise*.

« *Œuvre de Damas.* — Damas, Mossoul et Bagdad semblent avoir été, au Moyen Age, les villes industrielles qui fournissaient l'Europe d'ouvrages damasquinés, de poteries, de verreries et de parfums. Le long séjour des chrétiens en Orient aurait suffi pour vaincre leurs préventions contre tout ce qui venait des Sarrazins, si même la séduction de leur art n'avait eu libre carrière pour s'exercer à l'abri du droit qu'on avait de se parer de dépouilles glorieusement conquises. Le *style arabe* devint donc à la mode, et la marine marchande importait avec succès toutes les productions de l'industrie orientale. »

Venise, qui ouvrait son port à ce grand envahissement, était trop industrieuse pour ne pas s'emparer de cet engouement et le faire tourner à son profit ; elle *fabriqua, à s'y méprendre, des étoffes, des verres, des ciselures, des bijoux, contrefaçons orientales*, et les répandit dans toute l'Europe avec un plein succès. Paris, Arras, les Flandres, et successivement toutes les villes manufacturières, adoptèrent cette mode, et le *nom de Damas* resta à des produits qui n'avaient plus qu'un faible reflet de l'Orient.

Le verre de ces vases est blanc, d'une teinte légèrement verdâtre, semé de petites bulles à l'intérieur ; les inscriptions ainsi que les dessins arabesques, qui les décorent, sont finement tracés au pinceau, avec un émail rouge brun ; les contours sont remplis d'émaux opaques rouges, blancs ou verts, et dorés en partie.

La lumière passe à travers le verre et brille, en dessinant alternativement, ou les lettres formant la légende, ou le fond sur lequel elles s'enlèvent en émail de couleur.

Les inscriptions décorant ces enveloppes de lampes sont, pour le plus

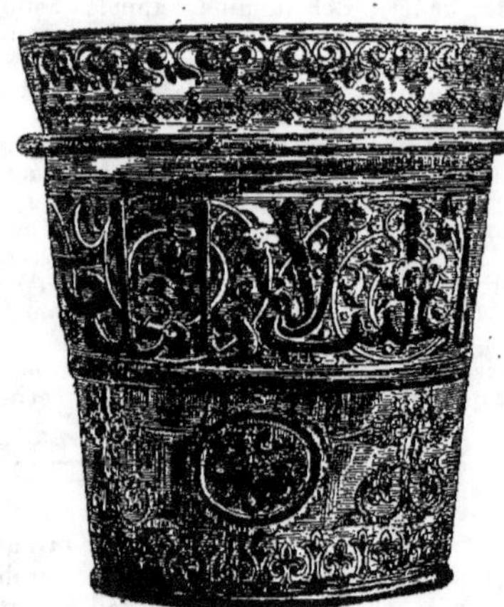

XIVᵉ SIÈCLE. — ART SYRO-ÉGYPTIEN. — ATELIERS DE DAMAS

Collection Frédéric Spitzer

Fig. 61. — Sur tout le pourtour, au centre de ce *gobelet en verre émaillé et doré*, règne une inscription en grands caractères qui se détachent sur une frise circulaire de riches rinceaux polychromes, terminés par des têtes de monstres (V. fig. 57) ; à la partie inférieure, dans des médaillons ovales à encadrement formé par un filet d'émail en relief sur fond denté d'or, et séparés par des animaux fantastiques à deux têtes et aux ailes éployées, on voit un lion héraldique peint en émail rouge.

Fig. 62. — Le même lion héraldique de la fig. 61 se retrouve sur cette *bouteille en verre bleu* à long col, ornée d'inscriptions en émail blanc très pur sur un fond vermiculé d'or ; au-dessus de la frise centrale, sur l'épaulement, le décorateur a placé quatre fleurons, d'une belle ordonnance, émaillés en blanc et dessinés d'or. Cette bouteille et le gobelet (61) sont, l'une par la coloration bleue du verre, et l'autre, par sa dimension, des pièces intéressantes.

grand nombre, la reproduction d'un verset du *Koran* ; on trouve fréquemment celui qui suit :

« Dieu est la lumière des cieux et de la terre. Cette lumière est comme un foyer où se trouve un flambeau, un flambeau placé dans un cristal, cristal semblable à une étoile. »

Les vases syro-égyptiens en verre émaillé, *authentiques*, sont rares. Damas, héritière de Tyr et de Sidon, paraît avoir été le

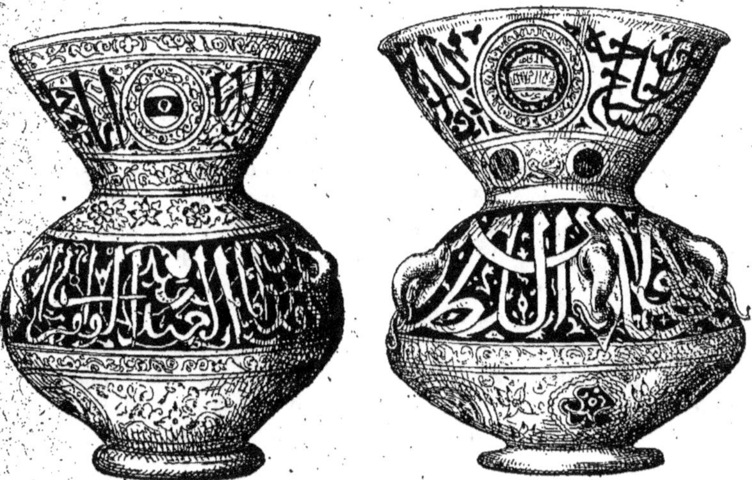

XIVe SIÈCLE. — ART SYRO-ÉGYPTIEN. — ATELIERS DE DAMAS

Musée Jacquemart-André, Paris

Fig. 63 et 64. — La panse de ces *enveloppes de lampe de mosquée* se compose de deux troncs de cône et, sur la partie supérieure, se relèvent de petites anses. La décoration consiste en médaillons représentant des fleurs dessinées en divers tons, dorés, et se détachant sur un fond d'émail. Sur le col légèrement ouvert, des médaillons séparent une frise offrant une inscription arabe se détachant sur un fond d'émail.

siège de cette fabrication ; cette ville était, avant les conquêtes de Tamerlan (*Timour le Boiteux*), célèbre conquérant dévastateur tatare (1335 † 1405), la capitale de l'art arabe ; son nom est resté attaché aux incrustations d'or sur fer, et aux étoffes de soie.

CONTREFAÇON DES VERRERIES MUSULMANES

Jusque vers la fin du second empire français (1870), les verreries d'art musulman échappèrent à l'habileté des contrefacteurs. C'est en 1875 que l'intérêt présenté par les verreries syro-égyptiennes et, surtout, par les enveloppes de lampes de mosquée nouvellement importées en France, encouragea quelques artisans verriers parisiens à les prendre pour modèles.

Deux de ces artisans, réputés parmi les plus habiles, en figurèrent les formes, copièrent les décors, les ors et les couleurs, imitèrent les caractères, en transcrirent les inscriptions, fautivement, sans les comprendre.

Il n'est pas jusqu'aux composants du verre qu'ils n'aient étudiés et mis en pratique ; mais la terre particulière vitrifiable, la soude d'Egypte, leur manqua... (1)

Le premier de ces verriers, Albert Pfulb, fabriqua plusieurs types d'enveloppes de lampes dont le décor pourrait rivaliser avec celui des originaux. En dehors de ces travaux, cet artisan verrier exécuta des coupes en verre, décorées d'émaux éclatants et rigoureux : bordures arabesques d'un or fin et quelquefois doux, relevé de filets rouge de feu ; fonds avec réserves et médaillons, etc.

Des pièces sont teintes dans la masse, on en rencontre de blanches, de bleues, de vertes, avec bouquets en bleu vif, en rouge, en jaune ou en vert ; d'autres paraissent ornées de pierres précieuses, de grenats, de rubis, d'émeraudes.

Quel qu'en soit l'éclat, le connaisseur déplorera une trop parfaite adaptation moderne des procédés du Moyen Age. Ces plaques sur fond en relief, cette boue d'or servant à sertir de fausses pierres précieuses, tout ce travail de métier témoigne d'une absence totale du goût le plus élémentaire.

---

(1) Les couleurs composées avec des oxydes métalliques s'incorporent dans le verre par l'action du feu ; celles qui sont tirées du fer ne s'y incorporent pas, mais on les fixe dessus le verre en passant chaque pièce sous le moufle. Les couleurs susceptibles de s'incorporer dans le verre sont :

Le cobalt sert pour le bleu clair ou foncé. Les différentes nuances de rouge, de brun, de brun-marron, se font avec des oxydes de fer portés à différents degrés. Le brun-rouge ou le pourpre-brun se fait avec de la chaux de cuivre. Le vert s'obtient aussi du cuivre dissous par des acides végétaux ou par d'autres acides, mais précipités avec de l'alcali fixe. Les verres de couleur pourpre se teignent avec de la chaux d'or. Les chaux d'argent sont aussi colorantes et donnent le jaune d'or, qui se fait également avec de la chaux de plomb uni à l'antimoine. Le violet s'obtient de la manganèse. Les chaux d'étain produisent un beau blanc de lait.

Dans sa *Géographie*, dont le caractère historique est nettement marqué, Strabon (58 av. J.-C. †25 ap. J.-C.), écrivait : « Lors d'un séjour à Alexandrie, j'appris d'ouvriers verriers que l'Egypte possédait une terre particulière, vitrifiable, que, sans cette terre, ils ne pourraient exécuter ces magnifiques ouvrages en verre de plusieurs couleurs et que, en d'autres pays, il faut avoir recours à différents mélanges. »

La soude d'Egypte était encore renommée au seizième siècle ; c'est à Alexandrie que les verriers de Murano s'en approvisionnaient.

F. Duhner (1802 †1867), F.-M. Muller (1823 †1900), et A.-A. Tardieu (1818 †1879) ont donné de précieuses traductions de la *géographie grecque* de Strabon.

(2) Dans le bas de la vitrine, n° 113 A (Musée de la Manufacture nationale, Sèvres), *Verrerie ancienne et moderne*, sont placées des *copies* d'enveloppes de lampes en verre, art syro-égyptien, fabriquées par Paul Brocard.

Les imitations des verreries musulmanes du second artisan, Paul Brocard, sont plus réussies.

Dans ces travaux, le verre blanc ou légèrement teinté, orné sur une partie de sa surface d'émaux translucides ou même opaques, acquiert une valeur particulière. Ces *fidèles reproductions* d'enveloppes de lampes de mosquées, de vases et de bassins arabes ou persans, où le verre fondu avec le cuivre produit des émaux d'une coloration et d'une transparence incomparables, exécutées par cet habile artisan et réparateur verrier, témoignent d'une entente remarquable de la couleur et du sentiment décoratif de l'Orient.

Ces *imitations, par trop parfaites*, ne devraient pas être destinées au commerce, mais exclusivement placées dans les Musées comme types de tentatives faites pour retrouver les procédés de l'art industriel ancien. (Consulter la note (2) page précédente.)

Malgré le mérite de ces *stériles imitations*, à quoi bon reprendre, avec de maladroites apparences de vétusté (sinon pour encourager, en le facilitant, le commerce de fausses œuvres d'art), ces verreries, précieuses par leur rareté?

Les artisans d'art industriel, ayant la faculté d'adapter toutes les formes créées, toutes les formes imaginaires, ont le devoir de les appliquer à un but plus utile.

Il est à remarquer que les écritures orientales ont besoin de netteté pour ne pas être énigmatiques. Les inscriptions sont, pour un grand nombre, défigurées par des inhibitions de couleurs, des ligatures exagérées, ou par l'absence de points diacritiques.

Les *lettres de Sarrazin*, dites aussi *lettres de Damas*, formant des inscriptions relevées sur celles décorant les étoffes, les vases en faïence ou de métal émaillés, venus d'Orient, y sont adaptées avec une si complète ignorance, qu'elles ne conservent que la forme rudimentaire et l'apparence des caractères.

On doit donc être aidé par une longue habitude pour en retrouver le sens qui, souvent, est obscur et présente de nombreuses difficultés pour en comprendre la signification, surtout en ce qui concerne les *imitations* des verreries musulmanes.

عز لمولانا السلطان الملك

Gloire à notre maître, sultan et roi !

Fig. 65. — Inscription correcte.

لا (sic) عز لمولانا السلطا الباكت

Gloire   notre maître, sultan et roi !

Fig. 66. — Inscription fautive.

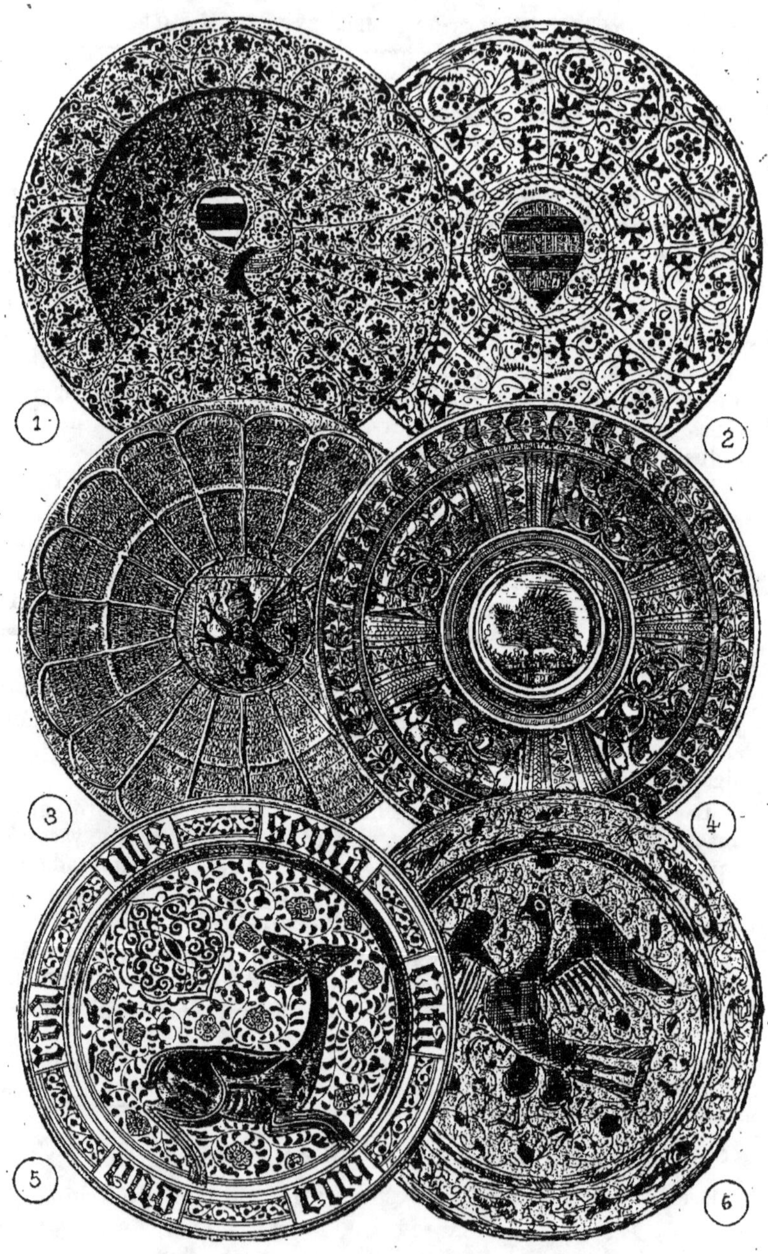

Consulter le texte ci-contre ainsi que les légendes des fig. 79, 82, 80, 97, 81 et 83 correspondant aux nᵒˢ 1, 2, 3, 4, 5 et 6.

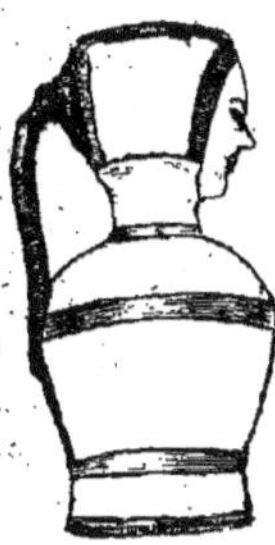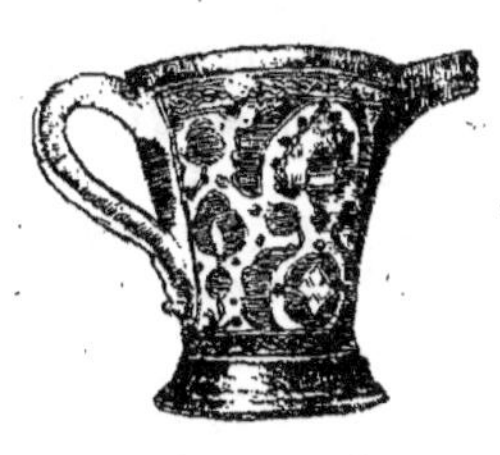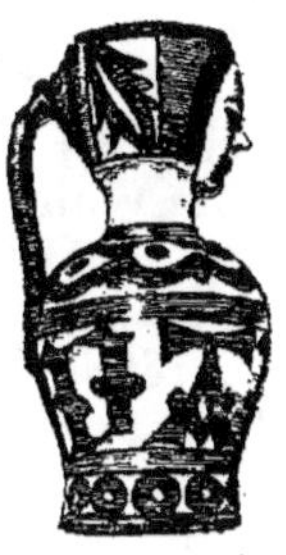

Fig. 68. — XVe SIÈCLE, ATELIERS DE MANISÈS. — Aiguière en forme de cône tronqué renversé. La décoration est formée de palmettes tracées en jaune à *lustre métallique*. Le goulot, le pied et l'anse sont lavés de jaune à *lustre métallique*. — Fig. 69 et 70. — XVIᵉ SIÈCLE, ATELIERS PUENTE DEL ARZOBISPO. — La pièce terminée est couverte d'un émail blanc, bleu, jaune et vert, cerclé d'un large trait noir. Sur la panse on lit le mot *vampi* en caractères gothiques.

La qualité primordiale des faïences hispano-morésques, à lustre métallique, est une fantaisie toute linéaire, reposante par ses combinaisons. Leur coloration éblouissante, d'une technique raffinée, en métamorphose la matière.

COMPRÉHENSION DES ŒUVRES D'ART EN CÉRAMIQUE

LES FAÏENCES HISPANO-MORESQUES A LUSTRE MÉTALLIQUE

On doit désigner, sous le nom *Hispano-Moresques* et non *Hispano-Arabes*, les faïences à *lustre métallique* (1) fabriquées en Espagne pendant, et même après la domination des *Mores* (ou *Maures*) et décorées de feuillages 1, de rinceaux 2, de *cordoncillo* 3, d'entrelacs 4, d'inscriptions 5, d'armoiries 3, rarement de figures ou d'animaux 6, disposés avec cette ingéniosité extraordinaire que les artisans musulmans ont toujours déployée pour la décoration de leur architecture, aussi bien que dans la peinture de leurs manuscrits et le dessin de leurs étoffes (2).

A dater du seizième siècle, les faïences hispano-moresques per-

(1) *Lustre*. Eclat, brillant qu'un objet a naturellement, ou qu'on lui donne, soit en le polissant, soit en faisant usage d'une préparation chimique. *Reflet*. Réflexion de la lumière, de la couleur d'un corps sur un autre.

La désignation à *reflets métalliques* appliquée à ces faïences et généralement adoptée, a semblé erronée aux historiens d'art céramique, Albert Jacquemart et Edouard Garnier ; leur décoration consiste, en effet, en un véritable *lustre*, d'un ton d'or plus ou moins foncé, variant du jaune au rouge rubis, obtenu au moyen du cuivre ou de l'argent et donnant un *lustre* chatoyant dont le caractère métallique est toujours constant. Le terme *reflet métallique* doit être réservé aux reflets et aux *irisations d'apparence métallique* que quelques couleurs, telles que le vert de cuivre, par exemple, si fréquemment employé par les Chinois et les faïenciers de Marseille, produisent sous certains angles de lumière.

(2) Quoique la représentation des êtres animés soit interdite par certains casuistes musulmans, on ne peut nier aux artisans mores l'honneur d'avoir créé les peintures et les sculptures du palais de l'Alhambra à Grenade, où se rencontrent des travaux de cette nature. — Les douze lions sur lesquels repose un bassin

dent leur caractère artistique ; la fabrication avait été continuée pour venir échouer entre les mains d'un *posadero* (aubergiste), que le baron Charles Davillier cite, dans son *Histoire des faïences hispano-moresques à reflets métalliques*, publiée à Paris, chez Didron, en 1861. Ce *posadero* modelait des poteries assez lourdes que sa femme enluminait grossièrement d'ornements dorés. La fabrication en a été reprise par des manufactures importantes.

Si la littérature exprime, ordinairement, le caractère d'un peuple, on pourrait écrire que son art est, souvent, la représentation de sa littérature et, par conséquent, le reflet du caractère de ses habitants. En effet, quoi de plus fleuri que la poésie orientale, ainsi que ses tapis, ses mosaïques, ses plafonds, ses faïences à *lustre métallique*, et ses *azulejos* (Fig. 85 à 89). Dans le *Koran*, ce livre descendu d'en haut, on trouve, à chaque chapitre : des jardins arrosés de courants d'eau, des ombrages délicieux, des prés fleuris, lieux de délices où les fruits seront toujours mûrs et les fleurs toujours éclatantes ; les femmes, blanches comme l'œuf de l'autruche caché dans le sable, exemptes de souillure. Ce culte des jardins était presque général dans les religions primitives : les Hébreux avaient le paradis terrestre, avec l'arbre de la science du bien et du mal ; les Grecs, le jardin des Hespérides avec les pommes d'or de la fable ; les Celtes, l'île d'Avalon, île des pommiers, jardin promis aux sages.

En Orient, l'éternel bonheur était représenté par un arbre, le Hom ; l'éternel malheur, par un autre arbre dont les cimes étaient

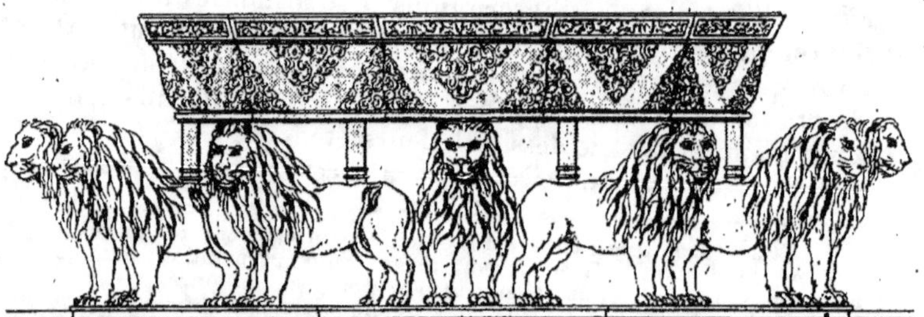

de forme dodécagone, placé au centre de la cour, formant la *Fontaine des Lions*, sont certainement dus au ciseau moresque (fig. 71 ci-dessus).

Ces lions possèdent une certaine hardiesse naïve, témoignant de l'inexpérience des artisans mores dans la reproduction des êtres vivants. Si nous en jugeons d'après l'inscription gravée sur la fontaine. « O toi qui contemples ces lions, dit le poète, sois sans crainte, la vie leur manque, ils ne peuvent montrer leur furie ! », les Mores étaient loin de penser que ces lions manquassent de vérité.

De même qu'un bas-relief, qui fait partie d'une fontaine dans l'Alcazaba, ces rois du désert prouvent assez que les fondateurs de l'Alhambra n'ont pas toujours tenu compte de l'interdiction du *Koran*. (Consulter, page ci-contre, la note 1.)

comme des têtes de dragons et dont les réprouvés se nourrissaient.

C'est par la religion des souvenirs, par la beauté des traditions, que le présent se lie au passé et que l'Humanité reconnaît son unité à travers les variations infinies des races, des pays et des temps.

L'Art a ses préjugés, sa nationalité et son patriotisme ; nationalité moins étroite peut-être, moins exclusive que celle qui naît au foyer de la famille, mais qui se dessine de la manière la plus tranchée, dès que les génies de races différentes se trouvent en présence.

Au lieu de poser comme règle absolue du Beau l'expression des sentiments d'une seule race, la véritable doctrine scientifique de l'Art doit chercher l'expression correspondant aux sentiments de chacune des races humaines, sauf ensuite à les coordonner dans une loi suprême, comme toutes les couleurs de l'arc-en-ciel se résument dans la lumière solaire.

Il importe donc, pour analyser les œuvres d'art, surtout celles d'un peuple soumis à une domination étrangère durant huit siècles, sinon de connaître l'Histoire tout entière de cette période, du moins d'être à même d'en rendre le passé présent à l'esprit.

En ce qui concerne la domination des Arabes puis celle des Almoravides et des Almohades en Espagne, c'est un enseignement du plus haut intérêt, quelque inattendu qu'il puisse paraître, dans une monographie de *fayences espagnoles à lustre métallique*.

Aux Arabes qui, dès le commencement du huitième siècle (712), s'étaient, en deux ans, emparés de l'Espagne et s'établirent dans la partie méridionale, succédèrent les Almoravides ou Arabes du nord de l'Afrique, puis les Almohades, dynastie des princes Mores, du douzième siècle à la fin du quinzième (1492).

Ce n'est qu'après huit siècles de combat que, sous les murs de Grenade, le drapeau des enfants de l'Islam fut renversé pour ne plus se relever en Espagne (2).

L'établissement des *Mores* en Espagne remonte donc au commencement du douzième siècle. Les Arabes et les Mores étaient des peuples industrieux qui y firent fleurir les arts ; leur influence se fit sentir longtemps dans ce pays ainsi qu'en Sicile et même en

---

(1) Nous considérons comme un devoir de signaler à nos lecteurs la correction et le luxe avec lesquels l'éditeur Eugène Fasquelle a publié la *Traduction littérale complète des Sourates essentielles du Koran*, ce livre capital de l'Islam, que le docteur J.-C. Mardrus vient de terminer, après une préparation de vingt années.

(2) Au huitième siècle, les Arabes avaient envahi la France, menaçant de détruire la chrétienté ; mais ils rencontrèrent, entre Poitiers et Tours, Charles Martel (689†741), fils de Pépin d'Héristal, et vinrent se briser sur la cavalerie franque ; ceux qui ne furent pas tués s'enfuirent jusqu'à Narbonne (732). Charles reçut le glorieux surnom de *Martel*, qui n'apparaît qu'au neuvième siècle

Italie : nous avons dû rappeler ces faits historiques, pour éviter la confusion des dénominations dont on qualifie les produits industriels et artistiques de ces deux peuples. (Voir page 39.)

La célèbre *Mosquée* de Cordoue (huitième siècle) est un monument *hispano-arabe ;* l'*Alhambra* de Grenade (fin du treizième siècle) est un monument *hispano-moresque.*

Afin d'analyser et de comprendre les œuvres et objets d'art moresque, il faut posséder des notions permettant d'apprécier l'idéal du bon et du beau des Mores, idéal nécessairement en rapport avec leurs mœurs et leurs croyances, l'état climatérique, les productions et l'aspect de leur pays (1).

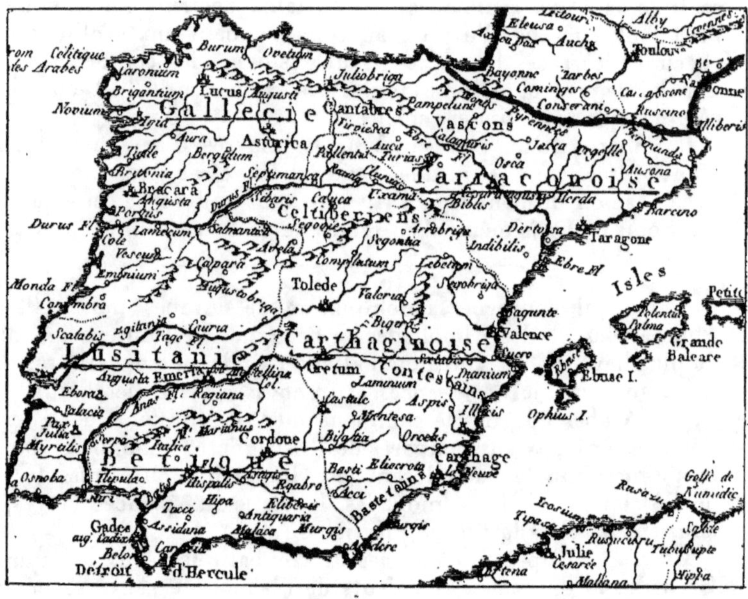

Péninsule Ibérique avant le Khalifat de Cordoue et les États Chrétiens.

Pour aider à la connaissance des événements politiques qui se succédèrent en Espagne du huitième à la fin du quinzième siècle, et à celle des arts industriels importés ou créés par les Arabes et les Mores, nous donnerons un résumé historique des premiers, et présenterons trois cartes géographiques, pages 32, 34 et 37, permettant de situer les seconds, ainsi que les centres des faïenceries.

Dès le commencement du sixième siècle, les Wisigoths occupaient toute l'Espagne, après en avoir chassé les Suèves. L'Empereur

---

(1) La Maurétanie ou Moritanie, est une contrée de l'Afrique ancienne dont les limites étaient : au nord, la mer Méditerranée et le détroit d'Hercule ou de Gibraltar ; à l'ouest, l'océan Atlantique ; au sud, la Gétulie, dont elle était séparée par l'*Atlas* ou *Dyris* ; à l'est, sa limite a varié.

d'Orient possédait les Baléares et toute la frontière de la Péninsule, depuis le cap Saint-Vincent, dans les Algarves, jusqu'au cap Palos, dans le royaume de Murcie. Les Vascons restaient toujours possesseurs de la Navarre et d'une petite partie de l'Aragon.

La domination des Wisigoths, qui avait duré plus de deux siècles, fut remplacée en 712 par celle des Arabes. Après la sanglante bataille de Xérès, les Goths se réfugièrent dans les Asturies, puis, en 717, élurent pour roi Pélage, souche d'une dynastie nouvelle. Ils fondèrent un royaume qui prit, en 760, le titre de royaume d'*Ovidéo*. Vers la fin du huitième siècle, ce royaume s'étendait du Duero à la mer, et comprenait la Galice, toute la partie du royaume de Léon et de la Vieille-Castille qui s'étend au nord du Duero, la Biscaye et la Navarre. Charlemagne (742†814) s'étant rendu maître de la majeure partie de l'Aragon et de la Catalogne au nord de l'Èbre, en avait formé une province sous le titre de *Marche Hispanique*.

Les Mores d'Espagne secouèrent le joug du khalife, et Abdérame Ier (756†787) fonda le *Khalifat de Cordoue* borné, au nord, par le Duero et l'Èbre, et des autres côtés par la mer.

Cet état politique dura pendant le neuvième et le dixième siècle sans changement notable ; au commencement du onzième, le *royaume de Navarre* s'accrut aux dépens de celui d'Oviedo (appelé *royaume de Léon* depuis l'an 915), des provinces Basques, de la Biscaye, d'une partie de l'Aragon enlevée aux Mores. Le *comté de Barcelone* conserva son indépendance, mais il fut réduit par les Mores à des limites très étroites.

Au fur et à mesure que les descendants de Pélage, premier roi des Asturies, mort en 737, et autres princes chrétiens, augmentaient leurs domaines, la puissance des Mores diminuait.

La dissension s'étant mise parmi les Mores, la dynastie des Almohades, dynastie des princes Mores, en succédant à celle des Almoravides, fit disparaître le nom de *royaume de Cordoue*, qui fut réuni à celui du Maroc.

Les Almohades se livrèrent à toutes les fureurs de la guerre civile ; la division régna parmi les chefs, qui fondèrent des principautés particulières sous les noms de royaume de *Saragosse*, de *Murcie*, de *Jaën*, de *Valence*, de *Séville*, de *Cordoue*, de *Grenade*, de *Tolède*, de *Lisbonne*, de *Tortose*, d'*Almeria*. Profitant de ces divisions, les rois de Léon devenaient de jour en jour plus puissants Vers la fin du onzième siècle, ils conquirent le *royaume de Tolède*, le territoire qui forme aujourd'hui la province portugaise de Beira avec une partie de l'Estramadure.

Rodrigue Ruy Diaz de Bivar, dit le Cid Campeador (1030†1099),

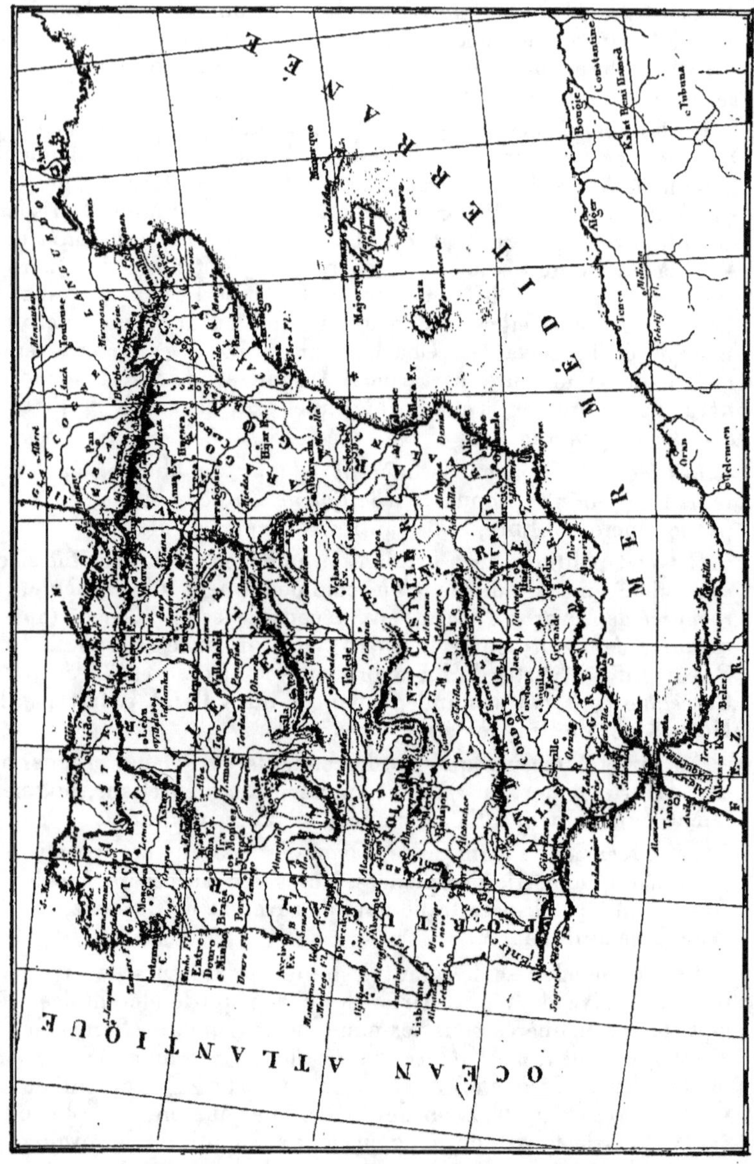

Etats de la Péninsule Ibérique depuis le milieu du onzième siècle, jusqu'à
la réunion de la Castille et de l'Aragon (1257 à 1479).

si célèbre par ses faits d'armes, s'établit dans une partie des royaumes de Valence et d'Aragon, et y fonda une principauté particulière.

Le royaume de Léon formait à cette époque cinq parties, tantôt réunies, tantôt séparées : 1° Le *royaume de Castille*, province de Palencia, royaume de Léon ; province de Burgos, et partie de celle de Soria, à la droite du Duero, de la Vieille-Castille ; 2° Le *royaume de Léon*, partie des provinces de Valladolid, de Toro et de Zamora, au nord du Duero ; 3° Le *royaume de Galice*, Galice et district de Ponte-Ferrada, de la province de Léon ; 3° Le *royaume de Tolède*, provinces de Tolède, de Madrid, de Guadalaxara, de la Nouvelle-Castille ; partie méridionale de la province de Soria ; provinces de Ségovie et d'Avila, de la Vieille-Castille ; province de Salamanque, du royaume de Léon ; 5° Le *comté de Portugal*, toute la partie du Portugal au nord du Tage, à l'exception de l'Estramadure.

Pendant les premières années du treizième siècle, l'empire des Almohades avait pour bornes, au nord, le Tage et les monts de Tolède, jusqu'à la source de la Giguesa ; à partir de ce point, une ligne, tirée obliquement jusqu'à l'embouchure de l'Èbre, renfermait la province de Valence, ancienne principauté.

Le royaume d'Aragon, séparé de celui de Navarre, comprenait les provinces actuelles d'Aragon et de Catalogne, avec l'ancien Roussillon français. Le royaume de Navarre avait les limites qu'il a conservées.

Le royaume de Léon et de Castille fut formé de la réunion des deux royaumes, autrefois séparés, de *Castille* et de *Léon*. Ces deux royaumes, réunis en 1320 sous le règne de Ferdinand III, roi de Castille, comprenaient, vers le milieu du quatorzième siècle, les royaumes de Cordoue, conquis en 1230 ; de Jaën, conquis en 1242 ; de Séville, conquis en 1248, et de Murcie, en 1250 ; tout ce qui forme actuellement la Galice, le royaume de Léon, les provinces basques, les deux Castilles, le royaume de Murcie, l'Estramadure, les provinces de Jaën, Cordoue et Séville.

Les rois d'Aragon n'étaient pas restés dans l'inaction : en 1229, ils avaient enlevé aux Mores les royaumes de Valence et de Majorque, et leurs États se composaient des quatre provinces qui formèrent l'Aragon. Les Mores ne possédaient plus en Espagne que le seul royaume de Grenade. La domination des Mérénides ou Zénètes de Maroc touchait à sa fin.

Le royaume de Grenade, dernier asile des Mores, fut conquis en 1492 par Ferdinand qui, par la réunion de la couronne d'Aragon à celle de Castille, riche apanage d'Isabelle son épouse, se trouva, en 1479, maître absolu de toute la Péninsule. La couronne d'Aragon avait déjà acquis, en 1326 et 1409, la Sardaigne et la Sicile.

En 1493, Ferdinand s'empara du Roussillon au préjudice de la France, de telle sorte que la monarchie espagnole se trouvait au plus haut faîte de gloire et de puissance, lorsque les découvertes de Christophe Colomb lui préparèrent la conquête de presque tout le Nouveau Monde. Le royaume de Navarre conserva seul son indépendance et continua d'avoir des rois.

los muy altos catholicos y muy poderosos señores don fernando ydoñay
sabel rey yrcyna nuestros señores conquistaron por fuerça darmas esterei
noy cibdad de granada laqual despues de averte indo sus altezas eneper
sona sitiada mucho tiempo el rey moro muley bazen les entrego con sualham
bra yotras fuerças ados dias de enero de milly cccxcii años este mysmo dia
sus al pusieron enella por sualcayde y capitan adon yñigo lopez de mendoça
conde de tendilla su vasallo al qual partiendose sus al de aqui dexaron enladi
chaalhambra con quinyentos caballeros e mill peones e alos moros manda
ron sus al quedar en suscasas enla cibdad esus alcarias como primei
ro estaban este dia hocode por mandamiento de sus al hizo hazer este alambe

FIN DU XVe SIÈCLE — (1492). REDDITION DES MORES

Forteresse de l'Alhambra, Grenade

Fig. 72. — Cette inscription, qui se trouve incrustée dans un mur attenant à la *Puerta de Justicia*, placée à l'entrée de la forteresse de l'Alhambra, fixe la date de la reddition des Mores : en voici la traduction d'après Owen Jones :

« Les très hauts, très catholiques et très puissants seigneurs don Fernando et dona Isabelle, notre roi et notre reine, ont conquis par la force des armes ce royaume et cette ville de Grenade. Après que Leurs Altesses l'eurent assiégée pendant un temps considérable, elle leur fut livrée par le roi more Mouley-Hasen, ainsi que l'Alhambra et d'autres forteresses, le second jour de janvier, l'an quatorze cent quatre-vingt-douze. Ce même jour, Leurs Altesses nommèrent pour gouverneur et capitaine général de cette place, don Inigo Lopez de Mendoza, comte de Tendilla, leur vassal, qui fut, au moment de leur départ, laissé dans le susdit Alhambra avec cinq cents cavaliers et mille fantassins. Les Mores reçurent l'ordre de rester dans leurs maisons et dans leurs villages comme auparavant. Le susdit comte a fait creuser cette citerne par ordre de Leurs Altesses. »

Ce précieux document n'est plus au-dessus de la citerne dont il fait mention ; une rue étroite conduit le visiteur à la *Puerta del Vino*, qui donne entrée à la *Plaza de Algibes*, ou place des Citernes.

Après avoir étudié les débris de cet art magique des Mores, qui paraît avoir étendu sur des murailles de pierre un voile mystique, tissé des rayons colorés de l'arc-en-ciel, le grand monument à droite, qui attire tout d'abord l'attention, est l'œuvre massive et lourde d'un roi chrétien. Le voyageur y rencontre la cuirasse de fer là où il cherchait l'écharpe tissue d'or et de soie. C'est au delà du palais de Charles V que se trouve tout ce qui reste de l'ancien palais des rois mores.

Les chapiteaux des colonnes portent des inscriptions ; sur la colonne de droite

Successeur de Ferdinand le Catholique, Charles-Quint, proclamé
roi d'Espagne, réunit à ce magnifique héritage le sceptre impé-

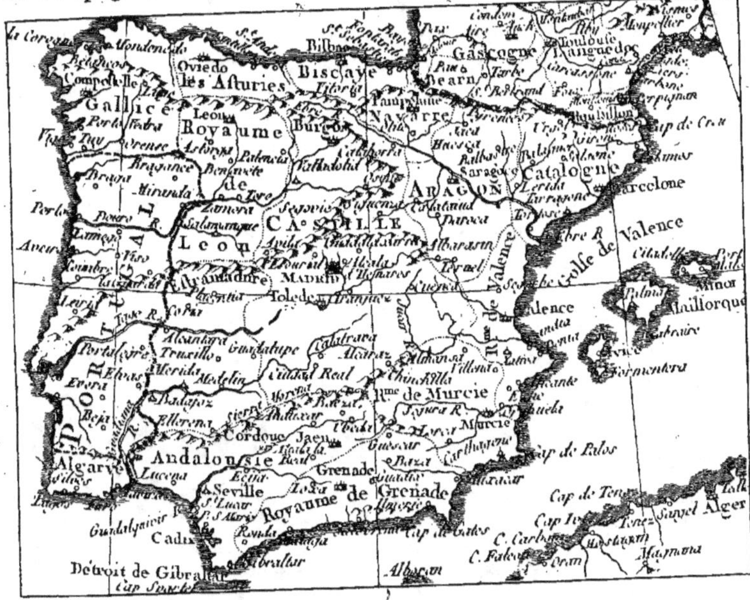

- L'Espagne à dater du dix-septième siècle.

on lit : *Louange à Dieu ! il n'y a de pouvoir ou de force qu'en Dieu* ; et, sur celle
de gauche : *Il n'y a d'autre Dieu que Dieu, et Mahomet est son prophète.*

Selon Pasqual de Gayangos, la *Puerta de Justicia* était ainsi appelée parce que,
conformément à un ancien usage généralement répandu en Orient, les rois de
Grenade venaient quelquefois s'y asseoir, pour administrer la justice à toutes les
classes de leurs sujets. L'avant-bras avec sa main, qu'on voit placé en relief sur
la face extérieure de la clef de l'arc de cette porte, a donné lieu à une série de
conjectures plus ou moins plausibles ; la plus probable cependant, d'après l'avis de
Pasqual de Gayangos, est celle assignée par le P. Juan Echevarria, dans son rare
et curieux ouvrage *Paseos por Granada*, que par la main on a voulu désigner les
cinq principaux commandements de la foi mahométane, à savoir : Observation du
jeûne du Ramadhan, Pèlerinage de la Mecque, Don des aumônes habituelles, Acte
de l'ablution et, en dernier, Guerre contre les infidèles. Cette conjecture est encore
affirmée par ce fait, que les femmes et les filles mores avaient l'habitude de porter à leur cou de petites mains d'or, d'argent ou de cuivre, comme le prouve
l'injonction ou *pragmática* de Charles V, datée de 1525, qui leur en interdit l'usage.

Pasqual de Gayangos donne aussi l'explication symbolique de la *clef en relief*
décorant les portes principales de plusieurs châteaux, bâtis en Espagne par les
Mores, et est figurée sur le linteau de la deuxième porte qu'on rencontre en traversant la *Puerta de Justicia.*

« C'était un signe symbolique usité parmi les *sufis*, écrit-il, dénotant l'intelligence
ou la sagesse, qui est la clef au moyen de laquelle Dieu ouvre les cœurs des
croyants et les prépare à la réception de la vraie foi. Ce signe pourrait aussi vouloir dire que la porte ainsi marquée était la clef de la forteresse. » Quoi qu'il
en soit, la clef se retrouve sur la principale porte de plusieurs châteaux bâtis
par les Mores d'Espagne, particulièrement après l'arrivée des Almohades : par
exemple à l'*Alcazaba* de Malaga et aux châteaux d'Acala del Rio et de Tarifa.

rial. En 1512, il s'empara de la Navarre et devint le plus puissant monarque de l'Europe. Philippe II, qui lui succéda, perdit la Hollande en 1579; mais, pour réparer cet échec, il s'empara du Portugal en 1580, et décréta Madrid capitale du royaume.

L'Espagne fut divisée en onze grands districts, qui ont conservé le titre de royaumes, et en trente et une provinces (fig. 72).

Le Portugal reprit son rang parmi les puissances en 1640. La France s'empara du Roussillon en 1659. En 1715, la Sardaigne fut réunie à la maison de Savoie, dont les princes portent depuis le titre de *roi de Sardaigne*. En 1704, Naples et les Deux-Siciles passèrent sous le sceptre de Charles III. Dans le courant de cette même année, les Anglais conquirent Gibraltar.

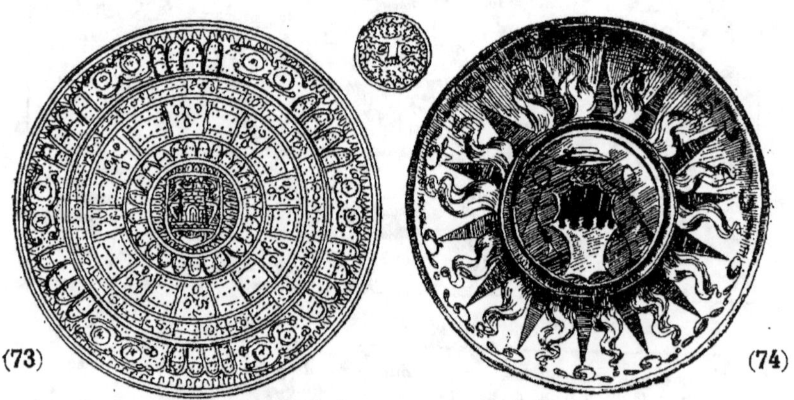

(73)   (74)

XIIIᵉ-XIVᵉ SIÈCLES. — ATELIERS DE L'ILE MAJORQUE

Fig. 73. — *Collection Auguste Demmin.* — Email stannifère et *lustre métallique.* Remarquable pièce; bords relevés et couverts de clous et d'arêtes en bas-relief. Le centre *ombiliqué* est orné d'un écusson. Décor consistant en une infinité de petits ornements, finement dessinés, brun d'or à *lustre métallique* sur fond jaune pâle.

Fig. 74. — *Collection Arosa.* — Plat creux, faïence à émail stannifère, à décor piques et flammes, bleu et jaune sur fond blanc, *lustre métallique.*

Les *faïences hispano-moresques*, l'une des familles les plus brillantes de l'industrie céramique du quatorzième au seizième siècle, dont le Musée des Thermes et de l'Hôtel de Cluny, à Paris, possède une collection sans rivale, ont été longtemps confondues avec les produits analogues des fabriques italiennes.

Cette confusion a cessé d'exister, grâce aux actives recherches de savants collectionneurs au nombre desquels il convient de citer : Riocreux, le fondateur du Musée de la Manufacture nationale de Sèvres ; le baron Charles Davillier, à qui de sérieuses études sur les productions céramiques de la Péninsule assurent une autorité indiscutable ; Edmond du Sommerard, fils et collaborateur d'Alexandre du Sommerard, le patient fondateur du Musée des Thermes et de l'Hôtel de Cluny ; Albert Jacquemart, auteur de précieuses publications relatives aux œuvres d'art céramique ; Alfred Darcel, dont une extrême bienveillance égalait la haute érudition ; Edouard Garnier, Gaston Migeon, et plusieurs autres éminents historiens d'Art que nous signalerons au cours de nos travaux.

Depuis l'an 1824, époque à laquelle le fondateur du Musée de la Manufacture nationale de Sèvres avait proposé d'établir une classification exacte entre les produits de l'Espagne et ceux de l'Italie, les faïences à *lustre métallique* de la première provenance avaient été désignées, généralement, sous le titre d'*hispano-arabes*, appellation que le baron Charles Davillier a fait réformer, en leur substituant celle de faïences *hispano-moresques*.

S'il n'est pas toujours facile de reconnaître la provenance des faïences hispano-moresques, ou d'assigner à chacune d'elles, d'une manière précise, une date en même temps que son centre de fabrication, il ne peut exister de doute sur leur origine commune.

Une distinction, qu'il est important de faire, est celle qui existe entre les *faïences purement moresques*, c'est-à-dire fabriquées par les Mores du royaume de Grenade jusqu'en 1492, et *celles dues aux Morisques*, musulmans convertis, qui continuèrent à vivre en Espagne jusqu'à leur expulsion en 1610.

Il faut aussi se garder de confondre, dans l'Espagne, les Arabes avec les Mores ; ainsi que nous l'avons mentionné, les Arabes envahirent l'Espagne au commencement du huitième siècle et s'établirent dans la partie méridionale ; vers le milieu du douzième siècle, les Almoravides, venant du nord de l'Afrique, les expulsèrent de la Péninsule et en furent, à leur tour, chassés peu de temps après par les Almohades, dynastie de princes mores.

C'est à la science des procédés arabes, importée en Espagne par la dynastie des Almoravides puis par celle des Almohades, que l'Europe est redevable d'une découverte qui était destinée à rester longtemps encore inconnue.

On vit alors apparaître, dans toute la partie méridionale de la Péninsule Ibérique, de nombreuses fabriques de faïences, dont le décor et la couleur rappelaient les procédés de l'Orient et le style, plus moderne, de l'Espagne moresque.

Les Arabes ayant légué aux Mores leur civilisation, leurs sciences et leurs arts, le style moresque dérive de celui des Arabes ; néanmoins, comme ces deux styles offrent des différences, il est important de ne pas les confondre, étant donné que, parmi les produits céramiques dont nous devons étudier l'origine, il n'en est pas un seul auquel on puisse assigner une date antérieure au quatorzième siècle et, par conséquent, donner une provenance arabe.

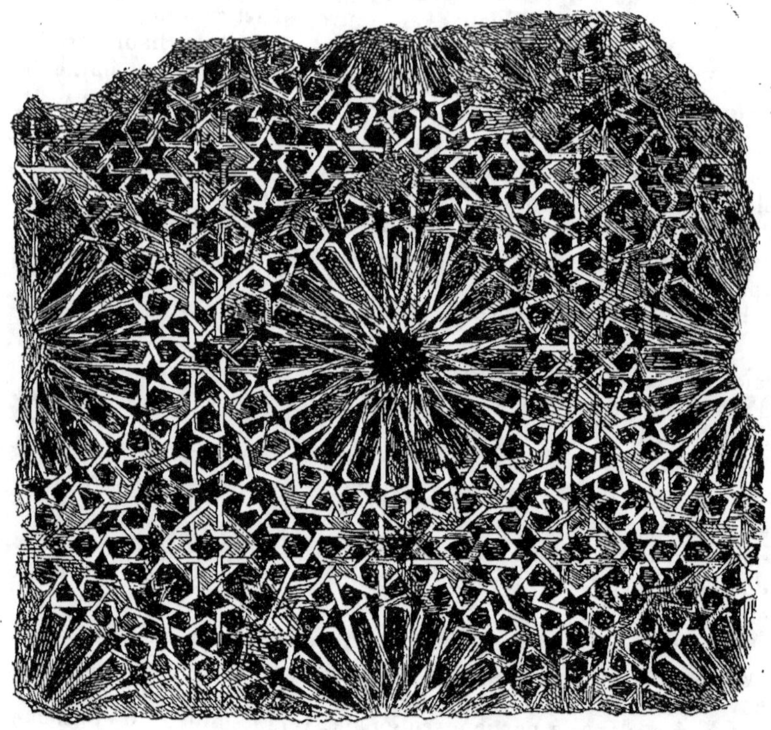

XIVᵉ SIÈCLE. — ATELIERS MORESQUES

Musée de la Manufacture nationale, Sèvres

Fig. 75. — Ce fragment de mosaïque *en faïence*, provenant de la Medressa à Tlemcen (Algérie), a été, selon une intéressante communication du donateur, le capitaine de génie J. Levet, construit de la manière suivante : les morceaux monochromes étaient soigneusement ajustés à l'avance ; la taille devait se faire par l'usure à la meule, et les bords étaient biseautés pour rendre l'ajustage plus parfait. Sur une couche de béton très épaisse, on étendait une couche de plâtre de bonne qualité (celui d'Algérie est aussi bon que celui de Paris) et, avant que le plâtre eût fait prise, on y incrustait les petites pièces préparées d'avance.

C'était un travail délicat, devant exiger des artisans très exercés qui n'avaient pas la ressource, comme pour la mosaïque italienne, en cubes, de rectifier les inégalités par le polissage.

Malgré l'avis de quelques critiques d'art, demandant que les *fragments* de monuments restent sur place, dussent-ils être exposés aux injures du temps et des hommes, nous pensons qu'il y a toute utilité à les recueillir et à les exposer dans les Musées pour attirer l'attention des antiquaires et celle des amateurs. Ainsi, il serait possible que le dallage en mosaïque de Tlemcen ne soit pas un travail unique ; on doit en avoir trouvé des débris à Mansourah ; peut-être en existe-t-il également à Tunis, à Kairouan et au Maroc. (Voir fig. 99 à 103.)

Ce qui frappe, et a certainement contribué à faire attribuer, pendant longtemps, une origine italienne aux faïences des fabriques espagnoles, c'est que si ces pièces, recherchées, étaient nombreuses pour les envois qui arrivaient d'Italie en France, et dans lesquels se trouvaient un grand nombre de plats aux armes d'Aragon-Sicile, de Castille et de Léon, on en découvrait peu en parcourant l'Espagne. C'est là, ainsi que l'écrit Albert Jacquemart dans ses *Merveilles de la céramique*, « une preuve de l'état florissant du commerce des Mores, car, transportées par toutes les contrées du globe, ces terres lustrées devinrent le modèle des industries naissantes de l'Italie, et même la plupart des historiens sont d'accord pour voir, dans le nom de Majorque, l'origine du mot *majolique* employé par les Italiens pour désigner alors leur nouvelle poterie émaillée » (1).

La fabrication de Majorque a, certainement, été considérable ; les relations commerciales de l'île étaient fort étendues, puisque Balducci Pegolotti, que cite le baron Charles Davillier, donne l'énumération de villes d'Italie liées, dès le quatorzième siècle, avec Majorque par des rapports commerciaux. Cette île possédait, dès cette époque, neuf cents navires dont quelques-uns portaient jusqu'à 400 tonneaux, et elle comptait plus de 20.000 marins.

Dès lors, on comprend l'importance des relations de l'île Majorque avec l'Italie, avec la Sicile et même avec le Levant, ces relations expliquent comment les faïences *hispano-moresques* ont pu se trouver en aussi grand nombre dans ces diverses contrées.

Majorque n'était pas la seule des îles Baléares renommée pour la fabrication et l'exportation des œuvres d'art céramique.

La petite île d'Iviza fut également célèbre pour ses productions ; le témoignage en est donné par des auteurs du temps ainsi que par le regret exprimé par Vargas en 1787, « que cette île ait cessé de fabriquer *ses fameux vases de faïence* destinés non seulement à être exportés, mais pour alimenter la consommation locale » (2).

Les fabriques des îles Baléares ne sauraient donc être mises en doute ; nous en trouvons encore des preuves dans les pièces

---

(1) Jules-César SCALIGER (1484†1558) écrivait, au commencement du seizième siècle, en mentionnant les faïences qui arrivaient d'Espagne : « Nous les appelons *majolica*, en changeant une lettre, du nom des îles Baléares où se font les plus belles » ; et Fabio FERRARI affirme dans ses *Origines de la langue italienne* que le mot *majorica* a été changé en *majolica* « par une certaine caresse de langage (*per un certo vezzo di lingua*) ».

(2) On fabriquait surtout des poteries à Ynca, petite ville située dans l'intérieur de l'île Majorque, dont on retrouve fréquemment les armes sur les plats à *lustre métallique* rouge, accompagnées de fougères, d'arabesques, etc.

elles-mêmes ; en effet, un plat des Collections du Musée des Thermes et de l'Hôtel de Cluny, que l'on peut attribuer au quinzième siècle, chargé d'inscriptions en caractères irréguliers, tenant de l'écriture gothique aussi bien que de l'écriture arabe, porte, à son centre, les armes de la ville d'Ynca. Ces armoiries se retrouvent également sur d'autres plats de forme et de décoration analogues, dont un est représenté au British Museum à Londres.

Un document, qui n'est pas sans importance et que donne

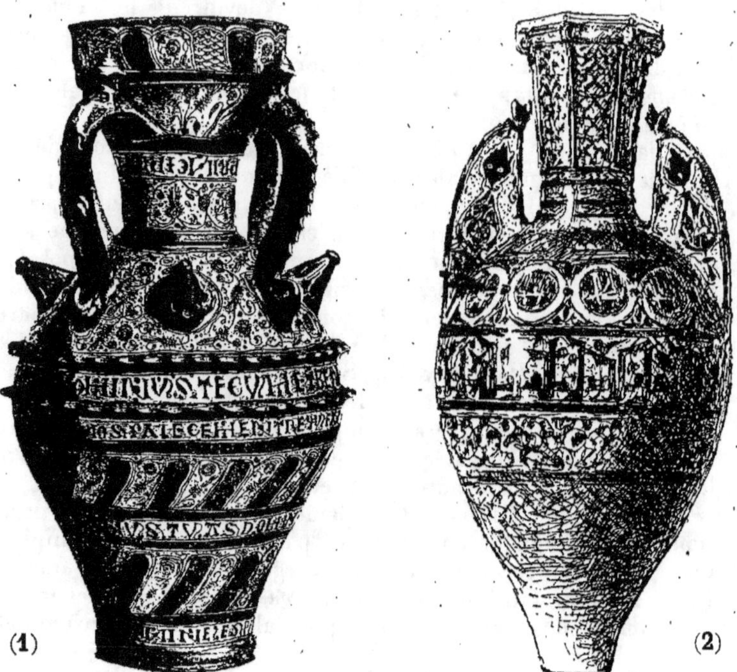

XIVᵉ SIÈCLE. — (1) ATELIERS DE VALENCE ; (2) ATELIERS DE MALAGA

1. *Musée de l'Ermitage, Pétrograd* ; **2.** *Collection Fortuny*

Fig. 76. — Le vase (1), en forme d'urne, à quatre anses latérales alternant avec quatre goulots ou biberons, est un des plus beaux types sortis des fabriques de Valence. La devise qui s'enroule autour des vases de cette famille, le plus souvent indéchiffrable, est aussi quelquefois claire, poétique, parlante, comme les devises inscrites au fond des coupes antiques.

Telle est celle que citent le baron Charles Davillier et Albert Jacquemart : *Toda gracia nos fallice, mientras que alba no amanesce.* — *Toute grâce nous fuit, tant que l'aube ne brille pas.* C'est le langage que tiendraient, si la voix leur était donnée, ces admirables vases qui, pétris de soleil, semblent porter en eux l'horreur de l'ombre triste, et ne retrouvent leur sourire, leur charme et leur vie, que dans l'éveil joyeux des fraîches lumières.

l'auteur de l'*Histoire des faïences hispano-moresques*, tendrait à faire considérer Malaga citée, dès le quatorzième siècle, par Ibnu-Sa'id écrivain arabe, et mentionnée par Al-Makkari comme le premier centre de fabrication de ces faïences, est le récit des voyages d'Ibnu-Batoutah, natif de Tanger, qui écrivait, vers l'an 1350, après avoir parcouru les contrées les plus lointaines. de l'Orient et être venu débarquer à Malaga : « On fabrique dans cette ville la belle poterie dorée que l'on exporte dans les contrées les plus éloignées » (1).

Le baron Ch. Davillier en conclut que ces poteries ne devaient pas être uniquement destinées à l'exportation et regarde comme fort vraisemblable l'attribution à la fabrique de Malaga des célèbres vases de l'Alhambra (fig. 95 et 96), anciens et remarquables monuments de la céramique moresque au quatorzième siècle, aussi bien que les trois bassins (n°s 2684 à 2686), et d'autres pièces des Collections du Musée des Thermes et de l'Hôtel de Cluny, couvertes de dessins à *lustre métallique* et d'émaux bleus, dont l'analogie avec ceux des vases de l'Alhambra paraît frappante.

La fabrique céramique de Malaga existait encore au commencement du seizième siècle, puisque Lucio Marineo Siculo, qui prend le titre de *Chroniqueur* de Leurs Majestés Ferdinand et Isabelle, la cite en 1517 dans son livre *De las cosas memorables de España*, « comme produisant de très beaux vases de faïence ».

(1) « Les habitants, potiers pour la plupart, fabriquent une belle faïence de couleur cuivreuse et ornée de dorures ; les gens de la contrée l'emploient à la fois pour l'ornement et les usages domestiques ; elle est faite d'une terre argileuse fort semblable pour la qualité comme pour la couleur à celle de Valence. » — TALBOT-DILLON, *Travels through Spain*. Londres, 1780. In-4°.

Fig. 77 (2). — Ce grand vase, 1 m. 17 c., couvert d'ornements à *lustre métallique*, est divisé en *zones* contournant la panse. La *zone* inférieure est ornée d'arabesques, celle placée au-dessus présente, sur un fond vermiculé, des caractères koufiques élégants mais peu lisibles. La troisième *zone* est ornée de médaillons circulaires, reliés entre eux par des attaches, et renfermant des caractères koufiques réservés en blanc sur fond mordoré. La dernière contient des inscriptions en caractères neskhy également réservés en blanc. — Le col, de forme octogonale, est divisé en huit compartiments séparés par des arêtes saillantes, et orné d'arabesques et d'entrelacs variés d'une grande finesse et d'une exquise élégance. — Les anses offrent, sur leur partie plate, des mains emblématiques et des inscriptions en caractères koufiques et neskhy, avec des entrelacs et autres ornements variés, qui rappellent la décoration de certaines salles de l'Alhambra, notamment de celle de *las Dos Hermanas* et du *Patio de la Mezquita*. — Provient d'une église de Salar, bourg près de Grenade, où il servait de support pour le bénitier.
La forme de ce précieux type est la même que celle des vases de l'Alhambra de Grenade ; sa décoration diffère par l'absence des ornements bleus et des antilopés affrontées. Ses beaux caractères koufiques peuvent lui faire attribuer une date plus ancienne, ainsi que les mains emblématiques figurées sur les anses, dont nous avons donné la signification page 37.
Ce vase repose sur un support de bronze de style moresque, composé de quatre pieds et terminé par des têtes d'animaux fantastiques, rappelant la fontaine du *Patio de los leones* (fig. 71), à l'Alhambra de Grenade. Ce support a été modelé en cire par Fortuny, qui le fit fondre à Rome, et en répara le bronze.

Les artisans de Valence, fabrique déjà renommée au temps de
Pline l'Ancien (23 † 79), égalèrent ceux de Malaga par la richesse
des émaux qu'ils employèrent et l'éclat de leurs couleurs.

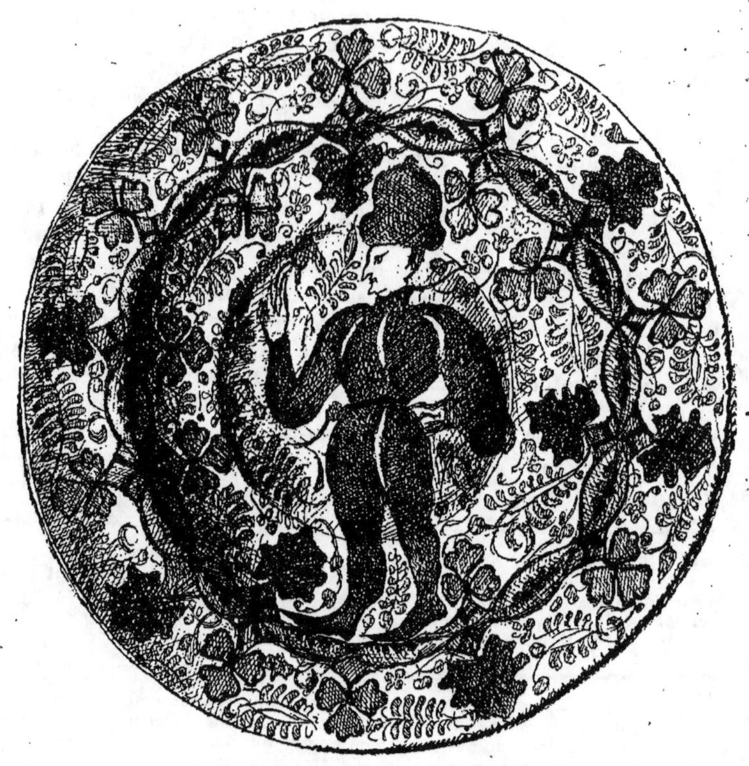

XVe SIÈCLE. — ATELIERS DE VALENCE

Musée du Louvre (Donation du baron Charles Davillier), Paris.

Fig. 78. — Fond blanc, recouvert de fleurons systématiquement disposés et de
feuillages d'acacia dessinés en bleu et en noir, à *lustre métallique* peu intense. Le
marly est semé de fleurs d'acacia, de feuilles tréflées alternées avec des feuilles
d'érable. L'*ombilic* est occupé par un personnage vêtu d'un pourpoint à doubles
manches et coiffé d'un haut bonnet. Chausses collantes et souliers à la poulaine.

Dans l'histoire de la céramique espagnole, et sans avoir répudié
le style moresque, Valence représente l'art chrétien comme Malaga
représente l'art musulman. Elle emploie exclusivement des artisans
mores, suit leurs enseignements et leurs coutumes, utilise leurs
manières et leurs traditions ; mais, chrétienne avant tout, elle

fixe sur ses faïences des textes sacrés empruntés à l'Évangile, célèbre le culte des saints, de ses patrons et de ses protecteurs.

L'apôtre saint Jean y est particulièrement vénéré; dès lors, les

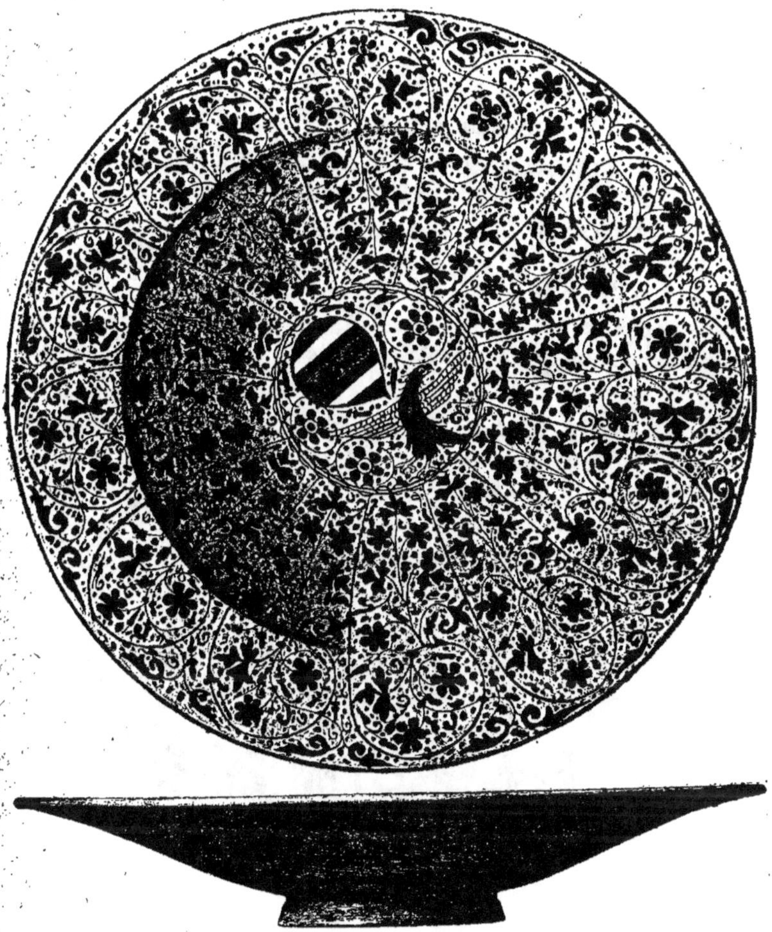

XV° SIÈCLE. — ATELIERS DE VALENCE

Musée de 'la Manufacture nationale, Sèvres

Fig. 79. — Les motifs de la décoration de ce plat, fleurs et feuilles, peintes en bleu, forment un heureux contraste avec le décor de l'*ombilic* à *lustre métallique*. L'aigle, emblème de l'apôtre saint Jean, qui en occupe l'*ombilic* chargé d'un écusson, fascé d'or, d'argent et de gueule, et de fleurettes, est l'oiseau protecteur de la ville de Valence.

fabriques de Valence reproduisent souvent la légende *in principio erat Verbum*, ou seul le mot, *Verbum*, dont le précurseur du Christ a révélé la profondeur.

L'*aigle*, emblème évangélique de l'Apôtre, souvent représenté,

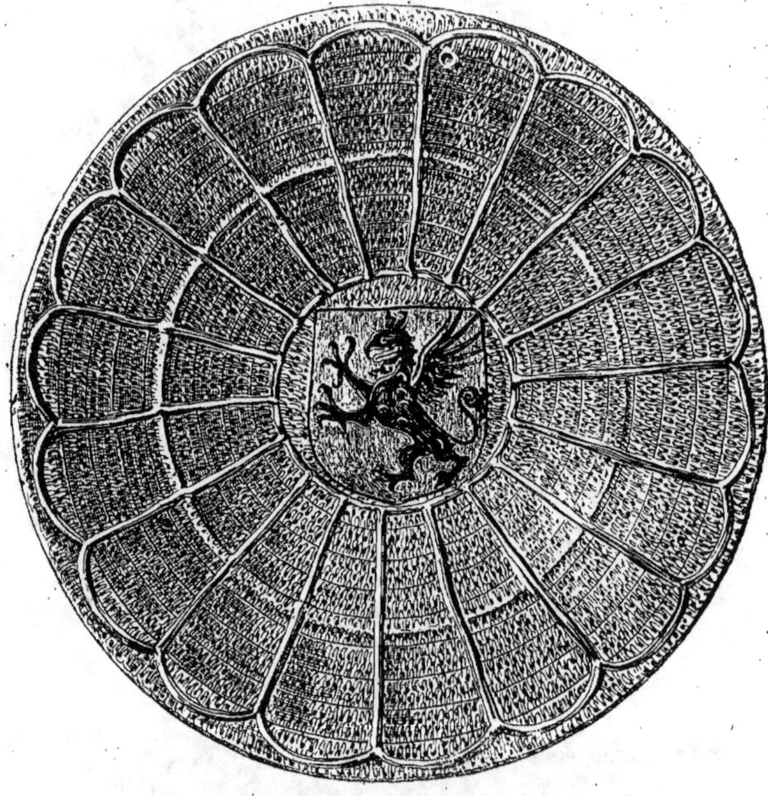

FIN XVe SIÈCLE. — ATELIERS DE VALENCE

Collection Frédéric Spitzer

Fig. 80. — Imitation de bourrelets en relief, (*cordoncillo*), formant dix-huit pétales de marguerites, et séparant autant de champs de menus feuillages d'un ton jaune chamois, à *lustre métallique*, fond blanc jaunâtre. L'*ombilic* est occupé par un écusson chargé d'un animal fatidique (griffon) d'azur sur champ d'or.

tient des *phylactères* entre ses serres ou dans son bec. Le roi des airs, sans avoir un caractère absolu, peut guider l'antiquaire et l'amateur pour les attributions aux fabriques du royaume de

Valence. Des inscriptions, en lettres gothiques, se lisent aussi sur ses faïences (si nous en jugeons par le plat qui fait partie du British Museum à Londres, et que nous représentons fig. 81), *senta cata rina gua rda nos*, inscrits autour d'une *gazelle* de ton

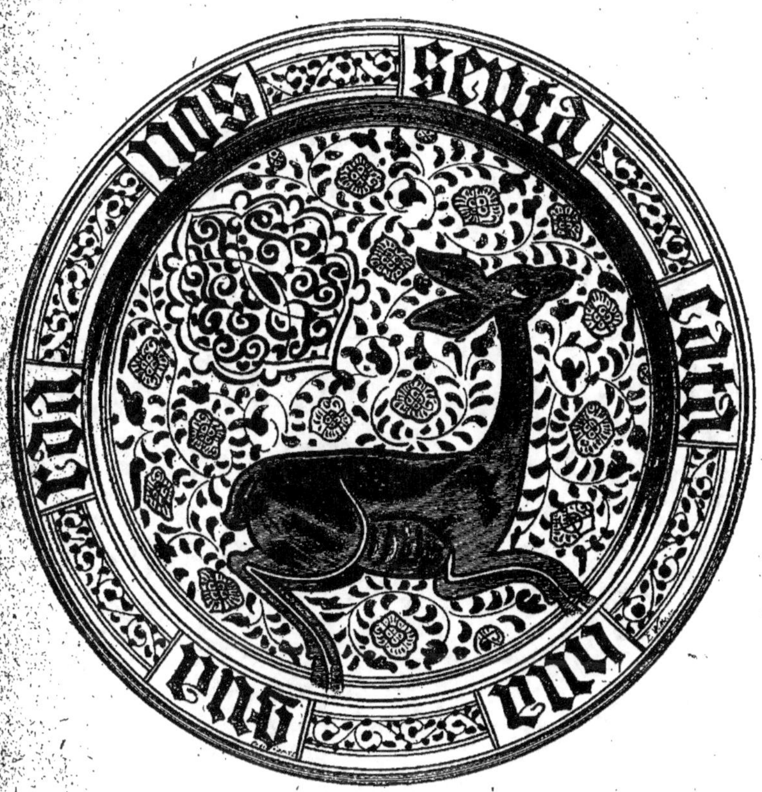

XVe SIÈCLE. — ATELIERS DE VALENCE

British Museum, Londres.

Fig. 81. — Les plats de fabrication hispano-moresque qui se rencontrent souvent, sont reconnaissables à leur forme de disque creux et à leur émail blanc jaunâtre décoré de dessins jaunes ou rouge feu, à *lustre métallique*, avec quelques parties bleues ou vertes. Dans la seconde phase de la fabrication, la couleur bleue se mêle davantage au jaune à *lustre*, et le fond des plats porte généralement les armes de Léon, de Castille ou d'Aragon. A cette seconde fabrication appartient incontestablement ce plat précieux par une inscription espagnole, en lettres du quinzième siècle, divisée en six parties interrompues par un ornement courant, obtenu comme tout le reste de la décoration, d'un seul jet, sans *poncif* ni *décalque* : *senta cata rina gua rda nos*, contournent une gazelle passante.

bleu, et sur un autre, conservé au South-Kensington Museum, à Londres : *pensa cvmsis vn mensa pmo de paupere.*

, Dès le quinzième siècle, les faïences de Valence étaient exportées en France et connues sous leur véritable nom. On les expédiait même jusqu'en Angleterre, comme le prouvent des fragments de coupes, à *lustre métallique*, trouvés à Londres, dans la Tamise.

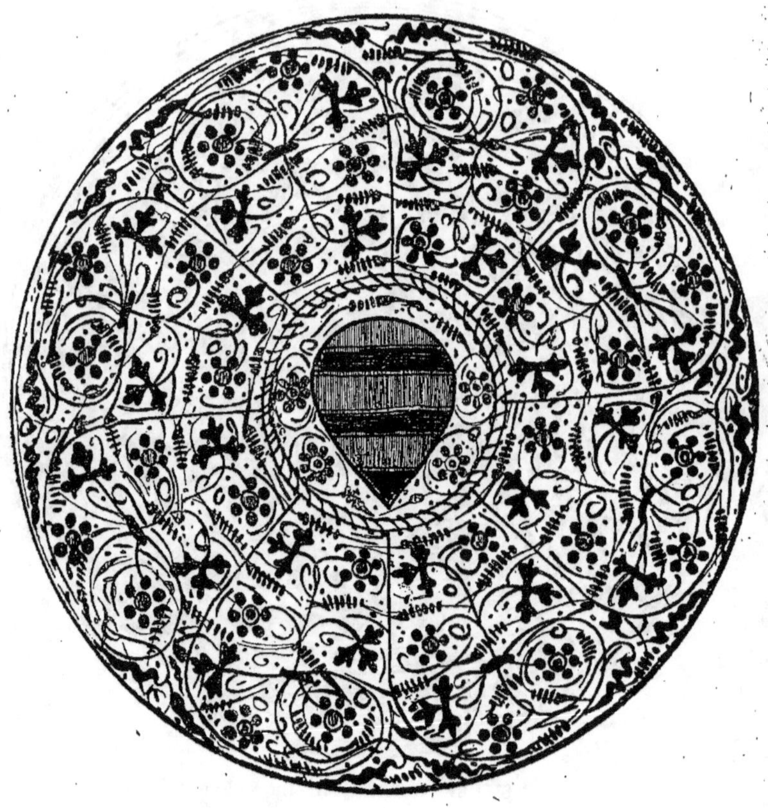

FIN XVe SIÈCLE. — ATELIERS DE VALENCE

Collection Frédéric Spitzer

Fig. 82. — Décor symétrique de feuilles d'érable et de fleurettes, dessinées en bleu, et accompagnées de petits rinceaux en jaune chamois, à *lustre métallique* sur fond. *Ombilic* chargé d'un écusson fascé d'or et de pourpre (violet).

Au nombre des localités du royaume de Valence renommées pour leurs faïences, les plus connues étaient Manisès, Murviedro, Biar, Paterna, Alaquaz, Carcre, Villalonga, Trayguera; cette dernière avait vingt-trois fabriques.

Les fabriques du royaume de Valence peuvent donc être classées parmi les plus importantes; Manisès, la plus célèbre, produisait encore, au dix-huitième siècle, ces *platos de polla*, au *lustre* de cuivre rouge, ainsi désignés en raison de l'oiseau dont le centre

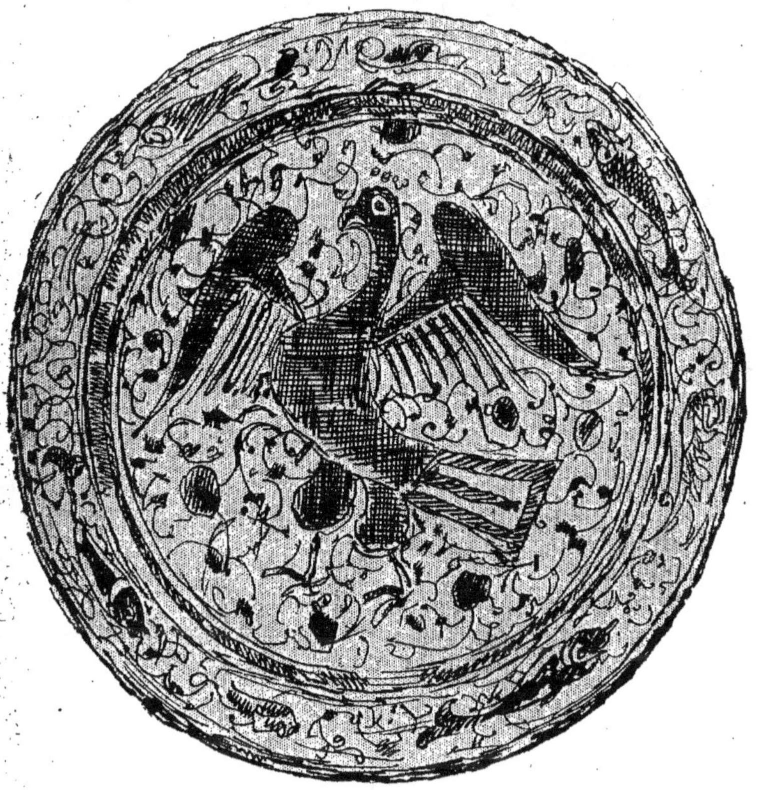

COMMENCEMENT DU XVIe SIÈCLE. — ATELIERS DE MANISÈS
Collection Fortuny

Fig. 83. — Plat décor à *lustre métallique* mordoré. Le centre est occupé par un aigle héraldique aux ailes éployées et des feuillages. *Marly* décoré de poissons et de rinceaux.

est décoré. — La *Chronique d'Espagne* d'Antonio Breuter, imprimée en 1530, signale aussi les diverses localités du royaume de Valence qui fournissaient la terre propre à la fabrication des faïences hispano-moresques.

Citons encore, d'après le baron Charles Davillier, un passage des *Annales du royaume de Valence* par Francisco Diago en 1613, qui

3 — D. 7

renseignera nos lecteurs sur l'estime en laquelle on tenait, à cette date, les produits des fabriques de Manisès (que par routine, on

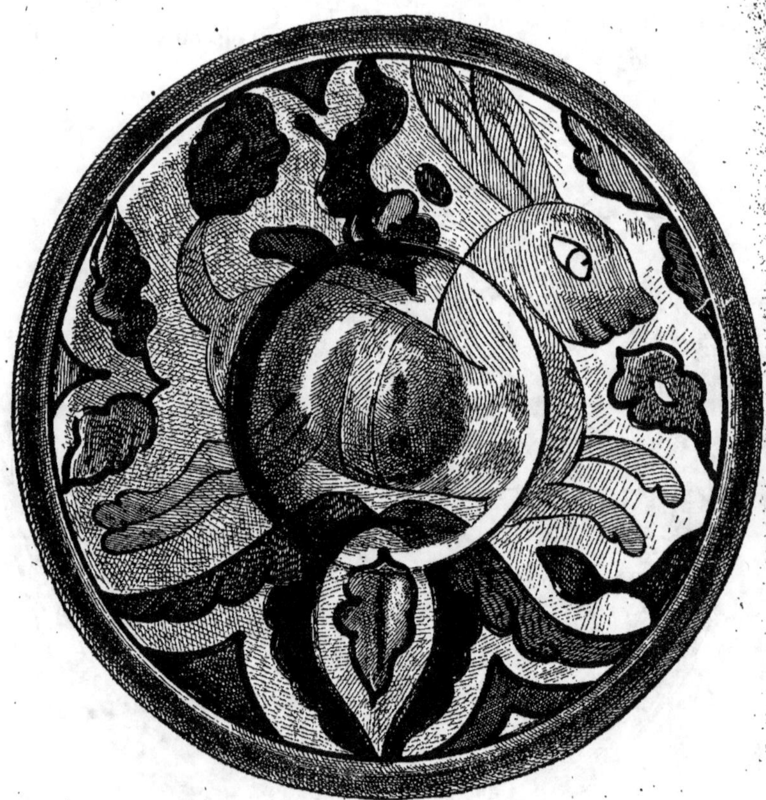

XVI· SIÈCLE. — ATELIERS PUENTE·DEL ARZOBISPO

Collection Frédéric Spitzer

Fig. 84. — Cette fayence a l'apparence du *graffito* ou *faïence gravée* d'Italie, mais, en réalité, elle est faite par un autre procédé, sans emploi de l'*engobe* de terre blanche. Le dessin, qui semble d'abord avoir été tracé en manganèse sur l'argile cuite, puis rempli d'un fond d'émail blanc, de jaune, de vert et de bleu gris; peut alors avoir été retouché ou avivé avec un instrument de fer, et la pièce cuite ensuite. L'exécution a peu de trace d'influence moresque, sauf dans la forme de quelques feuilles et dans la disposition des couleurs.

Fond occupé par un lièvre passant vers la droite et par des rosaces. Le dessin, large, est en manganèse sur cru. Emaux blanc, brun, bleu et vert sombre.

Puente del Arzobispo est une petite ville de la province de Tolède, située à peu de distance de Talavera. Ses produits étaient renommés autrefois, ainsi que le prouve un auteur qui écrivait en 1645 : « Villa Puente del Arzobispo... Labra fino vidriado en cosa de ócho oficinas importando mas de 40 mil ducados. ». Il y avait donc, dans cette ville, huit fabriques de faïence fine dont les produits s'élevaient à 40.000 ducats.

continue à désigner sous le nom de *siculo-arabes*, nom qui n'est justifié par aucun document). Après avoir noté les faïences ordinaires qui se font à Paterna et à Carcre, tels que vases, pots, écuelles, etc., Fr. Diago mentionne celles de Manisès, « si bien dorées et peintes avec tant d'art, qu'elles ont séduit le monde entier, à tel point que le pape, les cardinaux et les princes envoient

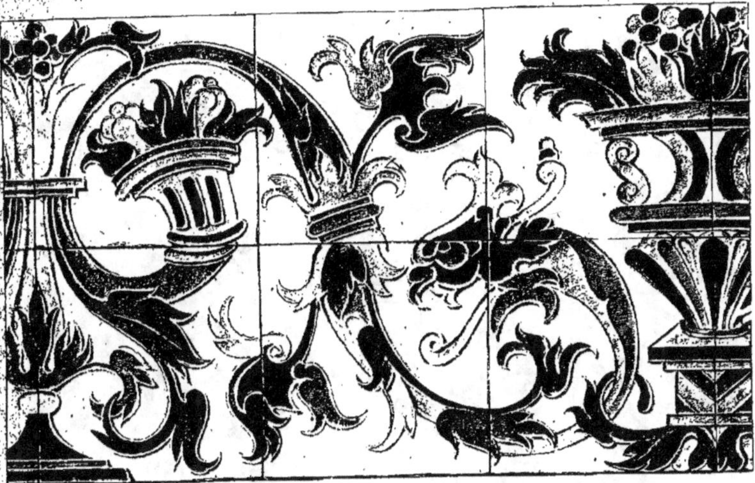

XVIᵉ SIÈCLE. — ATELIERS PUENTE DEL ARZOBISPO

Azulejos, Carreaux de revêtement. — South Kensington Museum, Londres

Fig. 85. — Ce motif, de même que ceux que nous représentons fig. 86 à 89, fait partie de la collection de carreaux de revêtement hispano-moresques, dit *azulejos*. Nous avons indiqué, par les différentes valeurs, la gamme ascendante des couleurs, blanc, jaune, bleu, vert et brun, de ces riches revêtements, un des luxes des Mores d'Espagne.

La technique très simple, par laquelle les artisans céramistes espagnols ont, aux seizième et dix-septième siècles, produits des quantités innombrables de ces *carreaux de revêtement*, qui recouvrent les surfaces murales des habitations du midi de l'Espagne et des anciens pays barbaresques, n'est qu'une continuation de l'ancien procédé moresque, qui consistait à *graver dans le moule le dessin* adopté. Les épreuves, ainsi que l'on peut s'en convaincre à l'Alhambra de Grenade, à la Mosquée et à la Synagogue de Cordoue, etc., portaient ainsi un trait *en relief* qui circonscrivait le dessin et permettait de le faire *remplir*, en couleur d'émail, par des mains peu exercées.

Au seizième siècle, on *chiponnait*, on décorait les *quarreaux*, pains à *ymaiges* et *chiponnés d'entrelacs* et d'*arabesques*. Jules Houdoy a fait venir ce terme de *chippus*, poison, filet (Du Cange). Les *quarreaux* en fayence étaient consolidés par des *colombins*, traverses en relief qui en forment le dessous.

Les *azulejos*, qui tirent leur nom de la couleur de cobalt *azul*, étaient comme un indice de la richesse de leurs possesseurs. C'était un proverbe en usage dans le pays de dire : *Nunca haras casa con azulejos* : vous n'aurez jamais une maison ornée de carreaux peints; vous ne serez jamais assez riches !

ici leurs commandes, admirant qu'avec de simple terre on puisse faire quelque chose d'aussi exquis ».

C'est à la fabrique de Manisès que l'on rapporte généralement la fabrication des *azulejos*, nom sous lequel on indiquait plus spé-

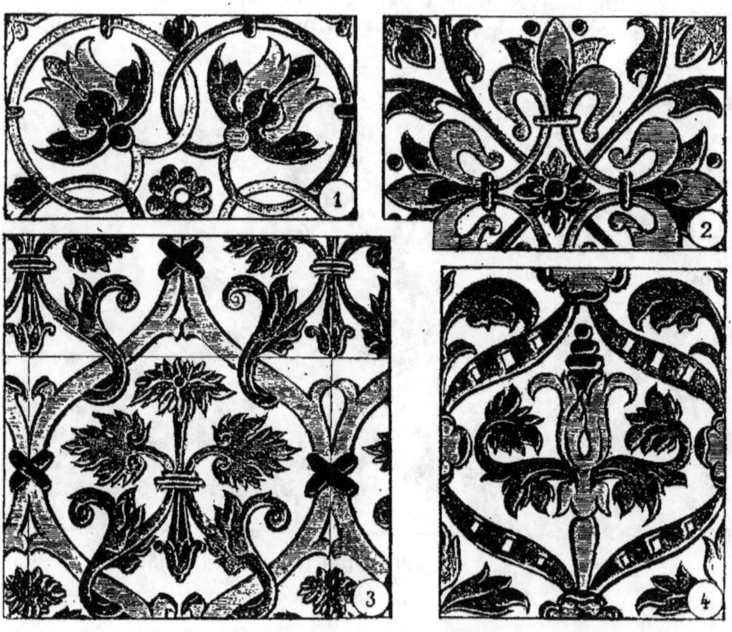

XVIe SIÈCLE. — ATELIERS PUENTE DEL ARZOBISPO

Collection J. Maciet

Fig. 86 à 89. — Ces motifs se composent de rinceaux très simples (courbes usuelles) étoffés de feuillages, fleurs de lis, rubans, etc. En 3 et 4 on voit une disposition de serpentines opposées, et les dessins se produisent par la répétiton en tous sens du même élément. Émaux : *violet, bleu, vert et ocre rouge*, sur fond *blanc grisâtre*.

Les *azulejos* étaient fabriqués dans toute l'Espagne, mais principalement à Manisès et, surtout, à Valence, dont les manufactures, célèbres de temps immémorial, existaient encore il y a quelques années. Le Musée de la Manufacture nationale de Sèvres possède plusieurs tableaux formés de carreaux en faïence et portant l'inscription : *De la Reale Fabrica de Azulejos de Valencia. Año 1836.*

cialement les plaques de revêtement en faïence émaillée (fig. 85 à 89). Les spécimens de ce genre sont encore nombreux ; Albert Jacquemart indique les jardins de la Real Audiencia de Barcelone, dans lesquels on voit encore des encaissements en faïence contenant des arbres odoriférants.

La grande inscription que possèdent les Collections du Musée

des Thermes et de l'Hôtel de Cluny, composée de trente-six carreaux juxtaposés, sur lesquels sont peintes et émaillées des figures
en costume du seizième siècle, disposées de manière à former des
lettres constituant les mots : *fabrica de azulejos*, est la preuve la plus

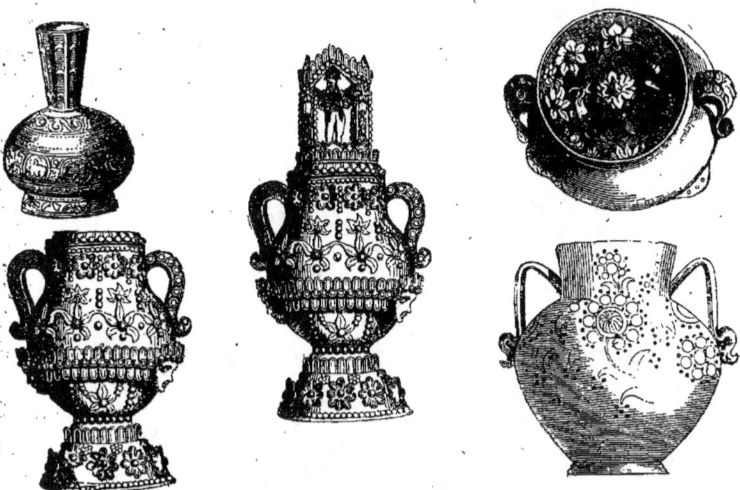

XVIᵉ SIÈCLE. — ATELIERS DE VALENCE

Musée de la Manufacture nationale, Sèvres

Fig. 90 à 94. — Ces vases, des *alcarazas* doivent, à la propriété de leur argile
et à la rapide évaporation de l'eau à leur surface, les qualités frigorifiques qu'on
leur connaissait dès l'Antiquité.

En Grèce et à Rome, il en existait de plusieurs genres et de diverses formes. On
les appelait des *baucalis*. Un *baucalia* de grande dimension pouvait également
servir de vase à rafraîchir le vin. Les vases *hydrocérames*, dans lesquels on mettait
refroidir les boissons, étaient fabriqués avec une argile poreuse.

Au temps de Pierre de Bourdeilles, seigneur de Brantôme (1527 † 1614), comme
en fait foi un passage de la *Vie des capitaines*, on appréciait la propriété des
alcarazas, vases de l'*Alentejo*.

Selon les savants Darcet, Chevallier et Fourmy, ces vases sont formés de
5 parties de terre calcaire et de 8 parties d'argile, avec l'addition d'un peu de sel.
On ne manque pas, du moins à Anduxar dans l'Andalousie, d'introduire de cette
substance dans l'argile, pour en diviser les molécules ; le mélange a lieu dans la
proportion de 500 grammes de sel marin, pour environ 10 kilogrammes de terre.

En résumé, les *alcarazas*, aussi bien que les *bucaros* et les *brinquinos*, sont des
vases à pâte perméable qui laissent suinter une petite quantité de l'eau qu'on y a
versé ; en se vaporisant par le courant d'air, ces gouttelettes qui ont transudé
absorbent, d'après la loi de la nature, une certaine proportion de calorique qu'elles
ont soustrait à l'eau de l'intérieur. On se sert des *alcarazas* dans toute la Péninsule
Ibérique. Ils sont d'usage général et de toute antiquité en Egypte, où on les nomme
bardach ; de même en Perse, où ils sont parfumés avec des aromates. On en fabrique
à l'île Bourbon, en Amérique, dans l'Inde, dans la plupart des pays chauds ; ils
refroidissent l'eau de 4 à 7 degrés ; c'est assez pour qu'on la trouve fraîche dans
les climats brûlants, même lorsqu'elle reste encore à 14 ou 15 degrés de chaleur.

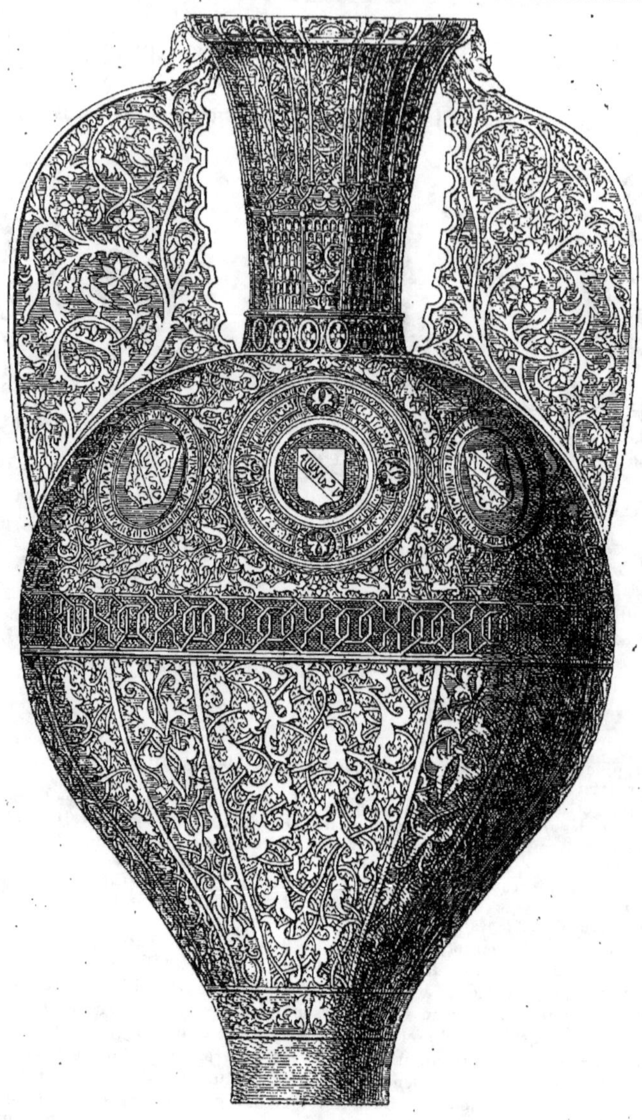

COMMENCEMENT DU XIV° SIÈCLE. — ATELIERS DE MALAGA

Fig. 95. — Vase, disparu, dit de l'Alhambra de Grenade (Haut : 1 m. 36)
(Consulter les notes, pages 55 et 57).

concluante de cette fabrication. Cette inscription a été rapportée directement en 1867 de Manisès, où elle servait d'enseigne à une des plus anciennes faïenceries établies dans cette ville.

Les fabriques de Talavera et de Tolède étaient très importantes, ainsi que celles de l'Aragon, parmi lesquelles il faut noter les *faïences excellentes et plus belles que les autres* de Teruel, et celles de Calatayud où, sous les rois catholiques, de nombreux Mores habitaient un quartier séparé, connu sous le nom de la *Moreria*.

Le baron Charles Davillier a retrouvé, en Espagne, le texte arabe d'un traité d'apprentissage entre deux habitants de ce faubourg : « Du dimanche 21 février 1507 (913 de l'Hégire)(1) : Muhammad ben Suleyman Attaalab, habitant du quartier des musulmans de Calatayud, et fabricant de *faïence dorée (obra dorada)*, a traité avec Abdallah Alfoquey, du même quartier, pour lui enseigner ledit métier, et cela en l'espace de quatre ans et demi à partir de ce jour; pendant ce temps ledit Muhammad s'emploiera avec soin à lui apprendre cette industrie bien et fidèlement, à l'entretenir, l'aider et le vêtir suivant la coutume, sauf à le récompenser en outre de sa parfaite assiduité durant le temps mentionné, en lui donnant un habillement ordinaire, c'est-à-dire : capuchon, pourpoint, chausses, chemise, bonnet et ceinture, et le surplus suivant l'usage. Et ont juré par Dieu, qui est le seul Dieu, lesdits Muhammad et Abdallah : le maître, d'instruire, entretenir et habiller l'apprenti, et ce dernier, de le servir fidèlement pendant tout le

Fig. 95 à 96. — La construction de l'Alhambra de Grenade (fin du treizième siècle), ne date pas de l'époque la plus florissante de la puissance more en Espagne. Les chefs musulmans en guerre les uns avec les autres, n'étaient déjà plus en mesure de repousser avec avantage les attaques constantes des chrétiens, qui les refoulaient de plus en plus au midi. En 1238, Jacques Ier, roi d'Aragon, s'empara de Valence, tandis que Ferdinand III de Castille prenait possession de Cordoue, l'ancien siège des Kalifats orthodoxes. Les beaux vases en porcelaine que nous représentons fig. 95 et 96, proviennent de niches, placées au-dessus des appartements royaux contigus à la *plaza de los Algébes*, place des Citernes. Les décorations en sont d'or et d'émail azuré ; les inscriptions du vase fig. 95 sont celles qui se retrouvent sur toutes les parties de l'Alhambra : *Il n'y a de vainqueur que Dieu.*

Ce vase a disparu, vers 1837, à l'époque où un gouverneur de l'Alhambra, ignorant, donnait ordre de scier, en deux parties, des portes d'une précieuse décoration, utilisant le haut, brûlant le reste. (Consulter la fin de la note page 57.)

Le dessin qui en a été conservé, nous a permis de constater qu'il était à peu près de même grandeur 1 m. 36 c. et presque de même forme que celui fig. 96 ; les anses, dentelées à l'intérieur, étaient ornées d'arabesques et d'oiseaux. Une large *zone* couverte d'entrelacs séparant la panse en deux, était surmontée, sur chaque face, de trois médaillons circulaires au milieu desquels se voyait l'écusson et la devise des rois de Grenade, entourés d'inscriptions en caractères nesky.

Les inscriptions du vase fig. 96 se répètent moins souvent et ne se lisent pas facilement. L'absence des points diacritiques peut en faire assez varier le sens; celui auquel l'esprit s'arrête de préférence se lirait : *Rien ne lui est semblable* (à Dieu). La forme de ce vase a été copiée à la Manufacture de Sèvres en 1842.

Quant à la date de leur fabrication, elle semblerait, par le genre des orne-

(1) En ce qui concerne le cycle des années de l'Hégire, consulter la légende des figures 220 à 223, page 123.

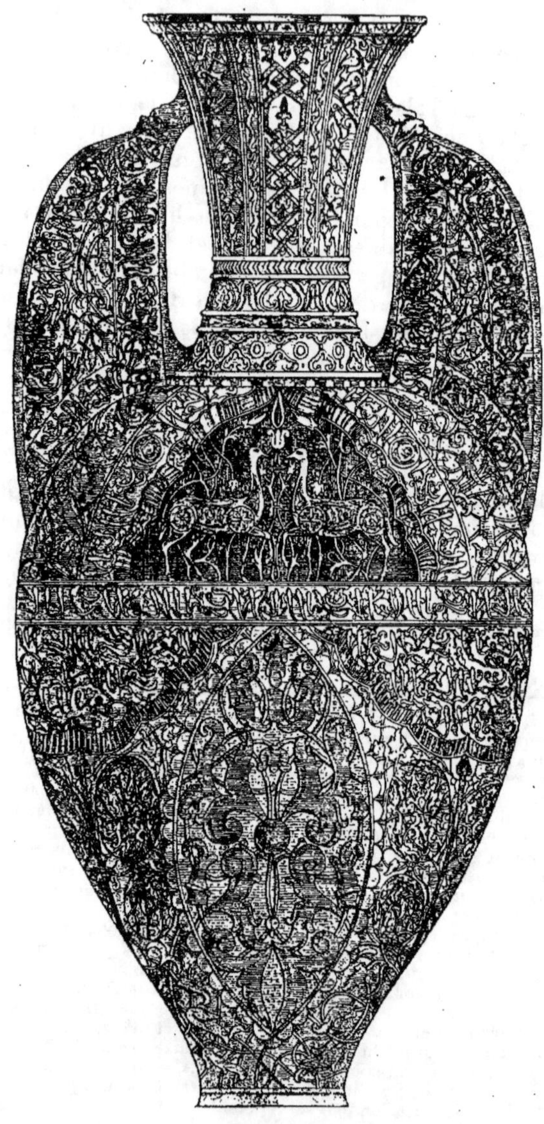

COMMENCEMENT DU XIV° SIÈCLE. — ATELIERS DE MALAGA

Fig. 96. — Vase, conservé, dit de l'Alhambra de Grenade (Haut : 1 m. 36)

(Consulter les notes, pages 55 et 57).

temps mentionné. Fait en présence et avec le concours des témoins nommés antérieurement. »

Nous devons citer aussi Séville, dont les cinquante fabriques, établies dans le faubourg de Triana, étaient célèbres au seizième siècle et, sans doute, antérieurement. Triana possédait, en 1543, une faïencerie qui payait 7.000 ducats de loyer, somme considérable à cette époque. En 1564, la ville de Biar possède quatorze fabriques, Trayguera en possède vingt-trois.

Au commencement du dix-septième siècle, en 1610, c'est-à-dire après l'expulsion des Maures, commence la décadence des faïences du royaume de Valence et, sauf de rares et quelquefois brillantes exceptions, la fabrication suit une marche décroissante. Les Collections du Musée des Thermes et de l'Hôtel de Cluny possèdent de nombreux spécimens, permettant de suivre cette marche jusqu'à sa dernière époque. Actuellement, la production est presque nulle et les fabriques ne font que de grossiers ustensiles de ménage. Ajoutons qu'en dehors des faïenceries que nous venons d'indiquer sommairement, plusieurs villes d'Espagne telles que Barcelone, Murviedro, Tolède, Murcie ont produit, au seizième

---

ments, appartenir plutôt à l'époque des premiers fondateurs de l'Alhambra, dans une salle duquel ils furent destinés à être placés. Une circonstance très particulière démontre qu'au temps où ils furent fabriqués, les Mores étaient déjà depuis longtemps en contact avec les chrétiens d'Espagne. On remarque en effet, sur les anses du vase fig. 95, des oiseaux qu'il n'est pas possible de croire fantastiques et, au milieu du 96, deux gazelles sur le genre desquelles il n'est pas permis de se méprendre. Or, la présence d'animaux *réels*, sur un monument de style moresque, est une conception qu'il faut toujours noter.

Ces vases, doivent dater du commencement du quatorzième siècle, et appartiennent, probablement, à l'époque où les idées plus libérales des chrétiens, avaient insensiblement conquis et élargi l'esprit exclusif des adeptes de la foi musulmane.

C'est en 1764, qu'ils ont été mentionnés pour la première fois, ainsi que *les restes d'un troisième*, dans les *Paseos por Granada* ; le P. Juan Echaverria prétend qu'on les avait trouvés plein d'or dans le jardin des *Adarves*, dépendant de l'Alhambra. Un voyageur anglais raconte, quelques années plus tard, qu'il vit « dans les jardins deux urnes bleues et blanches... chargées d'inscriptions. »

Un vase analogue, auquel la base, le col et une anse manquent, se trouve au Musée de Stockholm. Il est de la même forme mais sans bleu ; les ornements, d'une grande élégance, sont également à *lustre métallique* : des entrelacs ornent la panse, et une inscription en caractères neskhy règne au-dessous du col.

Les réparations subies par la *Salle des Abencerrages*, à l'Alhambra de Grenade, rappellent les maladroites remises à neuf de plusieurs édifices français de la Période Ogivale où, trop souvent, l'artisan s'est cru à l'abri de toute censure, pour la raison qu'il avait remplacé des fragments mutilés par d'autres fragments.

Ce n'est pas seulement le vandalisme des réparateurs de cette salle que l'on doit blâmer, mais aussi le vandale qui en fit arracher les admirables portes.

Ces deux portes étaient encore à leur place, à l'entrée de la *Salle des Abencerrages*, lorsque, en 1837, elles furent déplacées et sciées en deux par ordre du gouverneur qui, alors, occupait l'Alhambra, et cela pour boucher une brèche dans une autre partie du palais ; comme elles étaient trop grandes pour l'ouverture à laquelle on les destinait, on se servit du reste comme bois à brûler.

Ces portes, avec les mêmes moulures sur les deux faces, étaient peintes et dorées ; les battants roulaient sur pivots ; le pivot inférieur était logé dans une cavité creusée dans le seuil en marbre, et celui d'en haut était engagé dans la soffite d'une poutre qui traverse la galerie sud de la cour des Lions.

siècle, des faïences à *lustre métallique*. Ces ateliers ne paraissent
pas avoir eu une fabrication de longue durée, et ne semblent pas
s'être distingués par une production importante au point de vue de
l'art céramique.

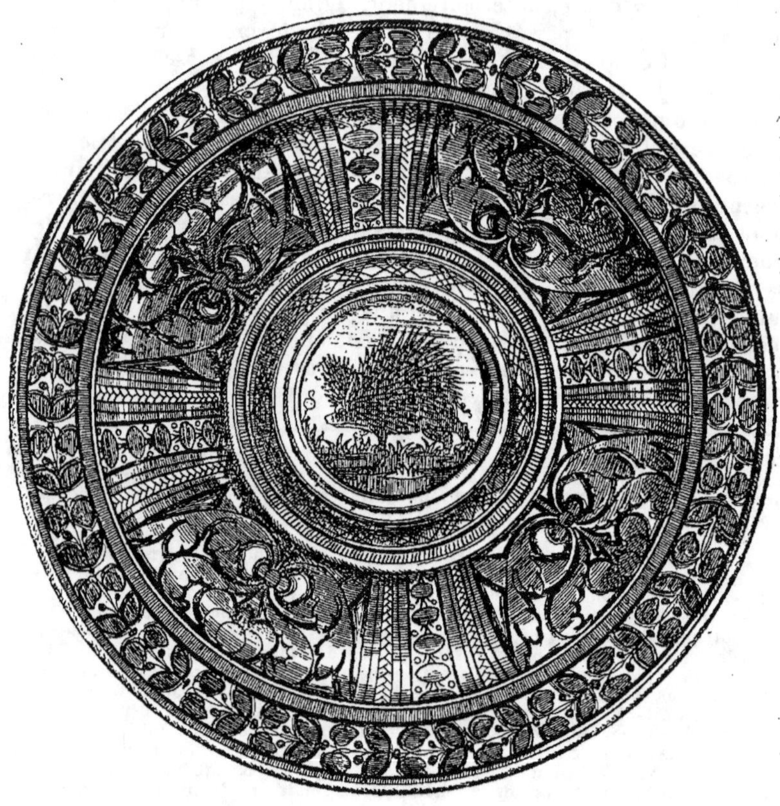

COMMENCEMENT DU XVIe SIÈCLE. — ATELIERS DE MANISÈS

Collection Frédéric Spitzer

Fig. 97. — Plateau d'aiguière, décor dessiné en bleu lavé de bleu moins
intense, et teinté de jaune chamois à *lustre métallique*.

Les faïences de Barcelone ont été signalées par plusieurs
auteurs ; cette industrie, qui fut pratiquée en d'autres villes de la
Catalogne, s'étendit en France jusqu'à Narbonne. Le baron
Charles Davillier assista à la découverte, faite dans cette ville, d'un
ancien four plein de fragments de poteries à *lustre métallique* ; les

antiquaires et les amateurs pourront en étudier au Musée de Narbonne et à celui de la Manufacture nationale de Sèvres.

L'usage des *faïences hispano-moresques* devait être autrefois commun en Espagne : les armoiries, qu'elles portent fréquemment,

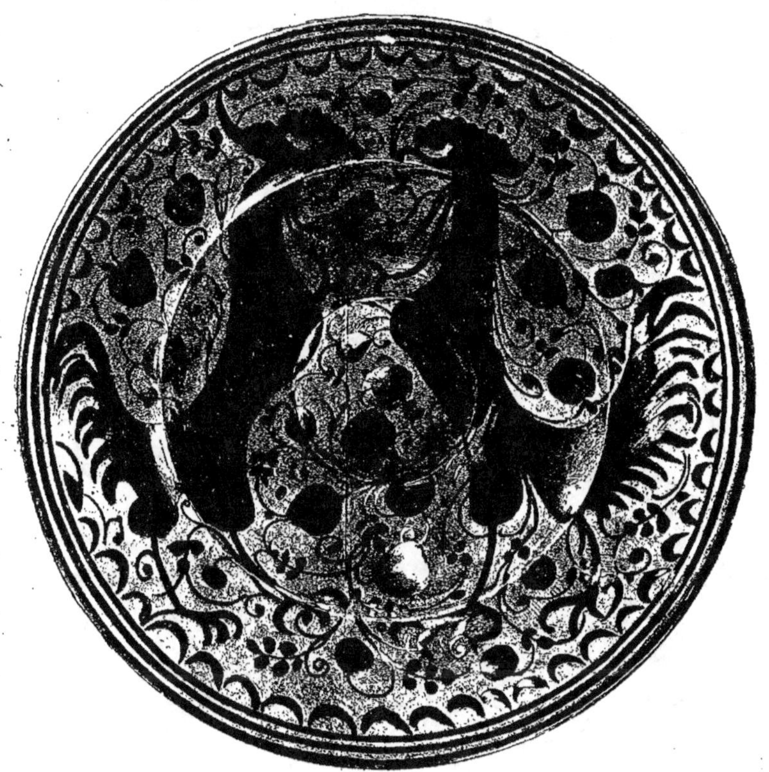

XVIe SIÈCLE. — ATELIERS PUENTE DEL ARZOBISPO
Collection Lowengard

Fig. 98. — Ce décor frappe, dès l'abord, plus par sa couleur que par un dessin des plus élémentaires, obtenu par une main peu expérimentée. Comme forme, on remarque trois ressauts successifs, dont l'un peut former une sorte de *marly* extérieur, ne se distinguant des autres compartiments que par trois cercles bordés à l'extrémité, et une série d'ornements en forme de lunes obtenus, comme le reste, à la pointe du pinceau. Au bout des tiges contournées, on aperçoit des feuillages et des fruits, dont nous ne distinguons ni l'espèce ni même la forme. (V. fig. 104).

montrent que de nombreuses pièces furent fabriquées pour des souverains ou de grands personnages. Le baron Charles Davillier en a trouvé une preuve intéressante dans un *Inventaire* fait en 1539, après la mort de l'impératrice *Ysabel*, femme de Charles-

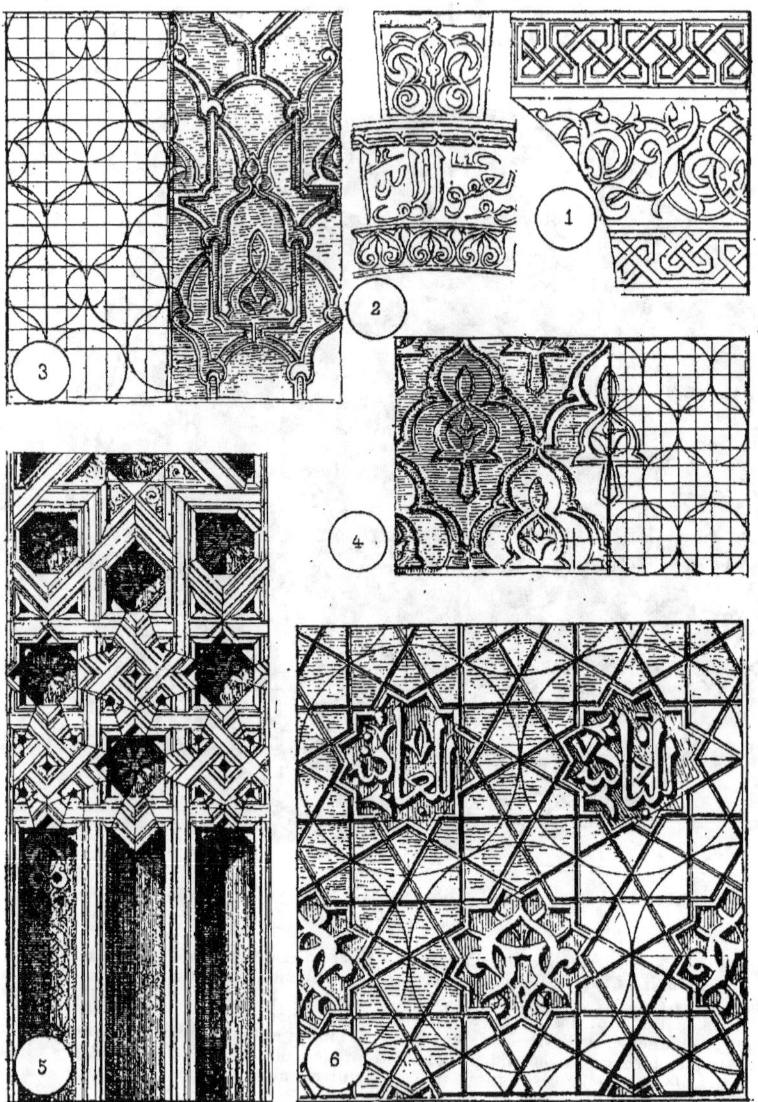

XIVᵉ SIÈCLE. — ATELIERS ARABES.

Mosquées de Sidi-Brahim et de Sidi et Hallouy

Fig. 99 à 103. — Ces documents datent du quatorzième siècle et témoignent de la féconde imagination des artisans arabes. (Consulter la légende ci-contre).

Quint et mère de Philippe II. On y relève, sous la désignation suivante : *Un açafate morisco dorado*, une pièce de faïence *moresque*, dont il serait difficile de préciser la forme. C'est au comte de Valencia de Don Juan, qu'on doit la communication de ce document, conservé aux archives de Simancas.

Ce qui précède démontre que la fabrication des faïences, et notamment celle à *lustre métallique*, était anciennement très répandue dans presque toute l'Espagne. En présence de produits si nombreux et qui offrent entre eux beaucoup d'analogie, il est donc difficile d'attribuer tel ou tel spécimen à un centre donné.

CARACTÉRISTIQUE DU STYLE MORESQUE

Les décorations céramiques de style moresque auront toujours, dans leur simplicité native, plus de caractère que des pastiches fades et ridicules produits par des artisans fignoleurs.

De serviles copies des œuvres de maîtres célèbres, ou rapetissées aux proportions d'un plat ou d'une assiette causent, toujours, une pénible impression, tandis qu'un décor simple et riche en couleurs, composé de lignes courbes, concentriques ou brisées, est toujours préféré.

Les ors ou azurs mordorés ou changeants, passant successivement du rouge de cuivre le plus vif au *lustre nacré* le plus chatoyant, sont remarquables, surtout en ce qui concerne le *lustre métallique*, où des métaux semblent combinés pour répandre, sur l'émail oriental, les nuances les plus riches.

Sur ces merveilleux produits de l'art céramique hispano-moresque, dont les décors s'inspiraient de l'Orient : vases d'ornements, à deux, trois ou quatre anses, grandes vasques, plats à *ombilic* ou à *godrons, alcarazas* destinés à rafraîchir l'eau, s'enchevêtrent des ornements bizarres, des *arabesques*.

La règle du *Koran* prohibant la représentation des figures humaines on animales, les artisans mores reproduisaient de capri-

XIVᵉ SIÈCLE. — ATELIERS ARABES
Mosquées de Sidi-Brahim et de Sidi el Hallouy

Fig. 99 à 103. — Ces motifs ont été relevés à Tlemcen, par l'architecte Duthoit, au cours d'une mission archéologique en Algérie. Les trois premiers motifs appartiennent à la mosquée de Sidi el Hallouy : 1 représente le tailloir développé et 2 la corbeille d'un chapiteau en marbre blanc du Mirab ; 3 est un détail de la charpente des nefs de la même mosquée. Les trois autres motifs (nᵒˢ 4, 5 et 6) sont des détails des tapisseries du tombeau de Sidi-Brahim, qui se trouve dans la mosquée à laquelle ce saint personnage a donné son nom. On reconnaît dans tous ces motifs la féconde imagination des artisans arabes du quatorzième siècle ; les belles lignes de la décoration des tapisseries, la richesse de la sculpture des chapiteaux sont d'un art achevé et dérivent des principes du style de la belle époque. (Voir fig. 75).

cieux caractères, de fantastiques symboles, des motifs architecturaux empruntés à l'*ogive*, des *renflements trilobés*, des *chevrons*, des *cercles concentriques*, des *zones* de différents tons, des *rosaces rayonnantes*, des *triangles*, des *cercles*, des *lignes droites* ou *courbes*, inspirés par le culte de la géométrie.

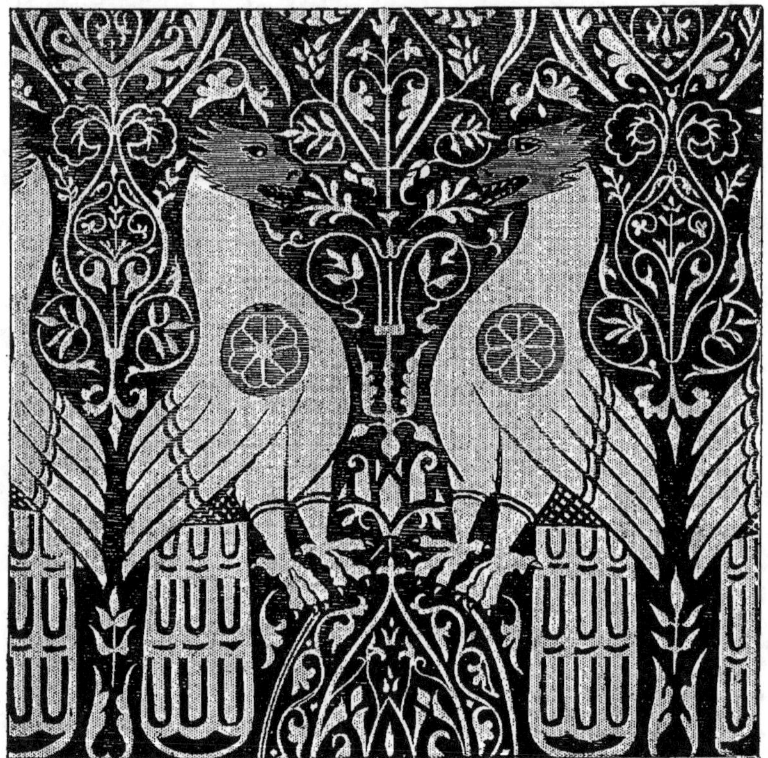

Fig. 104. — Animaux fatidiques et monstrueux

On voit souvent, s'épanouir, sur les poteries, des *fleurs d'un caractère indéfini* ou s'enrouler, autour de *bizarres rinceaux* et de *guirlandes* de *feuilles d'une forme étrange*, des végétaux imitant le *cyprès*, le *houx*, l'*églantier*, le *lierre*, sans ombres ni reliefs.

Parfois même, défiant la loi du Prophète, l'artisan more esquissera un animal fatidique, monstrueux (fig. 98 et fig. ci-dessus), ou une *antilope*, un *lion*, dont les aspects, ne rappelant ni la vie, ni le mouvement, semblent bannir l'art du dessin ou celui de la peinture.

Après la chute de Grenade (1492), le caractère oriental du décor céramique s'atténue sans toutefois disparaître ; et, quand la croix du Christ, triomphante de nouveau, remplacera le croissant sur

les édifices de la catholique Espagne, des images et des figures
nouvelles viendront prendre place sur des poteries à ornements et
décors moresques, dont les traditions se perpétueront.

C'est ainsi que, dès la fin du quinzième siècle, on voit apparaître,
au milieu de décors variés et d'arabesques, dont les vaincus ont
transmis le goût aux vainqueurs, des *légendes en lettres gothiques*,
des *inscriptions* toutes chrétiennes ou castillanes, des *armoiries*,
et des animaux *héraldiques*, le *monogramme du Christ*, des *invo-
cations aux saints*, parfois même, mais plus rarement, l'*image de
la Vierge*, de l'*Enfant Jésus* ou de quelque *saint vénéré*.

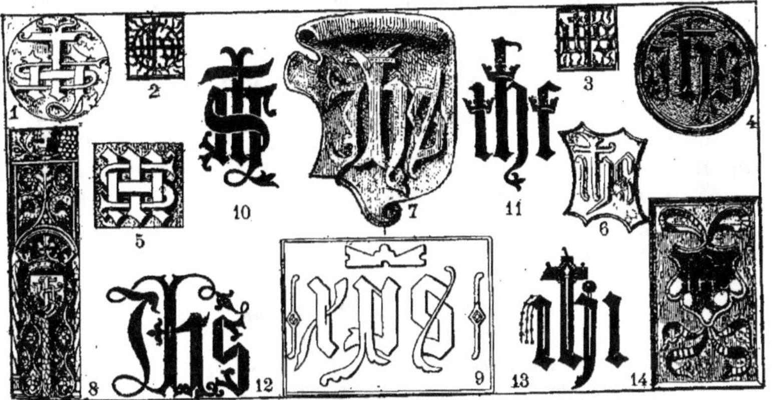

MONOGRAMMES DU CHRIST

1 à 9, *Quinzième siècle*. — 10 à 14, *Seizième siècle*

MÉTHODES EMPLOYÉES POUR DONNER
LE LUSTRE MÉTALLIQUE AUX FAIENCES HISPANO-MORESQUES

De nombreuses expériences ont été faites pour analyser la composition des *faïences hispano-moresques*, ainsi que des recherches
sur la méthode employée pour leur donner le *lustre métallique*.
Le baron Charles Davillier cite l'opinion du savant Alexandre
Brongniart, qui constatait l'absence de l'or et la présence du cuivre.

L'étude des procédés techniques mis en œuvre pour les faïences
hispano-moresques est trop importante, pour ne pas consigner les
observations, même les plus contradictoires, des divers auteurs
qui ont traité la question de fabrication à *lustre métallique*.
Auguste Demmin affirme que c'est une erreur de prétendre que
le *lustre métallique* est composé de cuivre. Le cuivre se brûle au
grand feu, écrit-il, ou tourne au vert au petit feu. D'après cet

auteur le *lustre* serait obtenu par l'emploi d'un vernis, qui serait appliqué à un second feu, et dans lequel l'arsenic entrerait en petite proportion.

Les sérieuses expériences, auxquelles l'antiquaire Louis Carrand s'est également livré, lui ont démontré que ce serait, au contraire, grâce à l'emploi du cuivre et de l'argent que les céramistes de la Péninsule auraient obtenu ce beau *lustre* qui distingue leurs travaux, mais les deux métaux ne seraient pas employés simultanément dans la pratique; « ainsi les faïences à *lustre de cuivre* rouge foncé ne contiennent que du cuivre; l'argent était ajouté au cuivre pour diminuer l'intensité de la couleur, pour lui donner un aspect plus clair et plus doux ».

Ce serait donc par le mélange de ces deux métaux, dans des proportions différentes, qu'on arrivait à ces tons si riches et si variés que nous admirons sur les faïences *hispano-moresques*, depuis le *rouge cuivre* le plus prononcé jusqu'au *lustre nacré* de différentes nuances, qu'on obtenait plus ou moins tendres suivant la quantité d'argent qu'on ajoutait au cuivre.

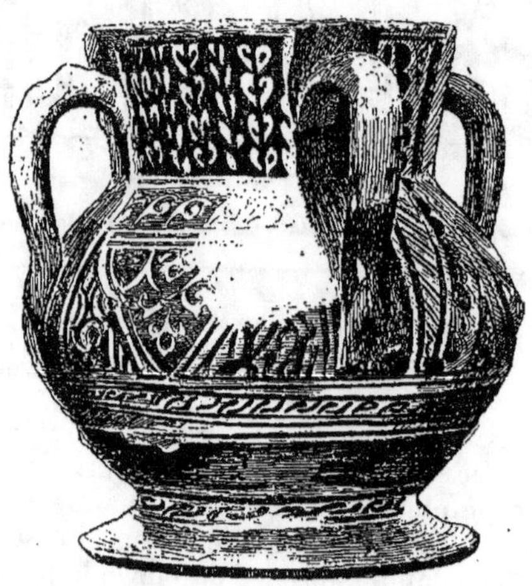

XVIᵉ SIÈCLE. — ATELIERS DE MANISÈS

Fig. 104. Vase à lustre métallique cuivreux, rehaussé de bleu.

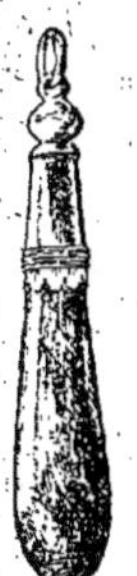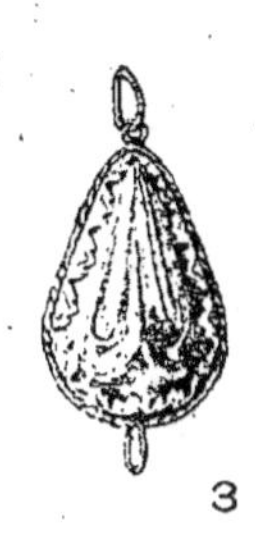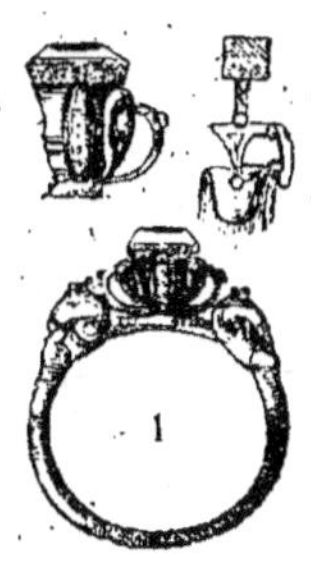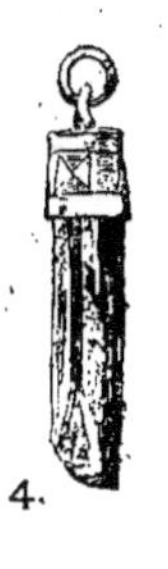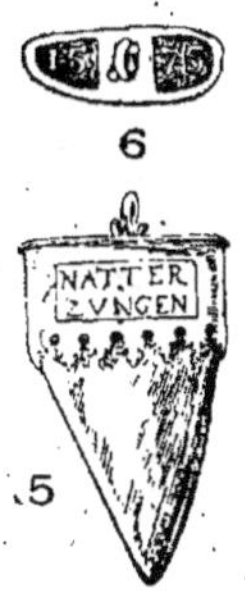

MOYEN-AGE ET RENAISSANCE
Pierres dites d'Épreuves, et Bague empoisonnée.
Collection Edouard Rouveyre, et Collection Victor Gay.

Fig. 105 à 110. — Les documents 2 à 6 datent des quatorzième et quinzième siècles. Ce sont des *pierres dites d'épreuves*. (Consulter le texte, page 66.) — Au seizième siècle, des épingles, des clefs de coffrets, des griffes de bagues étaient munies d'une pointe acérée, trempée dans une solution vénéneuse. Le chaton de la bague 1 renfermant une griffe empoisonnée, il suffisait d'une simple pression produite au moyen du mécanisme, représenté au-dessus, pour déchirer les doigts, et faire une piqûre foudroyant la victime à qui une poignée de main était donnée (¹).

QUALITÉS FUGITIVES DE QUELQUES ŒUVRES D'ART

★

ESSAIS, ENTREMETS, NEFS, NAUTILES, SURTOUTS

Pour comprendre une œuvre d'art et en donner l'analyse, on doit définir ses caractères et se rendre compte qu'en plus de qualités extérieures et sensibles, il en est de fugitives exprimant ses propriétés, ses destinations et sa raison d'être.

En ce qui concerne les œuvres d'art à *l'usage de la table*, la *crainte du poison*, du treizième au dix-huitième siècle, produisant une telle épouvante à la Cour et chez les grands personnages, du fait de l'ambition, de la cupidité, de la vengeance, des haines politiques et sociales, qu'il était d'usage de se servir, pour la *table à manger*, de *nefs* et de vases dont les couvercles fermaient à clefs.

Ces précautions ne paraissant point assez efficaces, on chercha des préservatifs dans les croyances les plus absurdes. Comme la *licorne*, bête fabuleuse, passait pour être l'ennemie de toutes les choses impures, et avoir la faculté de les découvrir chez les hommes aussi bien que dans les objets, on s'était imaginé qu'en se procurant de sa corne pour en faire des vases, on pourrait reconnaître facilement si les boissons qu'ils contenaient étaient saines ou empoisonnées. La frayeur et l'effroi étaient si répandus qu'on accepta les plus

---

(¹) Carpentier de Marigny, pamphlétaire du temps de la Fronde (1615 à 1645), offre « à toutes femmes et filles de la Cour qui l'éventeront (le cardinal de Mazarin) avec des *éventails empoisonnés*, la somme de 50.000 écus, dont elles seront dotées par le Parlement et mariées dans l'an, sans que leur âge leur puisse nuire ni préjudicier ».

vulgaires cornes comme étant celles de la *licorne*. Des manches de couteaux avaient la propriété de suer du sang quand ils touchaient des viandes empoisonnées. Cette croyance se conserva jusqu'au seizième siècle; ce fut le célèbre chirurgien Ambroise Paré (1518 † 1590) qui, le premier, tenta d'en démontrer la folie.

« La crainte du poison, écrit Victor Gay, dans son *Glossaire archéologique*, a longtemps maintenu à la Cour des rois et des princes l'usage d'éprouver les mets ou les boissons, par des moyens appuyés sur des croyances sans fondement. Les derniers vestiges de ces singulières coutumes ne se retrouvent plus définitivement qu'à l'état de tradition ou mieux d'étiquette, et les mots *épreuve*, *essai* ne s'appliquent plus qu'à des *tâte-vins*, simples tasses à déguster les vins.

« *L'épreuve* des quatorzième et quinzième siècles est, dans sa forme la plus riche, une pièce d'orfèvrerie montée sur pied et souvent terminée par une branche de corail; des tiges de métal donnent naissance à un feuillage ciselé ou émaillé, agrémenté de pièces de joaillerie d'où pendent, à des chaînes, les pierres contre le venin, telles que crapaudines, serpentines, jaspes, agates, et aussi des langues de serpent qui, en réalité, sont des dents de requin; et, par-dessus toutes ces choses, de la corne de licorne, c'est-à-dire provenant des défenses du narval. (Fig. 106 à 110.)

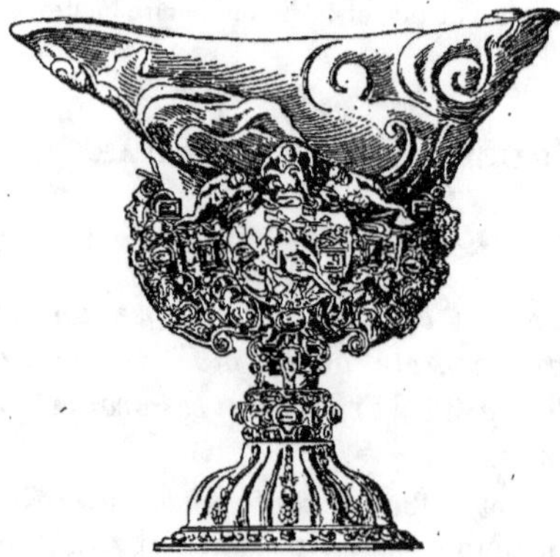

XVIᵉ SIÈCLE. — ART FRANÇAIS

Fig. 111. — *Essai* en corne de rhinocéros, monture vermeil ciselé, camées et pierres fines. L'*essai* était une pratique inspirée par la prudence, mais dont l'efficacité se bornait aux seuls *essais* de prégustation.

« Indépendamment de cet ensemble qui constituait, à proprement parler le *languier*, on accrochait à l'anse ou même au couvercle des pots, des chaînettes au bout desquelles une *pierre d'épreuve* trempait dans le liquide; pour les aliments solides, on tenait en réserve d'autres pierres pareillement suspendues, faisant *essai* par le simple attouchement. *Essai* et *épreuve* étaient une même chose. »

Plus tard, on pratiqua des *essais* du pain, de la cuiller, de la fourchette, du couteau et même du cure-dents, à l'usage du roi et de la reine. Ces *essais* étaient faits sur une table, dite *table du prêt*, par le Chef du gobelet qui, avant de placer ces objets dans la *nef royale*, avait pour charge de mâcher et d'avaler la mie de pain dont il s'était servi pour les frotter.

Non seulement au Moyen-Age le poison était d'un usage courant, à la Cour et chez les seigneurs, mais on avait encore recours aux *maléfices* pour causer le mal et souvent la mort d'hommes, de femmes et d'animaux, à l'aide de moyens surnaturels.

En ces temps de superstition on distinguait trois sortes de maléfices : 1° Le *maléfice somnifère*, qui se faisait par le moyen de breuvages composés avec de certaines herbes et qui, sous l'influence de charmes et pratiques, dont les sorciers avaient le secret, servait à endormir leurs victimes ; 2° le *maléfice amoureux*, philtre obtenu par l'entremise

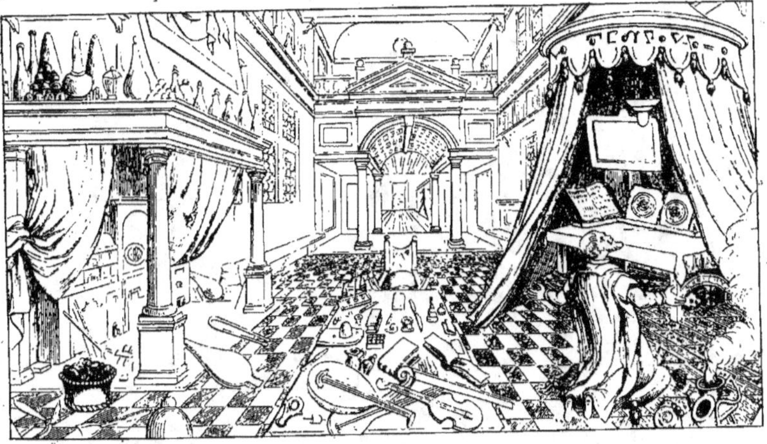

XVIᵉ SIÈCLE. — LABORATOIRE DE COSIMO RUGGIERI

Fig. 112. — Ruggieri, astrologue de Catherine de Médicis (1519 † 1589), dont la maison s'élevait au pont au Change à Paris, se chargeait de préparer les parfums et, plus d'une fois, il y mêla des poisons florentins sûrs et rapides. — Deux célèbres empoisonnements, attribués aux parfums, furent ceux de Jeanne d'Albret, mère de Henri IV, avec des gants parfumés, et du duc d'Alençon, frère de Henri III, par une bougie parfumée.

du démon afin d'exciter l'amour ; 3° le *maléfice ennemi*, qui causait toutes sortes de dommages aux qualités de l'esprit, aux avantages du corps et aux biens d'un ennemi.

Quoique le *maléfice ennemi* ait été réputé comme un des plus redoutables, il existait une opération cabalistique, dite *envoultement*, de beaucoup plus effarante et démoralisante.

Cette coutume, aussi absurde que coupable, dont on trouve des traces dans les siècles du paganisme, était en vigueur en France dès le douzième siècle. Lorsqu'on avait un ennemi auquel on désirait donner la mort, sans courir soi-même aucun risque, on l'*envoultait*, au moyen d'une statue modelée, soit de cire, soit d'argile, à laquelle on imprimait sa ressemblance.

Cette image, désignée *vœu*, *voult*, était baptisée, en outre, avec toutes les formalités prescrites par l'Église, du nom de l'ennemi *envoulté* ; on la couvrait d'habits pareils aux siens, on n'omettait rien enfin de ce qui pouvait rendre l'identité parfaite. Quelquefois des envoulteurs prononçaient sur un *voult décharné*, réduit à l'état de squelette, certaines formules de conjurations. Lorsque le cérémonial prescrit avait été observé, on était convaincu que la personne *envoultée*

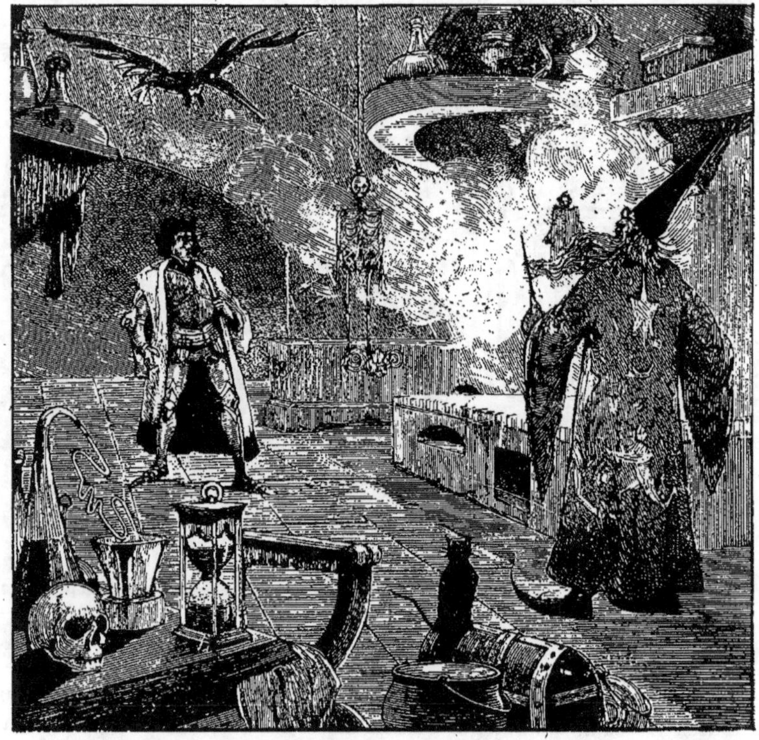

XVIᵉ SIÈCLE. — OFFICINE D'UN ALCHIMISTE ENVOULTEUR
Fig. 113. — Consulter le texte des pages 67 à 69, et la note de la page 69.

Le seizième siècle est l'époque où furent écrits le plus d'ouvrages sur l'alchimie ; dans presque toutes les officines se trouvait un fourneau pour composer de l'or et de l'argent ; où tant d'adeptes fanatiques entreprirent de périlleux voyages pour visiter les mines de Suède, de Hongrie, pour découvrir les prétendues montagnes d'aimant, et puiser, près des anachorètes d'Orient, les principes de la *vraie sagesse*.

ressentait tous les coups que l'on portait à son image. Cassait-on une jambe à celle-ci, lui crevait-on un œil, lui perçait-on le cœur, l'*envoulté* devenait boiteux ou borgne, ou devait aussitôt mourir. Avec ces facilités étranges pour savourer secrètement la vengeance, ceux qui nourrissaient des haines violentes s'exerçaient à torturer leurs ennemis, les faisant mourir lentement ; la figure tailladée, découpée, n'était souvent qu'une plaie.

Les *envoulteurs* devaient agir avec circonspection et dérober le *vœu* à tous les regards, car la législation du temps punissait l'intention de nuire et de tuer personnellement, comme si le fait eût suivi ; les *envoulteurs* étaient livrés aux flammes (¹).

Chaque *épreuve* matérielle, à défaut de raisonnement, démontrait l'absurdité de cette pratique ; elle se maintint toutefois si longtemps que, jusqu'à la fin du seizième siècle, la foi dans l'efficacité de l'*envoultement* ne fut pas ébranlée.

On l'employait pour servir les passions privées et même les haines politiques ; des *vœux* furent faits contre des rois, contre des princes ; le roi de France Henri III fut souvent *envoulté* avec passion.

Ces *envoulteurs* fanatiques croyaient à la puissance du sortilège, comme on y avait cru près de trois siècles auparavant sous Louis X, dit le Hutin, lorsque des accusations d'*envoultement* avaient été articulées dans le procès d'Enguerrand de Marigny :

« Étaient leurs *vœux* (ceux qu'on imputait à la femme et à la sœur d'Enguerrand), en telle manière ouvrés, disent les *Chroniques* du temps, que si longuement eussent duré, lesdits rois, comtes, n'eussent fait que, chaque jour amménuiser, sécher, décliner, et en brief les eussent faits de malemort mourir. »

Longtemps avant Ctésias, célèbre médecin (cinquième siècle av. J.-C.), on s'occupait de l'existence d'un animal qui n'avait au front qu'une seule corne, et on racontait les vertus merveilleuses de cette corne contre le poison et les maladies. Cette préoccupation fut celle de l'Antiquité ; après avoir régné en Europe comme en Orient pendant tout le Moyen-Age, elle n'a cessé en France que vers le milieu du seizième siècle ; on la trouve encore existante dans les Cours de Russie et de Pologne vers la fin du dix-septième.

L'Antiquité a cru à un unicorne ; ses écrivains, et parmi eux Aristote, César et Pline, l'ont décrit, mais ne prétendent l'avoir vu. Il en fut de

---

(¹) Envoultement, écrit Léon Laborde, dans son *Glossaire*, dérivé du vœu fait contre une personne. De là *voulz*, puis *envouter* et *envoultement*, sortilège qui consistait à former une figure de cire suivant la ressemblance d'une personne, avec la persuasion qu'à la suite de certaines pratiques, on faisait subir à la personne elle-même toutes les atteintes portées à cette figure. L'Antiquité a connu cette pratique superstitieuse, et on la retrouve encore vivante dans les populations du Nouveau-Monde. Au seizième siècle, elle surgit de nouveau au milieu du cahot des idées. En 1315, le procès de Marigny lui donna la plus triste célébrité et la mit en vogue. Il fut prouvé, comme on prouvait alors, que l'*ymage* du roy (Louis le Hutin) avait été transpercée de piqûres dont l'effet devait être de le faire mourir à petits coups, en même temps que l'*ymage* placée devant le feu se consumait à petit feu. » L'envoûtement de Henri VI, roi d'Angleterre, en 1445, coûta la vie à trois personnes et fit emprisonner la duchesse de Glocestor. Jusqu'en plein seizième siècle, l'*envoûtement* eut, sinon des victimes, au moins des adeptes.

même au Moyen-Age, et l'on conçoit comment les descriptions d'un animal qui n'existait pas durent varier à l'infini. Le rhinocéros, avec sa corne sur le nez, reste la seule base de ces données merveilleuses.

On ignore si les coupes taillées dans la défense et l'unicorne, qui, selon Ctésias, préservaient du poison, de l'épilepsie et d'autres maladies, rien qu'en y buvant de l'eau, étaient faites de cornes de rhinocéros, mais on peut affirmer qu'au Moyen-Age, cet animal était trop connu des voyageurs pour continuer à répondre à des propriétés si merveilleuses, et sa corne trop courte pour être celle décrite par les *inventaires*. Il s'agit, dans ces documents, de cornes droites de trois, quatre, cinq, six et jusqu'à sept pieds de long. Un fait certain, c'est que la *licorne*, employée comme contrepoison, est bien la dent du narval, vulgairement unicorne, cétacé de la famille des Delphinides.

C'est à dater du quatorzième siècle que cette dent servit pour les *essais*. On acquit, dès l'origine, la licorne en défenses entières, mais il n'était donné qu'aux rois, aux princes et aux plus riches seigneurs d'en posséder de complètes ; en général, on la débitait par petites pièces, soit pour en faire des *épreuves*, soit pour les enchâsser dans les coupes, aiguières, plats, etc., avec la croyance que la présence de cette prétendue *corne de licorne* agissait comme *contrepoison*.

Lorsque la *licorne* fut considérée comme *contrepoison*, on crut que l'eau, dans laquelle on la laissait plonger quelque temps, acquérait cette même vertu et, jusqu'au dix-septième siècle, cette eau de licorne fut l'objet d'un important commerce.

Ainsi que nous l'avons fait remarquer, il faut arriver jusqu'au milieu du seizième siècle pour trouver, non pas encore l'incrédulité générale, mais la critique de quelques savants contre ces pratiques superstitieuses, d'autant plus dangereuses qu'elles interdisaient l'emploi de moyens efficaces [1].

« Toute l'Antiquité, écrit le comte Léon de Laborde, a cru à la vertu de certaines pierres, de certaines cornes ou dents d'animaux, pour reconnaître la *présence du poison* dans les boissons et dans les aliments ; le Moyen-Age ne lui a rien cédé sur ce point, ni en crainte de l'empoisonnement, ni en crédulité dans les moyens de le prévenir. »

Ces superstitions se traduisaient en ustensiles d'or et d'argent richement ornés, c'est le résultat le plus net et le seul positif de ce qu'on appelait l'*essay*, c'est-à-dire la prétention de connaître si un mets, une boisson ou un ustensile de table étaient empoisonnés, rien qu'en les touchant avec une épreuve faite de *corne de licorne, de langue de licorne* ou de *certaines pierres précieuses.*

---

[1] Pendant le Moyen-Age et au commencement de la Renaissance, afin de satisfaire à une croyance, que la poudre de momie d'Egypte était efficace pour les chutes et contusions pour empêcher le sang de se coaguler dans les chairs, on pulvérisait des momies égyptiennes.

Cette pratique, continuée pendant le seizième siècle, a été maintenue à la Cour par l'étiquette; on la trouve encore dans une *ordonnance* de 1681 sur le Cérémonial, elle n'a été abandonnée qu'en 1789. Un autre genre d'*essai* fort naïf et très réel consistait à faire boire et goûter à l'avance les vins et les mets.

Au repas de noces d'un roi d'Écosse (1449), « pendant, selon Matthieu d'Escouchi, dit Matthieu de Coucy, dont la *Chronique* comprend les années 1441 à 1464, qu'on asseoit les plas, un chacun de ceux qui les avoit apportés se mettoit à genoux jusqu'à ce qu'on eût fait l'*essay* ».

Par appréhension des boissons et des mets empoisonnés, et aussi quelquefois par déférence, un *service à couvert* présentait les plats recouverts par des cloches d'argent. (Voir fig. 132.)

Olivier de la Marche (1426 † 1501) et les *Chroniques* qui nous ont donné des descriptions de festins relatent le soin que l'on apportait à laisser *tout couvert* jusqu'à l'arrivée des convives, de là l'expression de *mettre le couvert*. C'était donc une nuance d'étiquette très sensible, et une marque d'infériorité, que de manger à coupes et plats découverts devant une personne dont tous les mets étaient couverts.

Les *Mémoires* d'Olivier de la Marche, 1435 à 1492, en mentionnent l'usage à l'occasion de la fête de la Toison d'Or donnée en 1446 : « Le disner prest, les chevaliers prindrent et lavèrent les deux ducs ensemble, et s'assiet le duc de Bourgongne au milieu de la table. Les deux ducs furent *servis à couvert*, chacun à part soy, et pareillement furent servis tous les chevaliers, chacun son plat et son service à part, et furent moult grandement servis de vins et de viandes. »

Sous le règne du roi de France Henri III, les tristes personnages formant la Cour de ce roi pusillanime étaient, suivant *L'isle des hermaphrodites* [1], « servis à plats *tout couverts* »; cet usage dura jusqu'au commencement du dix-huitième siècle. Françoise d'Aubigné, marquise de Maintenon, « étant veuve (1660), raconte Gédéon Tallemant des Réaux (1619 † 1692), dans ses *Historiettes*, espérant épouser Bernard de Nogaret de la Valette, duc d'Épernon (1592 † 1661), se faisait servir à *plats couverts* et avait un dais ».

---

[1] Le pamphlet célèbre *L'isle des Hermaphrodites* décrit un cabinet de toilette fort curieux et très compliqué où l'on voit : « La toilette et des peignes, certaines petites boettes pleines de vermillon tout préparé qu'on s'appliquoit sur les joues..., de petites tenailles dont on frisoit..., de petites bouteilles..., dans lesquelles il y avoit plusieurs sortes d'eaux tant de senteurs que pour les fards, avec tout plein de boettelettes et petites escuelles pleines de rouge... ».

Furetière (1619 † 1688) était donc fondé à mentionner que : « Les quarrés où sont les fards, pommades, essences, mouches, et la boette à poudre, les vergettes, etc., sont des parties de la toilette. »

« Le rôle d'une jolie femme, écrivait Montesquieu (1689 † 1755), est beaucoup plus grave qu'on ne le pense. Il n'y a rien de plus sérieux que ce qui se passe le matin à sa toilette. Un général d'armée n'emploie pas plus d'attention à placer sa droite ou son corps de réserve, qu'elle n'en met à poster une mouche, dont elle espère ou prévoit le succès. »

Le cor et la trompette servaient à donner le signal du combat, Pierre Charron (1541 † 1603) écrit, dans son *Traité de la Sagesse* : « Après la justice vient la prudence, qui fait meurement délibérer avant que corner la guerre. » Cette expression rappelle celle des anciens : *classicum cancre*.

Comme on avait coutume, au Moyen-Age, chez les princes et les grands seigneurs, d'annoncer le moment du repas au *son du cor*, sans doute parce que cet instrument étant destiné à la chasse et à la guerre était réputé le plus noble de tous, on disait *corner l'eau*, pour indiquer l'usage qu'on avait de se laver les mains avant de se mettre à table.

Tous les seigneurs n'avaient pas le droit de faire *corner* leur dîner ou leur eau; c'était un honneur qui n'appartenait qu'aux personnes de la plus haute distinction. Lorsque Jehan Froissart (1338 † 1410), dans sa *Chronique*, monument historique qui retrace, en quatre livres, les événements de 1325 à 1400, décrit les mœurs d'Artarelle, il remarque que ce chef fameux des Gantois révoltés tenait l'état d'un prince et, tous les jours, par ses ménétriers, *faisait sonner et corner devant son hostel à ses disnées et soupées*.

C'est également par le son belliqueux des trompettes qu'on égayait les festins royaux. Les *Grandes Chroniques de France* ou *Chroniques de Saint-Denis*, rédigées jusqu'en l'année 1340 en l'abbaye de Saint Denis, et continuées jusqu'au règne de Louis XI (1461-1483) puis, postérieurement, jusqu'à ceux de Charles VIII et Louis XII (1483-1515), mentionnent les noces de Louis, dauphin, qui fut roi de France et premier du nom.

« Du service ne doit estre question ; car des viandes possibles à trouver y avait largement, et *entremets de trompettes et clairons*, et ménestrels, lices, psaltériens, héraux et poursuivans y avait assez. »

Le mot *entremets*, dont la signification a été restreinte de nos jours, et ne s'emploie plus guère qu'en termes gastronomiques et culinaires, s'entendait, autrefois, de plusieurs représentations données pendant un repas pour distraire les convives, soit dans l'intervalle de différents services, soit dans l'*entre-deux* d'un mets ou service à un autre mets, d'où *entremets*.

Pour ces divertissements on faisait rouler, jusque dans la salle du festin, des décorations représentant des villas, des châteaux, des jardins avec fontaines, d'où coulaient toutes sortes de liqueurs. La musique accompagnait presque toujours ce genre de spectacle qui formait, seul, un *entremets* (fig. 119 et 122).

Les *entremets* n'étaient souvent que des entrées de musiques exécutant quelques scènes ou pantomimes, suivis d'une *mascarade*, comme, par exemple, celle qui faillit être si funeste au malheureux Charles VI, décrite par Jehan Froissart d'une manière saisissante.

« L'aventure d'une danse faite en semblanct de hommes sauvages, là, où le roi fut en péril. » (Fig. 123.)

En France, pendant la première race (420-752) et la deuxième (752-987), les repas de nos aïeux furent un peu comme ceux des héros d'Homère. La venaison, sous toutes ses formes, et les plus affreuses boissons, telles que l'hypocras, suffisaient à leurs délices. C'est au Moyen-Age que l'usage des *entremets* fut apporté d'Orient par les croisés ; ils étaient alors, comme chez les Romains, un *intermède*, c'est-à-dire un temps d'arrêt au milieu du repas.

Plusieurs chroniqueurs mentionnent cet usage ; mais, le passage où il est le plus clairement décrit, est celui dans lequel il est question de l'entrevue qui eut lieu entre le roi de France et l'empereur d'Allemagne.

En 1378, l'empereur Charles IV vint à Paris, accompagné de son fils, rendre visite au roi de France Charles V, dont il était l'oncle et le parrain. Des fêtes splendides furent données en son honneur ; et, s'il faut en croire les chroniqueurs, parmi tant de magnificences, le festin qui fut offert au souverain le 6 janvier, dans la grande salle du Palais, semble avoir tout particulièrement excité l'admiration de contemporains qui mentionnent l'emploi de fontaines somptueuses [1].

L'empereur, le roi de France, le roi de Bohême, fils de l'empereur, l'archevêque de Reims, qui avait officié ce jour-là, l'évêque de Paris, l'évêque de Brunswick, l'évêque de Beauvais, s'assirent à la table de marbre qui avait été choisie pour table d'honneur (fig. 119).

Chacun des trois princes avait, au-dessus de sa place, un dais distinct en drap d'or semé de fleurs de lis, et ces trois dais étaient surmontés d'un plus grand, qui recouvrait la table dans toute son étendue.

Un grand espace avait été ménagé entre les places des souverains, et une distance, plus protocolaire encore, les séparait des autres convives, de telle sorte que les évêques se trouvaient relégués au bout de la table.

Le repas devait avoir quatre services, se composant chacun de dix couples de plats ; mais l'empereur, âgé et goutteux, ayant éprouvé de la fatigue, Charles V fit supprimer un service afin d'arriver à l'*entre-*

---

[1] Les fontaines furent un des thèmes favoris de l'orfèvrerie, on en trouve des descriptions dans tous les *inventaires*. Léon de Laborde en cite deux qui se complètent par le *hanap*, la *quarte* et le *gobelet*, groupés autour d'elles.

1353. Une grant fontaine, en guise d'un chastel, à piliers de maçonnerie, à hommes à armes entour, avec le hanap et une quarte, semée d'esmaux ; tout pesant Ix marcs (*Inventaire* de l'argenterie.) — 1353. Une fontaine de cristal, à iij brides, avec le gobelet de cristal dessus, à couvercle. — 1360. *Inventaire* du duc d'Anjou, 89, 188, 335, 336, 337, 339, 393, 486.

mets, qui devait dépasser en splendeur tous ceux qu'on avait vus
jusqu'alors.

Des *dressoirs*, ornés de vaisselle d'or et d'argent, décoraient la salle ;
on les avait entourés de barrières afin d'en interdire l'approche.

Un manuscrit historique, célèbre dans l'histoire littéraire et qui
fait partie du Département des Manuscrits, Bibliothèque nationale,
Paris, renferme une précieuse miniature exécutée par les ordres et
sous les yeux de Charles V (fig. 119), et donne de minutieux détails

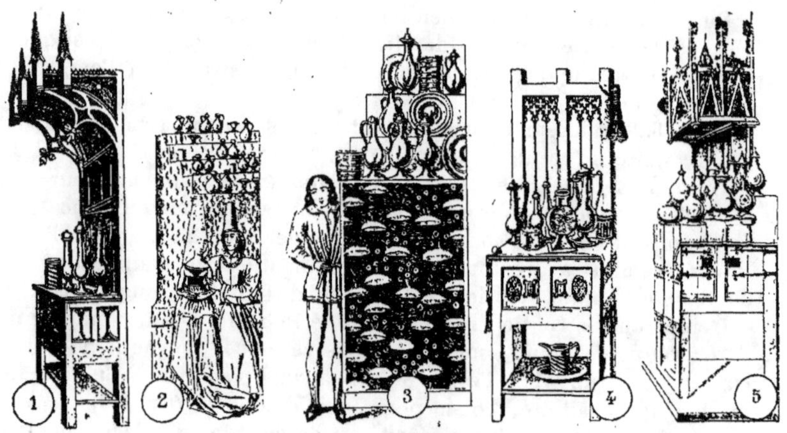

XV· SIÈCLE. — ART FRANÇAIS

Manuscrits de l'Ancienne Bibliothèque des Ducs de Bourgogne, Bruxelles.

Fig. 114 à 118. — Dressoirs d'honneur (2 et 3) chargés de vaisselle d'or et d'argent,
dont on se servait pour les Cérémonies suivant l'étiquette en usage à la Cour de France
et à la Cour de Bourgogne, et Dressoirs à un ou deux degrés (1, 4 et 5).

relatifs à cet *entremets*, tel qu'il fut ordonné *entre* les différents *mets*
du festin offert à Paris le 6 janvier 1378.

« L'histoire et l'ordonnance fut comment Godefroy de Bouillon
conquit la sainte cité de Jérusalem ; et le roi fit faire à propos cette
Histoire, parce qu'il lui sembloit que devant plus grands personnages
en la chrétienté, ne pouvoit-on remémorer ni donner en exemple
plus notable fait. Et pour mieux figurer la besogne, fut fait ce qui
s'ensuit : au bas bout de la salle du Palais, qui était fermé de rideaux
tellement qu'on ne pouvoit rien voir par dehors, il y en avoit une
nef bien façonnée, dans la forme d'un *vaisseau de mer* garni de voiles
et de mâts, château devant et derrière, sans oublier rien des agrès
qui appartiennent à *nef* pour aller en mer. De plus, elle était joliment
peinte, et pavoisée plus richement qu'on ne sauroit dire, et garnie

par dedans de gens très bien armés, avec cottes d'armes, écus et
bannières des armes de Jérusalem, que Godefroy de Bouillon portait.

« Et étoient jusqu'à douze, comme dit est, armés des armes des
notables capitaines qui furent à la conquête de Jérusalem avec ledit
Godefroy. Et étoit au devant, sur le bout de ladite *nef*, Pierre l'Hermite, en la manière et ordonnance qu'il se pouvoit faire, selon ce que

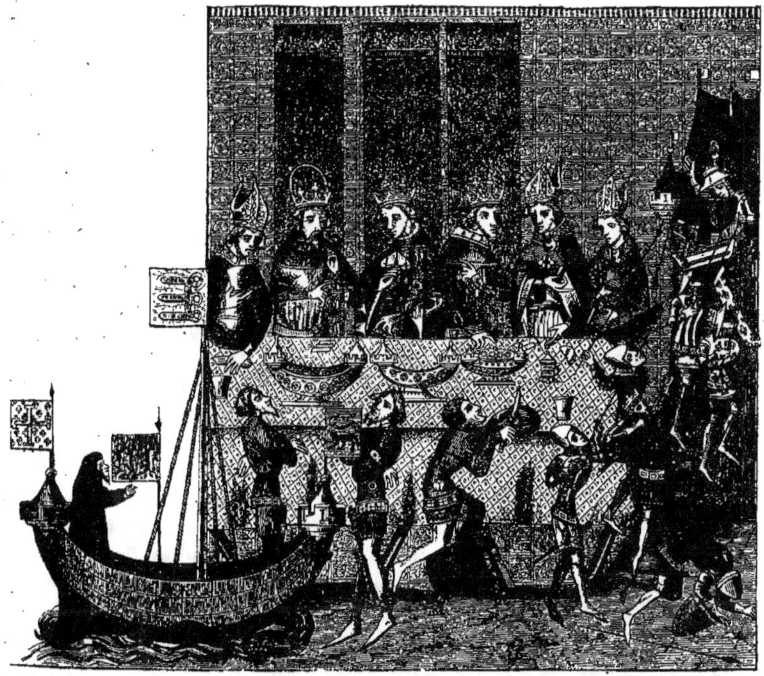

XIVᵉ SIECLE. — EXEMPLE D'UN INTERMÈDE DONNÉ PENDANT LES FESTINS

D'après le Manuscrit, Chronique de Saint Denis.
Bibliothèque Nationale, Département des manuscrits, nᵒ 8395, Paris.

Fig. 119. — Représentation de la *Prise de Jerusalem*, intermède donné au festin offert
par le roi de France Charles V, à l'empereur d'Allemagne (consulter pages 74 à 76).

l'histoire raconte. Et fut ladite *nef* poussée en avant par des gens qui
étoient cachés dedans, et fut menée très facilement par le côté gauche
de la salle du palais, et si légèrement tournée qu'il sembloit que ce
fût une *nef* flottant sur l'eau ; et fut ainsi amenée jusqu'au grand dais
au côté de l'autre part... Et après ce, sortit de derrière les rideaux un
autre *entremets* fait à la façon et ressemblance de la cité de Jérusalem.
Et y étoit le temple bien imité, et aussi une tour haute assise auprès
du temple, ainsi comme les Sarrazins ont coutume d'en avoir, pour de
là crier leur loi. Là étoit un homme vêtu très exactement en habit de

Sarrazin, et qui, en langue arabique, crioit la loi en la manière que font les Sarrazins.

« Et étoit ladite tour si haute que celui qui étoit dessus joignait bien près des lambris de ladite salle. Et le bas étoit garni de Sarrazins armés à leur manière et ordonnés à combattre pour défendre la cité. Ainsi fut amené à force de gens, qui étoient dedans si bien cachés qu'on ne les pouvoit voir, jusque devant ledit grand dais, au côté droit. Et lors se mirent les deux *entremets* l'un contre l'autre ; et descendirent ceux de la *nef,* et par belle et bonne ordonnance vinrent donner l'assaut à ladite cité et longuement l'assaillirent, et y eut bon ébattement de ceux qui montoient à l'assaut par les échelles. Finalement montèrent dessus ceux de la *nef* et conquirent la cité, et jetoient hors ceux qui étoient en habits de Sarrazins, en élevant les bannières de Godefroy et les autres. Et mieux et plus proprement fut fait et vu que en écrit ne se peut mettre. Et quand l'ébattement fut achevé, lesdits *entremets* furent ramenés en leur place première. »

Des renseignements sur le festin qui fut donné en 1499, à l'occasion du mariage de Louis XII, roi de France, avec Anne de Bretagne, fournissent une preuve que les *intermèdes* ou *entremets* étaient encore fort en usage cette année :

« Le son du cor annonça aux convives que le moment était venu pour eux d'aller prendre place à la table du diner. Quelques jongleurs firent entendre une joyeuse musique, pendant que les chevaliers et les dames, suivant le roi et la reine, entraient dans la salle du festin.

« Après que les plats de venaison et de gibier de toutes sortes eurent été enlevés, on emporta aussi la table, et il sortit de terre une énorme pelouse verte toute couverte de pâquerettes et de jolies fleurettes très odoriférantes ; beau gazon au milieu duquel s'élevait une grande tour argentée avec ses créneaux. Son donjon, tout doré, portait la bannière du roi unie à celle de Bretagne et toutes les bannières des chevaliers présens, ce qui était une galanterie fort en usage alors.

« Des bases de la tour s'élevaient deux jets d'eau parfumée et deux de vin ; puis du milieu, une porte s'étant ouverte, il en sortit un enchanteur qui vint s'agenouiller devant la reine, et lui promit ses plus brillantes destinées après lui avoir offert d'abord une belle cage remplie d'oiseaux ayant les pattes dorées, le bec rouge comme du corail, la tête couverte d'une huppe étincelante, et qui firent entendre le plus mélodieux concert. Durant ce temps, des hommes armés de toutes pièces, offraient aux convives des vins cuits et des épices, puis les jongleurs exécutèrent des tours. La pelouse rentra en terre et la table ayant été replacée, on la couvrit de crèmes, de patisseries au miel, de prunes étuvées dans de l'eau de rose. »

Cet usage passa et finit par se perdre, car les représentations dont il s'agit, en vogue à une époque où les *mystères* étaient les seules pièces jouées, n'eurent que bien peu d'intérêt quand des théâtres s'élevèrent et formèrent le goût du public.

Pour les plaisirs de la table, les chevaliers et les châtelains menaient un grand luxe. Pendant les treizième et quatorzième siècles, la haute noblesse se faisait apporter les plats sur la table par des gens à cheval et armés. Cet appareil de pompe militaire, mêlé aux usages tranquilles de la table, flattait une nation guerrière, qui plaçait dans les armes son principal plaisir et tout son honneur.

La *chambre à manger* était presque toujours la plus vaste et la plus spacieuse d'un château. Les murs étaient recouverts de larges tapisseries; le parquet jonché de foin, de nattes tressées de paille ou de fleurs. La table se trouvait au milieu et, à l'extrémité, le *dressoir* appelé *buffet* au quinzième siècle, et *crédence* au seizième; on y plaçait, dans l'ordre le plus apparent, des bassins, des vases enrichis de pierres précieuses. Sur la table même, on étendait une nappe richement ouvrée, ordinairement pliée en *double, doublier*. Ce ne fut que sous Henri III que l'on se servit d'une seconde petite nappe roulée et relevée en coquille aux extrémités; on l'enlevait au dessert; les assistants s'essuyaient au *doublier*.

Au temps de la chevalerie, la galanterie avait imaginé de placer les convives par couples, et de ne donner qu'une seule assiette à chaque couple. A côté était ce qu'on a appelé *coupe, hanap, estamore, quart*, etc. Le couteau fut d'abord le seul instrument employé pour porter les mets à la bouche, les fourchettes ne datent que du milieu du seizième siècle. Parmi les ustensiles de la table des rois et des seigneurs, figurait aussi un étui destiné à renfermer le couvert, et appelé *nef*, en forme de *vaisseau*, ou bien encore *cadenas*. Le service se dressait symétriquement et *couvert* (¹). La vaisselle était apportée, et les santés proposées, au son des instruments de musique; les convives entonnaient des chansons de table dont les refrains se répétaient en chœur, ou bien chacun disait son conte badin.

Après le *donner à laver*, cérémonie qui précédait et terminait le repas, les *ménestrels* jouaient des instruments, chantaient ou récitaient leurs *romans* ou *fabliaux*; les jongleurs faisaient des tours, lançaient des gobelets, représentaient des scènes d'hommes ivres ou niais, des querelles de femmes. Des *entremets*, grandes pantomimes,

---

(¹) Les *Archives curieuses de l'Histoire de France* (Louis XI à Louis XV), publiées par Danjou, Paris, 1834-1840, mentionnent que la mode de servir les mets *à couvert* avait été introduite, comme celle de la *nef* et des continuels *essais*, *dégustations* et *prélibations* des gens de service, par cette crainte de l'empoisonnement toujours éveillée dans des siècles de passions violentes et perfides. Un grand personnage ne pouvait « monstrer plus grande fiance et singulière seureté pour son hoste, que de ne vouloir manger d'autres viandes que de celles que celui-ci avoit fait apprêter, ni être servi par d'autres mains que par la main des officiers de la maison, ni en d'autre vaisselle ». (V fig. 132.)

ou actions théâtrales machinées, venaient étonner les convives, récréer les yeux. Pour terminer, on apportait les vins aromatisés et les épices, qui se prenaient debout.

Un *maître-queux*, chroniqueur anonyme, nous fournit des renseignements intéressants sur la décoration d'un festin au quinzième siècle, et donne les détails de celui qu'il ordonna en 1455, pour

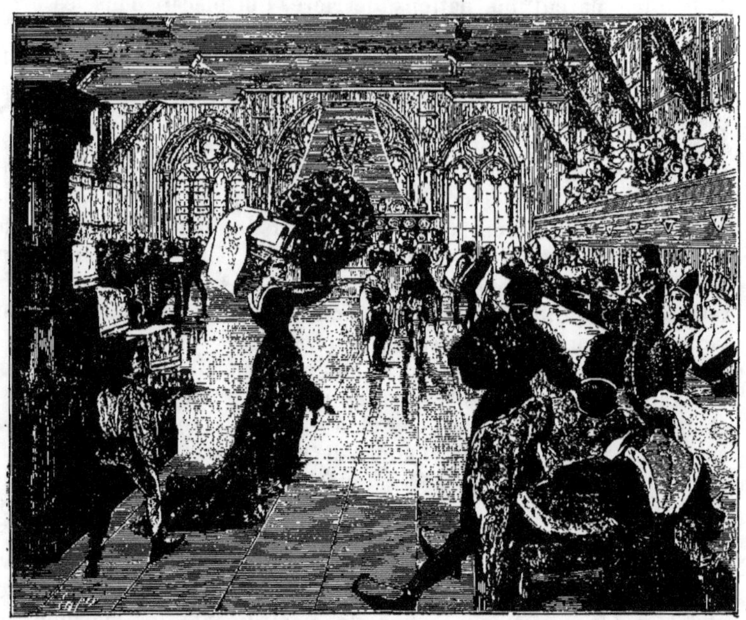

XVᵉ SIÈCLE. — HONNEUR EN LEQUEL LE PAON ÉTAIT TENU

Fig. 120. — Le bel oiseau, cher à Junon, sur le brillant plumage duquel la mythologie a placé les cent yeux d'Argus fut, au Moyen-Age, tenu en si haute estime que son apparition sur la table du festin était signalée par le son du cor, et qu'une gente bachelette, fille ou nièce du *maître-queux*, était requise pour le transporter en grande pompe devant la *chaïère* où trônait l'amphitryon.

Le savant éditeur du *Ménagier de Paris*, le regretté baron Jérôme Pichon (1812†1896), décrit ainsi une salle de festin où doit être servi royalement le *paon revestu :*

« Représentons-nous une vaste salle, tendue de tapisseries et d'autres étoffes brillantes. Les tables sont recouvertes de nappes à franges, jonchées d'herbes odoriférantes : une d'entre elles, dite *grande table*, est réservée aux personnes notables. Les convives sont conduits à leurs places par deux maîtres d'hôtel, qui leur apportent à *laver*. La *grande table* est garnie de salières d'argent, de gobelets *couverts*, dorés, pour les grands personnages, de cuillers et de *quartes* (vase contenant une quarte ou deux pintes) d'argent. — Les convives mangent, au moins certains mets, sur des *tranchoirs* ou grandes tartines de gros pain, jetées ensuite dans des vases dits *coulouvres* (passoires). Pour les autres tables, le sel est placé dans des *morceaux de pain*, creusés à cet effet par des officiers dits *porte-chappe*. Dans le fond de la salle est un *dressoir*, garni de vaisselle et de différentes vins. Deux écuyers placés auprès de ce *dressoir* donnent

Charles d'Anjou, beau-frère de Charles VII, et troisième fils de
Louis II, roi de Sicile : « La table était garnie d'un *dormans* (surtout)
qui représentait une pelouse verte ; les bords de son pourtour, offraient
de grandes *plumes de paon*, et des rameaux verts fleuris, auxquels on
avait attaché des violettes et d'autres fleurs odorantes. Du milieu de
la pelouse s'élevait une tour argentée, avec ses créneaux. Elle était

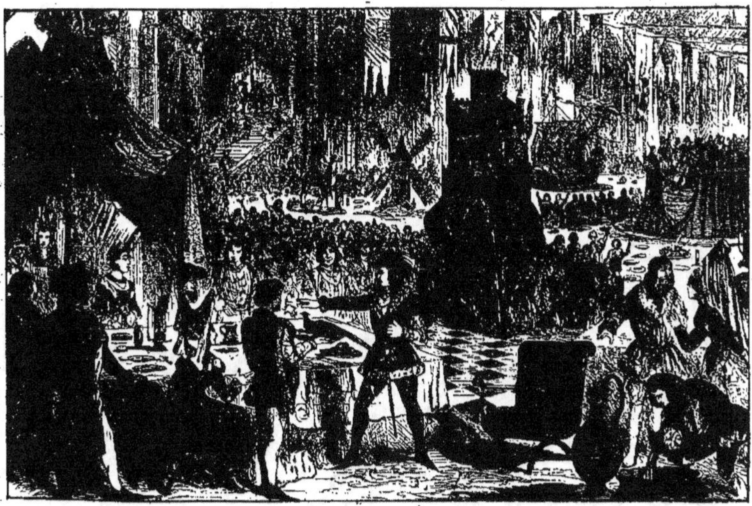

XV· SIÈCLE. — LE VOEU DU FAISAN

Fig. 121. — A la nouvelle de la prise de Constantinople en 1453, le pape voulut orga-
niser une croisade ; mais l'enthousiasme religieux s'était refroidi ; la guerre, dite de Cent
Ans (1339-1453), finissait à peine et la France était épuisée. Un seul prince parla de
marcher contre les infidèles, ce fut le duc de Bourgogne Philippe le Bon, esprit chevaleresque et belliqueux : en 1454 il réunit la noblesse à Lille dans un somptueux festin,
où il essaya d'échauffer les cœurs par de nombreux *entremets allégoriques*, implorant
les chevaliers bourguignons ; le duc jura sur un *faisan* qu'il irait en Orient combattre
Mahomet II. Tous les convives répétèrent serment, mais aucun d'eux ne tint parole.

des cuillers propres, versent le vin demandé, et retirent de la table la vaisselle sale ;
deux autres écuyers font porter le vin au *dressoir de la salle* ; un valet placé sous leurs
ordres est uniquement occupé à tirer du vin des tonneaux, car souvent, à cette époque,
le vin n'était pas mis en bouteilles : on le prenait directement au tonneau.

« Les plats, formant trois, quatre, cinq ou même six services, dits *mets* ou *assiettes*,
sont apportés par des valets et deux écuyers des plus *honnêtes*. Dans certains *repas de
noces*, le marié marchait devant eux. Les plats sont posés sur la table par un *asséeur*
(placeur), assisté de deux serviteurs. Ces derniers enlèvent les restes et les remettent
aux écuyers de cuisine, qui doivent les conserver. — Après les *mets* ou *assiettes*, les
tables sont couvertes de nouvelles nappes, et l'*entremets* est alors apporté. Ce service,
le plus brillant du repas — l'*entremets* désigne ordinairement, dans les récits de festins
princiers, une espèce de représentation théâtrale, — se compose de plats sucrés, de
gelées de couleur avec armoiries, etc., puis d'un *cygne*, de *paons* ou de *faisans revêtus*
de leurs plumes, ayant le bec et les pattes dorés, et placés au milieu de la table.

creuse et formait une volière, où l'on avait renfermé différents oiseaux vivants, dont la huppe et les pieds étaient dorés. Son donjon, doré aussi, portait trois bannières, l'une aux armes du comte, les deux autres à celles de mesdemoiselles Châteaubrun et de Villeguier, pour lesquelles se donnait la fête ».

C'était, en effet, une galanterie du temps, lorsqu'on festoyait, soit le roi, soit de grands seigneurs, de reproduire sur une table leurs armoiries par quelque ingénieuse invention, ordinairement avec des confitures ou pes pâtes colorées qui servaient souvent à représenter, au naturel, des animaux, des hommes, ou d'autres figures. Ce n'étaient

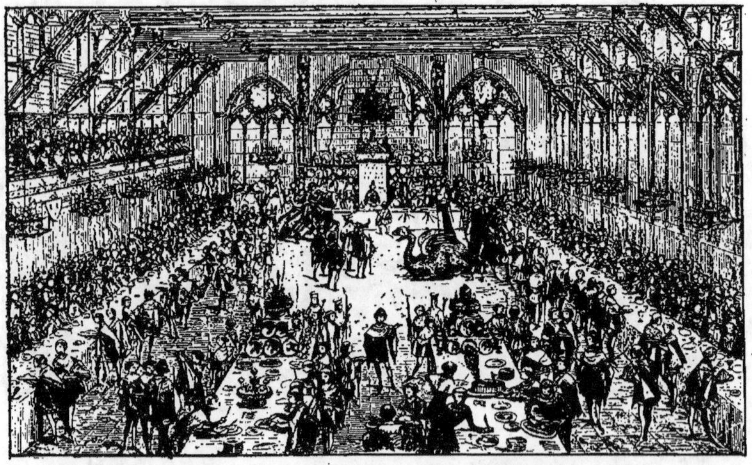

XIV· SIÈCLE. — SALLE DE BANQUET

Représentation d'un festin, mêlé d'entremets et composé de nombreux services.

Fig. 122. — Au fond de la salle est la place du suzerain, plus élevée que les autres et placée au milieu d'une table particulière; à laquelle sont assis les membres de sa famille ou les personnages auxquels il prétend faire honneur. Derrière lui sont les *dressoirs* sur lesquels est rangée sa vaisselle particulière ; les vins sont placés de même, hors de la table, sur des *crédences*. — Des *nobles à cheval* apportent les mets qui sont présentés par un seigneur genou en terre, puis portés à l'écuyer tranchant.

Des deux côtés de la salle est la foule des convives; deux grands *buffets*, sur lesquels on apporte les mets de la cuisine, servent à découper les viandes, à disposer les assiettes et tout le menu service. Les valets viennent prendre les plats ainsi préparés sur ces buffets, les présentent devant les convives qui choisissent et sont servis sur des assiettes en argent ou en étain.

Derrière les convives, des valets portent des torches et les échansons servant à boire; le long des murs sont disposées des *crédences* sur lesquelles on a placé les vases contenant les boissons.

Devant la table du prince on représente un *entremets*. Un *échafaud* (tribune) est dressé d'un côté de la salle pour l'assistance. Entre les torches portées par des valets, on pendait des *lampiers* aux plafonds; quelquefois des torches étaient posées sur les tables. — Cf. Viollet-le-Duc. *Dictionnaire raisonné du mobilier français*, de l'Époque carolingienne à la Renaissance. Paris, Ernest Gründ, éditeur (s. d.) 6 vol. in-8, avec nombreuses figures.

plus des *serviteurs à cheval* qui, aux jours solennels, apportaient les
mets sur la table ; à cette mode, on en avait substitué une autre
moins imposante, moins chevaleresque, mais qui avait quelque chose
de plus merveilleux : des machines descendaient du plafond entr'ouvert et apportaient les plats dans la salle ou, le plus souvent,
une table entièrement servie.

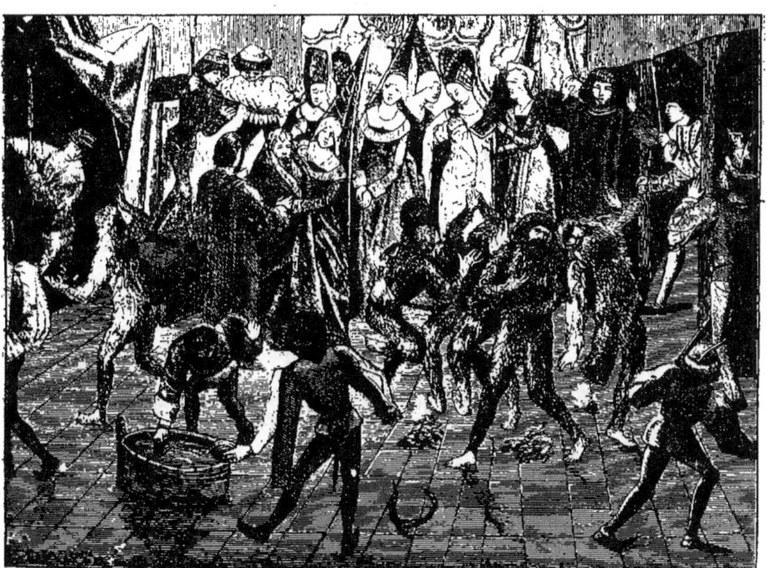

XIV· SIÈCLE. — APRÈS LES ENTREMETS VINRENT LES MASCARADES

Fig. 123. — Le premier bal (*mascarade*), donné à la suite d'un entremets et dont il soit
fait mention, est celui ordonné en 1385 à Amiens, à l'occasion du mariage de Charles VI
avec Isabeau de Bavière. Douze ans plus tard nous voyons ce même prince, remis de sa
longue maladie mentale, remplir un rôle dans une *mascarade* qui a lieu au faubourg
Saint-Marceau à Paris, à l'hôtel de la Reine-Blanche. Cette soirée manqua d'être fatale
au roi Charles VI qui avait fait son entrée avec quatre seigneurs tenus enchaînés et
déguisés en sauvages. Le duc d'Orléans, frère du roi, approcha imprudemment un
flambeau de leurs costumes d'étoupes et de toile goudronnée, le feu y prit, l'incendie
se propagea, la salle fut embrasée. La présence d'esprit de la duchesse de Berri sauva
le roi : elle éteignit le feu qui l'entourait en l'enveloppant tout entier dans les plis de sa
robe. Les quatre compagnons du monarque périrent. (Consulter pages 72 et 73.)

On en voit un exemple par la description du festin extraordinaire
offert, en 1453, par le duc de Bourgogne. Les différents services, de
quarante-quatre plats chacun, descendaient portés sur des chariots
peints en or et en azur.

Pierre de Bourdeilles, seigneur de Brantôme (1527 † 1614), décrit un
pareil festin donné par le vidame de Chartres, et dans lequel le
même spectacle eut lieu. Un plafond, peint en ciel, donna passage à

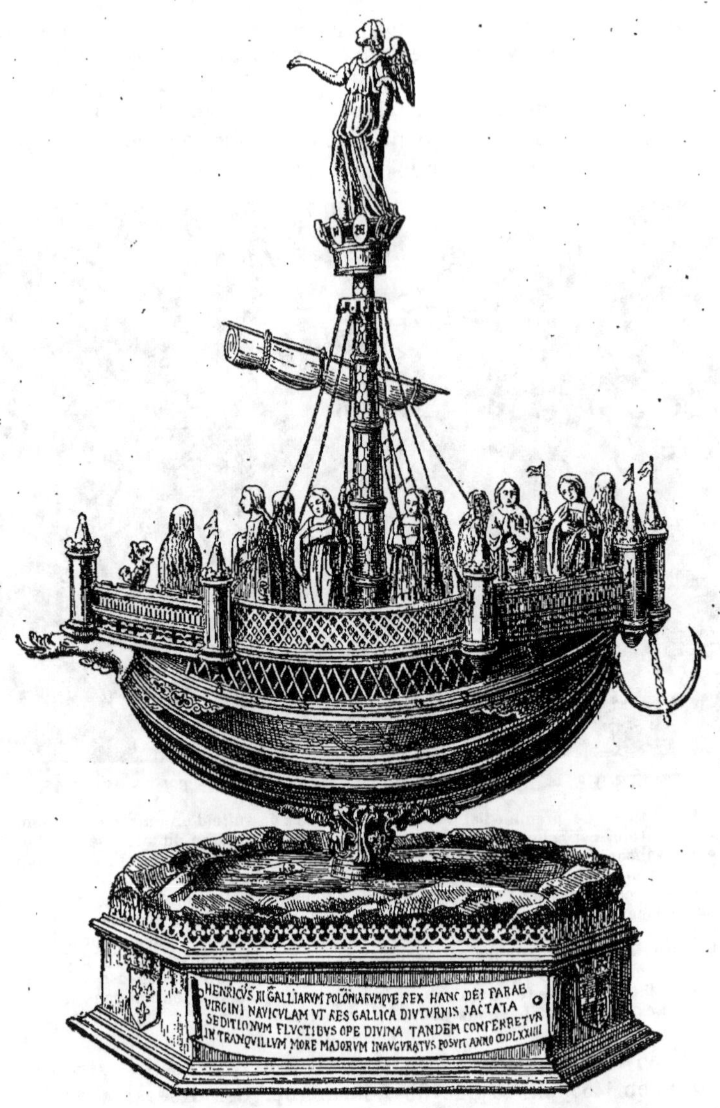

XVI· SIÈCLE. — ART FRANÇAIS

Châsse en forme de Nef. — Trésor de la Cathédrale, Reims.

Fig. 124. — Parmi les rares pièces du trésor de la cathédrale de Reims, l'une des
plus célèbres est la châsse de sainte Ursule et des onze mille vierges, donnée par le roi

des nuées soutenant le service. Au dessert, il y eut un orage artificiel qui, pendant une demi-heure, fit tomber une pluie d'eaux odorantes et une grêle de dragées. (Consulter la note des pages 88 et 89.)

Parmi les ustensiles de la table des rois et des seigneurs figurait, en place d'honneur, un étui destiné à renfermer le couvert, et appelé *nef* à cause de sa forme de vaisseau, ou bien encore *cadenas* (¹).

(¹) « La *nef*, écrit E. Viollet-le-Duc dans son *Dictionnaire raisonné du mobilier français*, était un *vaisseau d'orfèvrerie* que l'on plaçait à table devant un personnage, le Seigneur, et qui renfermait *sous clef* tous les objets dont ce personnage devait se servir pendant le repas, c'est-à-dire, les cuillers, fourchettes, *touailles* (serviettes), les coupes. la salière, les épices, etc. Le vin était contenu dans des *barillets*, également *fermés à clef*. On donnait aussi à ce récipient des objets de table, le nom de *cadenas*, et l'usage du *cadenas* se conserva jusqu'au dix-huitième siècle dans les Cours souveraines. — La crainte des *poisons* était fort répandue pendant le Moyen-Age et, bien entendu, plus on supposait qu'il y eût un intérêt à recourir à l'empoisonnement, plus on accumulait les précautions autour des Grands. On ne manquait jamais alors d'attribuer au poison les morts dont la science médicale, peu avancée, ne pouvait découvrir les causes. Il n'était donc pas surprenant que les hauts personnages fissent prendre autour d'eux des précautions qui, aujourd'hui, paraîtraient ridicules. D'ailleurs c'était là un usage, une sorte de marque honorifique, car tel Seigneur qui, chez lui, avait sa *nef*, mangeait chez son suzerain ou même ses pairs, sans recourir à ces précautions. Ces *nefs* affectaient, en effet, la forme d'un *navire* en reproduisaient même parfois, avec une exactitude minutieuse, les détails d'un *vaisseau* muni de ses agrès et de son équipage. Les *Inventaires* mentionnent une quantité prodigieuse de ces *nefs de table*, d'argent, d'or même, décorées d'émaux, de pierres, avec agrès et voilures de soie. L'*Inventaire* de Charles V mentionne cinq *nefs d'or* émaillées, du poids total de 258 marcs d'or, et vingt et une *nefs d'argent* du poids de 618 marcs d'argent; on plaçait aussi, dans ces *nefs*, des flacons de vin. »

On donnait aussi le nom de *nefs* à des *vases en forme de barque*, à l'image du culte dans les premiers temps de l'Eglise : « Un reliquaire d'or, en façon d'une *nef* à porter le corps de Notre-Seigneur que ij angelos soustiennent. » Le Musée des Thermes et de l'hôtel de Cluny, Paris, possède une fort belle *nef* du seizième siècle. Un brillant équipage, au milieu duquel sied l'empereur Charles-Quint garnit tout le pont (v. fig. 125).

Henri III en 1575, l'année de son sacre. Elle est en forme de *nef* et renferme des reliques de la sainte et de ses compagnes. Un *inventaire* du trésor, dressé en 1669, la décrit ainsi : « Item, un *navire* d'une cornaline, monté sur un pied d'argent esmaillé, auquel sont trois armoiries d'or et les cordages, dans lequel sont onze images représentant les onze mille vierges, six desquelles sont d'or esmaillé, et les cinq autres d'argent aussi esmaillé, l'ancre et le surplus d'argent doré; pesant compris le fond de cornaline, vingt marcs. » — Les figurines de la sainte et des vierges sont pleines de grâce naïve : Ursule auréolée, porte un riche costume à *surcot* bordé d'hermines. Un matelot monte aux agrès; il se pourrait qu'il y en ait eu plusieurs jadis. Au sommet du mât, un ange, pilote divin, se tient dans la hune, vêtu d'une robe blanche. La voile est également émaillée de blanc; la hune est agrémentée de petits médaillons au monogramme du roi. Les flots sont bleu et argent, encadrés d'une bordure de rocs et de gazons verts à fleurettes blanches; des poissons y nagent. Sur le socle se trouvent quatre écussons émaillés couronnés, dont deux aux armes de France et deux aux armes écartelées France et Pologne.

Une inscription latine, en quatre lignes, rappelle sur l'autre face dudit socle le nom du donateur, le but et la date de la donation. Ce reliquaire semblerait antérieur au seizième siècle, mais il ne faut pas oublier que l'orfèvrerie, du culte catholique, a longtemps conservé les traditions du quinzième siècle.

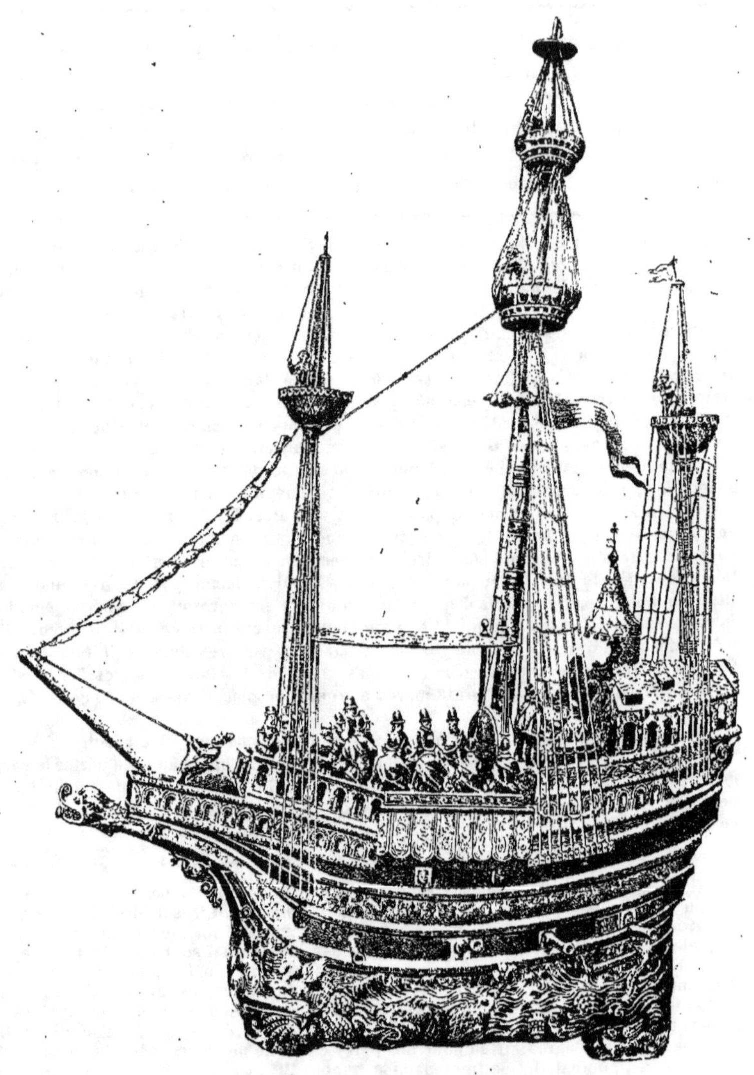

XVIᵉ SIÈCLE. — ART ALLEMAND
Musée des Thermes et de l'Hôtel de Cluny, Paris.

Fig. 125. — Nef en vermeil repoussé, émaillé et ciselé, portant l'empereur Charles-Quint (1516 † 1556), et les hauts dignitaires de sa Cour.

Cette *nef* a la forme exacte d'un *navire*. La dunette est plus élevée que le pont, et c'est là que les principaux personnages se trouvent groupés.

L'empereur Charles-Quint, la tête ceinte de la couronne et tenant en mains le sceptre et le globe, est assis sur un trône supporté par deux lions debout, et que surmonte un

La fantaisie modifia l'aspect primitif des *nefs*, on en fit sous forme de château fort, à créneaux, à tourelles, etc.; le tout reposant sur un pied en forme de terrasse également orné de personnages. L'émaillerie contribuait à l'ornementation; les *Comptes royaux* de 1407, cités par Léon de Laborde, mentionnent une « *nef* d'argent doré, assise sur six tigres, émaillée tout autour d'oiseaux et d'armoiries de France ».

Des fontaines jaillissantes entouraient les convives et laissaient couler à longs flots le vin, l'hippocras, l'eau de rose et l'eau de fleurs d'oranger. De nombreux *potagers*, *hasteues*, *porte-tables*, *saulciers*, *garde-vaisselle*, *sommiers de bouteille*, *verduriers*, *pannetiers*, *eschansons*, *queux*, étaient aux ordres des *maîtres-queux*.

Des *varlets*, pages et écuyers portant des torches, formaient le cercle.

---

dais richement orné aux armes de l'Empire. Les grands dignitaires, au nombre de dix, les uns vêtus de longues robes garnies d'hermine, les autres couverts du *tabar*, èt portant tous les insignes de leurs fonctions, défilent au pied du trône et, moyennant une roue d'engrenage que fait mouvoir un ingénieux mécanisme, rentrent, à tour de rôle, dans la chambre de la dunette. A mesure qu'un de ces personnages passe devant lui, l'empereur incline la tête et agite le bras qui tient le sceptre.

L'accès de la dunette est défendu par deux gardes en armes. Une bande de musiciens au nombre de douze, en costumes militaires, occupent les deux côtés du pont et font entendre des airs guerriers; sur l'avant du navire sont quatre gardes en armes. Sept matelots sont occupés à la manœuvre sur le pont et dans les hunes. Toutes ces figures sont en bronze doré et émaillé; la plupart se meuvent par un mécanisme intérieur. L'empereur seul est en or, sans rehauts d'émail.

Le vaisseau est garni de ses trois mâts et de son beaupré; sa batterie porte de chaque bord quatre pièces d'artillerie qui prennent feu par le mouvement placé à l'intérieur Une neuvième pièce sort de l'étrave et s'enflamme par un jeu ordinaire de fusil. Les sabords de la batterie, ouverts au-dessous de la dunette, laissent voir deux autres pièces qui s'allument, au moyen d'un boute-feu disposé à l'intérieur.

Sur le pont, un beau cadran d'horloge en argent, rehaussé d'émaux, indique les heures, au moyen d'un mouvement intérieur exécuté avec une rare précision; au-dessus est placé un grand écusson portant les armes de l'Empire, qui se retrouvent également sur les flammes couronnant les mâts.

Le mât principal, ou grand mât, porte deux hunes superposées; celle inférieure supporte la grande vergue. Le gouvernail est tenu à l'arrière par une figure, sortant d'une fenêtre, en même temps que d'autres têtes regardent par les sabords de l'entrepont que ne garnissent pas les pièces d'artillerie. Ce curieux *navire* était destiné à figurer comme pièce principale de *surtout* sur une table d'apparat. Il est monté sur roulettes, le mécanisme qui met en mouvement tous les rouages intérieurs le fait avancer et reculer dans la direction qu'il convient de lui imprimer.

Ces *pièces mécaniques* excessivement recherchées au seizième siècle étaient d'un prix fort élevé; elles faisaient fréquemment l'objet de dons entre souverains. Le British Museum, Londres, possède une *nef* d'une forme analogue, mais beaucoup moins importante et moins riche dans les détails de son exécution.

Dans son *Dictionnaire*, Antoine Furetière (1619 † 1688), écrit que la *gondole*, est un « petit *vaisseau* à boire long et estroit, et sans pied ni anses, ainsi nommé à cause de la ressemblance qu'il a avec les gondoles de Venise ». — Les *inventaires* du seizième au dix-huitième siècle en mentionnent en argent, en vermeil, en cristal de roche, très rarement en lapis (Musée du Louvre, Paris, Galerie d'Apollon), en agate ou en ambre, en jaspe.

Leurs formes varient : en *coquille*, taillées de *godrons*, finement gravées; en *ovale*, en *nef*, couvertes et découvertes, en *salières*, en *caractain*, petite écuelle allongée en manière de saussier, ou mieux, de *gondole*.

Au nombre des pièces en orfèvrerie produites au seizième siècle, il en est dont le motif principal, une *coquille* irisée, se rapproche de la forme des *escafottes* ou de celle des *coquerets*. Le pied supportant la *nautile* et son couvercle ou *essai*, forment souvent de précieuses

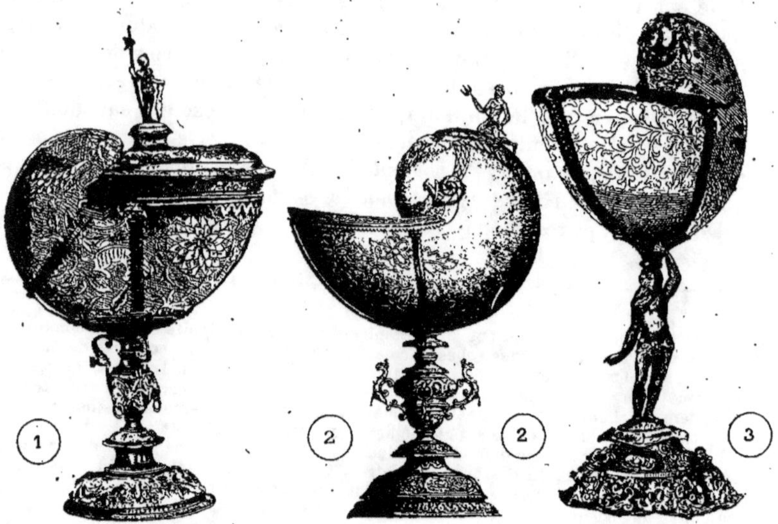

XVIᵉ SIÈCLE. — ART FRANÇAIS, ET ART ALLEMAND

*Nautiles en coquilles irisées, montées sur pied en métal précieux
et, quelquefois, surmontées de leur* essai.

Fig. 126 à 128. — Pendant le Moyen-Age, et jusqu'au seizième siècle, de nombreuses œuvres d'art, importées de l'Orient par les Vénitiens, puis par les navigateurs portugais, étaient considérées comme extrêmement précieuses et réservées aux rois, princes ou aux grands seigneurs. Un grand nombre même, grâce aux *récits*, empreints de merveilleux, de Marco Polo et des voyageurs qui lui ont succédé, passaient pour des produits en quelque sorte surnaturels et devant posséder des vertus magiques. — Ainsi, par exemple, la porcelaine de Chine avait la propriété de « se rompre aussitôt que l'on y versait du *poison* », comme l'atteste gravement Gui Panciroli, célèbre jurisconsulte et savant italien, dans un livre publié à Venise en 1593, et traduit en français en 1610. On croyait aux animaux fantastiques décrits par les anciens; le Trésor de Saint-Marc, à Venise, possède deux *défenses de narval*, ornées d'anneaux d'argent couverts d'inscriptions arabes et grecques. Ces défenses ont été, pendant plusieurs siècles, regardées et mentionnées plusieurs fois dans les *inventaires* comme des cornes de *licorne*.

C'est à ce sentiment de curiosité, en quelque sorte superstitieux, que nous devons la conservation, dans plusieurs Musées et Collections, d'une certaine quantité d'objets de fabrication ou de provenance orientale, tels que verres émaillés, porcelaines, *œufs d'autruche* (désignés dans les *inventaires* du Moyen-Age sous le nom d'*œufs d'ostrie* ou d'*autruce*, et quelquefois aussi *œufs de griffon*), *noix de coco* (ou *noix de l'Inde*) sculptées, *coquilles*, *nautiles*, etc., aux riches montures de vermeil ou de cuivre doré, délicatement ciselées, et dont beaucoup peuvent être considérées comme les œuvres les plus parfaites de l'orfèvrerie civile au seizième siècle.

montures; nous en représentons quelques types. — Le nom de *concha*
désignait, dans la Rome antique, divers objets ayant la forme d'une
coquille ; des coupes, des vases à parfums, ou d'autres servant à
divers usages, civils, religieux et militaires.

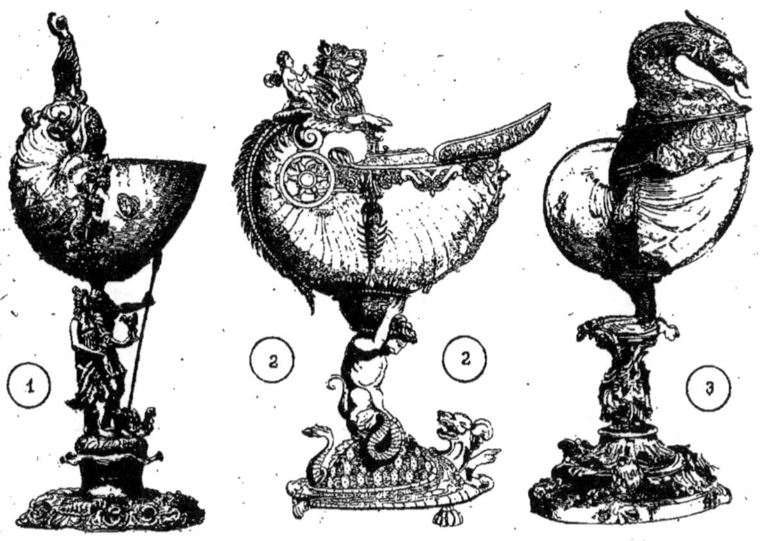

XVIᵉ SIÈCLE. — ART FRANÇAIS, ET ART ALLEMAND

*Nautiles en coquilles irisées, montées sur pied en métal précieux
et, quelquefois, surmontées de leur essai.*

Fig. 129 à 131. — C'est en Allemagne, principalement à Augsbourg et à Nuremberg,
que furent exécutées ces montures, et surtout celles des coquilles, presque toujours
remarquables par leur ordonnance légère, leur ensemble gracieux et leur ciselure; mais
ce qui n'est pas moins remarquable, c'est l'ingéniosité avec laquelle des habiles orfèvres
ont su tirer un parti avantageux des formes contournées, des saillies, sur lesquelles se
joue la lumière nacrée, des différences de coloration, et des défauts même qu'il savaient
masquer avec des ornements en métal, reliés d'une façon toujours rationnelle aux
autres parties de la monture.

Ces *coquilles*, assez communes dans la mer des Indes, et surtout aux Moluques,
devaient arriver, des grandes villes d'Orient, toutes préparées, brillantes et quelquefois ornées de dessins gravés en creux, ou réservés en relief à l'acide, ainsi que cela se
voit sur celle que nous représentons, fig. 126 à 131.

Une des plus belles en ce genre, qui a fait partie de la riche Collection Spitzer, est
ornée sur tout le pourtour de sujets, de figures représentant des guerriers combattant
des monstres marins; cette gravure paraît avoir été exécutée en Orient.

Presque toujours les *nautiles*, ainsi transportées en Europe, étaient surmontées d'une
figure de Neptune armé d'un trident, de dauphins, de dragons ou de sirènes : ces
différents éléments de décoration se reproduisent surtout pour les pieds, où on les
retrouve soit en relief, soit gravés ou repoussés; quelquefois même ils sont ingénieuse-
ment associés à des produits naturels.

Au seizième siècle, la Renaissance influa même sur les décorations des *tables à manger*. Au lieu des cerfs ou des cygnes en pâtes qui étaient fort de mode, on y représenta des sujets allégoriques, tirés de l'histoire ou de la mythologie.

Tels furent les ornements imaginés pour une collation offerte par la ville de Paris à Élisabeth d'Autriche, femme de Charles IX, qui étaient composés de six grands morceaux séparés, tous en relief et en pâte de sucre, dont la suite offrait une partie de l'*Histoire de Minerve* et des allusions flatteuses pour la nouvelle reine, pour son époux, et pour la reine-mère. Ainsi, le cinquième groupe représentait Minerve entrant dans Athènes en triomphe. A sa suite était Persée, monté sur Pégase. Le héros était entouré d'hommes pétrifiés : « ce qui dénotoit, écrit un auteur contemporain, l'épouvantement qu'auront, et qu'ont déjà les ennemis du roi, étonnés de sa gloire, magnificence et prospérité, en toutes affaires qu'il conduira par le bon conseil de sa Minerve. » Ces repas solennels, donnés par les Parisiens aux personnages princiers, les entraînaient à des dépenses considérables. Suivant un *compte* original du festin offert le 19 juin 1549 à la reine Catherine, publié dans les *Archives curieuses de l'Histoire de France*, « messieurs de l'hôtel de ville payèrent une somme évaluée à plusieurs milliers de livres ».

Au faste gargantuesque des festins de la fin du seizième siècle, succéda la simplicité relative de ceux de l'Époque Louis treize; il n'en est pas de plus typique que celui offert par le fils d'Henri IV, aux Chevaliers de l'Ordre du Saint-Esprit. La représentation que nous en donnons ci-contre est intéressante, en ce qu'elle offre l'*Ordonnance du Couvert* du roi Louis XIII. On remarquera, au premier plan, à la droite du lecteur, deux officiers de bouche, faisant le *service à couvert*; puis un autre, à la gauche, portant un verre à moitié plein, ce qui s'explique si l'on se rend compte que les verres ne figuraient pas sur les tables; l'étiquette exigeant qu'ils fussent enlevés aussitôt vidés.

(¹) L'usage de tables volantes a survécu au quinzième siècle.

En 1600, quand Marie de Médicis fut fiancée aux ambassadeurs de Henri IV, le grand-duc de Toscane donna un grand festin dans « lequel on vit, dit l'auteur de la *Chronologie septénaire*, une magnificence extrême : après le premier service, la table se départit en deux et se déplaça, partie à droite et partie à gauche; au même instant, une autre table sortit de dessous chargée très-exquisement de toutes sortes de fruits, de dragées et de confitures; et, quand de même cette table-là aussi fut disparue comme l'autre, il en vint une troisième, couverte de précieux tapis, miroirs et autres choses plaisantes à voir, et faisant au long et au large un brillement admirable. Puis après, la quatrième se leva couverte des jardins d'Alcinoüs, qui sont vergers de Sémiramis, pleins de diverses fleurs; et les autres chargées de fruits, avec fontaines à chaque bout de table, et infinis petits oiseaux qui s'envolèrent parmi la salle. »

Sous le règne de Louis XV, le roi Stanislas avait, à Lunéville, une de ces tables volantes; mais celle-ci descendait du plafond. Il y avait une table de cette dernière

Le dix-septième siècle ne semble pas, d'après les chroniqueurs, avoir connu la même simplicité ni le bon goût pour les grands repas. Le *Mercure galant* (décembre 1685) fait la description d'un festin que l'ambassadeur de Venise donna à Paris, cette même année, aux membres du corps diplomatique. La table, lorsque les convives vinrent s'y asseoir, ne présentait que galères et galéafres; mais chacun de ces vaisseaux contenait un potage. Quand on eut mangé, les officiers enlevèrent les galères, et alors l'on vit que ce n'étaient

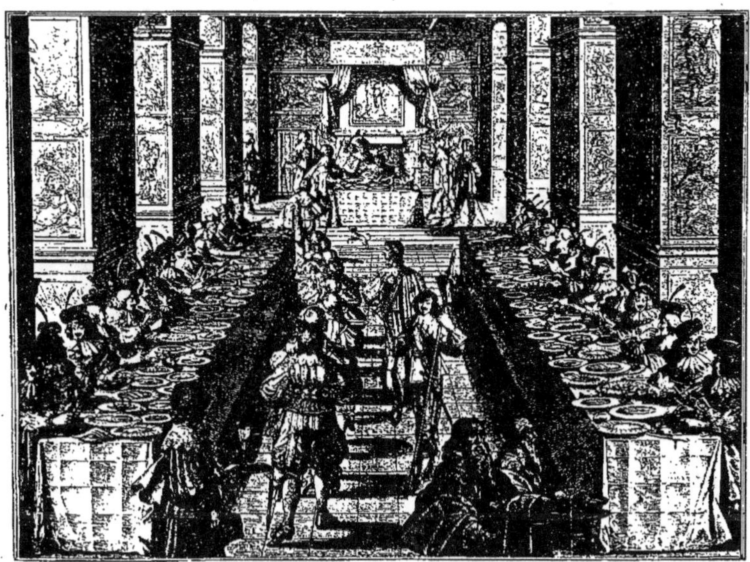

Fig. 132. — Le *Service à couvert* du roi Louis XIII.

Consulter le texte de la page précédente.]

que des couvercles creux, lesquels laissèrent paraître le service des entrées qu'ils cachaient ([1]). (Consulter la note de la page précédente.)

Les festins de la Cour de Versailles, *Les plaisirs de l'île enchantée* (1664), offraient encore de ces divertissements qui, empreints du vieux goût de la Renaissance pour les décorations bizarres et les machines mouvantes, étaient remarquables par une prodigalité insensée.

Le *Mercure galant*, décrivant le banquet royal célébré à Versailles pour le mariage de mademoiselle de Blois, bâtarde de Louis XIV,

espèce à Choisy et une autre à Trianon. Elle portait non seulement un service entier, mais encore quatre de ces petites tables appelées *servantes*, qui fournissaient aux convives les assiettes, le vin et les autres choses dont ils pouvaient avoir besoin, et leur permettaient de se passer de valets; ces tables redescendaient avec facilité.

avec le prince de Conti, nous apprend qu'il y eut, à ce repas, trois services de cent soixante plats chacun. Les ortolans, seulement, avaient coûté 16.000 livres.

La mode d'empiler, sur un même plat, *des amas de viandes entassées*, suivant l'expression de Nicolas Boileau, dit Despréaux (1636†1711), dans la *Satire du festin*, se maintint jusqu'à l'Époque de la Régence. On construisait aussi de ces sortes de pyramides pour le dessert ;

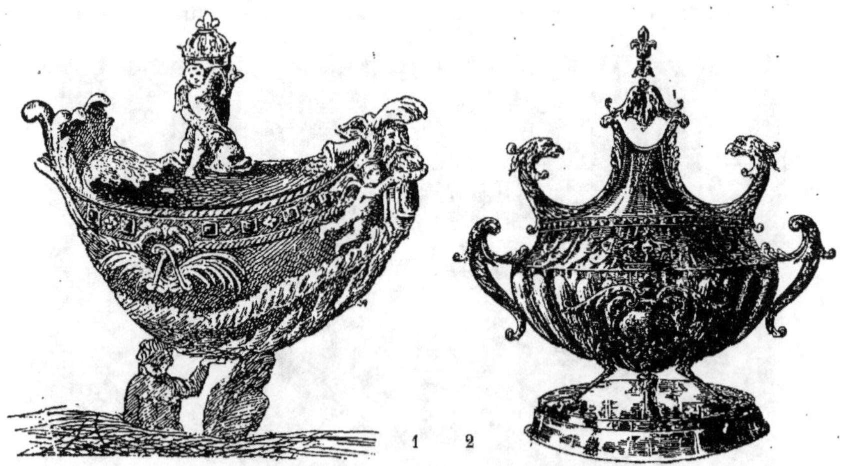

XVII· ET XVIII· SIÈCLES. — ART FRANÇAIS

Exemples de nefs en or, fondues dans les creusets de la Monnaie, à Paris.

Fig. 133 (1) *Nef du roi Louis XIV.*   Fig. 134 (2) *Nef du roi Louis XV.*

La *nef* du roi Louis XIV, différente de la nef représentée ci-dessus, à la gauche du lecteur, et fig. 135 et 136, celle que les officiers saluaient et à laquelle les belles dames faisaient la révérence, est ainsi décrite dans l'*État du mobilier de la Couronne*, dressé le 20 février 1673 : n° 45, Une *grande nef d'or* avec son couvercle esmaillé soustenue par deux Tritons et deux Sirènes sur une base portée par six tortues, enrichies alentour de dix chattons de diamans et de douze rubis, par les bouts de deux couronnes de diamans, au-dessus des armes du Roy esmaillées, et au-dessus du couvercle d'une grande couronne de diamans et rubis portée par un petit Amour au milieu de deux Dauphins, haulte de 22 pouces environ sur autant de largeur, pesant 106ᵐ 7° 0ᶠ. » Il y entra pour 80.000 livres d'or, sans compter les pierres précieuses. L'exécution en avait été confiée à Jean Gravet, qui consacra six années et reçut 13.500 livres, 4 sous, 9 deniers pour la façon.

Cette, *nef* fut fondue, comme l'ont été les somptueuses vaisselles d'or et d'argent, royales et princières (sans compter celles de la noblesse et des grands financiers), dans les creusets de la Monnaie de Paris, lors des fontes ordonnées par les édits du 26 avril 1672, des 10 février et 16 mai 1687, lorsque la pénurie du Trésor fit regretter à Louis XIV ses débordantes prodigalités.

Les ordonnances du 14 novembre 1689, du 22 mai 1691, de mars 1700 et de 1709, firent disparaître, à jamais, de nombreuses œuvres précieuses dues aux talents des célèbres

mettant en piles, tantôt les fruits eux-mêmes, tantôt les assiettes sur lesquelles ils étaient servis. Toutes les relations de festins ou de *collations* du dix-septième siècle mentionnent ces édifices culinaires comme des décorations *admirables* et d'un *goût exquis*.

La construction de ces pyramides regardait les chefs d'office ; c'était, pour ces officiers, un objet d'émulation. Cherchant à se surpasser les uns les autres par la hauteur de leurs piles, ils en vinrent au point qu'il fallut *hausser les portes*, c'est l'expression de la marquise de Sévigné (1626 † 1692). « Nos pères, écrit-elle, ne prévoyoient pas ces sortes de machines, puisque même ils ne comprenoient pas qu'une porte fût plus haute qu'eux. » Des constructions si peu solides devaient parfois se renverser ; c'est, en effet, ce qui arrivait.

La marquise décrit un de ces accidents dont elle fut témoin au grand repas des États de Bretagne : « Une pyramide veut entrer, une de ces pyramides si hautes qn'on est obligé de s'écrier d'un bout de la table à l'autre ; mais bien loin que cela blesse ici, on est souvent fort aise de ne plus voir, au contraire, ce qu'elles cachent. Cette pyramide donc, avec vingt ou trente porcelaines, fut si parfaitement

orfèvres français de la fin du dix-septième siècle et du commencement du dix-huitième. — La fonte des œuvres d'art royales et princières, exécutée à la Monnaie, du 9 décembre 1689 au 19 mai 1690, rapporta, d'après les procès-verbaux, Archives nationales, K. 121 n° 13, 82.322 marcs (soit 20.086 kil.), équivalant à 2.505.637 livres d'argent monnayé.

Les meubles en *argent massif*, chaises, cabinets, bureaux, toilettes, guéridons, chenets, torchères, girandoles, gondoles, coupes, etc., et de nombreux ustensiles de table ou de toilette, en or, vermeil ou argent : *bassins* enrichis de *perles entrenettes* « perles d'Ecosse qui ne s'employaient que pour les grands ornements d'église » — *bassins* avec pièces de rapport de *coquillages* et *masticts* » petits sujets en *coquillages* assemblés avec du *mastic* », — *carrés de toilette*, « petit coffret où les dames mettaient leurs essences, fards et pommades, — *chiques* « tasses à café de la plus petite espèce » — *colliers de maures* « ustensile de table, fait en forme de collier de Maures, qui servait à élever ou porter un plat, ou une assiette volante, » — *ferrières* « grande bouteille de métal et ordinairement d'argent, dans laquelle on portait du vin chez le Roi ; de forme carrée ou demi-ronde d'un côté, et plate de l'autre...; les dames en mettaient de petites, remplies de fleurs d'oranger, sur leurs toilettes, » — *pots à oille* « l'oille était un mets formé d'un ramas des plus excellentes viandes que l'on fait cuire dans une terrine avec force aromates » — *salves* « espèce de soucoupe en ovale. On présentait au Roi certaines choses, comme des mouchoirs, sur une *salve* de vermeil », etc., furent transformées en lingots. — Les objets sacrés des églises, reliquaires et ostensoirs, châsses et chandeliers, ne furent point épargnés.

Les antiquaires et les amateurs en trouveront mention dans l'*Inventaire général du Mobilier de la Couronne* sous Louis XIV de 1663 à 1715, publié par Jules Guiffrey.

Cf. *Inventaire général du Mobilier de la Couronne sous Louis XIV*, 1663 à 1715, publié pour la première fois sous les auspices de la Société de Propagation des Livres d'Art. — Paris, Siège Social, Cercle de la Librairie. Secrétariat général : rue Royale, 10, Paris. 1885. 2 vol. in-8° avec représentations de meubles, décoration, orfèvrerie, etc.

C'est à la Société, fondée pour favoriser la propagation des livres d'art, écrit l'éminent et regretté historien d'Art Jules Guiffrey, dans son *Avertissement*, c'est à elle, à son initiative intelligente, à son utile concours, qu'est due la publication *Inventaire du Mobilier de la Couronne* sous Louis XIV, un des plus précieux documents que possèdent nos archives sur l'Histoire de l'Art et de l'Industrie en France.

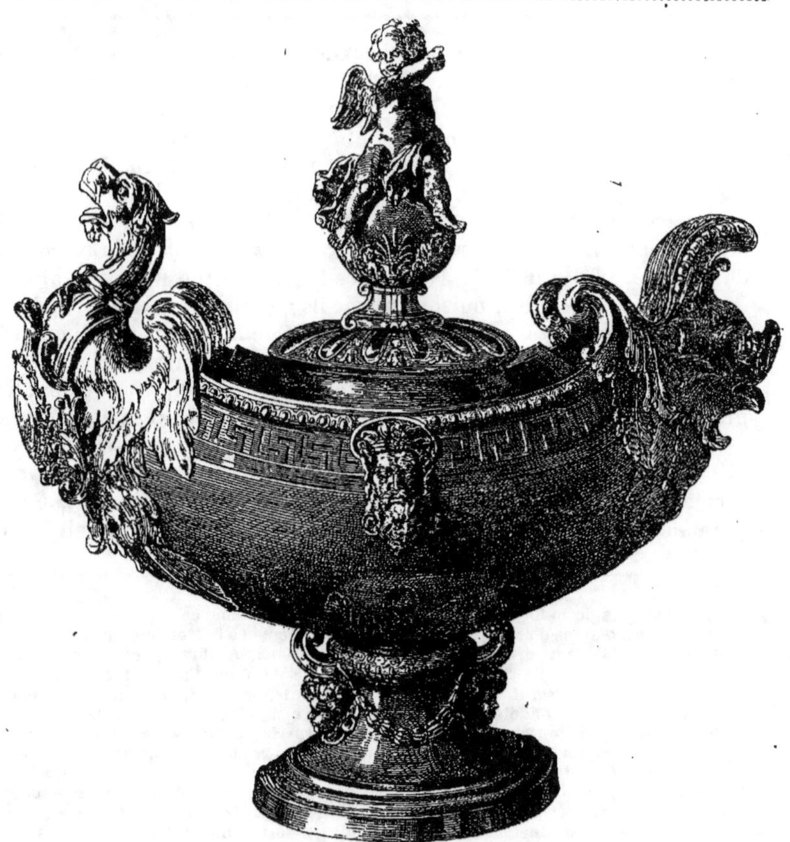

XVIIe SIÈCLE. — ÉPOQUE LOUIS QUATORZE. ART FRANÇAIS
Nef royale. Document conservé à la Manufacture nationale de Sèvres.

Fig. 135. — La découverte faite par Charles Reiber, des *Études d'orfèvrerie* jadis peintes *sur nature* par *François Desportes*, au Palais de Versailles, lui a permis de reconstituer les pièces du *Grand Surtout du Roy*, dont la réunion formait un trésor d'art inestimable. La représentation ci-dessus est la *Nef du Grand Couvert du roi Louis XIV*, fabriquée, d'après les dessins de *Le Brun*, par *Jean Gravet*, ciseleur habile, pensionnaire du Palais du Louvre. Cette pièce d'apparat, dont on ne possédait jusqu'alors aucune description, correspondait au *Cadenas du Roi* : boîte fermant à clef, où l'on renfermait tous les ustensiles de table à l'usage de la personne royale.

La forme est celle d'un ovale allongé, bordé de perles ou de grecques dans le haut et de feuillages en coquille dans le bas. Sa partie antérieure est ornée d'un monstre ailé supportant un médaillon ovale ; celle opposée d'un large mascaron, tête de dauphin entourée de feuilles d'acanthe, dont nous représentons le curieux détail à la fig. 136.

Le couvercle, correspondant à l'ouverture carrée oblongue, est formé d'un pied godronné supportant une boule ornée, sur laquelle est assis un Amour ailé, en haut relief. Un mascaron barbu, mobile et cachant l'entrée de serrure, est appliqué sur les moulures de la panse, et le pied, uni et bordé d'une passementerie dans le haut, est soutenu de deux consoles avec têtes d'enfants que relient des guirlandes de laurier.

renversée à la porte, que le bruit en fit taire les violons, les hautbois
et les trompettes. »

C'est vers le milieu du dix-huitième siècle que le célèbre confiseur
Travers substitua des décorations de meilleur goût à ces pyramides
de fruits, qui semblaient n'être offertes aux convives que comme pour
leur faire souffrir le supplice de Tantale. Dans le même temps, la

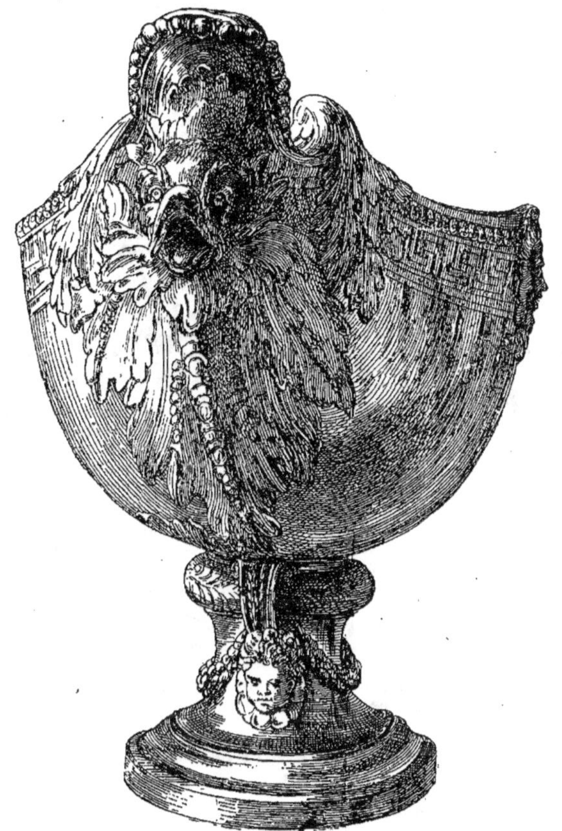

XVIIe SIÈCLE. — ÉPOQUE LOUIS QUATORZE. ART FRANÇAIS

Nef royale. Document conservé à la Manufacture nationale de Sèvres.

Fig 136. — Représentation de la *nef* du Grand Couvert du Roi (Louis XIV), vue de
bout. Son extrémité se relève en forme de poupe de navire, et cette sorte d'acrotère,
bordé d'un rang de perles, s'agrafe aux rives de la *nef* par l'épanouissement d'une feuille
d'acanthe, servant d'accompagnement à une large tête de dauphin, dont la crête et la
collerette se développent en feuillage de même nature. Le pied présente, de face, les
consoles, têtes d'enfants et guirlandes, qui ornent le support de la vasque.

cuisine nouvelle, plus simple, plus naturelle, fit disparaître les pyramides de viandes.

Mais ce que la Cour conserva en partie jusqu'à la Révolution, ce fut un cérémonial de table pompeux, tel celui du festin royal célébré à Reims, le 25 octobre 1722, après le sacre :

Dans une des salles du palais archiépiscopal, cinq tables avaient été dressées. Celle du roi était sur une estrade élevée de quatre marches, et sous un dais de velours violet orné de fleurs de lis d'or. Tout

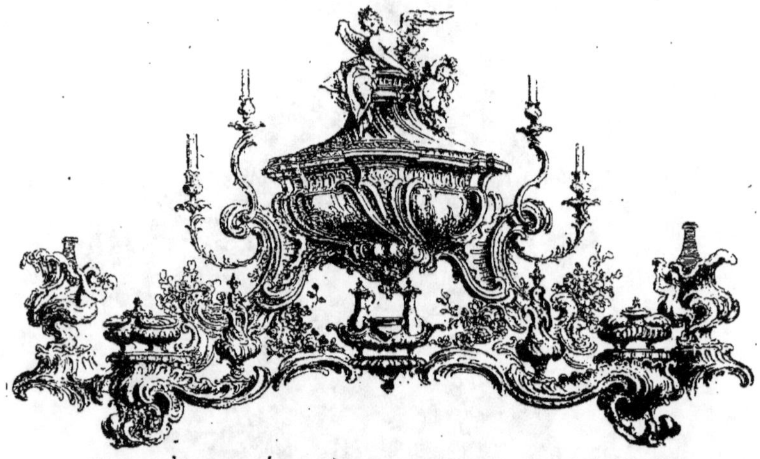

XVIIIe SIÈCLE. — ÉPOQUE LOUIS QUINZE. ART FRANÇAIS

Fig. 157. — Les *surtouts* sont de grandes pièces de vaisselle en faïence ou porcelaine mais principalement en argenterie, qu'on place sur une table à manger pour la décorer. Disposés de manière à recevoir des fleurs, des plantes vertes, etc., il entre souvent, dans leur composition, des vasques en cristal taillé, des animaux chimériques, des girandoles. Les pièces principales portent généralement sur un plateau, dont le fond est une glace étamée qui reproduit et reflète l'ensemble des pièces, leur décoration, les fleurs qu'elles contiennent, et renvoie les jets de lumière des flambeaux qui entrent dans la composition du *surtout*.

On donne aussi le nom de *surtout* à de grandes coupes à dessert, et à des plats creux, où sont placés les salières, les sucriers, etc.

étant prêt, le duc de Brissac, grand panetier de France, fit mettre le couvert du roi et apporta le *cadenas* de sa Majesté, accompagné du grand échanson portant la soucoupe, les verres et les carafes, et du grand écuyer tranchant portant la grande cuiller, la fourchette et le grand couteau. Le grand panetier et le grand échanson étaient vêtus de manteaux de velours noir, et de drap d'or.

Le premier service fut apporté dans l'ordre suivant : les hautbois, les trompettes et les flûtes de la chambre jouant des fanfares, marchaient à la tête. Ils étaient suivis des hérauts d'armes, du grand maître des cérémonies, des douze maîtres d'hôtel du roi tenant leurs bâtons, et du premier maître d'hôtel. Le prince de Rohan faisait les fonctions de grand maître, son bâton à la main. Le premier plat était porté par le duc de Brissac, et les autres par les gentilshommes servants de Sa Majesté. Le marquis de la Chenaye, grand écuyer tranchant, rangea les plats sur la table royale, les *découvrit*, en fit

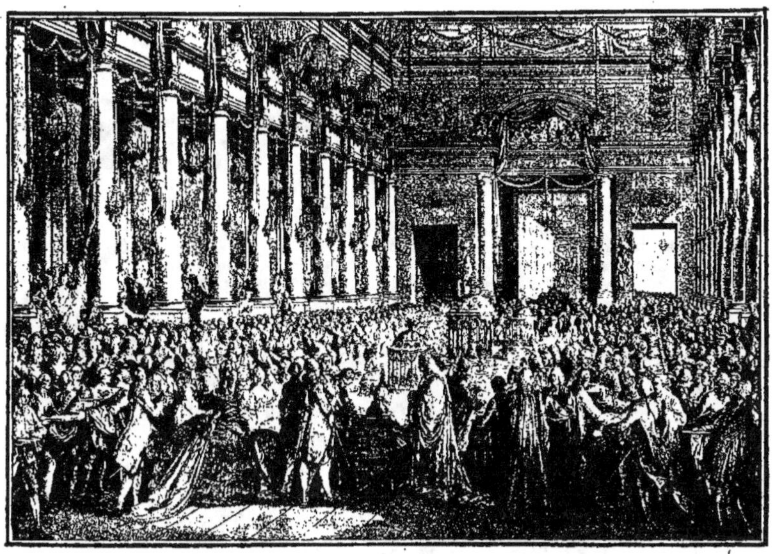

XVIIIᵉ SIÈCLE. — ÉPOQUE LOUIS SEIZE. ART FRANÇAIS
Exemple de la somptuosité des festins royaux (21 janvier 1782).

Fig. 138. — Festin donné à l'Hôtel de Ville de Paris, en l'honneur de la naissance du Dauphin (1781 † 1789), dans la galerie de bois construite face à la Seine, décorée de lustres, de draperies, et dont une grande glace de fond prolongeait la perspective. La table était de soixante-dix-huit couverts; il ne s'y asseyait que les Dames, le Roi, la Reine, ainsi que Monsieur et le comte d'Artois, seuls hommes qui pouvaient en public, prendre place à la table royale.
Le dessin de J.-M. Moreau (1741 † 1814), dont nous représentons la principale partie, varie gracieusement cette rangée de beautés féminines, derrière laquelle se pressent de nombreux serviteurs et une foule de curieux : Marie-Antoinette est auprès du Roi qui cause à A.-L. Le Fèvre de Caumartin, marquis de Saint-Ange, prévôt des marchands de Paris, de 1778 à 1784, et le complimente sur la magnificence de cette réception.

l'*essai* et les *recouvrit*, en attendant l'arrivée de Sa Majesté. Ensuite le duc de Rohan, précédé du même cortège, alla avertir le roi, qui se rendit dans la salle du festin dans cet ordre : les hautbois, les trompettes et les flûtes de la chambre, les six hérauts, les maîtres et aides des cérémonies, puis les gentilshommes qui avaient porté les honneurs et les offrandes.

L'archevêque de Reims prononça le *benedicite*, Alors la couronne de Charlemagne, le sceptre, la main de justice, furent placés sur des carreaux de velours aux angles de la table, sous la garde des maréchaux chargés de les porter, et qui restèrent debout pendant tout le festin. Le prince Charles de Lorraine, grand écuyer, se mit derrière le fauteuil de Louis XV, aux côtés duquel se tinrent les deux ducs capitaines des gardes. Debout, mais à la droite du roi, était le prince de Rohan; ce fut lui qui présenta la serviette.

Fig. 139 à 142. — Armoiries d'André de Gironde, Grand-Bouteillier, Échanson du roi Louis XV (1731), accompagnées à droite et à gauche de la *ferrière* aux armes royales. — Armoiries du duc de Cossé-Brissac, Grand-Panetier du roi Louis XVI (1782), accompagnées, à droite, du *Cadenas* et, à gauche, de la *Nef*. — Au milieu, armes de Claude Ballin, le grand orfèvre du Siècle de Louis XIV, dans lesquelles figure une *nef*.

Le grand panetier, le grand échanson et le grand écuyer tranchant étaient devant la table, vis-à-vis le roi, remplissant leurs fonctions. La *nef* avait été mise à l'angle le plus éloigné de Louis XV. Tous les services de la table royale furent ordonnés par ses officiers avec le même cortège que le premier. Les quatre autres tables furent servies par les notables et les officiers de la ville de Reims.

Ainsi se perpétua, dans l'ancienne monarchie, l'usage qui imposait aux rois et aux princes de la famille royale l'obligation de figurer, certains jours de fête, à un repas public.

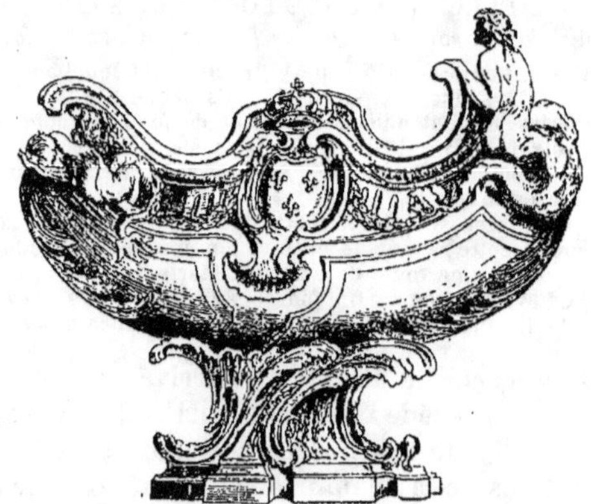

XVIIIe SIÈCLE. — ART FRANÇAIS

Fig. 143. — Nef en or du roi Louis XV, d'après un dessin de J.-A. Meissonnier.

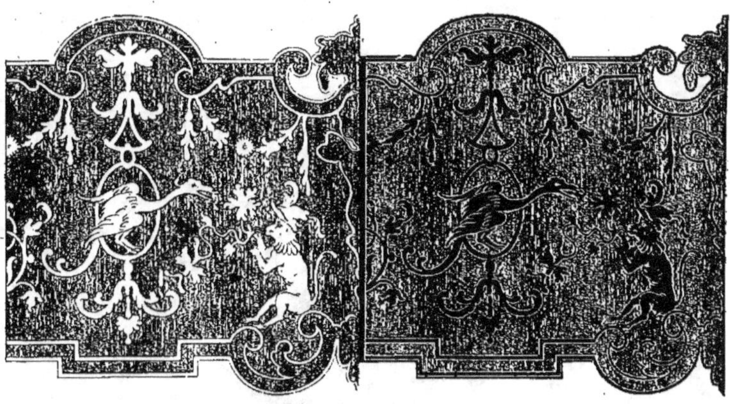

Fig. 144 et 145. — Consulter la légende et la note au bas de cette page

EXEMPLES DE PREMIÈRE PARTIE ET DE CONTRE-PARTIE
Première partie, Ecaille (en blanc) sur fond de Métal
Contre-partie, Métal (en noir) sur fond d'Ecaille ou de Bois

ANALYSE ET COMPRÉHENSION DES STYLES FRANÇAIS

MARQUETERIES SOMPTUEUSES, ÉCAILLE, CUIVRE, ÉTAIN
DONT LA RICHESSE S'HARMONISAIT AVEC LE FASTE DE LOUIS XIV

On relève, sur plusieurs *Comptes des Bâtiments* de l'Epoque Louis quatorze, des mentions de paiement pour quelques beaux ouvrages, tels que des *cabinets* d'un prix considérable, exécutés par Domenico Cucci ; mais la plupart, concernant l'ébénisterie, la marqueterie, les mosaïques de bois, etc., se rapportent exclusivement à des travaux de parquetage ou de revêtement. Ces travaux, souvent très importants, sont entrepris par Pierre Gole, Jean Macé,

Fig. 144 et 145. — En étudiant ces curieux documents, dus à un ornemaniste de l'Epoque Louis seize, placés en tête de notes relatives à André-Charles Boulle, nos lecteurs se rendront compte que le célèbre artisan de l'Epoque Louis quatorze a eu de nombreux continuateurs.

Le procédé figuré par Charles Huet, fils de Jean-Baptiste Huet (1745†1811), est identique à celui de A.-C. Boulle qui, lui-même ne fit que l'adapter, somptueusement il est vrai, d'après les célèbres marqueteurs qui l'avaient précédé.

Charles Huet est l'auteur de douze pièces : *Singeries ou différentes actions de la vie humaine*, représentées par des singes, dont nous avons extrait ces documents.

— *Note.* Nous avons indiqué, dans le Premier Recueil (1924) des *Connaissances nécessaires aux amateurs et aux antiquaires*, pages 97 à 100, ce en quoi consistent les différentes *manières* de marqueterie *de bois rares, marqueterie* dite *ombrée, marqueterie en mosaïque*, ainsi que les termes pour désigner les bois, tons, etc.

Le travail de la marqueterie de A.-C. Boulle, l'une des gloires du mobilier français, dit en *première partie* et en *contre-partie*, est différent : « Pour l'incrustation des curieuses compositions, qui caractérisent ses ouvrages incomparables, écrit notre collaborateur Henry Havard dans *L'art dans la Maison*, A.-C. Boulle procédait

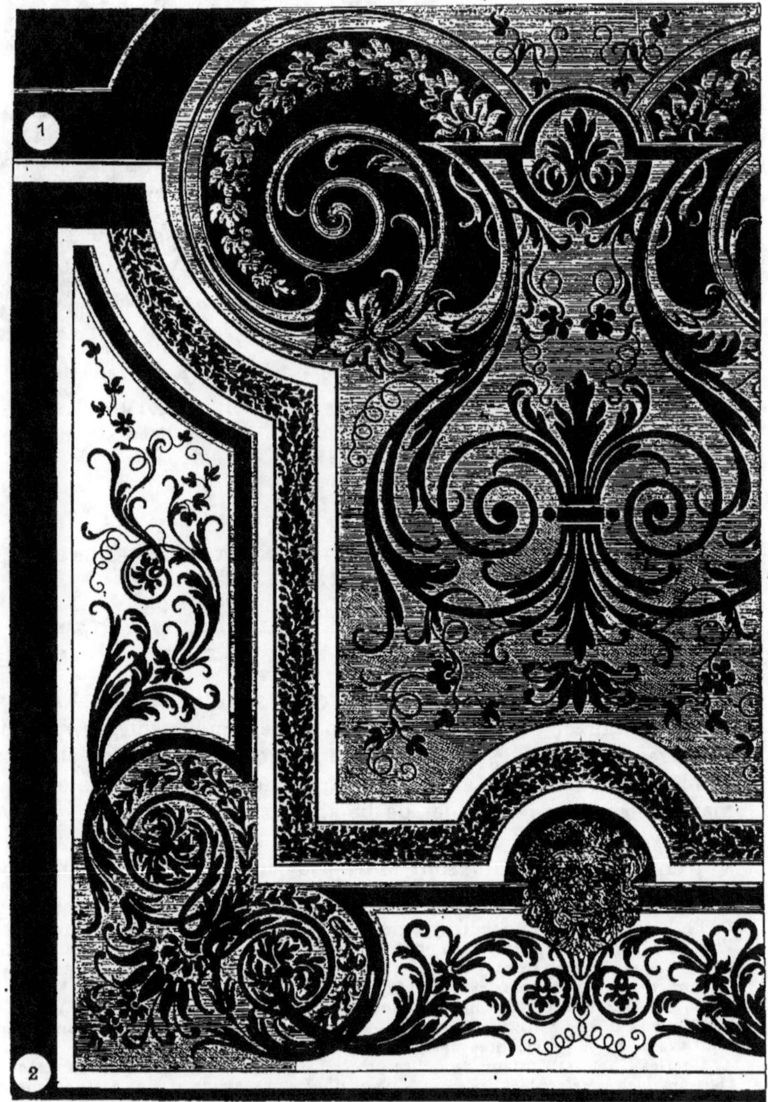

XVIIᵉ SIÈCLE. — ART FRANÇAIS. — ÉPOQUE LOUIS XIV

Musée du Louvre, Galerie d'Apollon, Paris

Panneau du fond, marqueterie de *cuivre, étain* et *écaille*

Fig. 146 et 147. — La disposition générale de ce somptueux panneau de marqueterie, qui forme le fond d'une *Console-Etagère*, est celle d'un large lambrequin

Combord, Philippe Poitou, Jacques Sommer, tous ébénistes de premier mérite, et enfin par André-Charles Boulle.

Le nom de André-Charles Boulle, « ébéniste faiseur de marqueterie, ciseleur et doreur », désigne le genre des meubles qu'il a fabriqué ; ceux provenant de ses ateliers sont un des témoignages de la somptuosité du Siècle de Louis XIV.

André-Charles Boulle naquit à Paris en 1642 et y mourut en 1732. Ses contemporains sont unanimes à constater que sa vocation le porta d'abord vers la peinture. Son père, habile ébéniste, exigea qu'il lui succédât dans sa profession. De cette contradiction entre son goût naturel et la nécessité résulta chez A.-C. Boulle une de ces vocations mixtes, comme celle de Bernard Palissy que nous avons constatée dans une étude sur le Maître potier angevin.

Livré à sa première inclination, Boulle aurait, sans doute, accru la gloire de l'Ecole française, peut-être aussi n'eût-il fait qu'ajouter un nom estimable à la liste des peintres du règne de Louis XIV, tous plus ou moins sous la domination ou tyrannisés par l'ascendant de Charles Lebrun (1619†1690). Quoi qu'il en soit, A.-C. Boulle demeure encore le premier ébéniste français.

Les renseignements manquent sur la jeunesse de ce célèbre artisan ; il est probable qu'elle s'écoula modestement dans l'atelier

---

(Suite de la note page 97). — de la manière suivante. L'artisan commençait par dessiner ses motifs en les incisant sur une plaque de métal, cuivre ou étain ; puis, il superposait cette lame de métal sur une lame d'écaille de même épaisseur et, découpant à la scie les deux lames en suivant le dessin tracé à la pointe sèche, il obtenait ainsi deux épreuves de chacune de ces deux plaques, une première, *positive*, dite *première partie* à fond d'écaille avec application métallique, et une seconde, *négative* dite *contre-partie* à fond de métal ou application d'écaille, s'emboîtant parfaitement l'une dans l'autre. De cette façon, A.-C. Boulle pouvait insérer le dessin écaille de l'une dans l'application métallique de l'autre, et inversement, et obtenir deux plaques d'incrustations différentes d'une finesse et d'un éclat exceptionnel. »

Des artisans du second Empire français (1852-1870), contrefacteurs des travaux de A.-C. Boulle, ont procédé de la même manière ; mais, pour arriver à produire bon marché, c'est une vingtaine de plaques qu'ils découpaient du même coup.

Les *première partie* et *contre-partie* ne se rapportant pas exactement, le dessin perdit toute finesse et il en résulta des effets faux, cliquants, pénibles.

D'autres artisans employèrent l'ivoire, l'écaille et la nacre factices, espèces de pâtes gélatineuses. Ces affreux mastics servirent pour la fabrication de meubles dans le genre Boulle du plus mauvais goût ; l'humidité ou la sécheresse désorganisant ces matières, il ne fut pas possible de les employer pour de bons travaux.

Suite de la légende fig. 146 et 147). — rectangulaire, terminé dans le haut par une double volute ionique, échancré dans le bas en demi-cercle, puis étoffé d'une triple bordure de feuilles de chêne (bande intérieure) et d'un large filet d'écaille, circonscrivant un cours de rinceaux s'échappant d'une double volute ionique placée aux angles inférieurs.

Le motif n° 1, en forme de lyre, est composé de deux courbes en S opposées, terminées par des volutes, et reliées sur l'axe par une frette. Les deux volutes du haut sont étoffées d'un cours de culots de feuillage, qui vont en diminuant vers leur point terminal. Dans l'axe du bas, 2, une agrafe formée d'un mascaron d'écaille blonde. Les champs blancs sont en *étain* ; ceux teintés, clair, en *cuivre doré*. Le tout est encadré par un large champ d'ébène.

XVIIᵉ SIÈCLE. — ART FRANÇAIS. — ÉPOQUE LOUIS XIV
Musée du Louvre, Salle des dessins, Paris
Rinceaux de marqueterie. — Ateliers des Gobelins
Fig. 148 à 150. — Les trois motifs 5 à 7 se rajoutent bout à bout, pour former
le montant-milieu d'une de ces belles *armoires* incrustées sur leurs faces

de son père, jusqu'au jour où la supériorité de ses travaux attira sur lui les faveurs du Roi et de la Cour. Son imagination, conduite par le sentiment qu'il avait des belles formes, lui fit inventer des ouvrages sur lesquels la mode n'a point exercé son caprice. Les meubles que le luxe ostentateur mit, de son temps, en usage, ont été exécutés par A.-C. Boulle sous des formes ingénieuses, enrichies d'un travail de marqueterie très recherché, et d'ornements en bronze ciselé et doré d'un excellent style, les uns comme *décoration*, les autres pour *consolider* les assemblages du bois. Il en a fait une quantité pour les opulents de cette époque.

« Louis XIV, écrit notre collaborateur M. L. Roger-Milès, appelle à lui toutes les solennités, et voilà Charles Lebrun qui forme, pour la pompe et la richesse, une phalange d'artisans décorateurs ; il n'est pas jusqu'au chandelier qui n'ait de la noblesse, et la mythologie fournit aux tentures des scènes où des Jupiter, en perruque et armés de foudres, dictent des ordres au soleil (1). »

Il faut rendre justice au Siècle de Louis XIV que, s'il n'a pas produit tous les grands hommes qui l'ont illustré, son éclat est dû à la fortune qui lui avait fait recueillir la maturité de génies nés et développés sous les règnes précédents. On ne peut en méconnaître l'activité prodigieuse imprimée à tous les arts, depuis les plus élevés jusqu'aux plus familiers : les uns entraînent en quelque sorte les autres, chaque artiste ou artisan s'efforçant de parvenir, dans sa sphère, à la plus grande perfection possible. Pour ces palais que bâtissait Jules-Hardouin Mansard (1646†1708), dont Le Nôtre (1613†1700) dessinait les jardins, que décoraient le pinceau de Charles Lebrun (1619-1690) et le ciseau du sculpteur Coysevox (1640†1720), il fallait des mobiliers splendides qui répondissent à de somptueux édifices. Il fallait qu'un esprit inventif harmonisât les meubles avec les merveilles de la statuaire et de la peinture ; A.-C. Boulle le fut. Autour de lui se groupa une élite d'artisans qui fabriquaient les mouvements des horloges, dont il dessinait et exécutait les boîtes, les ornements et les socles. Louis XIV sut apprécier l'intelligent artisan ; après l'avoir attaché particuliè-

(1) L. Roger-Milès. Le *Style dans les Arts Décoratifs*, Conférence faite le 7 mai 1896, à la Bibliothèque municipale professionnelle d'Art et d'Histoire de la ville de Paris (Bibliothèque Forney). Paris, Édouard Rouveyre, 1896.

antérieures et latérales, et dont l'exécution était dirigée par *A.-C. Boulle*, à la Manufacture royale des Gobelins. C'est une *chute de rinceaux*, à développements symétriques à ses naissances, et se terminant par des courbes savamment entrelacées. Le galon d'accompagnement 1, incrusté comme les motifs précédents d'*écaille brune* sur *fond de cuivre*, est serti d'*ébène* avec *bandes d'étain*. Les fig. 2 à 4 montrent les développements de rinceaux dans des surfaces courbes ou irrégulières. Les *teintes grisées* indiquent des fonds d'*écaille lapis*, sur lesquels se détachent des rinceaux d'étain.

XVIIᵉ SIÈCLE. — ART FRANÇAIS. — ÉPOQUE LOUIS XIV

Bibliothèque Nationale, Paris

Frises de marqueterie. — *Ebène, Ecaille, Etain, Cuivre doré*

Fig. 151 à 153. — Le *Médaillier* qui porte ces ornements est une armoire dont
les vantaux sont décorés de *panneaux incrustés de jade*, encadrés de montants et
traverses *plaqués d'écaille rouge* marquetée de *cuivre gravé*. Il fait partie de l'acquisition, pour le Cabinet du Roi, des meubles et objets d'art de la Collection
Pellerin. Les ornements sont ingénieux et d'un bon dessin : on remarquera aux
nᵒˢ 1, 2, 3, 4, 5, des *postes* d'une disposition originale, et au 6 une *fleur de lis*, en
rinceaux, alternant avec des *palmettes*.

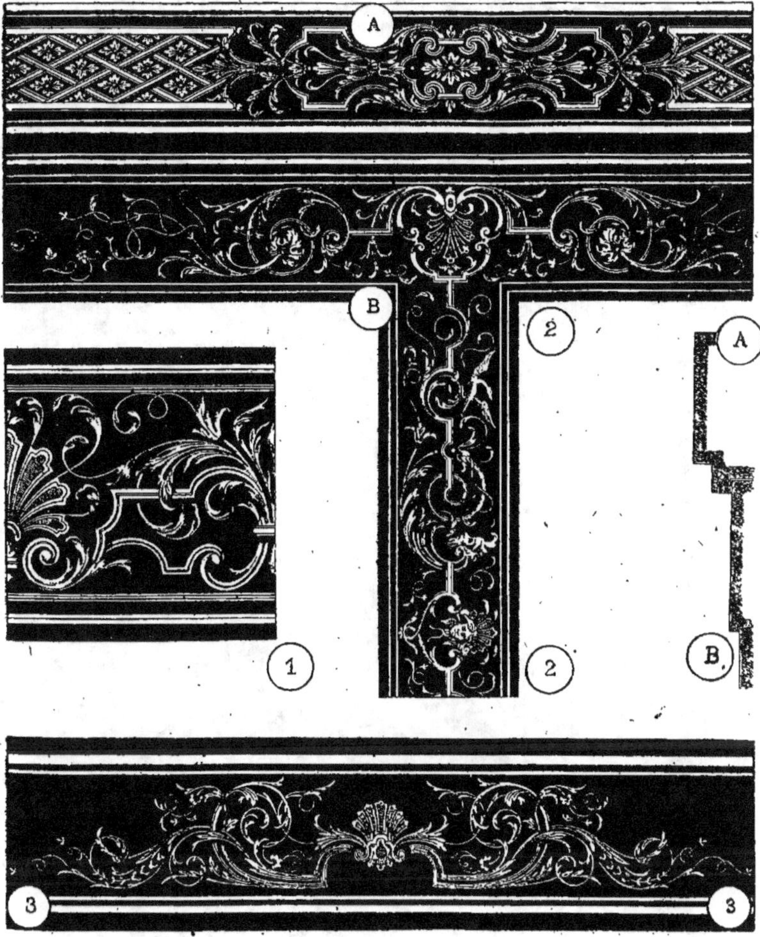

XVIIᵉ SIÈCLE. — ART FRANÇAIS. — ÉPOQUE LOUIS XIV

Bibliothèque Nationale, Paris. — Marqueterie d'Ecaille et de Cuivre

Fig. 154 à 158. — Ces bandes ornées, fragments de marqueterie, appartiennent à un *Médaillier* qui se voit à la Bibliothèque Nationale. Des ornements, d'un goût pur, décorent les montants ainsi que les traverses du meuble.

Le faste royal, la somptuosité du palais, son mobilier incomparable, ajoutaient à la splendeur de Versailles. Ces magnificences, tenant à l'éclat monarchique, ne sauraient être séparées d'une royauté aussi puissante, aussi somptueuse que celle de Louis XIV.

Charles Perrault (1613†1688), à qui on doit la *Colonnade du Louvre* (1666-1670) citait « des tables d'un modelage et d'une ciselure si admirables que la matière,

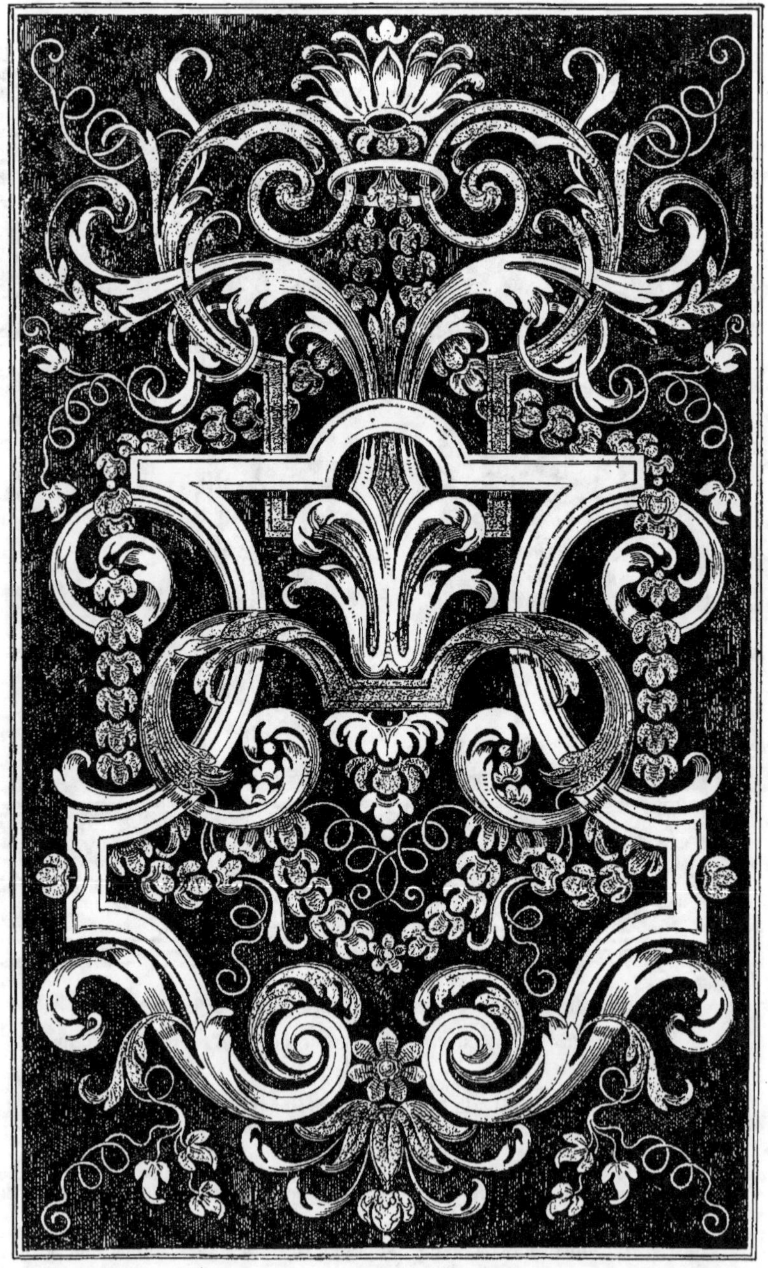

rement à la manufacture des Gobelins, il le nomma premier ébéniste de sa Maison et lui conféra ce titre par un brevet.

La reine lui donna un logement au palais du Louvre, auquel le roi en ajouta un second, afin de le mettre à même de satisfaire plus commodément aux nombreuses commandes qu'il recevait de la Cour et des particuliers.

Jamais artisan n'eut plus besoin de protection. Malgré le crédit où il était à la Cour, malgré le nombre et le prix de ses ouvrages, il ne paraît pas que Boulle ait vécu dans la prospérité. Cette détresse, au milieu du plus éclatant succès, à côté du travail le plus actif, s'expliquerait difficilement si ses contemporains ne nous en avaient fait connaître la cause.

Cette cause provenait d'une vocation contrariée. Les premières études de Boulle l'avaient porté vers la peinture : cet art auquel il renonça par sagesse, et dont il conserva le goût. Ne pouvant être peintre, il était devenu amateur et collectionneur. « Cet homme, lisons-nous dans une *Relation manuscrite*, qui a travaillé prodigieusement, pendant le cours d'une longue vie, et a servi des rois et des hommes riches, est pourtant mort assez mal dans ses affaires. C'est qu'on ne faisoit aucune vente de livres,

---

XVIIᵉ SIÈCLE. — ART FRANÇAIS. — ÉPOQUE LOUIS XIV
Musée du Louvre, Galerie d'Apollon, Paris
Panneau de Marqueterie. Ecaille, Etain, Bronze

Fig. 159. — Rarement l'*élément rectiligne*, qui forme le fond de la construction du meuble somptueux dont nous avons représenté l'ensemble, dans notre Premier Recueil, 1924, des *Connaissances nécessaires aux Amateurs et aux Antiquaires*, fig. 218, n'a été aussi heureusement combiné avec l'*élément courbe* adopté comme principe de l'ornementation générale. Le panneau central, notamment, offre un entrelacs savant et harmonieux.

Le motif est un cartouche en forme de lyre étoffée d'acanthes, sur laquelle s'agrafent deux volutes accouplées (chapiteau ionique), d'où s'échappent les rinceaux symétriques d'un double feuillage. Une palmette, dans le haut, sert de point d'attache à une chute de feuille trilobes qui remplit les intervalles ; les espaces secondaires sont animés par les jets capricieux de brindilles légères.

Notre représentation montre, par ses tonalités, les parties d'*étain* et de *cuivre modelées au burin* ; le fond est en *écaille* : une savante élégance préside à l'entrelacement des rinceaux d'ornement et de leurs brindilles terminales.

(*Suite de la note page 103.*)

toute d'argent et toute pesante qu'elle était, faisait à peine la dixième partie de leur valeur » ; il louait « ces torchères et ces grands guéridons, de huit à neuf pieds de hauteur (le *pied*, ancienne mesure de France contenant douze *pouces*, équivalait environ à o m. 324) qui portaient des flambeaux ou des girandoles, des vases pour placer des orangers. Ces cuvettes, chandeliers, miroirs, tous ouvrages d'art, dont l'élégance et le bon goût donnaient une juste idée de la grandeur du prince à qui on les devait. » — Consulter les pages 90 à 93, et les figures 133 à 136.

Les vases en argent massif, dont resplendissait la Galerie qui menait à la salle du trône, la somptuosité de la table, l'éclat des livrées, étaient en rapport avec les appartements superbement décorés et ornés. C'est en cette Galerie que le Roi Soleil recevait les ambassadeurs, constellé de pierreries, assis sur un trône d'argent.

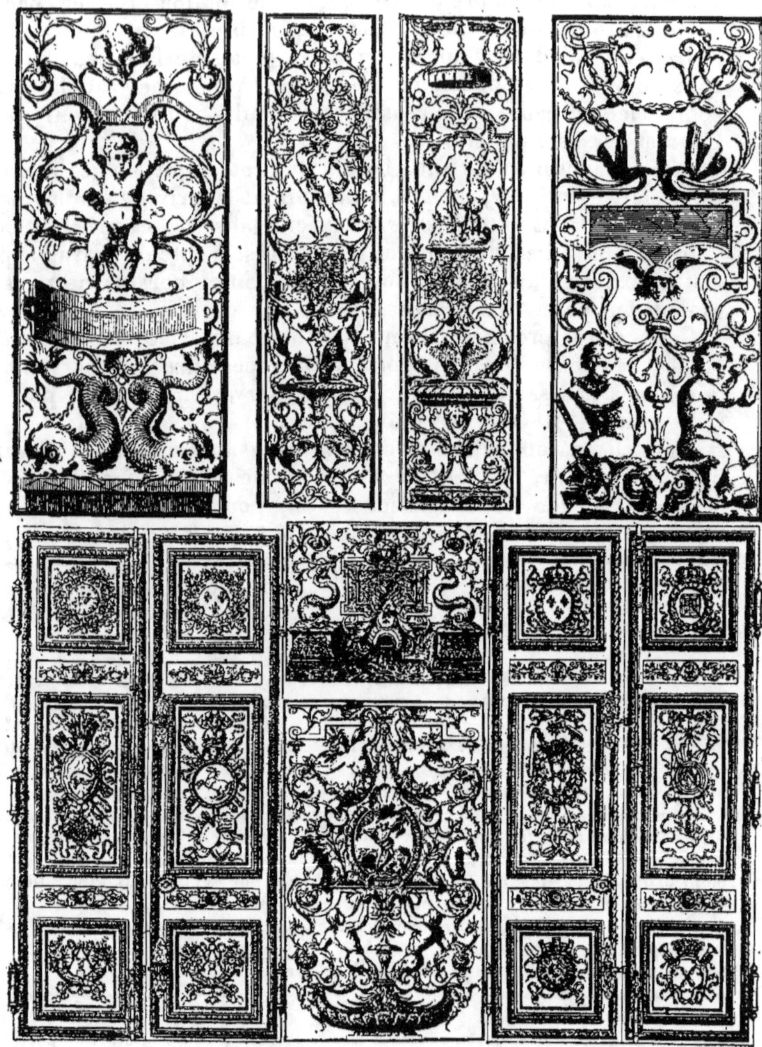

Fig. 160 à 182. — C'est principalement dans le style de l'Epoque Louis quatorze que la décoration fixe est liée à celle du mobilier et des étoffes, l'une et l'autre solidaires d'une majestueuse somptuosité.

La décoration, dont le rôle devrait être d'accompagner la forme et non de se substituer à elle, établit sa complète domination ; là magnificence, dont l'excès dans les arts est toujours dangereuse, écarta la logique et la relégua au second plan.

« Le mobilier de l'Epoque Louis quatorze, écrit Henry Havard, demeure un mobilier d'apparat. Il porte en soi une solennité et une richesse exclusive de toute

d'estampes, de dessins, etc., qu'il n'achetât, sans avoir de quoi payer : il fallait emprunter, presque toujours à gros intérêts. Une

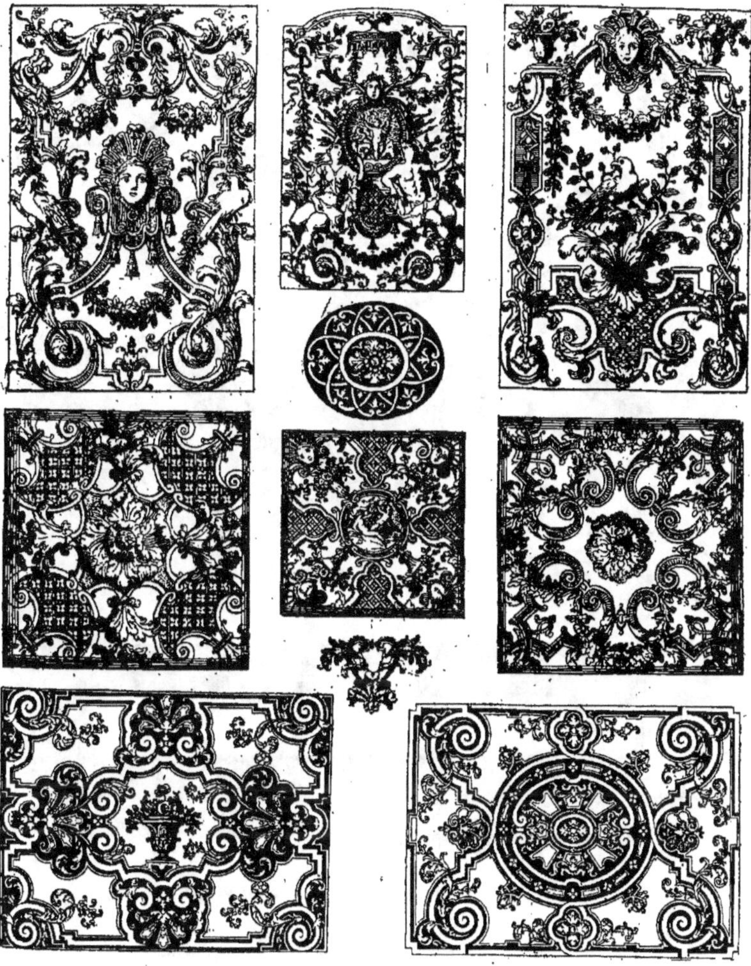

intimité, et l'éclat même de sa décoration interdit la possibilité, aussi bien que la pensée d'en faire un journalier et constant usage. »

« Les conventions et les abstractions sur lesquelles repose l'art classique du dix-septième siècle, écrit M.-L. Guyau, faisaient partie, en quelque sorte, des réalités de la vie d'alors. L'existence, au règne de Louis XIV, avait pris quelque chose de général, de régulier et de froid, qui fait que l'art de cette Epoque, comme l'a fait voir Henri Taine, représentait encore des modèles vivants au moment même où il nous montre des marionnettes. »

vente nouvelle arrivoit, nouvelle occasion de recourir aux expé-
dients. Son cabinet devenoit nombreux et les dettes encore plus

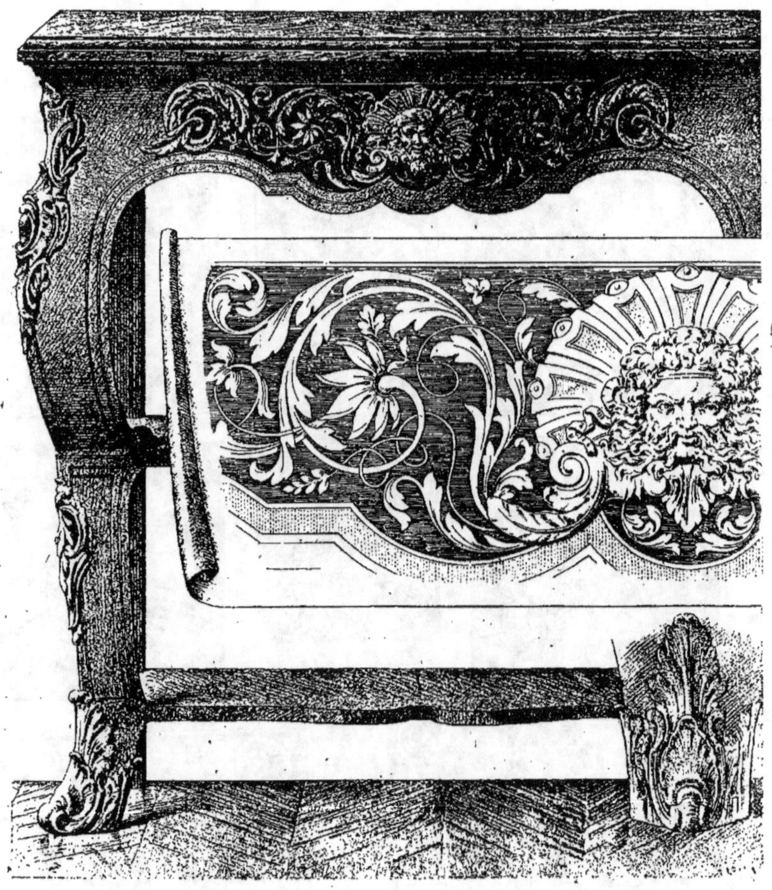

XVIIᵉ SIÈCLE. — ART FRANÇAIS. — ÉPOQUE LOUIS XIV

Palais du Grand Trianon, Versailles
Console étagère, ornée de bronze ciselé et doré, et de marqueterie

Fig. 183. — On conserve, dans les appartements du Grand Trianon, à Versailles,
une série d'*étagères* basses, en ébène uni, avec appliques de bronze doré, et portant
un, deux ou trois compartiments, la hauteur et la distance des tablettes, ainsi que
la décoration, restant semblables.

Ces pièces de mobilier, évidemment faites pour recevoir les nombreuses *œuvres
d'orfèvrerie et la vaisselle plate* nécessaires au service de la *Table du Roy*, garnis-
saient le pourtour de salles à manger magnifiques (comme celle du *Grand couvert
de la Reine*, au palais de Versailles), dont les soubassements sont formés d'assemblages

importantes, et pendant ce temps le travail languissoit. C'étoit une manie dont il ne fut pas possible de le guérir. »

Pour comble de malheur, un incendie détruisit presque entièrement cette collection, une des plus belles, au témoignage des contemporains, qui aient jamais existée. On fit, de ce qui resta, une vente publique qui dura plusieurs semaines. Il s'y trouvait des pièces admirables ; celles qu'on sauva n'étaient presque rien en comparaison des autres.

Ses créanciers le poursuivirent jusque dans le palais du Louvre, témoin la lettre suivante, adressée par Phelypeaux, comte de Pontchartrain, (1643†1727), ministre de Louis XIV, à Jules-Hardouin Mansard, surintendant des bâtiments :

« Paris, 29 août 1704

« Les créanciers du nommé Boulle, ébéniste, qui ont des contraintes par corps contre luy, demandent la permission de les faire exécuter dans le Louvre. Et comme il a esté un temps que le roy et Monsieur devoient des sommes assez considérables aux ouvriers, Sa Majesté m'a ordonné de voir ce qui s'est passé depuis, et s'il luy est encore dû quelque chose. »

A.-C. Boulle, en mourant, laissa, pour lui succéder, des fils qui héritèrent du talent de leur père ; plusieurs ébénistes célèbres, dont Montigny (fig. 185), furent portés à imiter sa manière.

Ses œuvres, après sa mort, acquirent une valeur, pour le temps, fort élevée. Les amateurs se les disputèrent ; quelques-uns en formèrent des collections.

Les plus beaux et les plus précieux meubles de A.-C. Boulle ornaient les châteaux royaux, d'où ils passèrent en Angleterre après que la *bande noire* s'en fut emparée à l'époque de la Révolution.

L'œuvre de ce célèbre ébéniste n'est pas de celles qu'on puisse cataloguer avec certitude ; les amateurs et les antiquaires, désireux d'en trouver des descriptions détaillées, devront consulter les *documents* publiés par Jules Guiffrey et Henry Havard. De

de marbres précieux, ce qui justifie ici l'absence du *fond*, généralement composé de panneaux de marqueterie dans ces sortes de meubles (fig. 146 et 147). Leur forme basse s'explique par la nécessité de ne pas empiéter sur les parois, que décoraient les peintures de Maîtres, et la différence de leurs dimensions en longueur, par la variété des intervalles que laissaient les portes, fenêtres et cheminées.

La forme des montants de fond de ces *étagères* est droite, les faces et profils sont composés de deux renflements convexes superposés, unis, correspondant aux tablettes ; les ouvertures sont chantournées à l'intérieur : de même, la rive antérieure des tablettes est chantournée en accolade.

Dans la ceinture du haut on voit un panneau d'incrustation qui est une marqueterie de rinceaux de bronze doré sur écaille rouge, ou réciproquement. Au centre (voir au *détail*), un mascaron barbu en *bronze de relief*, doré ; et, aux extrémités, des spirales d'acanthes qui rappellent le style des marqueteries représentées fig. 146 à 159. Les angles sont ornés d'appliques de bronze et, dans le bas, à droite, on voit la face du *sabot* qui garnit les pieds de devant.

ces œuvres célèbres, nous citerons un bureau à marqueterie de cuivre incr usté, payé cinquante mille livres par le célèbre traitant Samuel Bernard (1651†1739), et que l'on croit perdu.

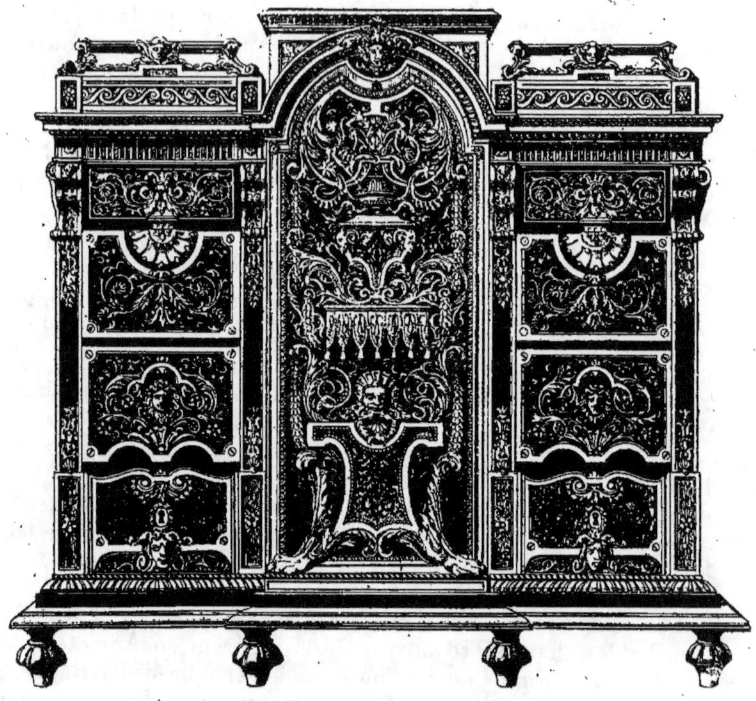

XVIIe SIÈCLE. — ART FRANÇAIS. — ÉPOQUE LOUIS XIV
École de André-Charles Boulle

Fig. 184. — Ne pouvant certifier que ce beau meuble soit de A.-C. Boulle, nous croyons qu'il est sorti de l'atelier d'un de ses élèves et successeurs, dont le mérite est incontestable.
Ce meuble est très riche et l'ornementation n'y est nulle part épargnée. On ne serait aucunement surpris de savoir ces merveilleux ornements appliqués, dessinés par le graveur du sceau du roi, qui possédait à un haut degré la science du dessin et était doué, en outre, d'un goût que nul ne peut méconnaître.

Le plus important des travaux de A.-C. Boulle fut, probablement, le Cabinet de travail, marqueterie et glaces, exécuté pour l'appartement du Grand Dauphin, au palais de Versailles, et dont voici la description :

« Ce cabinet a vingt-trois pieds carrés de tous côtés et, dans le plafond, des glaces de miroir avec des compartiments de bordures dorées sur un fond de marqueterie d'ébène. Le parquet est aussi fait de bois de rapport et embelli de divers ornements, entre autres des chiffres de Monseigneur et de Mme la dauphine. »

En 1720, André-Charles Boulle, âgé de soixante-dix-huit ans, s'était adjoint des collaborateurs dévoués afin de conduire une entreprise qui semblait trop lourde pour un homme de son âge. Ses collaborateurs étaient ses fils, au nombre de quatre, si nous

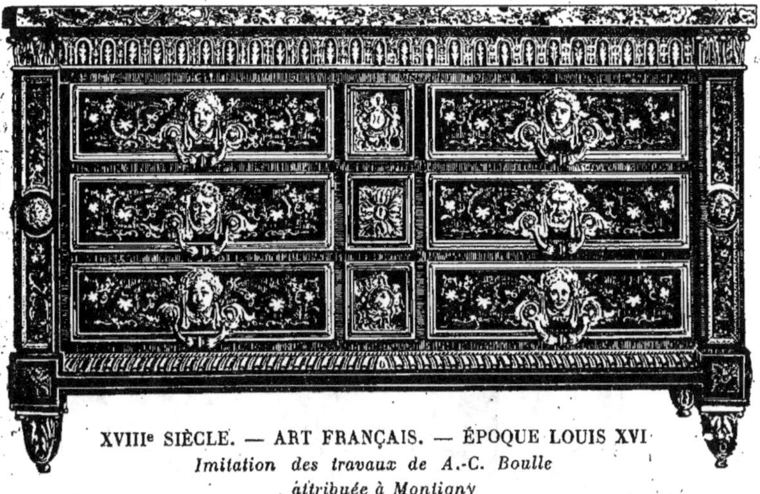

XVIIIe SIÈCLE. — ART FRANÇAIS. — ÉPOQUE LOUIS XVI
*Imitation des travaux de A.-C. Boulle
attribuée à Montigny*

Fig. 185. — Commode en marqueterie, provenant de l'ancien mobilier du comte de Provence, devenu Louis XVIII, roi de France de 1814 à 1824.

Montigny, ébéniste célèbre de l'Époque Louis seize, était, lisons-nous dans les *Tablettes royales de Renommée*, 1777, un des plus habiles pour les meubles de marqueterie en écaille et argent, ou ébène et cuivre, dans le genre du célèbre Boulle, dont on peut voir la collection au Cabinet des médailles de Sa Majesté, au Louvre » et, ajoute le rédacteur des *Tablettes* : « Il est très important de ne confier ces sortes d'ouvrages pour les *nettoyer ou les raccommoder* qu'aux gens de l'art si on veut les conserver. » — Quoi qu'il en soit, Montigny a *raccommodé, et marqué de son estampille*, de nombreux meubles de A.-C. Boulle.

On ne se priva guère de s'inspirer des modèles de A.-C. Boulle. Lors de la *vente de Lebrun* (avril 1791), il s'y trouva six meubles de ce genre, dont trois de *première partie* et trois de *contre-partie*. Leurs bas-reliefs, très importants, avaient été modelés d'après les maquettes de Foucou, sculpteur du roi, et ciselés par Thomire. On sait que cette fabrication s'est continuée, au dix-neuvième siècle, et dans quelles mauvaises conditions! (*Consulter la note p. 97 et 99*.)

en croyons le père Orlandi, et qui, « mêlés à ses travaux, n'étaient pas inférieurs comme perfection à leur père, mais, au contraire, très experts dans la connaissance et la pratique des Beaux-Arts »; au nombre de deux seulement, si nous nous en rapportons aux documents officiels, qui mentionnent uniquement Jean-Philippe et Charles-Joseph.

C'est en comparant les ouvrages de A.-C. Boulle à ceux de ses successeurs que l'on en comprendra le véritable caractère, qui est une sorte de sobriété dans la richesse, loi que de nombreux ébénistes du dix-huitième siècle ont oubliée pour tomber dans la prodigalité et la surcharge. La belle disposition des lignes, la proportion, l'art de tirer parti des mêmes ornements en variant les combinaisons, le soin extrême des détails, voilà ce que l'on reconnaît en analysant les œuvres du Maître de l'ébénisterie française.

On peut dire qu'il représente le grand goût de son Epoque; c'est de quoi l'on se convaincra en rapprochant certaines de ses œuvres par exemple du médaillier (fig. 186) que Crescent, le célèbre ébéniste (1690†1765) qui signait « ébéniste du palais de son Altesse Royale Monseigneur le duc d'Orléans », exécuta pour Louis XV, et où les accessoires sont multipliés jusqu'à la profusion.

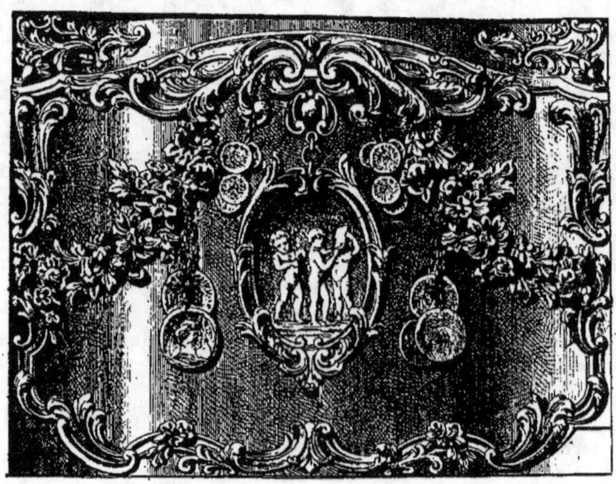

XVIIIe SIÈCLE. — ÉPOQUE LOUIS XV
Bibliothèque Nationale, Département des Médailles et Antiques, Paris

Fig. 186. — Détail du *Médaillier* du roi Louis XV, dont nous avons représenté l'ensemble dans le Premier Recueil (1924) des *Connaissances nécessaires aux Amateurs et aux Antiquaires*, page 95, fig. 231. — La destination de ce meuble est accusée par la décoration même, c'est-à-dire par des groupes de médailles suspendues de chaque côté du motif central et par de volumineuses guirlandes de fleurs.

(Consulter le texte ci-dessus)

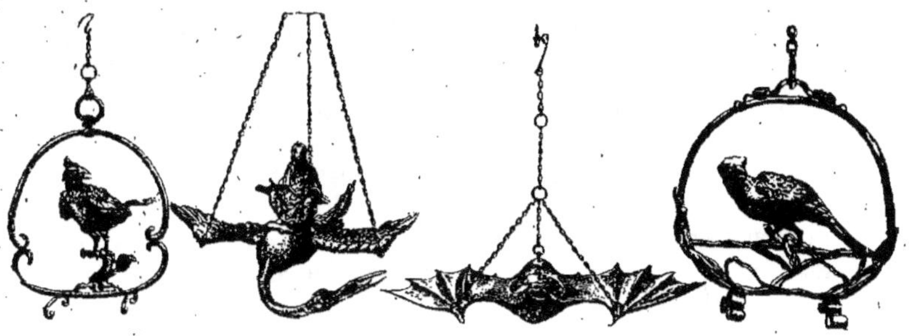

ANTIQUITÉ. — ART JAPONAIS.

Musée Henri Cernuschi, Paris.

Fig. 187 à 190. — Réceptables-parfumoirs en bronze, destinés à être suspendus ; deux types sont des oiseaux privés, des perroquets sur leur perchoir ; un troisième montre une grue volant et portant un philosophe assis ; le quatrième représente une chauve-souris, les ailes éployées. Le corps de ces oiseaux symboliques sert de réceptable aux parfums et s'ouvre à la partie supérieure.

QUALITÉS FUGITIVES DE QUELQUES ŒUVRES D'ART

* *

BRULE-PARFUMS. PARFUMOIRS. POTS-POURRIS

Pour comprendre une œuvre d'art et en donner l'analyse, on doit définir ses caractères et se rendre compte qu'en plus de qualités extérieures et sensibles, il en est de fugitives exprimant ses propriétés, ses destinations et sa raison d'être.

En ce qui concerne les *brûle-parfums* et les *pots-pourris*, l'une de ces qualités fugitives, se *rattachant à l'odorat*, a été en grande faveur chez les Anciens et parmi les Orientaux.

Ces divers peuples portèrent l'art de la parfumerie fort loin et fabriquèrent des pâtes, des huiles, des cosmétiques. En Asie, en Afrique, en Grèce et à Rome, les parfums furent utilisés avec prodigalité ; on les mêlait à tous les mets, aux viandes, aux gâteaux, ainsi qu'aux boissons.

Les parfums étaient en usage dans les cérémonies religieuses, surtout pendant les fêtes de Bacchus et de l'Amour. On parfumait les nouveau-nés, les nouveaux époux, on embaumait les morts. Nos aïeux naissaient, vivaient et mouraient parfumés.

En Égypte, les prêtres brûlaient trois fois par jour des parfums en l'honneur du Soleil. Au lever de l'aurore, ils se servaient de l'essence de jasmin ; puis, à midi, enflammaient la myrrhe sur des trépieds sacrés et, au coucher du soleil, usaient d'un parfum composé de seize ingrédients divers et des plus rares.

Nous les trouvons sur les autels de Zoroastre, réformateur de la religion des anciens Perses, sixième siècle av. J.-C., comme sur ceux du « maître ou docteur Khoung » Confucius, illustre philosophe et moraliste chinois, né l'an 551 av. J.-C., aussi bien que dans les temples de Memphis et ceux de Jérusalem.

Cet hommage religieux explique ce que firent les Mages en adoration devant l'Enfant-Jésus : ayant reconnu sa divinité, ils lui offrirent de la myrrhe et de l'encens. Les Juifs conservèrent et transmirent cet

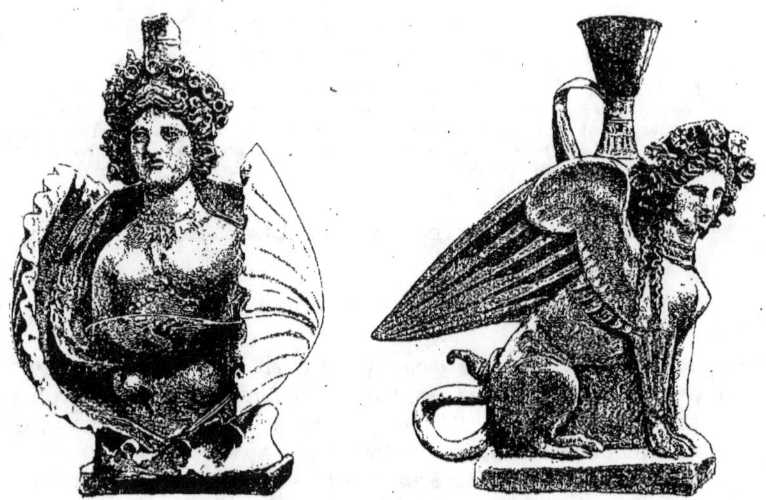

ANTIQUITÉ. — II⁰ SIÈCLE AV. J.-C.
Musée de l'Ermitage, Pétrograd.

Fig. 191 et 192. — Récipients à parfums, en terre cuite, figurant *Aphrodite*, divinité grecque assimilée à la Vénus des Romains, provenant des ateliers de Kertch, Russie d'Europe (gouvernement de Tauride, antique colonie *milésienne* de Panticapée, ville de la Samartie maritime). Aristide, né à Milet, ville qui possédait un temple et un oracle célèbres, a réuni, au deuxième siècle avant notre Ère, des *Contes érotiques* (*les Milésiaques*), dont une traduction latine est attribuée à L.-C. Sisenna, historien romain (120 † 67 av. J.-C.). — Jean Boccace (1313 † 1375), pour son *Décameron*, et Jean de La Fontaine (1621 † 1695), pour ses *Contes et Nouvelles en vers*, s'en sont inspirés.

usage, ainsi que la coutume d'oindre de parfums les corps des parents décédés. Tous les peuples de l'Antiquité paraissent avoir pratiqué à cet égard le même cérémonial ; ainsi nous trouvons, dans l'*Iliade* d'Homère, dixième siècle av. J.-C., que Vénus veillant nuit et jour sur les restes d'Hector, versait sur lui un baume précieux.

Les Grecs firent un usage immodéré des parfums; l'art du parfumeur leur doit de remarquables progrès.

De la Grèce, les parfums pénètrent à Rome et, quoique la vente en fût d'abord rigoureusement prohibée, l'usage en devint chaque jour plus extravagant. Les Romains employaient une quantité de différentes odeurs pour parfumer leurs bains, leurs chambres, leurs lits ; de même que les Grecs, ils en avaient pour chaque partie du corps, ils en mêlaient au vin et, au cours des repas, en répandaient sur la tête des convives.

Plutarque (50 † 139) nous apprend, dans ses *Vies parallèles des*

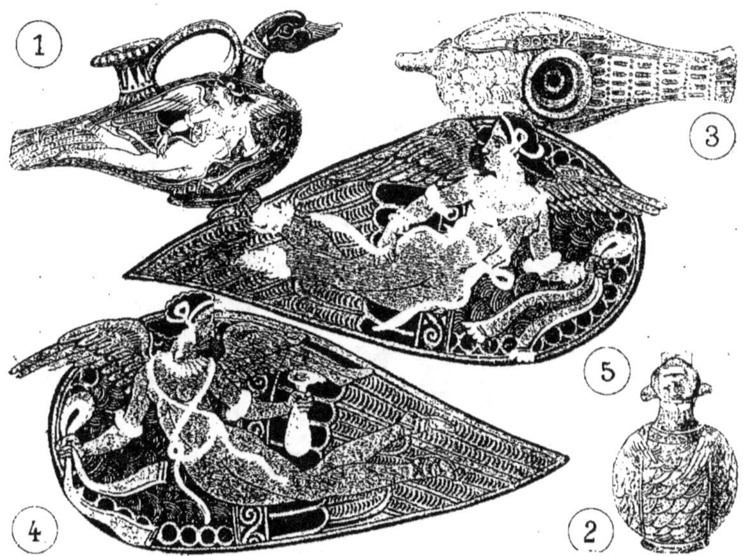

ANTIQUITÉ GRECQUE.
Musée du Louvre, Collection Campana, Paris.

Fig. 193 à 197. — Vase rangé au nombre des accessoires de la toilette des dames grecques. — L'ensemble, représenté figure 1, fait voir la disposition de l'anse, et celle du goulot par lequel on introduisait les parfums.

La décoration en peinture, exécutée sur *engobe* d'ocre rouge en ton de bistre foncé avec rehauts de blanc, est des plus simples et des plus larges. Les deux ailes de l'oiseau sont franchement indiquées par de forts filets qui circonscrivent des champs ouvragés, indiquant la disposition des plumes ; sur ce *travail de fond* se détachent élégamment de chaque côté les figures de deux divinités (Hébé, Iris ?), dont nous donnons aux n°ˢ 4 et 5 des *calques* réduits pris sur les originaux. Les autres détails de l'ornementation sont suffisamment indiqués par les n°ˢ 2 et 3, montrant la face et le dessous du vase.

hommes illustres, Vie de Sylla, qu'aux funérailles de ce cruel dictateur romain (138 † 78 av. J.-C.), on porta sa statue faite d'encens, ainsi que celle de son licteur, pour être brûlées sur son bûcher.

Les Francs se distinguèrent dans la préparation des baumes et des onguents parfumés. Grégoire de Tours (538 † 594), *Historia Francorum*, mentionne l'art avec lequel Clotilde, Brunehaut, Galsvinthe, relevaient l'éclat de leurs attraits. Dans les premiers tem s de la monarchie française, il était d'usage de placer, sur les cercueils, des cassolettes chauffées d'où s'exhalaient des parfums.

Lors de leur invasion en Espagne, l'an 712, les Arabes y introduisèrent des onguents et des cosmétiques inconnus jusqu'alors. Les huit Croisades (1094-1270) dotèrent l'Europe de parfums nouveaux ; puis la découverte de l'Amérique (1492), fit connaître le cacao, la vanille, le baume du Pérou, etc.

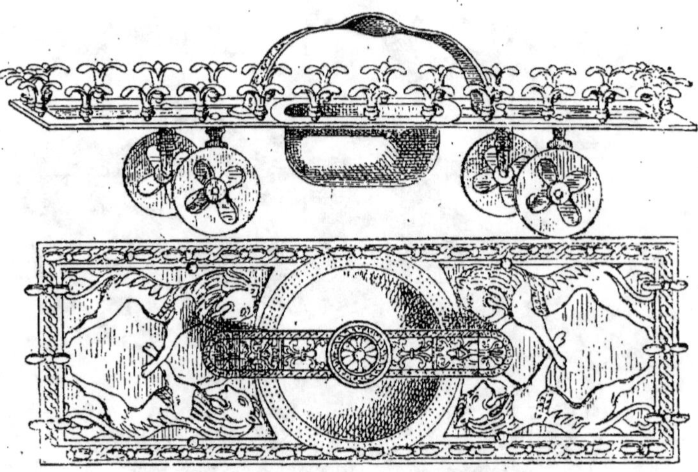

ANTIQUITÉ. — ART ÉTRUSQUE.

Fig. 198 et 199. — Il y avait, dès l'Antiquité, notamment chez les Étrusques, des brûle-parfums d'une forme toute particulière, comme celui dont nous représentons profil et couvercle. Ce brûle-parfums est pourvu de roulettes permettant de le faire circuler pour répandre, en divers endroits, la vapeur des aromates qu'on y brûlait.

BRÛLE-PARFUMS CHINOIS ET JAPONAIS
FONDUS A CIRE PERDUE

Dans chaque race, les individus sont à peu près d'accord sur certains caractères de la beauté ; tandis que les races, les unes par rapport aux autres, diffèrent de sentiment sur ce point. On ne saurait donc

Nous recommandons spécialement aux experts, antiquaires et amateurs, un intéressant et important recueil ayant pour titre *les Animaux dans l'Art chinois*; publié sous la direction de M. H. d'Ardenne de Tizac, conservateur du Musée Cernuschi, à Paris, comprenant *cinquante planches*, dont *quarante-quatre en héliogravure et six en couleurs*, accompagnées d'une introduction et de notices explicatives. Cet ouvrage, édité luxueusement par Albert Lévy, Librairie centrale des Beaux-Arts, à Paris, reproduit, avec une fidélité remarquable, *cent pièces choisies*, provenant de Collections célèbres, représentant des *animaux*, sujet si parfaitement traité dans l'art chinois.

comparer les types chinois et japonais avec les types occidentaux, l'idéal de ces diverses races n'étant pas le même.

Les pays orientaux, que la politique et l'éloignement ont fermé pendant des siècles aux influences occidentales, et où des mœurs différentes ont donné une direction particulière à l'esprit artistique, ne participent pas au mouvement déterminé par les Égyptiens et par les Grecs. Lorsqu'ils atteignent un certain goût par la parfaite expres-

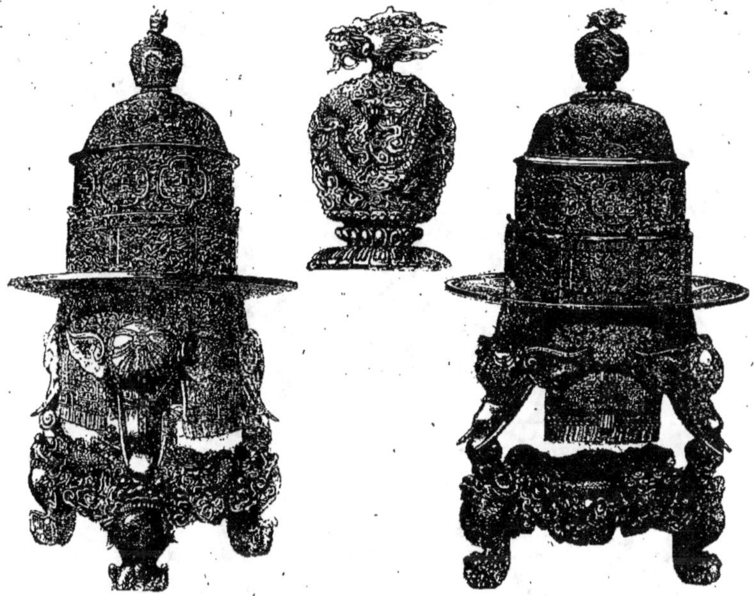

ANTIQUITÉ. — ART CHINOIS.
Collection de l'amiral Coupvent des Bois.

Fig. 200 à 202 — Dans la représentation figurée à la droite du lecteur, ce somptueux objet d'orfèvrerie n'est pas montré d'une façon suffisamment claire. Il nous a paru utile de le présenter sous une autre face, montrant les têtes d'éléphants d'un caractère archaïque, servant de supports à l'objet, développées et compréhensibles. Il en est de même de diverses autres parties de la décoration.

Cette pièce est non seulement des plus intéressantes, mais encore des plus précieuses au point de vue de l'art et de la fabrication.

sion du vrai, c'est presque inconsciemment ; ils ne sont restés originaux que parce qu'ils ignoraient ce qui se créait à une autre extrémité du monde.

Le naturalisme chinois et japonais a été porté à un haut degré de perfection ; ce n'est pas la forme moulée sur nature pour le relief, c'est une interprétation exacte, souvent naïve, toujours savante.

L'animal, principalement, devint l'objet d'un culte, et les artisans de ces régions ont su rendre, soit dans le dessin, soit dans le relief, la grâce de la bête, son agilité, sa souplesse. (Cf. note page 116.)

Dans l'ornementation capricieuse du bronze, de la porcelaine, du bois, du laque et des pierres dures, les *Chinois* sont des maîtres inimitables;

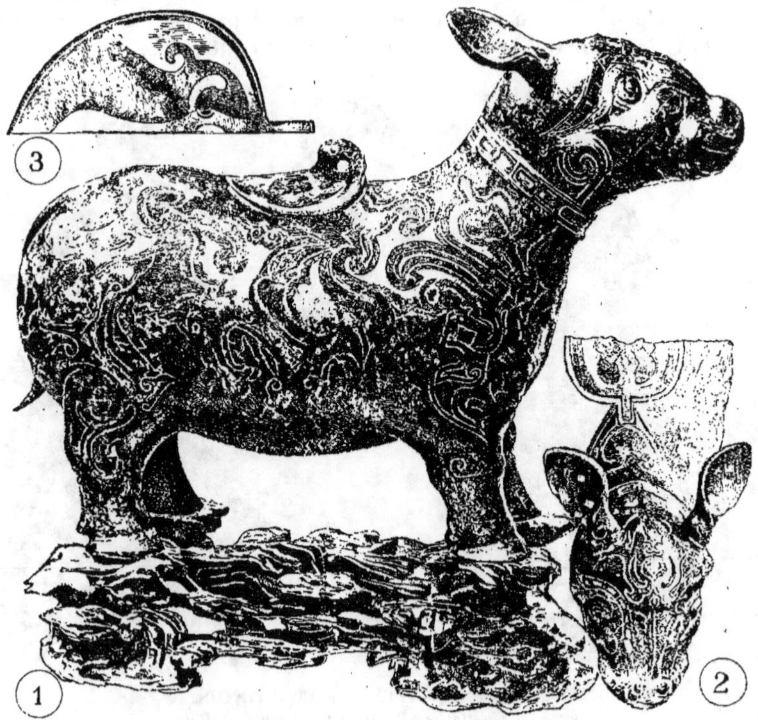

ANTIQUITÉ. — ART CHINOIS.
Collection du Pré-de-Saint-Maur.

Fig. 203 à 205. — Quoique ce brûle-parfums soit d'une période difficile à déterminer, nous pouvons attribuer trente siècles à cette belle pièce qui rappelle l'art antique occidental (Assyrie, Chaldée et même Égypte) par la synthèse des formes de l'animal.

Les incrustations d'or et d'argent présentent nettement le caractère des décors persans, que l'Antiquité a transmis presque sans altération.

leurs émaux sont des plus grands et des plus beaux du monde. Leurs bronzes offrent un haut intérêt; l'art de fondre ce métal et d'en former des vases remonte à la plus haute antiquité. Les historiens chinois mentionnent que Yu, associé à l'empire par Chun près de 2 000 ans av. J.-C., fit fondre neuf grands vases d'airain, sur chacun desquels on grava la carte et la description d'une des neuf parties de l'empire. Sous la dynastic des Ming (1368-1644), à l'époque qui correspond aux années 1426 à 1436, le feu prit au palais impérial et dura plusieurs jours. La violence de l'incendie fit fondre une quantité prodigieuse d'or, d'argent et d'airain, qu'on retrouva sous les cendres et parmi les décombres ; on en fabriqua de nombreux *brûle-parfums*. C'est une répétition de la légende de l'*Airain de Corinthe* (146 ans av. J.-C.), que les amateurs prétendaient reconnaître au flair.

Pour la décoration de ces bronzes ou *brûle-parfums*, les anses et les couvercles sont formés d'animaux réels et fantastiques ;

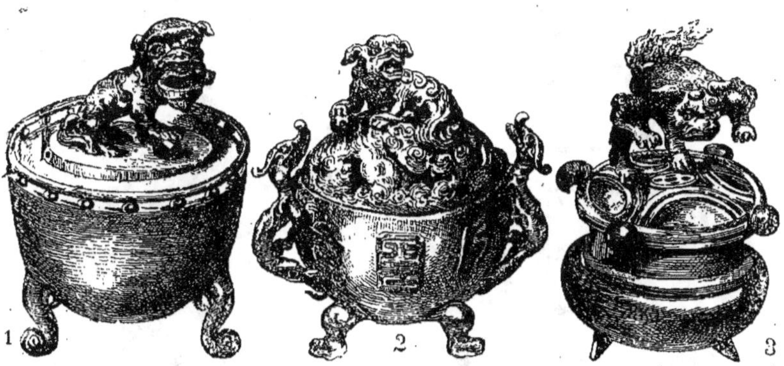

ANTIQUITÉ. — ART JAPONAIS.
1, *Musée Guimet* ; 2 et 3, *Musée Cernuschi, Paris.*

Fig. 206 à 208. — La fonte de ces brûle-parfums en bronze fondu à *cire perdue* est parfaite ; il est rare de rencontrer une aussi belle exécution dans les bronzes européens, anciens ou modernes. Les animaux, *Chimère, Lion fantastique,* ou *Chien de Fô,* hiératiques et symboliques, qui se dressent sur les couvercles, sont d'un modelé admirable et d'une grande vivacité d'expression.

ce ne sont que chimères, lions, buffles, guivres, lézards, crapauds, crabes, démons cornus, griffus, moustachus, nouant leurs replis, plissant leurs membranes, allongeant leurs pinces, secouant leur crinière à papillotes, arquant leurs échines aux vertèbres en relief, parmi les pivoines, les lotus et les bambous.

L'*influence chinoise,* qu'on a jugée considérable, l'est moins qu'on ne le croit, principalement pour les origines ; mais, par la suite, elle est devenue un facteur irrésistible et, au quinzième siècle, a presque dominé l'*art japonais.* Antérieurement à cette influence, cependant, il s'était formé un art national et tout à fait spécial au Japon, protégé par les souverains.

L'Art, en Chine et au Japon, comme en Grèce, n'était destiné qu'à l'embellissement de la vie ; l'Art chez ces peuples est toujours associé à la vie ; il n'a rien de factice ni d'artificiel. L'artisan du Céleste Empire et celui du Soleil Levant ont ignoré l'œuvre d'art sans but, sans destination : pour eux, tout objet d'art doit avoir une destination

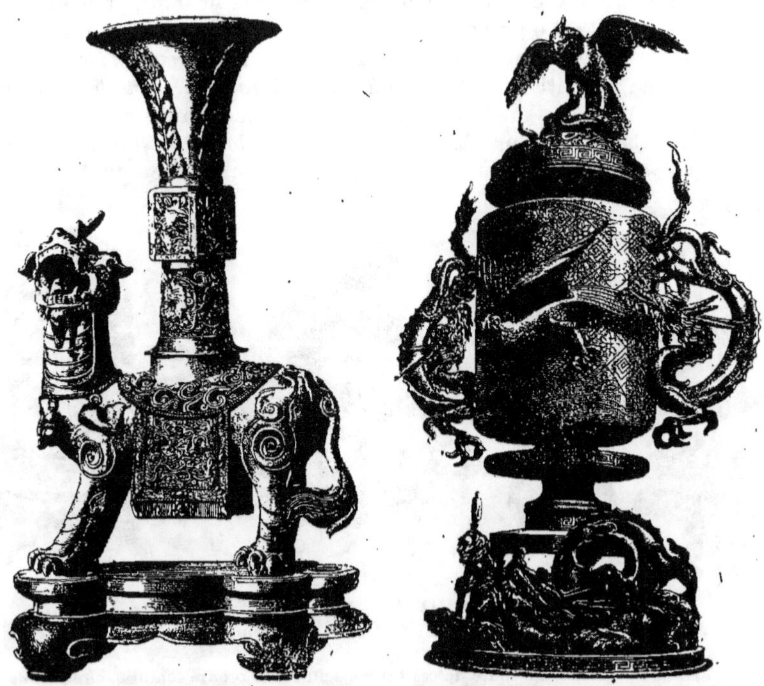

XVIᵉ SIÈCLE. — ART CHINOIS, ET ART JAPONAIS.
Collection Gandet.

Fig. 209. — Pièce étrangement belle. Le style et le caractère dont elle est empreinte n'échapperont à aucun connaisseur. Les parfums brûlés dans le corps du monstre de bronze s'échappent en fumée par sa gueule béante, et par la cheminée qu'il porte sur son dos, comme les éléphants classiques portent des tours. Le socle est en bois de fer.

Collection Laurens.

Fig. 210. — Le modelé sculptural des monstres et des oiseaux de proie qui décorent ce brûle-parfums, damasquiné d'argent, est obtenu par plans. L'artisan a négligé des détails réalistes qui auraient pu porter atteinte au caractère imprimé à l'objet.

religieuse, s'il s'agit d'un objet destiné à un temple, une fonction d'usage, s'il s'agit d'un autre objet.

« *L'art japonais*, écrit Louis Gonse (1), a horreur de la symétrie. Sans condamner de parti pris la symétrie, les artisans japonais, tout

(1) Vers la fin du dix-neuvième siècle, les importantes maisons d'édition françaises avaient habitué les amateurs de livres d'art à un grand luxe de typographie ; mais, en ce qui concerne *l'Art Japonais*, dont la rédaction est due à la science solide et sûre de Louis Gonse (1846 † 1923), l'éditeur Albert Quantin a mis tout en œuvre : beauté du papier, choix et netteté des caractères, profusion des documents représentés et perfection du tirage, pour en former une somptueuse publication.

au moins, ne sont pas asservis à ce besoin qui, dans l'Europe occiden-
tale, est devenu dominant, presque exclusif, surtout depuis la Renaissance. Le *style classique*, en effet, nous enseigne la symétrie comme une
règle inéluctable. Il y a, dans l'éducation esthétique française, dans
son esprit, un besoin de symétrie qui n'existe pas chez les Japonais.
Ce n'est pas la résultante d'une fantaisie outrée, mais une simple

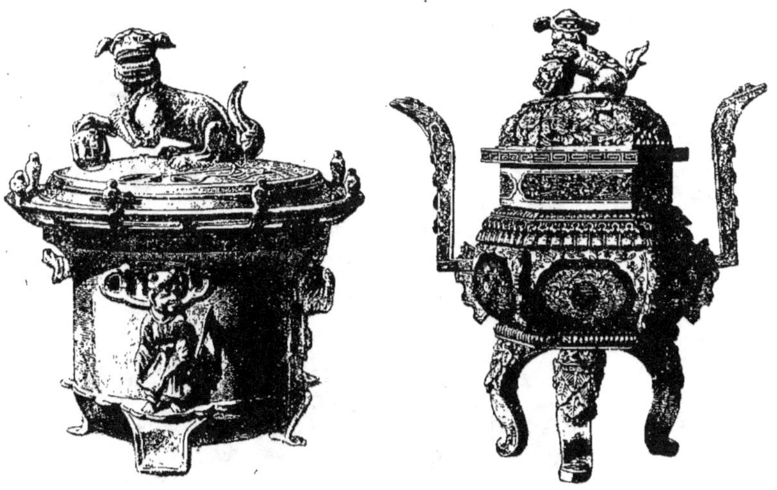

XVIᵉ SIÈCLE. — ART CHINOIS, ET ART JAPONAIS.

Collection E. Taigny.

Fig. 211. — On est toujours un peu étonné de voir que certains anciens objets chinois
nous montrent des formes, que notre art moderne européen a souvent reproduites avec
quelques variantes. Ce brûle-parfums est de ce nombre. La plate-forme du vase est ornée
d'une galerie ajourée et d'un *Chien de Fô*, type de Cerbère à une seule tête. De petits
personnages armés, sortes de sentinelles cornues, flanquent les parois du vase, à la
base d'orifices elliptiques et au droit de chaque pied.

Collection de Boissieu.

Fig. 212. — Ce brûle-parfums, qui ne cède en rien à certaines pièces chinoises, est digne
des plus grands éloges. Les ornements sont tantôt en relief, tantôt gravés. Le couvercle
surmonté d'un *Chien de Fô*, est ajouré et orné de feuillages et de fleurs.
   L'objet entier est en bronze doré avec quelques parties peintes en noir.

affirmation d'indépendance. Dans la pratique, quand on étudie les
productions de l'art japonais, on s'habitue à cette absence de
symétrie qui devient promptement un plaisir pour l'œil. »
   Ce mépris des Japonais, aussi bien que des Chinois, pour la répétition, est évidemment dû à ce qu'en toutes choses ils ont le sentiment de l'invention et le mépris de la banalité. Chaque fois qu'un
artisan veut créer œuvre d'art, il concentre toute son attention,
toutes ses forces pour créer une forme, pour donner une pensée

originale ; par conséquent, il éloigne de son esprit toute paresse ; or, l'alternance et la répétition sont des choses qui favorisent singuliè- rement la paresse et facilitent la tâche.

Une autre caractéristique, celle assurément qui sert le mieux leur génie de décorateurs, est le sens de la synthèse et du dessin résumé. Ce sens découle tout naturellement de l'entraînement mnémotech- nique ; il en est la conséquence directe, la résultante féconde. Tout artisan chinois ou japonais qui dessine crée une synthèse.

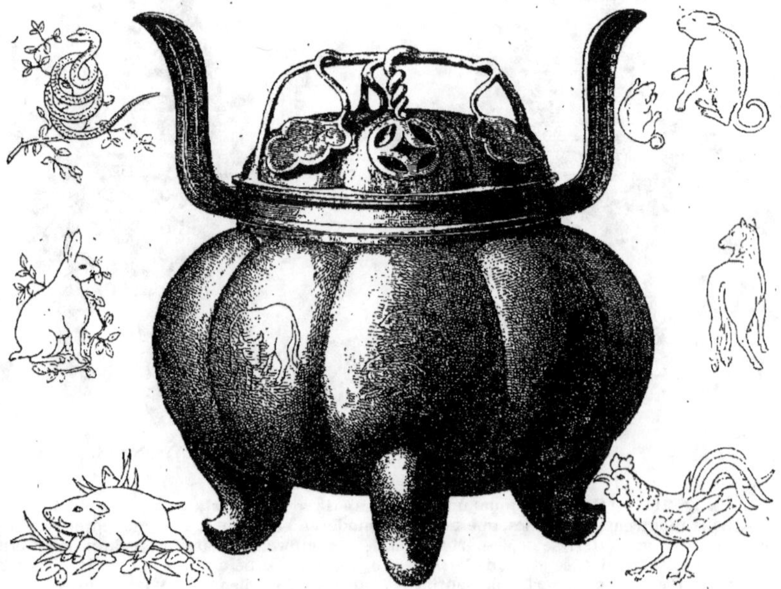

XVIIIᵉ SIÈCLE. — ART JAPONAIS.
Collection E. Brossé.

Fig. 213 à 219. — Les *signes du zodiaque*, gravés au trait sur chacun des côtés repré- sentent les mois de l'année. Nous en figurons six où l'on reconnaît un serpent, un lièvre, un sanglier, un écureuil, un cheval et un coq.

RÔLE CONSIDÉRABLE DU PARFUMOIR EN ORIENT

Parmi les ustensiles domestiques, le *parfumoir*, en Orient, joue un rôle assez considérable ou en rapport avec son usage.

C'est du goût des Orientaux pour les odeurs que provient la créa- tion d'ustensiles spéciaux pour répandre, en divers endroits des habitations, la vapeur des aromates qu'on y brûlait.

Les artisans musulmans se sont efforcés de composer et d'embellir le *parfumoir* ou *brûle-parfums* d'une manière élégante et pratique.

Déterminer un foyer et l'entourer d'une enveloppe ajourée pour le passage de la vapeur parfumée, tel a été le problème; mais, à ce problème, il a fallu y ajouter l'invention de la forme et celle du décor.

Or là était la difficulté, et l'on doit, en considérant le *parfumoir* ou *brûle-parfums* que nous représentons ci-dessous, reconnaître que les artisans musulmans ont su en triompher.

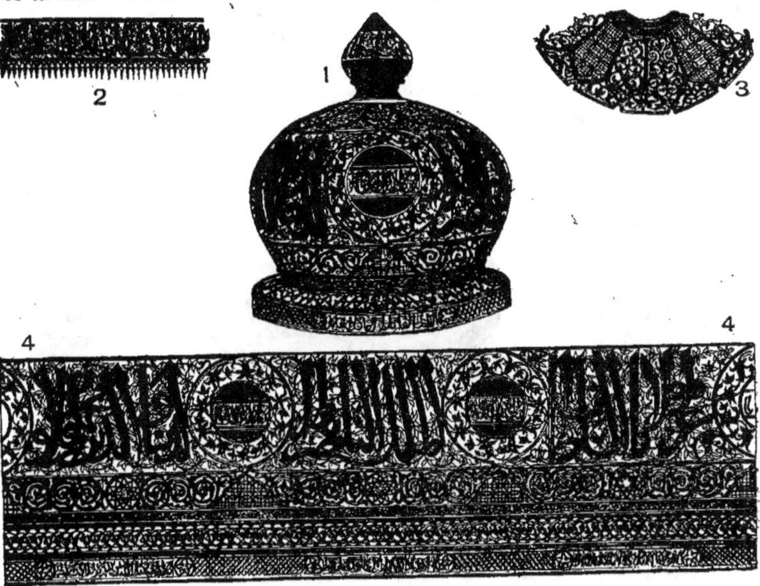

XIVᵉ SIÈCLE. — ART MUSULMAN

Fig. 220 à 223. — Parfumoir (El-Tennour) (1) et détails (2 à 4), en acier damasquiné or et argent, exécuté au nom du sultan El-Mélik-el-Nasser Mahmoud Kélaoun, mort en l'an 741 de l'Hégire (1340-1341 de l'Ère chrétienne).

L'an 622 de l'Ère chrétienne, le vendredi 16 juillet, Mahomet (571 † 632), obligé de fuir de La Mecque, sa ville natale, se réfugia à Médine. Le commencement de sa domination date de cette année, ainsi que l'Ère des Arabes dite, pour cette raison, de l'Hégire ou de la *Fuite*.

Les années de l'Hégire sont *lunaires* et de 354 jours; mais, dans le cours d'un cycle de 30 années arabiques, onze sont surabondantes d'un jour. Ce sont les années 2, 5, 7, 10, 13, 16, 18, 21, 24, 26 et 29 et, par conséquent, toutes les années multiples de 30, plus l'un de ces nombres. Les mois sont alternativement de 30 et de 29 jours; mais le 12ᵉ est de 30 jours dans les années surabondantes.

De ce qui précède il résulte, étant donné que le cycle des années de l'Hégire n'est pas le même pour les années Juliennes, qu'on doit, pour trouver la *concordance* d'une année Julienne avec une année de l'Hégire, diviser le chiffre de cette dernière par 33, soustraire le quotient du dividende et ajouter 622, tenant compte du reste de la division

PARFUMOIRS ET POTS-POURRIS EN OCCIDENT

Le parfum le plus exquis était, au quinzième siècle, contenu dans des *oyseletz de Chypre* composés de petites balottes de diverses grandeurs, qu'on assemblait avec de la gomme, pour eur faire prendre la forme

*3. — C. 13

de certains petits oiseaux de la peau desquels on les composait, et que l'on faisait crever à propos.

Dans l'*Histoire et plaisante cronique (sic) du Petit Jehan de Saintré* (1495), lorsque Saintré quitte la cour d'Aragon à Barcelone, les seigneurs lui offrent, à l'envi, quantité de présents, entre autres « d'élégants *oyseletz de Chypre* et plusieurs odorifiques odeurs que très longue seroit chose à valoir tout reciter ».

L'*Histoire des saints de la province de Bretagne*, de dom Lobineau (1666 † 1727), mentionne un *inventaire* de la fin du quinzième siècle où nous trouvons : deux cagettes d'argent veiné (partie blanche, partie dorée), pour mettre *oyseletz de Chypre*.

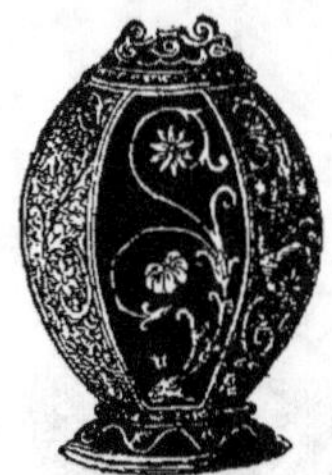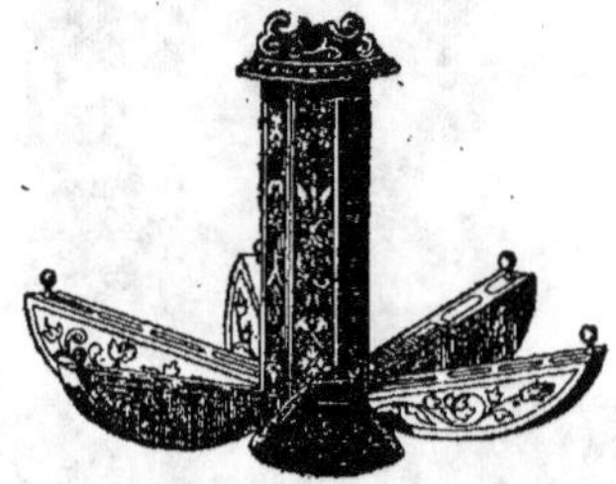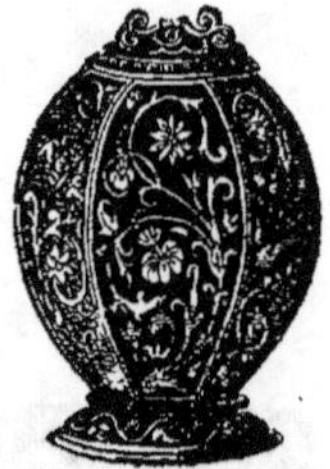

XVI SIÈCLE. — ART FRANÇAIS.

Fig. 224 à 226. — Forme curieuse d'une cassolette, ouverte et fermée. Le parfum s'évaporait par les ouvertures latérales lorsque, par un mouvement de rotation du couvercle, on superposait deux orifices qui se trouvent à l'intérieur et sur la panse.

Dès la deuxième Époque de la Renaissance française, les Italiens introduisirent, à la Cour de François Ier, un usage immodéré des pâtes, pommades, gants parfumés, musc, etc. (1). Sous les Valois, l'emploi des parfums alla jusqu'à l'abus, et entraîna une réaction qui s'affirme nettement sous les rois suivants. Henri IV aimait trop la vie des camps pour apprécier les parfums, dont la faveur revint sous l'influence de la belle Anne d'Autriche (1602 † 1666), qui la communiqua à toutes les élégantes du règne de Louis XIII.

---

(1) Le musc, si rarement employé aujourd'hui, avait la plus grande vogue au temps de François Ier. On lit dans les *Archives curieuses de l'histoire de France*, publiées à Paris, par Cimber : « A Jehan Scaron, marchand de Lyon, pour son payement de 30 onces de *musq* (sic), à 13 écus d'or l'once : 887 livres tournois. »

Montaigne ne faisait pas fi des parfums. « Les médecins, écrit-il, pourraient tirer des odeurs plus d'usage qu'ils ne font, car j'ai souvent aperçu qu'elles me changent et agissent en mes esprits, suivant qu'elles sont : ce qui me fait approuver ce qu'on dit des encens et des parfums aux églises, si ancienne et si espandue en toute nation et toute religion regarde à cela de nous réjouir, esveiller et purifier le sang pour nous rendre plus propres à la contemplation ! »

Au livre I, chapitre 22, de ses *Essais*, notre grand moraliste mentionne que les collets des habits de ses contemporaines « étaient gonflés de fleurs ou de sachets de senteur ».

Trois siècles plus tard le duchesse d'Abrantès, dans son *Histoire des salons de*

Si nous en croyons la *reine Margot*, sœur du roi Charles IX, qui avouait, dans la *Ruelle mal assortie*, « qu'elle ne se décrassait les mains qu'une fois par semaine », la propreté n'était guère en pratique au seizième siècle ; il en était de même au dix-septième.

Les *Mémoires* de Françoise Bertaud, dame Langlois de Motteville (1621 † 1689), nous apprennent que les mains de la reine Christine

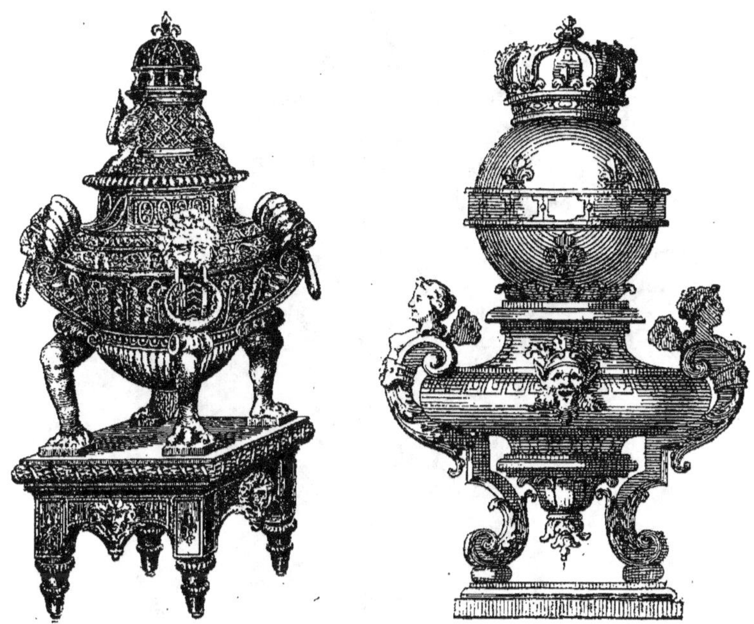

XVIIᵉ SIÈCLE. — ART FRANÇAIS. ÉPOQUE LOUIS QUATORZE.
Représentation d'après la « Suite des Maisons Royales ».

Fig. 227 et 228. — Brûle-parfums, en usage au Palais de Versailles.

de Suède étaient « si crasseuses qu'il était impossible d'y apercevoir quelque beauté ». L'*Histoire amoureuse des Gaules* cite Anne-Geneviève de Bourbon-Conti, duchesse de Longueville (1619 † 1679), comme étant « moins que peu soignée et fleurant mauvais ».

Il n'est pas jusqu'à la *Grande Mademoiselle*, Marie-Louise, fille de Philippe-d'Orléans, frère de Louis XIV, dont « les cheveux étoient si longs et si malpropres que parfois elle en étoit toute déguisée ».

Paris, se souvient d'avoir porté « une robe de tulle jaune, doublée de satin jaune et garnie avec des touffes de violettes doubles, dans lesquelles il y avait de la poudre d'iris de Florence très forte, ce qui embaumait ma robe lorsque je dansais... ».

Les tables de toilette de nos aïeules, si parcimonieuses d'ablutions qu'on aurait pu les croire quelque peu hydrophobes, étaient sur-chargées de boîtes, de sachets, de quarrés, de pots remplis de blanc,

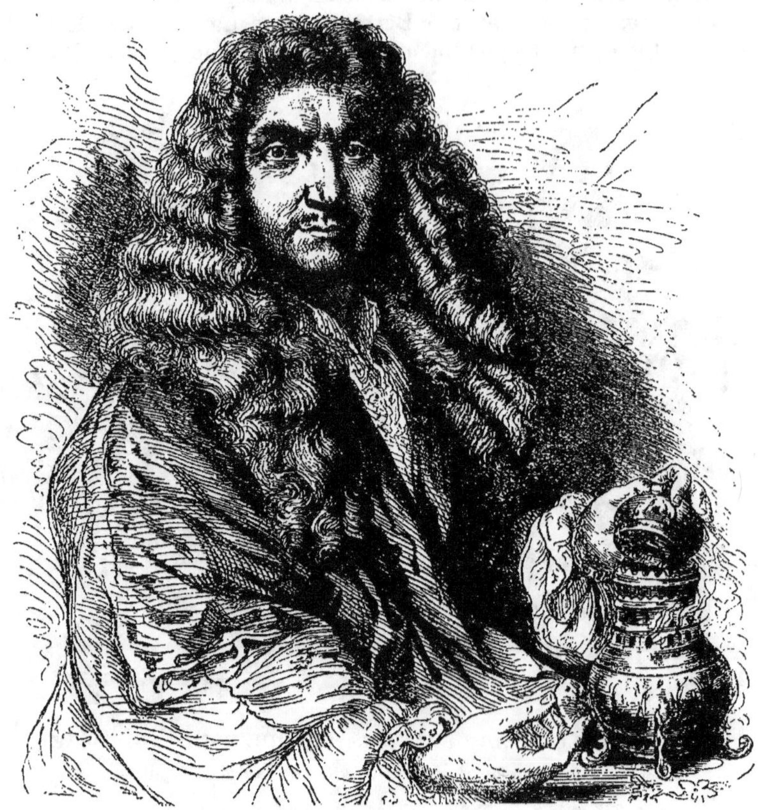

JEAN CHABERT, PARFUMEUR LYONNAIS.
Dix-septième siècle.

Fig. 229. — Au-dessous de ce portrait, on lit : *Au Jardin de Provence.* Chez Jean Chabert, marchand parfumeur, se font et vendent toutes sortes de cires d'Espagne, essences, parfums, savonnettes et rossolis de Turin, sur les Terreaux, à Lyon.

Ces lignes prouvent qu'à Lyon et à Paris l'industrie des parfumeurs, sous un même nom, n'était pas la même. Il leur était permis de vendre, à Lyon, des objets qui, à Paris, étaient formellement interdits : le rossolis, par exemple, « ainsi nommé d'une plante qui porte ce nom et qui entrait autrefois dans sa composition ; cette liqueur est à présent composée d'eau-de-vie brûlée, de sucre et de cannelle et de quelques parfums. Le meilleur rossolis vient de Turin, mais il y en a beaucoup de contrefait et falsifié ; il n'y entre plus de cette plante qui lui a donné son nom ». Mme de Montespan avait la passion du rossolis. Jean Chabert, s'il eût transporté son commerce à Rome, se serait attiré de graves difficultés avec les limonadiers, qui avaient le privilège de vendre les liqueurs. Il ne nous paraît pas que les parfumeurs lyonnais vendissent des gants, cet objet n'était pas essentiel dans leur commerce, comme à Paris au dix-septième siècle.

de rouge, de pâtes épilatoires, d'onguent, d'antimoine et de poudres
diverses ; de flacons renfermant des eaux de senteur, des eaux souveraines, des eaux de fraîcheur, des vinaigres aromatisés, des tein-
tures, des essences, du *lait virginal*, des élixirs, etc. (1).

Les *Secrets* d'Alexis Prémontrais, le *Parfumeur royal*, le *Parfumeur françois*, les *Étrennes des Dames* contenant, avec l'*Art de conserver la Beauté*, mille et une recettes d'eaux balsamiques, d'opiats
pour les dents, d'huiles pour nettoyer le visage, de vernis pour le
teint, d'eaux de jeunesse, de poudre de talc, d'eau impériale, etc.,

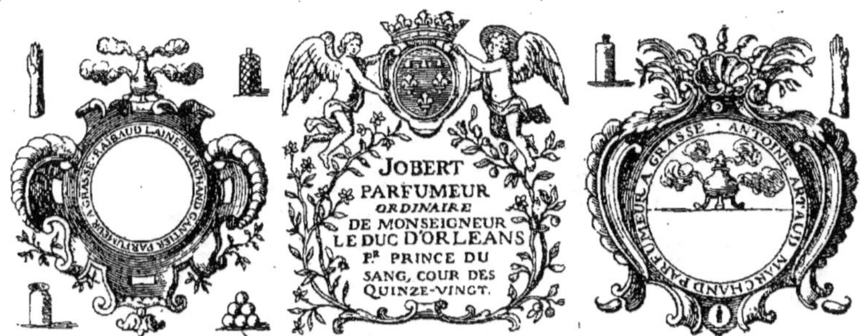

XVIIIᵉ SIÈCLE. — ART FRANÇAIS.
Bibliothèque Nationale (Département des Estampes), Paris.

Fig. 230 à 232. — Adresses de parfumeurs, à l'enseigne du *Pot-Pourri*.

tous ces témoignages peu suspects, prouvent que la coquetterie des
femmes a précédé le sentiment de leur pudeur.

Par contre, lorsque les besoins primordiaux de la toilette étaient
réduits, chez les belles et *honnestes* dames du temps jadis, à leur
plus simple expression, le culte de *sainte Propreté* n'était guère

---

(1) *Les amours, intrigues et cabales* des domestiques des grandes maisons de ce temps,
publiés à Paris en 1633, font mention de l'art d'une cameriste pour attifer sa maîtresse :
« Tout son crédit procède de ce qu'elle sait bien ajuster ses cheveux et appliquer ses
mouches, bien préparer le sublimé, le blanc d'Espagne, la pommade et tant d'autres
mixtions. » La sorcière de la Célestine « fabrique du sublimé, des fards, de la pommade,
du blanc et autres drogues pour le visage, du *lait virginal*... ».

Les *Précieuses ridicules* de J.-B. Molière (1622 † 1673) passent leur temps à triturer
de la pommade pour les lèvres. « Gorgibus: Ces pintardes-là, avec leur pommade ont,
je pense, envie de me ruiner! Je ne vois partout que blancs d'œufs, *lait virginal* et mille
autres brimborions que je ne connais pas. Elles ont usé, depuis que nous sommes ici,
le lard d'une douzaine de cochons pour le moins, et quatre valets vivraient tous les
jours des pieds de moutons qu'elles emploient »; et il ajoute, en s'adressant à Madelon
et à Cathos : « Il est bien nécessaire, vraiment, de faire tant de dépenses pour vous
graisser le museau ! »

Le fameux *lait virginal* était connu des dames galantes dont Brantôme, seigneur
de Bourdeilles (1535 † 1614), nous a décrit la vie ; c'est l'eau de myrte recommandée
par François Rabelais (1483 † 1553), dans son livre I, chapitre LV. Ces eaux astringeantes
à l'usage des dames, étaient beaucoup employées au début du dix-septième siècle.

plus en honneur chez les puissants et superbes seigneurs. Et l'existence de nos vénérables aïeux présentait, en ce genre, de singulières lacunes et des défaillances lamentables, qu'il serait de nos jours impossible de tolérer.

Nous n'insisterons point sur la familiarité exagérée avec laquelle les plus élémentaires principes de bienséance étaient considérés comme superflus. Cette familiarité de bon ton ou, du moins, tolérée,

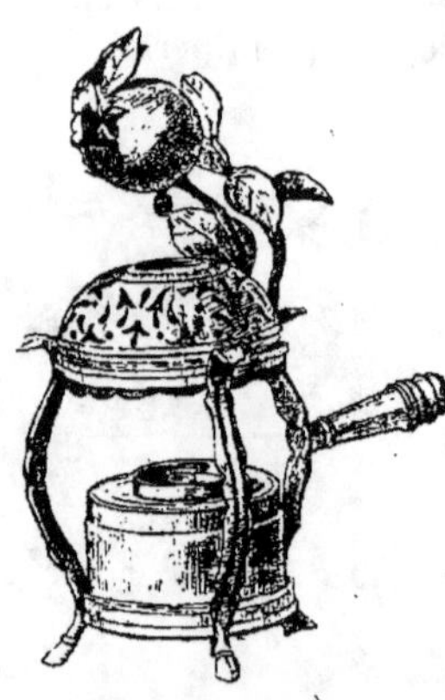

XVIIIe SIÈCLE.
ÉPOQUE LOUIS XV.

Collection Paul Eudel.

Fig. 233. — Petite lampe à esprit de vin montée sur trois pieds de chèvre, munie d'un manche, surmontée d'un dôme repercé à jour, au-dessus duquel prend place un fruitelet accompagné de feuillages. Ce fruit, divisé en deux parties, était destiné à contenir un parfum que volatilisait la flamme de la lampe.

est cause que « le jeune Lully, devenu le célèbre compositeur de musique (1631 †1687), fut impitoyablement chassé par Mademoiselle de Montpensier pour avoir mis les cuisines du palais du Luxembourg en gaîté, en reproduisant trop exactement, sur son violon, les *flatulences* que l'illustre petite fille de France ne savait, ni ne pouvait, dissimuler ou contenir ».

Dans un autre ordre d'idées, mais relevant aussi des *Observences de la Civilité*, notons que Lamésangère, dans son *Voyageur à Paris, tableau pittoresque et moral de cette capitale*, publié en 1789, constate qu'au temps de Louis XVI « on faisait un art de se moucher. L'un imitait le son de la trompette ; l'autre le miaulement du chat. Le point de perfection, ajoute notre professeur, consistait à ne faire ni trop de bruit, ni trop peu ».

Aux dix-septième et dix-huitième siècles, pas plus qu'au seizième, l'eau était presque toujours absente des soins journaliers, que les femmes et même les hommes les plus raffinés prenaient de leur personne.

En 1644, l'auteur des *Lois de la Galanterie* légiférait ainsi : « Tous les jours l'on prendra la peine de se laver les mains. Il faut également se faire laver le visage presque aussi souvent et se faire raser le poil des joues et quelquefois se faire laver la teste... »

J.-B. de la Salle, dans ses *Règles de la Bienséance et de la Civilité chrétienne*, imprimées en 1782, insiste : ce n'est plus *presque aussi souvent*, mais « *tous les matins* qu'il est de la propreté de se nettoyer le visage avec un linge blanc pour le décrasser. Il est moins bien de se laver avec de l'eau, car cela rend le visage susceptible du froid en hiver et du hâle en été ».

Peu de seigneurs, des personnages de la Cour même, des petits-maîtres et galants amoureux, étaient soigneux de leur personne et de leur linge de corps. Gédéon Tallemant des Réaux (1619 † 1692), dans ses *Historiettes*, frondeuses et parfois cyniques, Louis de Rouvray, duc de Saint-Simon (1675 † 1755), dans ses *Mémoires* du règne de Louis XIV et la Régence, de 1695 à 1715, « dont l'éditeur Jules Tallandier vient de publier de nombreux extraits, Anecdotes, Scènes et Portraits, dans sa *Bibliothèque Historia*, avec préface de Louis

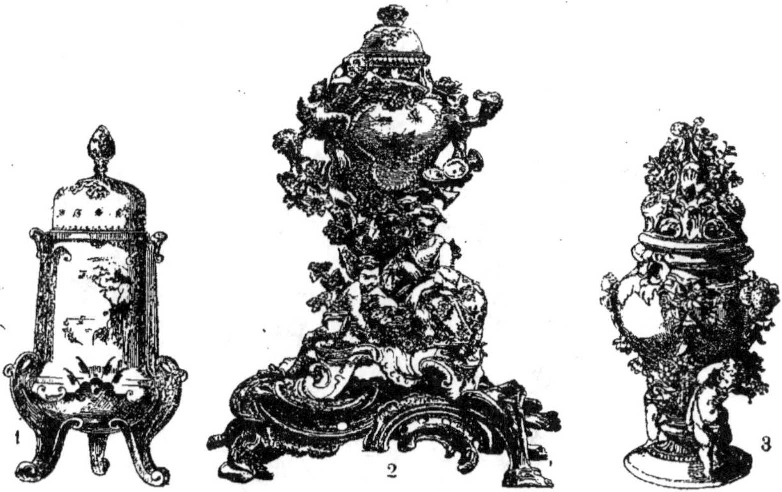

XVIIIᵉ SIÈCLE. ART ALLEMAND, 2 ET 3. — XIXᵉ SIÈCLE. ART FRANÇAIS, 1.
1, *Musée Céramique, Limoges.* — 2, *Collection du marquis Gian Giacomo Trivulzio.* —
3, *Musée industriel bavarois, Nuremberg.*

Fig. 234 à 236. — 1, Pot-pourri, pâtes rapportées, exécuté par Albert Dammouse. —
2 et 3, Deux pots-pourris en porcelaine blanche de Meissen (Saxe).

Bertrand, de l'Académie française » nous renseignent sur les mauvaises odeurs qui s'en dégageaient, les uns « puants comme une charogne, d'autres ayant les pieds fumants, étant sales et vilains, barbe négligée, ou bien encore ne changeant de chemise que lorsqu'elle était « noire comme la cheminée ». — Et nous arrivons, avec l'aide de notre regretté collaborateur Henry Havard, aux raisons odoriférantes, aux coutumes et habitudes, qui ont déterminé l'emploi du *pot-pourri* (1).

---

(1) Nos lecteurs trouveront en une suite de *Chroniques documentaires*, relatives aux mœurs et coutumes, dues à un érudit historien d'Art, ce en quoi consistait le tact et le goût de nos ancêtres, dans leurs rapports avec le bien-être domestique. Il est donc intéressant de consulter : HENRY HAVARD, *Le bon vieux temps*, Paris, Ernest Flammarion, 1903, in-8.

Ces singulières coutumes et ces étranges habitudes, ne pouvant être tolérées qu'aux impotents, furent en usage dès une époque assez ancienne, parmi les reines, les princesses, les élégantes de toutes conditions, depuis les beautés les plus aimables, depuis les femmes de la plus haute vertu et du meilleur ton, jusqu'aux personnages les plus éminents de la Cour.

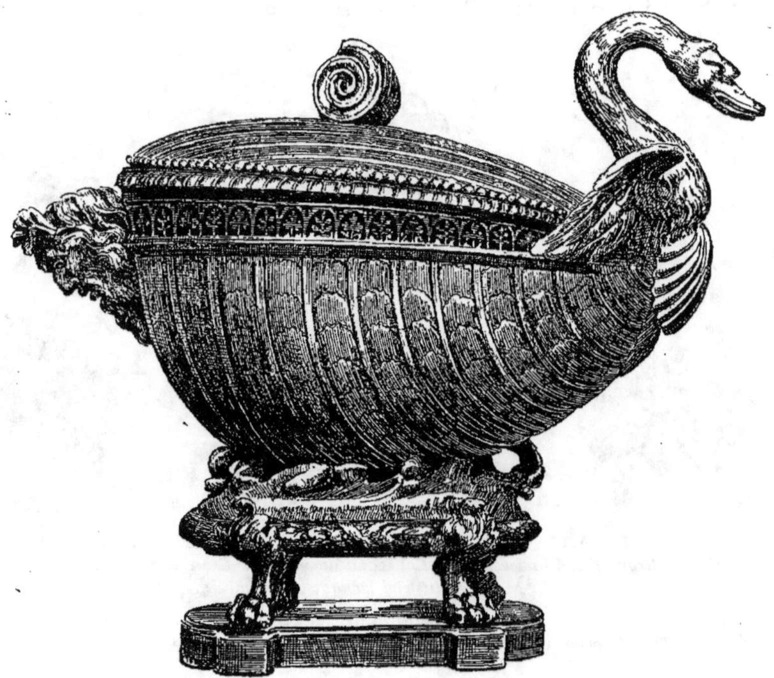

XVIIIᵉ SIÈCLE. — ART FRANÇAIS. ÉPOQUE LOUIS SEIZE.
Collection du Mobilier national, Paris.

Fig. 237. — Nacelle, pot-pourri, porcelaine *la Chine*, bleu-turquoise, monture en cuivre ciselé et doré.

Sous l'ancienne monarchie, le palais de Versailles était tout imprégné de senteurs singulières, provenant de l'absence de *cabinet de commodité*, ce qui faisait dire à une douairière, ayant connu la splendeur de l'Ancien Régime, et visitant le palais du Grand Roi, que ce qu'elle sentait, en passant dans un couloir menant aux *privés* « lui rappellait un bien beau temps ».

Cette odeur « du bien beau temps », dont le souvenir olfactif réjouissait notre aïeule, provenait du nombre important (deux cent soixante-quatorze) *chaises percées*, dont soixante-six à *layettes*, c'est-à-dire à tiroirs, à l'usage de la Cour, et deux cent huit simples pour les intendants, valets ou habitants des dépendances.

Notons que des *chaises percées* du quatorzième siècle étaient garnies de velours et enrichies de miniatures ; celles datant de la Renaissance avaient des garnitures en taffetas, damas ou velours. Montaigne se

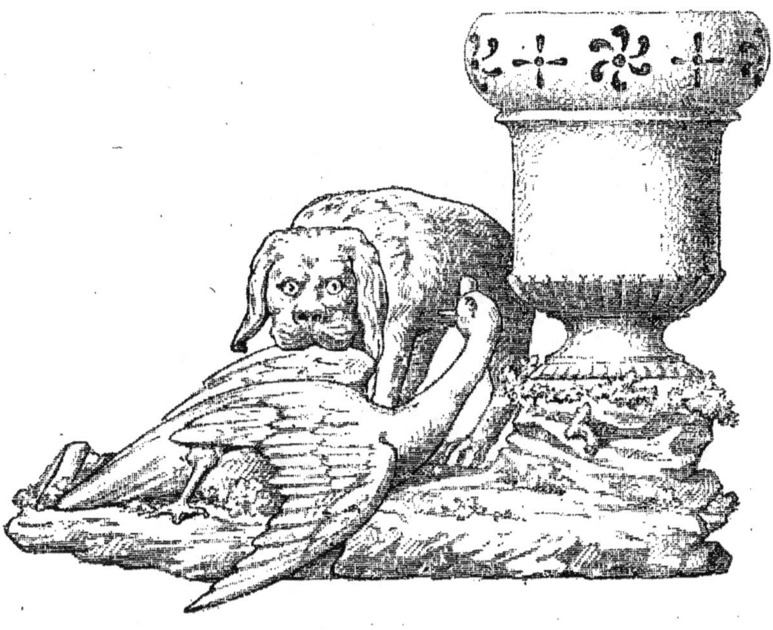

XVIII⁰ SIÈCLE. — ART FRANÇAIS, ÉPOQUE LOUIS SEIZE.

Musée Céramique, Donation Paul Gasnault, Limoges.

Fig. 238. — Pot-pourri en porcelaine blanche de Mennecy.

moque des princes qui, « pour depescher les plus importantes affaires font leur throsne d'une chaise percée ».

Ces meubles, qui n'éveillaient, dans la meilleure société des dix-septième et dix-huitième siècles, aucune idée choquante étaient, à la Cour, l'objet de plaisanteries admises par les gens du plus haut rang.

Le *Mercure galant* les proposait en énigme à ses lecteurs. Par euphémisme, dans l'entourage de Marie-Antoinette, on les désigna *les Baronnes* ; la comtesse de Genlis (1746 † 1830), *Souvenirs de Félicie*, nous a conservé de légers couplets, très joliment troussés et pleins d'allusions transparentes, qu'un homme du meilleur ton, le marquis de Boufflers (1738 † 1813), aimable et spirituel *chevalier* rimeur, consacra à ces chaises titrées.

Si nous en jugeons par la description de la *chaise d'affaires* à l'usage de J.-A. Poisson, marquise de Pompadour (1721 † 1764), fournie par Lazare Duvaux, en 1752, à la belle favorite du roi Louis XV, citée

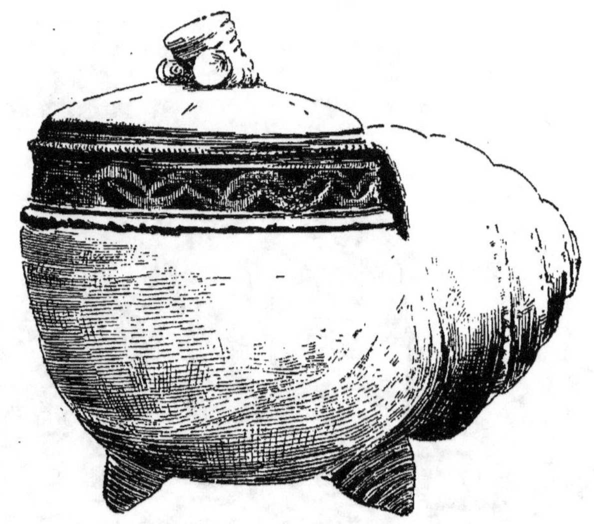

XVIIIᵉ SIÈCLE. — ART FRANÇAIS, ÉPOQUE LOUIS SEIZE.

Collection A. Sellières.

Fig. 239. — Pot-pourri *cochléiforme*, c'est-à-dire qui a la forme d'un colimaçon, en porcelaine de Sèvres, pâte tendre, émaillée bleu-turquoise uni. Couvercle sur galerie avec *yeux*, en bronze découpé à jour, ciselé et doré.

par René-Louis, marquis d'Argenson (1694 † 1757) dans son *Journal*, ces meubles intimes étaient luxueusement exécutés : « Une chaise percée à contours et dorée, avec des coffres, le devant s'ouvrant à

---

(1) En pénétrant jusqu'au cabinet privé du luxueux appartement que la comtesse du Barry s'était réservée au château de Louveciennes, on y trouvait, dans la garde-robe, un meuble de toilette secrète à dossier, en marqueterie, sur fond blanc, à mosaïques bleues et filets noirs, avec rosettes rouges, garni de velours bleu brodé d'or, et sabots dorés d'or moulu ; le boîte à éponges et la cuvette en argent ; deux tablettes d'encoignure, aussi en marqueterie, garnies de bronzes dorés d'or moulu ; et une chaise de garde-robe en marqueterie pareille aux autres meubles, la lunette recouverte de maroquin, et les poignées et sabots d'or moulu. — L'amant royal de la favorite ne possédait, à Louveciennes, que des meubles intimes, fort simples et tous en bois de noyer.

charnières, en vernis imitant le placage »; et l'année suivante (1755) :
« Une chaise percée à dossier, plaquée en bois de rose à fleurs, garnie
de bronzes dorés d'or moulu. » (Consulter la note (1) de la page 132.)

Ces témoins d'habitudes si peu conformes à nos usages actuels et
à nos goûts, qui se trouvaient répartis dans les différents appartements
des résidences princières ou seigneuriales (et aussi dans les demeures
de simples bourgeois), n'étaient pas sans signaler leur présence par
une odeur *sui generis*. Et alors que les noms d'artisans de mérite sont
oubliés, que ceux de braves et intrépides guerriers n'ont même pas
été recueillis par l'Histoire, ceux des *porte-chaises d'affaires* des rois
et des princes, soigneusement titrés dans les *Estats de la France*,
seront fidèlement transmis à la postérité (1).

Les suaves et délicates émanations des *pots-pourris* vinrent atténuer,
sinon faire disparaître, les altérations de produits spéciaux.

Quelques antiquaires ou amateurs, possédant des *pots-pourris*,
ignorent l'usage auxquels ils étaient destinés ; cependant, pas un objet
d'art n'apparaît plus souvent, sur les *inventaires* et dans les *catalogues*
de ventes du dix-huitième siècle, que ce récipient élégant, indispensable pour purifier l'air des appartements corrompu par l'usage
constant des *chaises percées*.

« Le *pot-pourri*, écrit Louis Courajod (1841 † 1896), dans le *Livre-
Journal de Lazare-Duvaux*, marchand-bijoutier du roi Louis XV, de
1748 à 1758, est un vase d'or, d'argent ou de porcelaine, effectant
différentes formes, surmonté d'un couvercle percé de trous, d'*yeux*,
comme on disait. La curiosité moderne lui a conservé son nom et
sa vogue, mais n'en fait plus qu'un emploi décoratif. »

Le *pot-pourri* était chargé de répandre, dans les appartements,
une odeur douce et pénétrante par les aromates qu'on y jetait et
qu'on mélangeait avec des eaux de senteur.

(1) On arrondissait le titre comme on le pouvait ; il y avait même un *valet de chambre
artiste* dans la maison de M. le comte d'Artois ; mais il s'agissait de distinguer. Ainsi,
il y avait apothicaire et apothicaire : il y avait l'*apothicaire du corps* au-dessus de
l'*apothicaire du commun*. Le premier ne donnait ses secours qu'aux intestins royaux,
le second était à la discrétion d'échauffements moins illustres.

Notons encore le *psalmiste du roi*, le *timbalier des plaisirs du roi*, le *distillateur du roi*,
l'*opérateur du roi pour la pierre au petit appareil*, l'*avertisseur pour l'heure de la messe du
roi*, et le sieur Damignaux, dont l'office était ainsi déterminé : *chargé de présenter la
Gazette au roi, à la reine et à la famille royale*.

En 1789, la Révolution troubla ces serviteurs de tous rangs installés à Versailles ;
elle les dispersa. La Cour se reconstitua sans qu'ils y eussent part en majorité. La
monarchie n'osa point continuer la fastueuse tradition interrompue. Les charges ne
furent ni aussi nombreuses ni aussi pittoresques, et ce fut fini des *capitaines du vol
des oiseaux* comme des *avertisseurs pour l'heure de la messe du roi*.

La reine de France, Marie-Antoinette, avait ses *empeseuses*, ses *colleretteuses*, son
marchand fabricant de rouge, porté sur l'*Almanach royal* au même titre que Mme de
Lamballe, son intendante, ou que son *porte-faix*.

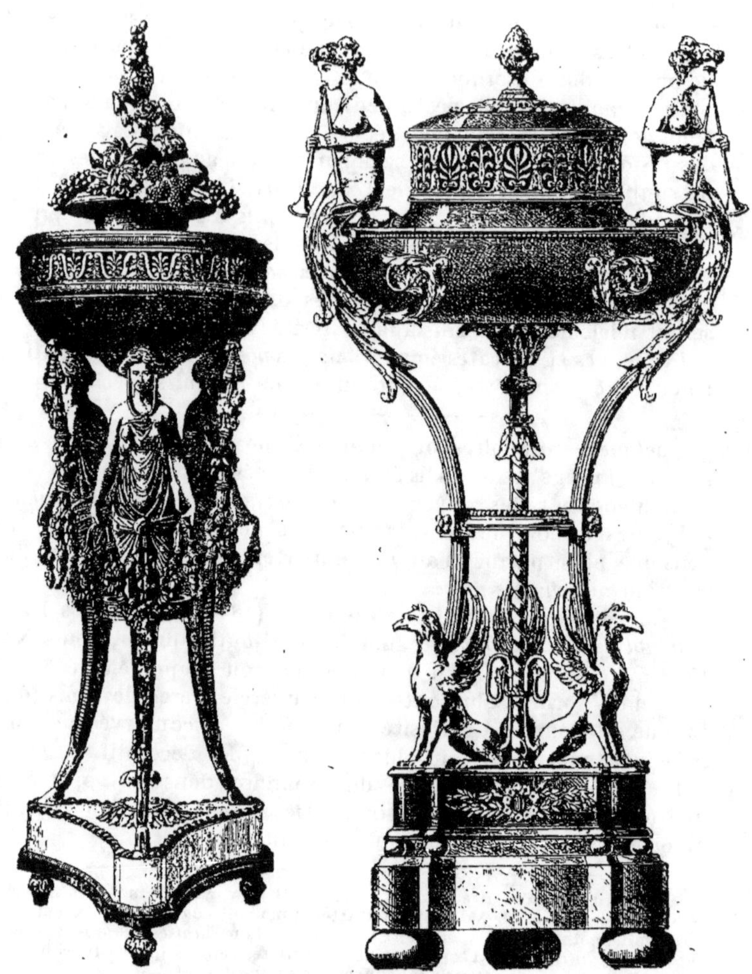

XVIIIᵉ SIÈCLE. — ART FRANÇAIS, ÉPOQUE LOUIS SEIZE.

Collection du baron Lucien Double, et Musée du Louvre, Paris.

Fig. 240 et 241. — Le brûle-parfum, placé à la gauche du lecteur, séduit par ses lignes, par sa silhouette, et est encore du plus haut intérêt au point de vue de la coloration générale, obtenue par l'emploi de diverses matières.

Le socle, en forme de trépied, est de marbre blanc, cerclé de moulures dorées ; les trois figures, cariatides à gaines d'une rare élégance, sont en bronze foncé, tandis que les guirlandes de fleurs et de fruits, qui leur servent pour ainsi dire de chaîne, ont reçu partout la dorure. Les feuilles de lierre rampant sur les gaines sont dorées aussi, de même que la corbeille du sommet. La partie inférieure, ou *bassinet*, capsule de la cassolette, est revêtue d'un émail bleu très intense, et la galerie ajourée qui succède à la cuvette, et d'où s'échappe la fumée des parfums, est en cuivre doré.

Dès l'origine, la corporation des parfumeurs, dont les *statuts* remontent à Philippe-Auguste (1190), était désignée sous le nom de corporation des *maîtres et marchands gantiers-parfumeurs*. En vertu de leurs *statuts* de 1582, renouvelés en 1656, les maîtres gantiers de Paris avaient le droit de fabriquer et de vendre toutes sortes de parfums; ils taillaient, cousaient et parfumaient les gants, et se livraient

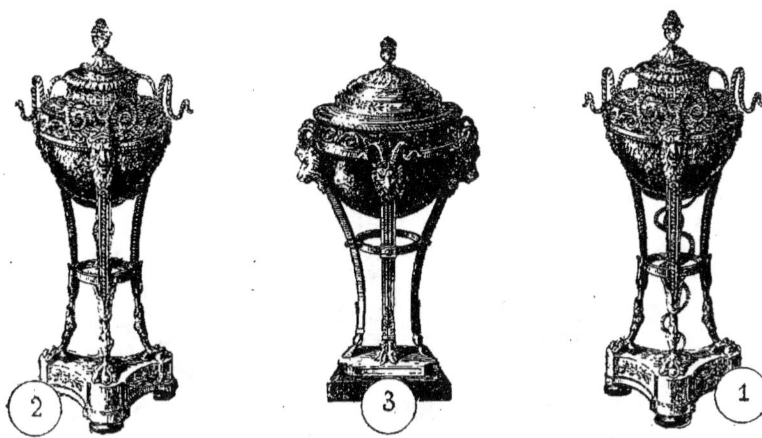

XVIIIᵉ SIÈCLE. — ART FRANÇAIS, ÉPOQUE LOUIS SEIZE.
Provenances diverses.

Fig. 242 à 244. — Brûle-parfums en agate orientale, rubanée, monture quatre pieds fourchus surmontés de têtes de béliers, frise ajourée et couvercle, bronze ciselé et *doré au mat* par Gouthière. Bases en prophyre.
Nous avons possédé un vase brûle-parfums, de forme rectangulaire, avec couvercle ajouré et muni de deux anses à *têtes de béliers*, en ancienne faïence de Marseille, marque de la veuve Perrin, décor polychrome, petits personnages chinois.

à certaines manipulations, comme le prouve un arrêt du 26 novembre 1594, « qui leur défend de vendre ni de débiter séparément aucuns parfums ni autres senteurs que ceux qu'ils ont faits ou composés (1) ».

C'est vers le milieu du dix-huitième siècle que les produits de la parfumerie parisienne se multiplièrent. En 1750, il n'y avait point un seul maître gantier qui ne vendît, à côté des pommades et des

(1) D'après le lexicographe français C.-P. Richelet (1631 † 1698), on donnait autrefois le nom de parfums à des « médicaments externes, composéz de gommes et de poudres qui, meslées ensemble et mises sur des charbons ardens, rendoient une fumée propre à la guérison de plusieurs maladies ». Ces parfums étaient usités particulièrement pour désinfecter les maisons où s'étaient produits quelques décès, provoqués par des maladies épidémiques ou contagieuses.
Nicolas Delamare (1639 † 1723), dans la partie de son *Traité de la police* consacrée à « l'épidémie, contagion ou peste », donne la composition des divers parfums employés suivant la nature de l'infection que l'on voulait combattre. Il indique en outre la façon dont ces parfums devaient être appliqués ; cette opération se nommait *parfumer*.

quintessences de Grasse, quelque composition particulière. Tous
préparaient des poudres à la Maréchale, à l'œillet, à la violette, à
l'odeur de mousseline, etc., brunes, blondes, grises et noires ; des
eaux pour le teint, parmi lesquelles on appréciait surtout l'eau de

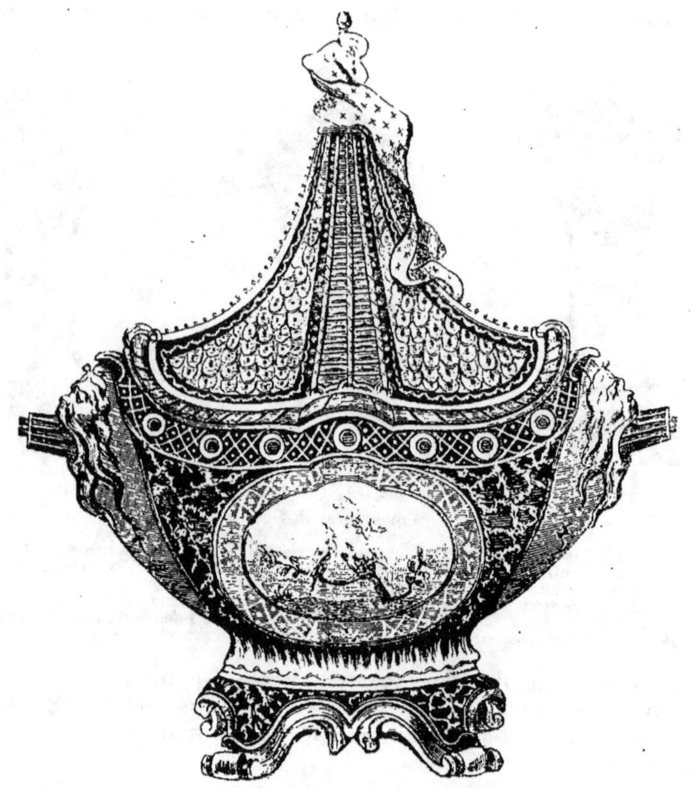

XVIIIᵉ SIÈCLE. — ART FRANÇAIS, ÉPOQUE LOUIS SEIZE.
Collection Sir Richard Wallace, Londres.

Fig. 245. — Pot-pourri en porcelaine de Sèvres, cartouche à fond blanc et fleurs.

lys, l'eau des sultanes, l'eau d'argentine et de plantin. Le rouge était
encore un des principaux éléments de cette fabrication.

Les mouches s'ajoutèrent au rouge ; la face des femmes en était
couverte, au point de rendre la figure méconnaissable. Les parfumeurs multipliaient également les pâtes d'amandes douces et amères,
les pommades pour le teint, etc.

C'est à Grasse qu'on fabriquait, aux dix-septième et dix-huitième siècles, la pommade pour le teint, les éventails parfumés, les toilettes de senteur, le *lait virginal* à l'usage des femmes galantes, le tabac à la rose, les savonnettes à l'orange, les huiles à parfumer, les perruques odorantes.

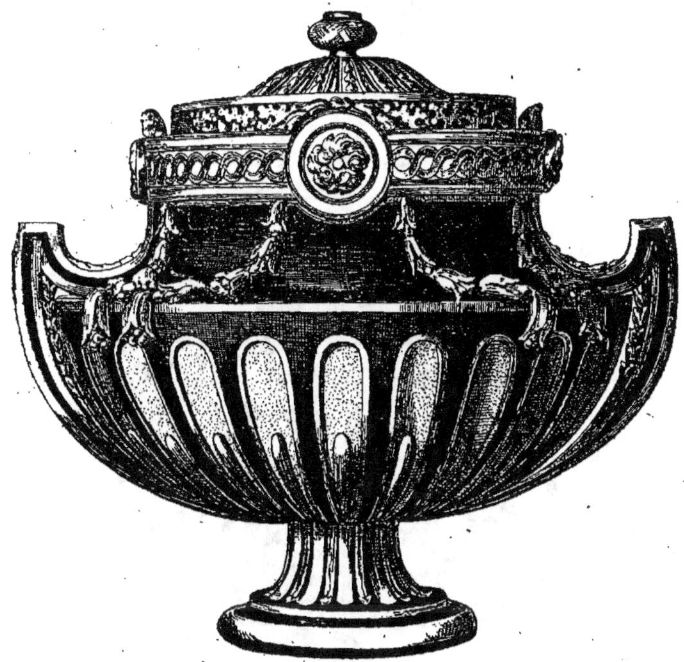

XVIIIe SIÈCLE. — ART FRANÇAIS, ÉPOQUE LOUIS SEIZE.
Musée Jacquemart-André, Paris.

Fig. 246. — Pot-pourri en porcelaine de Sèvres, fond bleu. Couvercle sur galerie avec *yeux*, en bronze découpé à jour, ciselé et doré.

On y trouvait aussi des poudres à poudrer, des pâtes à laver les mains, des racines à nettoyer les dents; toutes sortes de cires, de sachets, de coussinets parfumés, de cassolettes, de pastilles à brûler, d'encens et de nombreux parfums, pour lisser et purifier la peau.

La ville de Grasse était la seule, en France, où l'on travaillât pour l'odorat; on y conservait précieusement la recette des ingrédients, mélangés avec des eaux de senteur, que devait renfermer un récipient spécial, du nom de son contenu, le *pot-pourri*, afin de répandre, dans le petit appartement, une odeur pénétrante, plus ou moins forte, plus ou moins subtile et suave.

3. — C. 18

Pour contenir les onguents, les huiles, les baumes, les pastilles, les *pots-pourris*, pour brûler les résines odorantes, on imagina des formes élégantes de vases, de fioles ou de réchauds, dignes d'un si galant emploi.

Les pierreries, l'or, l'argent, furent prodigués ; le ciseau et le burin des artisans produisirent de précieux objets d'art ; [cette nouvelle branche de l'orfèvrerie se développa rapidement.

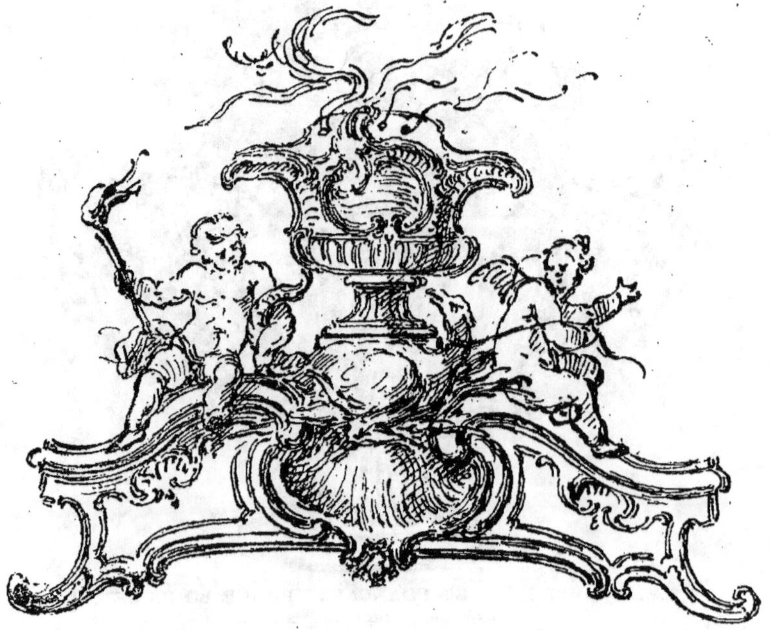

XVIIIᵉ SIÈCLE. — ART FRANÇAIS, ÉPOQUE LOUIS QUINZE.
Collection Émile Biais.

Fig. 247. — Dessin pour boiserie, par Nicolas Pineau, célèbre décorateur.

On retrouve, dans les Musées et dans les Collections, des cassolettes, encensoirs, buires, parfumoirs, en métaux précieux, en acier damasquiné, en bronze ou en céramique.

De luxueux *pots-pourris* ont été fabriqués en porcelaines de Vincennes, de Sèvres, de Mennecy, etc., en porcelaine *la Chine*, en porcelaine de Saxe, formés de girandoles avec fleurs, etc., ornés de bronze ciselé et doré d'or moulu, d'or mat, tous de formes gracieuses, élégantes, surmontés d'un couvercle percé de plusieurs *yeux*.

Les *pots-pourris* étaient de *formes diverses* : urne, — rocher sur terrasse, — fruits posés sur des oiseaux, — citrons flanqués d'oiseaux, — corbeilles de fleurs, — en oiseaux sur tronc d'arbre, avec branchages et fleurs, — à pagodes, etc.

Il y en avait en *porcelaine de Vincennes* ; montés sur un plateau

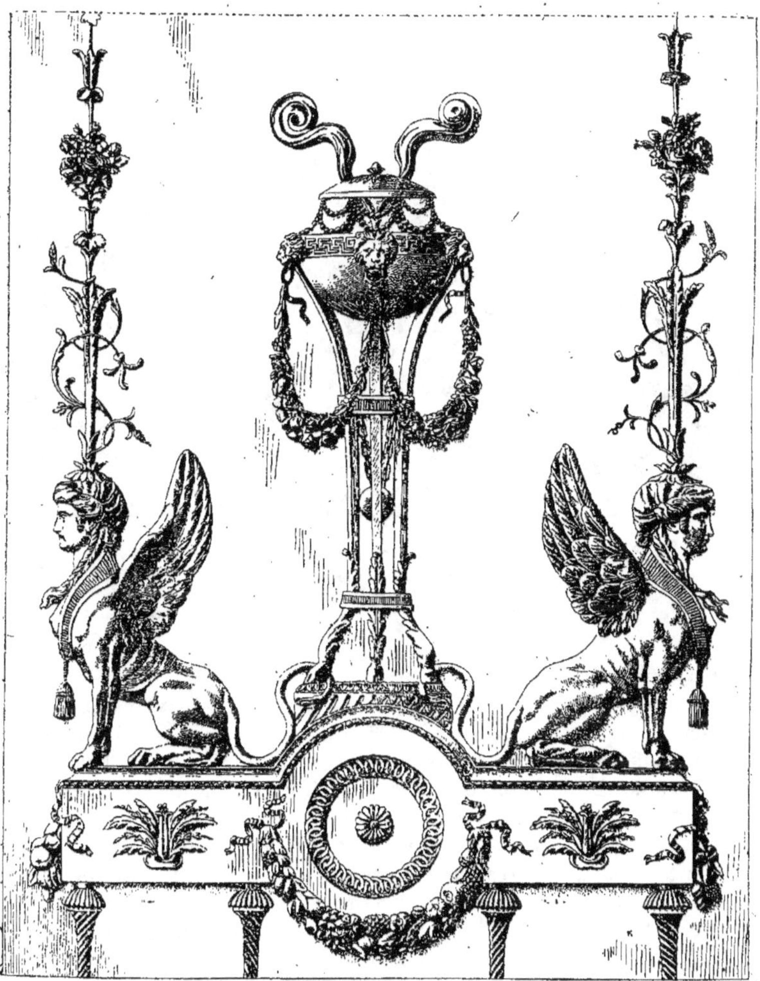

XVIIIe SIÈCLE. — ART FRANÇAIS, ÉPOQUE LOUIS SEIZE.
Palais de Versailles.

Fig. 248. — Détails d'un panneau de lambris. Forme d'un brûle-parfums

verni, accompagnés d'oiseaux portant un petit vase, le tout ton bleu
céleste, peints à enfants, garni de branchages et ornements dorés d'or
moulu, avec fleurs de fines porcelaines hachées d'or ; — peints à
oiseaux, composés sur un pied où sont deux oiseaux, ton jaspé d'or,
garnitures de fleurs bleu et or ; — à enfants et guirlandes, ton camaïeu
pourpre ; — à jour, à camaïeux bleus d'enfants ou à cartouches ;
— avec oiseaux sur terrasses et branchages garnis de fleurs ; — couverts d'un groupe de fleurs, etc.

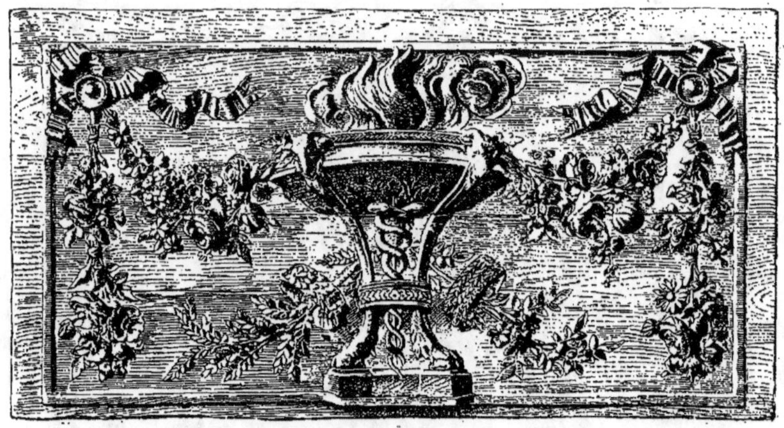

XVIIIᵉ SIÈCLE. — ART FRANÇAIS, ÉPOQUE LOUIS SEIZE.
Palais de Versailles.

Fig. 249. — Emploi de la forme des brûle-parfums pour la décoration sculpturale.

En *porcelaine de Saxe* : à miniatures, sur terrasses, ornés d'attributs, avec figurines de bergers et de bergères ; — avec figurines de
laitières ; — avec branchages et feuillages en relief, et bigarreaux ;
— avec figurines de vendangeurs ; — animaux divers agrémentés
de roseaux vernis de blanc et de bleu ; il y en avait aussi en porcelaine
la Chine, en porcelaine de Perse, etc.

Des *pièces d'assemblée* étaient formées de vases peints à sujets
genre Watteau, montés sur terrasses d'or moulu, avec enfants aux
côtés. Le bas entouré d'une guirlande de fleurs.

De riches et somptueuses montures en bronze ciselé et doré d'or
moulu, ou garnitures d'or, d'argent, de vermeil, ou bien encore avec
cercle et *yeux* d'argent, terrasse en cuivre argenté et ciselé, en faisaient ressortir la beauté.

On les répara, on y ajouta des fleurs en porcelaine, des branchages
en cuivre doré d'or moulu ; on en redora les oiseaux.

Pour composer les *pots-pourris*, on assemblait des clous de girofle, des zestes de citron, des écorces de basilic, des fruits d'anis et de coriandre, des bois de sassafras et de santal-citrin, des fleurs de camomille, d'aspic et de lavande, des feuilles de laurier, d'absinthe, de marjolaine, de menthe poivrée, des racines d'angélique, de valériane et d'iris de Florence, le tout épluché, concassé, rompu, puis arrosé de fleur d'oranger et d'eau de la reine de Hongrie, en ayant soin, pour éviter la corruption, de saupoudrer le tout avec du gros sel.

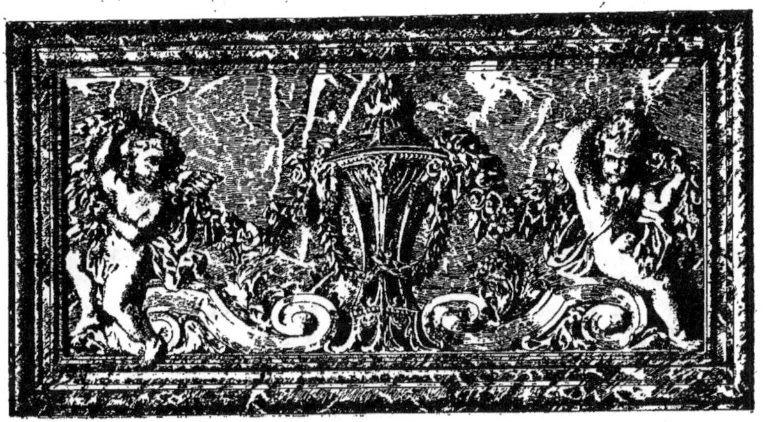

XVIIIe SIÈCLE. — ART FRANÇAIS, ÉPOQUE LOUIS SEIZE.

Palais de Versailles.

Fig. 250. — Emploi de la forme des pots-pourris pour la décoration sculpturale.

Les élégantes le composaient elles-mêmes, chacune étudiant le parfum spécial qu'elle croyait convenir à sa beauté, comme elle étudiait une parure, un air de tête ou une coiffure nouvelle.

Plusieurs recettes réputées merveilleuses furent créées ; l'odeur de certains *pots-pourris* fit École ; des formules, présentant un caractère cabalistique, se transmettaient de famille en famille avec autant de soin que les beaux vases destinés à recevoir ces parfums.

Au nombre de ces recettes, il en est une plus ou moins compliquée que Mme Menjaud, femme d'un ancien chirurgien du cardinal de Fleury, intendant des finances de Madame Victoire, l'une des trois filles de Louis XV, composa en 1750 : en voici les 29 formules.

1° Il faut un pot de grès qui n'ait jamais servi et une cuiller de bois toute neuve. Il faut laver l'un et l'autre avec de l'eau de fleur d'orange ou de reine de Hongrie ; — 2º Il faut mettre quatre ou cinq poignées de feuilles de fleur de violette, ou même le plus possible, laquelle fleur doit être épluchée comme pour en faire du sirop ; — 3º De la marjolaine d'hiver, la moitié moins, parce qu'il en faut mettre encore de celle qui vient dans le mois d'aoust ; — 4º Du thym en fleurs, la moitié moins que la marjolaine ; — 5º Du romarin, feuilles et fleurs entières ; — 6º Beaucoup de myrthe des deux espèces, surtout du petit ; — 7º Un tiers de fleurs d'aspic ; — 8º Un tiers de fleurs de lavande ; — 9º Un quart de fleurs de beaume ; — 10º Deux tiers de basilic ; un tiers de celui de la grande espèce et un tiers de la petite ; — 11º Quantité d'œillets simples cramoisis ; — 12º Trois bonnes poignées de fleurs de mélilot ; — 13º Un tiers de roses simples rouges ; — 14º Des roses muscades sans mesure, le tout bien épluché ; — 15º De la sauge, du laurier-franc, de l'hysope, une bonne poignée de chacun ; — 16º De la fleur d'oranger sans mesure et sans éplucher ; le tout bien assaisonné de gros sel. A chaque chose que l'on met dans le pot, y joindre une bonne poignée de gros sel, faute de quoi il se corromprait ; — 17º Il faut soigneusement ôter tous les petits cotons des herbes et les queues des fleurs, ne mettant que les feuilles ; — 18º Il faut y mettre quantité de clous de girofle, un peu concassés ou en poudre ; — 19º Un bon bâton de cannelle en morceaux bien menus ; — 20º Un peu de poudre de cèdre et de celle de calembour ; — 21º De la poudre d'iris de Florence avec de celle qui est par morceaux, que l'on concasse le plus qu'on peut ; — 22º Une demi-once de poudre de cyprès ; — 23º Un bon quarteron d'estorax, parce que c'est ce qui soutient l'odeur du pot-pourri ; il faut rompre par petits morceaux ; — 24º Un bon demi-quarteron de benjoin bien concassé ; — 25º Quantité de pelure de citron bien mince, en sorte qu'il n'y ait que le jaune, rompue par petits morceaux ; la pelure de cinq ou six bigarrades ; — 26º Un peu de poivre blanc et un peu de poivre long concassé ; — 27º Six muscades. Tout ce qui est par quart, tiers ou moitié se doit mesurer sur la quantité de violette. Quand les herbes sont sèches, il faut y mettre, selon les années, plus ou moins d'eau de senteur ; beaucoup moins de fleur d'orange, et de myrthe un peu moins ; — 28º Un peu d'eau de roses, un demi-septier d'eau de reine de Hongrie ; — 29º Il faut fermer ledit pot avec trois ou quatre doubles de papier, le tout bien ficelé ; le remuer tous les jours avec la cuiller de bois ; ne se servir jamais ni de fer ni des doigts pour le remuer. Il faut le remuer chaque fois qu'on y ajoute quelque chose, afin que le tout s'incorpore. Il faut l'exposer au soleil du midi, le mois d'août ; l'ôter quand il pleut et pendant la nuit. Lorsqu'on voit qu'il se pourrit bien, on peut ne le remuer que tous les deux ou trois jours. On doit observer d'y mettre de l'eau de fleur d'orange

et de myrthe quand il se sèche trop. Il faut mettre un morceau de
fer à l'anse du pot pour le préserver du tonnerre.

A la Saint-Martin, il est en état d'être mis dans la faïence, parce
que le grès le consomme trop.

Et Mme Menjaud ajoute : « Voilà bien des observations, mais on n'y
peut réussir sans les garder bien exactement. »

Puis viennent deux *conseils* sur la manière d'empotter (*sic*) le pot-
pourri et sur celle de l'entretenir.

Manière de l'empotter. — Si le pot a besoin d'être lavé, il faut le
faire avec de l'eau de fleur d'orange, le frottant avec du coton ; jetter
(*sic*) le tout et bien laisser sécher le pot ; y mettre des grains de
musc, frotter le dedans du pot avec un peu d'essence de clou, beaucoup d'essence de cèdre, de bergamote et d'ambre gris, puis empotter
avec la cuiller de bois. Il ne faut pas les presser, parce qu'il faut qu'il
y ait du jus suffisamment, moyennant les eaux qu'on y ajoute, qui
sont seulement de fleur d'oranger et de myrthe ; couvrir le pot de
gros sel et jeter le reste des essences sur le coton qui aura servi à
frotter le pot. De temps en temps, lorsqu'on voit qu'il sèche trop, y
mettre des eaux de fleur d'orange et de myrthe, des pelures de citron,
et tous les étés y mettre quantité de fleurs d'orange sans éplucher,
des roses, muscades, œillets simples cramoisis, et y ajouter toujours
autant de poignées de gros sel que d'ingrédiens.

Manière d'entretenir le pot-pourri. — Il faut faire les mêmes observations que pour le composer ; verser l'ancien *pot-pourri* dans le
même pot de grès, n'y mettre aucune herbe, mais de la violette, de
la fleur de thym, de romarin, de mélilot, des œillets cramoisis, des
roses muscades, des roses simples rouges ; un peu d'eau de roses et
d'eau de reine de Hongrie ; de la pelure de citron et de bigarrade ;
beaucoup d'eau de myrthe et plus d'eau de fleur d'orange ; beaucoup
de gros sel en le commençant et à chaque chose qu'on y met ; du
benjoin, et plus d'estorax. L'empotter de la même sorte qu'un nouveau. Avoir soin de l'entretenir comme il est marqué ci-dessus. Il
faut employer du coton pour frotter le *pot-pourri* d'essence et le
laisser dans le pot ; il n'y sera aucun dommage.

Les amateurs de *pots-pourris* pourront désormais rendre ses vases
à leur destination primitive et, au plaisir de vivre entourés d'objets

appartenant au dix-huitième siècle, ils y joindront celui d'en respirer l'atmosphère et de s'imprégner de son parfum.

Cette *odeur locale* atténua, sinon remplaça, celle qui, depuis plusieurs siècles, provenait de nombreux *retraits* installés, aussi bien dans le palais que dans les maisons seigneuriales, non point à l'intérieur de cabinets spéciaux, mais derrière des statues, sur les paliers d'escaliers, sous les manteaux de vastes cheminées, etc., où personnages, belles dames et grands seigneurs, faisaient usage d'un *retrait* personnel.

Ce n'est que depuis un siècle que le confort et surtout l'hygiène existent, tant en ce qui concerne le bien-être en général que pour les soins intimes.

Lors de la Révolution, la parfumerie disparaît presque des mœurs ; ce n'est que sous le Directoire qu'elle retrouva sa vogue ; à cette époque, les *merveilleuses*, telles que Mme Tallien (1773 † 1835), firent renaître les bains parfumés de Rome et de la Grèce.

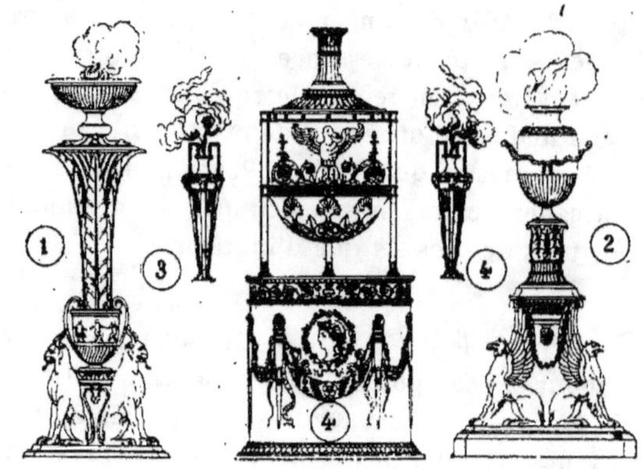

XIXe SIÈCLE. — ART FRANÇAIS, PREMIER EMPIRE.

Fig. 251 à 255. — Cassolette et brûle-parfums, d'après Percier et Fontaine.

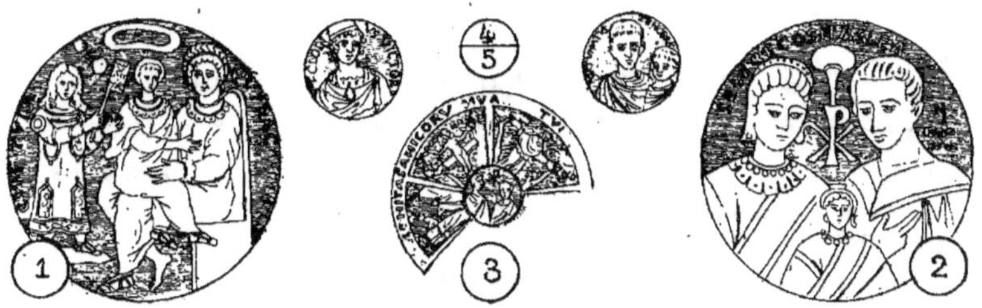

ANTIQUITÉ CHRÉTIENNE. — III· et IV· SIÈCLES.

Fonds de coupes églomisés, à sujets chrétiens et païens (Cf. note p. 151.)

Fig. 256 à 260. — 1, Vierge assise, ayant l'Enfant Jésus sur ses genoux ; sur le côté un diacre tient un *flabellum* ; — 2, Monogramme du Christ, portrait de femme, d'homme et d'enfant. Trois noms sont inscrits en exergue : celui de l'épouse, *Sebere (Severa)* ; celui de l'époux, *Cosmas*, et celui de l'enfant, *Lea*. On lit, à droite, l'acclamation usitée *Zezes (vivas)*. — 3, Dans ce fragment, on remarque des signes du christianisme. La légende, mal conservée, pourrait être lue : *Ic Hitas amicorvm va... (cvm) tvi (s feliciter)*. — 4 et 5, Tête de jeune homme portant, sur la poitrine, la *bulle d'or*, marque distinctive des triomphateurs, puis celle des fils de patriciens ; on lit, autour, *T. Clodivs Victor*. — Tête de jeune homme et d'enfant, avec cette inscription : *Fortvnatvs Zenobivs*.

COMPRÉHENSION DES PROCÉDÉS DITS ÉGLOMISÉS

PASSE-PARTOUT ÉGLOMISÉS DITS A LA GLOMY, LES VERRES ÉGLOMISÉS
FONDS DE COUPES ANTIQUES A IMAGES D'OR
PLAQUES DE VERRE A SUJET COLORÉ POUR DÉCORATION MOBILIÉRE
ESTAMPES FIXÉES SUR FOND DE VERRE — LA POTICHOMANIE

Les inscriptions à la pointe, lettres dorées, ou images parfois modelées d'ombres légères ou rehaussées de couleurs, empruntées à la mythologie ou à la fable : dieux et déesses ; ou allégoriques : vie intime, mariage ; ou symboliques : nombreux sujets chrétiens et variés, dont le travail, dessin ou peinture, est exécuté au revers d'une matière transparente, verre ou cristal, sont désignés sous le terme *églomisé*. On a discuté l'application de cette expression, un peu bizarre, au *passe-partout* pour estampes ou dessins ; ce n'est qu'en 1884, que la question a été résolue par Edmond Bonnaffé, le savant et regretté connaisseur. L'origine du mot *églomisé*, qui a souvent intrigué les Saumaises modernes, est donc établie (¹).

Les antiquaires et les amateurs du dix-huitième siècle étaient, pour le plus grand nombre, en rapport avec Remy et Glomy, deux experts

(¹) Claude de Saumaise, célèbre philologue français (1588 † 1653), fut élève de son père qui lui enseigna le latin et le grec ; puis, il apprit l'hébreu, l'arabe et le copte. C. de Saumaise fit son droit à Heidelberg et eut, comme professeur, Denis Godefroy, surnommé l'Ancien (1549 † 1621) ; on lui doit de nombreux travaux philologiques.

3. — L. 19

réputés. Glomy, qui s'intitulait « dessinateur, à l'angle des rues de Bourbon et Saint-Claude, à Paris », était, en outre, un encadreur fort habile.

Remy et Glomy qui, après avoir été amis et associés, se séparèrent dans de mauvais termes, ne manquaient pas, à l'occasion, d'entretenir le public de leurs querelles. Ainsi, Glomy ayant avancé, dans le *Catalogue de Bailly*, que son ancien associé « n'avait d'autre part à ce travail que d'avoir donné la mesure des tableaux ». Remy s'empresse de riposter, dans le *Catalogue de Julienne* : « Je n'imiterai pas M. Glomy; la preuve que je prends plaisir à lui rendre justice, c'est que je m'en fais un d'annoncer ici au public, qu'il est un des premiers pour coller les estampes et les dessins, et pour les ajuster avec des filets de papier doré » (¹).

En réalité, la spécialité de Glomy consistait à *embordurer* le verre de filets *peints et dorés à l'envers,* c'est-à-dire, du côté du verre devant être appliqué sur l'estampe ou le dessin. Ce procédé eut un tel

---

(¹) Des annotations, attribuées à Glomy, inscrites en marge d'un exemplaire du *Catalogue de la vente* du Prince de Conti, rédigé par Remy, donnent une idée du ressentiment profond qui existait entre ces experts, tous deux méritant la considération des curieux de l'Époque Louis seize.

Pendant les dernières années de sa vie, Louis-François de Bourbon, duc de Mercœur, comte de la Marche, prince de Conti (1717 ✝ 1776), avait acquis de nombreux tableaux et objets d'art, plus ou moins authentiques, le tout entassé dans les salles du Temple à Paris, dont il était Grand Prieur. Cet ensemble hétéroclite était surtout composé d'œuvres ignorées des amateurs, le prince ayant eu la réputation de préférer la quantité à la qualité. En raison de l'indifférence en laquelle le public tenait cette collection, l'expert Remy se crut obligé d'en amplifier la description; de là, critique acerbe de son confrère et... ennemi, l'expert Glomy, lui reprochant de se servir de termes trop recherchés.

Après une préface sur la valeur du Cabinet princier, le *Catalogue,* formant 400 pages, énumère et donne l'analyse des tableaux, dessins, bronzes, marbres, pierres gravées, bijoux, etc.

Les moindres dessins ou tableaux deviennent, pour Remy, des œuvres de premier ordre : « tous, écrit-il, méritent considération, ils sont riches, ragoûtants, on y trouve des beautés, leur touche est savante, ils sont peints vigoureusement, jouissent d'une réputation que rien ne peut détruire, sont plein de ragoût, ont beaucoup de mérite, sont du plus brillant coloris, pétillent d'esprit, sont dignes d'être admirés, sont du meilleur faire, d'un beau fini, d'un excellent pinceau, sont faits savamment, ont le mérite vigoureux, sont riches de composition et traités avec le plus grand style », etc.

Malheureusement pour l'expert Remy et, principalement, pour les héritiers du prince de Conti, toutes ces appréciations pindariques, selon l'expression de Glomy, ne purent réagir contre « le ridicule préjugé » fondé sur ce que cette collection ayant été formée par des antiquaires peu scrupuleux et, en

succès qu'on lui donna le nom de son adaptateur; on disait *glomiser* ou *églomiser* une estampe, un dessin, c'est-à-dire les mettre sous verre à la façon de Glomy. — Alfred Darcel a signalé, à Edmond Bonnaffé, une note insérée dans l'*Intermédiaire des chercheurs et curieux*, communiquée par un correspondant qui signe C 2 : « J'ai une aquarelle, sous verre, entourée d'un encadrement noir bordé de filets d'or. Ces filets ont été *peints à l'envers* du verre, ainsi que la bande noire, au vernis d'or et au vernis noir; il y a au bas, écrit à la pointe sèche dans le noir : *Églomisé par Hœth, à Lyon*. Le mot se rencontre quelquefois orthographié *églomissé* ». — Voilà donc ce terme entré en usage chez les antiquaires, et venant de Paris à Lyon; or, c'est précisément à Lyon, en 1825, que Louis Carrand l'a employé. (¹)

Ayant à décrire de petites plaques en *verre* du quinzième siècle, *peint et doré à l'envers*, cet antiquaire fit usage d'un terme qui servait

particulier, par le fameux Le Doux qui, auprès des amateurs, avait une réputation de *finesse* bien méritée pour convertir en rouleaux de louis *les croûtes à lazzi*, Watteau, Boucher, Fragonard ou autres petits maîtres, acquis aux plus vils prix, dans des ventes obscures.

L'exemplaire annoté du *Catalogue de la vente* du prince de Conti, avec prix marqué et noms des acquéreurs, provenant de la bibliothèque Adolphe Thibaudeau, donne de précises indications sur les intrigues mercantiles du commerce de la curiosité au dix-huitième siècle.

L'effronterie ignorante de certains experts y est signalée, et l'annotateur de cet exemplaire, qui serait l'expert Glomy, ennemi juré de Remy, assure que la *fabrication frauduleuse* et la *restauration inintelligente des tableaux* se pratiquent depuis plus d'un siècle.... Glomy y met en doute les attributions, et critique les pompeux superlatifs de son confrère Remy : « Celui qui a rédigé ce catalogue, a pris pour excellent ce qui est mauvais, pour original ce qui est copie, pour italien ce qui est flamand ou hollandais, confondant les anciens avec les modernes, ignorant même les peintres vivants ». — Cet amas de toiles mauvaises... ou fausses, subit une dépréciation importante.

(¹) Il ne faut donc pas confondre le procédé *églomisé* avec celui du *passe-partout, dit à la Glomy*. — Le premier, *églomisé*, en usage dès les premiers siècles (voir fig. 256 et 262) est mentionné, en France, au commencement du quatorzième (1309), dans les *Statuts des émailleurs de Paris*, Bibliothèque Nationale, Département des Manuscrits, Paris; « que nulz ouvriers dudi mestier ne austres ne puisse mettre en or ne en argent voirre point ne cristaus pains ne saffrés (ornés), pource que ceus en sont déceus qui les achettent, se on ne les fait faire par certaines convenances ou marchié faire en œvre d'église ou en œvre royaulx ».

Jean-Baptiste Glomy en adopta le principe, pour l'appliquer à un *embordurement* dissimulant la marge des estampes ou dessins. Cet *embordurement* était formé, à froid, par une étroite bande d'or de divers tons et par une plus large, peinte au vernis noir, fixées du côté du verre appliqué sur l'estampe ou le dessin.

Les *embordures* dites *églomisées*, contournant les gouaches d'art italien,

au Moyen-Age, pour désigner un procédé à peu près analogue, et dont
il ignorait le moderne emploi.

Patronné par Louis Carrand, ce vocable fut adopté et s'est natu-

exécutées au commencement du dix-neuvième siècle, et représentant des
vues de l'Etna ou du Vésuve, donnent une idée du procédé adapté par Glomy.

Le second procédé, dit *passe-partout à la Glomy*, consiste en un papier
fort au milieu duquel on pratique une *ouverture*, dite *fenêtre*, d'une dimension

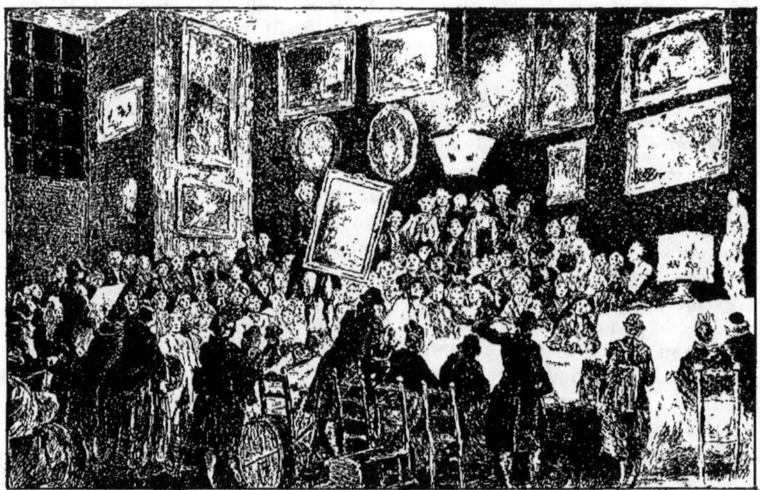

Fig. 261. — Aspect de la vente des tableaux, dessins, etc., de L.-F..de Bourbon, duc de
Mercœur, comte de la Marche, prince de Conti, Grand Prieur de France (1717 † 1776), le
8 avril 1777, d'après Gabriel-Jacques de Saint-Aubin (1724 † 1780).

presque égale à la *vue* de l'estampe ou dessin à embordurer. Sur la marge
de ce *fenestrage*, on trace une étroite bande d'or contournée, par un ou plusieurs filets, plus ou moins larges, de tons différents s'harmonisant avec celui
du papier fort, formant la *fenêtre*. (V. p. 170 et 171, et fig. 283 à 293, et 296.)

Des maîtres verriers du dix-huitième siècle, tenaient magasins de beaux
verres de Bohême propres aux *estampes, dessins*, etc. D'autres fournissaient,
spécialement, des glaces pour la *conservation des pastels*. « Autrefois,
lisons-nous dans l'*Avant-Coureur* du 25 avril 1764, on employait, pour couvrir
les *pastels*, soit des glaces, soit des verres de Bohême. Les glaces offraient
l'inconvénient d'être toujours un peu colorées, à cause de l'épaisseur; les
verres de Bohême, celui de présenter des *bouillons*. D'ailleurs, comme le
verre ne doit pas toucher le *pastel*, on était forcé de l'enfoncer et de donner
plus de saillie au verre. Le sieur Bernière, rue des Prouvaires, à Paris,
connu par sa manufacture de verres bombés, offre des verres blancs pour
cet usage qui sauvent tous ces inconvénients. Une courbure de cinq ou
six lignes, ou de dix tout au plus, suffira pour mettre les pastels à l'abri. »

« Les *dessins*, écrivait le critique d'art Thibaudeau, sont, en général, les
premières idées d'un peintre, le premier jet de son imagination; c'est la

ralisé chez les amateurs. Le *Catalogue du Musée des Thermes et de l'Hôtel de Cluny* lui a donné une consécration officielle (¹) ; les Italiens l'écrivent *agglomizzato*, tournure archaïque qui lui sied à merveille.

manifestation la plus directe et la plus naturelle de sa pensée et de son style. Sous ce rapport, les esquisses d'un Maître célèbre ont un mérite tout particulier, que les connaisseurs découvrent à travers le décousu et l'incorrection même de cette exécution rapide.

« Les *études* sont les *préparatifs de l'esquisse*, ce sont des œuvres d'imagination, de souvenir, ou même de reproductions. Il est encore intéressant de suivre un Maître dans le cours de ses travaux intimes.

« Les *académies* sont, en général, des *études faites d'après nature*, dans les attitudes convenables à la composition d'un tableau; cette manière de fixer les contours des figures nues est la première indication de la science anatomique du Maître, qui se retrouve plus tard sous l'application correcte des draperies.

« Les *cartons* sont de grands dessins faits dans les mêmes dimensions que les ouvrages auxquels ils sont destinés, telles que les fresques, les tapisseries; les plus grands maîtres, Raphaël, Jules Romain, Rubens, en ont dessiné. La dimension de ces précieux documents les exclut presque des collections privées et en réserve le privilège aux musées.

« Les *dessins arrêtés, finis*, visent aux tableaux et leur sont naturellement inférieurs; ils charment les yeux, mais ils n'ont pas, pour les curieux, un intérêt de même nature que les esquisses et les études. »

Les *collections de dessins* sont moins célèbres que les *collections de tableaux*, elles ont un public plus circonscrit. Il y a quelque chose d'intime dans la possession des dessins qui, en général, sont soigneusement conservés dans des portefeuilles dont le secret est plus facile à garder que celui des tableaux. Personne n'hésite à donner son opinion, bonne ou mauvaise, sur un *tableau*, parce que la couleur saisit les yeux et que, sous cette première impression, on se croit en droit de prononcer un jugement. Les *dessins*, à moins qu'ils ne soient très finis, et c'est le petit nombre, n'ont pas cet avantage du *premier effet*; il faut en découvrir le charme et en étudier le mérite.

Cette *pensée primitive* du Maître exige, pour être comprise, une appréciation de sa composition et de son faire, qui ne peut résulter que d'un examen approfondi. Les beaux tableaux sont connus, les beaux dessins ne le sont que par quelques privilégiés.

Dans presque toutes les expositions, et principalement dans les musées, les visiteurs s'égarent dans les salles de dessins qu'ils traversent vivement. Et, si nous voulons nous rendre compte de l'indifférence en laquelle ces études, académies, dessins, etc., sont tenus, nous n'avons qu'à suivre les visiteurs du Musée du Louvre à Paris.

(¹) **Cf. Edmond du Sommerard**. *Musée des Thermes et de l'Hôtel de Cluny. Catalogue et description des objets d'art de l'Antiquité, du Moyen-Age et de la Renaissance, exposés au Musée.* Paris, Hôtel de Cluny, 1883, in-8°. — N° 4779 Verrerie de Venise. Bassin à filets d'émail blanc (travail dit *à ritor*).

Quelques Musées, entre autres le Musée chrétien du Vatican, à Rome, le Museo Civico de Turin, et de rares Collections, possèdent des fragments de fonds de coupes romaines *églomisés*, fragments égrisés par suite de l'ablation des parois d'où ils proviennent.

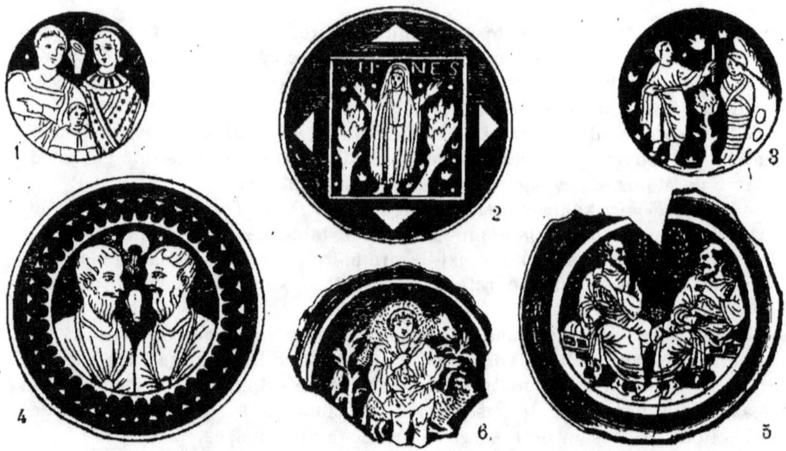

ANTIQUITÉ CHRÉTIENNE. — III⁰ ET IV⁰ SIÈCLES

Documents communiqués par le R. P. Paul de Saint-Aignan *

Fig. 262 à 267. — 1 à 5. Orbiculares vitræ Sanctorum imagihes in Coemeterijs inventa. 6. Vitrea orbicularis Evang. pastoris imago in Coemeterijs inventa.

Ces fonds de coupes, que l'on trouvait principalement dans les catacombes, près des sarcophages sont, pour la plupart, à sujets chrétiens.

La fabrication ne paraît être antérieure au troisième siècle, ni postérieure au quatrième. Des érudits chercheurs, F. Buonarrotti, le

xvie siècle. — Au centre est un médaillon peint au revers par application, genre de travail dit *verre églomissé*, qui représente Psyché apportant à Junon le vase de Proserpine; composition d'après Raphaël. (V. fig. 268 à 270, nᵒ 2.)

* Paul Alexandre Simoneau (1882 † 1904), en religion le Révérend Père Paul de Saint-Aignan (Loir-et-Cher), franciscain missionnaire, ancien gardien du Couvent du Saint-Sépulcre à Jérusalem, fut un actif et dévoué correspondant de l'Académie des Inscriptions et Belles-Lettres, à laquelle il rendit de très réels services ainsi que à une séance de cette Académie, l'exprima C.-S. Clermont-Ganneau (1846 † 1912), le célèbre orientaliste, membre de l'Institut.

On doit, au R. P. de Saint-Aignan, quelques études de monuments intéressants pour l'Histoire de la Terre-Sainte, et la communication de textes originaux, inédits. Le Musée du Louvre, Paris, possède deux stèles araméennes, en granit, découvertes par ce Révérend Père, dans la région d'Alep (Syrie).

R. P. Garrucci, de Rossi, en Italie; Anton Kisa Kraus, en Allemagne; Bayet, Ed. Bonnaffé, Alf. Darcel, Le Blant, E. Molinier, E. Müntz, A. Peraté, L. Roger-Milès, Th. Roller, le R. P. Paul de Saint-Aignan, en France, ont donné ou publié des renseignements du plus haut intérêt, relatifs aux divers procédés employés pour la décoration de verres paraissant être l'origine des *verres dits églomisés* (¹).

« Ces verres, écrit Alfred Darcel, étaient surtout des fonds de coupes, et ceux que l'on possède renferment plus de sujets chrétiens que de sujets païens. Les uns et les autres sont du reste très rares, ce que l'on peut attribuer au fait que les marchands de verre cassé de Rome, qui habitaient le Transtevère du temps de Martial (43 † 104), les recherchaient pour en extraire l'or. L'examen de fragments échappés à une destruction totale semble le prouver. Or, les vignes de la zone funéraire de Rome et les catacombes semblent avoir été pillées jadis des verres dorés qu'elles contenaient. La place de plusieurs se reconnaît dans le mortier qui scelle les plaques des *loculi*, où l'on avait l'habitude de les fixer, soit comme souvenir du défunt, soit comme moyen de reconnaître la tombe. Depuis que les cata-

(¹) Ces fonds de verre à sujets dorés, placés entre deux plaques de verre soudées, formant ainsi des médaillons, étaient fixés sur la chaux qui scellait les *loculi* funèbres. Quelques-uns ont échappé à la rapacité de vandales, qui les recherchaient déjà au temps des Empereurs pour en retirer l'or, infiniment plus précieux encore que celui de nos jours. Quelques auteurs ont pensé que les vases, dont provenaient ces fonds, avaient pu servir sinon à la célébration des saints mystères, du moins aux agapes des chrétiens, agapes funéraires, principalement aux jours de fêtes des martyrs.

Les *loculi* étaient des cases oblongues, creusées horizontalement dans les parois des Catacombes, et où furent ensevelis les corps du commun des chrétiens. Ces cases étaient ensuite fermées hermétiquement par une plaque de marbre ou avec des briques.

Sur les anciens verres chrétiens trouvés dans les catacombes de Rome, consulter : Filippo Buonarrotti, *Osservazioni sopra alcuni frammenti di vasi antichi di vetro ornate di figure trovati né cimiteri di Roma*, Firenze, 1716, in-4°. — Citons aussi le travail publié à Rome en 1858, par le R. P. Garrucci sur les *Verres ornés de figures en or trouvés dans les cimetières chrétiens primitifs* (*Vetri ornati di figure in ore*), sujet très important pour la connaissance de la symbolique chrétienne durant les premiers siècles de l'Église. Le R. P. Garrucci a complété les découvertes de Buonarrotti, mettant à profit les dessins rassemblés dans les diverses collections de l'Europe par les soins de l'infatigable P. Martin, et les découvertes faites dans les explorations de la Rome souterraine. Son ouvrage forme un volume in-folio, accompagné de quarante-deux planches. Nous pourrions faire quelques observations sur le texte, contester plusieurs idées de l'auteur; mais nous rendons hommage à l'érudition vaste et sûre, déployée dans les commentaires qui accompagnent chaque monument.

combes sont explorées méthodiquement, deux seulement de ces fonds de coupe ont été retrouvés en place.

« La façon de les fabriquer était fort simple : une mince feuille d'or était fixée sous le fond de la coupe, probablement à l'aide d'un corps agglutinant, puis l'on traçait à la pointe les contours du dessin à produire et on enlevait tout ce qui était en dehors du trait, s'en servant parfois à former des ornements isolés. Le soin de ne perdre aucune parcelle de métal, si l'on s'en rapporte aux auteurs italiens qui se sont occupés de ce genre d'antiquité, prouve de quel prix l'or valait en ce temps. La feuille ayant reçu la forme nécessaire était gravée à la pointe qui en exprimait les détails intérieurs. Quelquefois une feuille d'argent, parfois aussi une touche de verre de couleur, rouge ou vert, sert à exprimer un ornement. Une couche de poudre de verre était ensuite déposée, au pinceau, sans doute, par-dessus la feuille d'or, séchée, puis fondue au four, de telle sorte que le dessin restait fixé et inaltérable entre deux lames de verre.

« Les sujets reproduits sont les uns païens, les autres chrétiens; ces derniers ont été exclusivement trouvés dans les catacombes. Ils offrent des représentations de faits de l'ancienne et de la nouvelle loi : la Vierge, des saintes, les figures ou les bustes de saint Pierre et saint Paul, parfois couronnés par un petit personnage, sans ailes, nimbé le plus souvent, que l'on croit être le Christ; le buste ou la figure du Christ lui-même, souvent entouré de colonnes formant une roue, entre les rayons de laquelle sont des figures d'apôtres et de saints; les figures ou les bustes de deux époux que le Christ couronne, et même ceux de toute une famille, ou bien des bustes isolés. Des inscriptions désignent le plus souvent les personnages puis, lorsque les sujets ne sont plus exclusivement religieux, forment une invitation à vivre en paix : *cum tuis pie zeses : — vivas in cristo — dignitas amicorum, pie zese cum tuis omnibus bibas*; cette invitation peut aussi s'entendre dans le sens plus littéral de boire, grâce à l'équivoque du mot indifféremment écrit *bibere* ou *vivere*.

« Plusieurs de ces coupes peuvent avoir servi de calices, car Tertullien (160 † 240) parle de ceux, sans en indiquer la matière, où transparaît (*perlucet*) l'image peinte du Bon Pasteur, laquelle se retrouve sur différentes pièces. D'autres ont dû servir simplement aux agapes funèbres, ainsi qu'aux repas de noce; tel est celui où deux époux se donnent la main par-dessus un autel, entourés par cette légende : *vivatis in deo*. Il est probable que l'on incrustait, dans le mortier du *loculus*, la coupe du chrétien qui y était enseveli, et qui servait à le faire reconnaître de sa famille. »

A côté de ces disques, dont la destination est bien évidente, l'on en trouve de petits qui sont parfois *doublés de verre colorié* et semblaient avoir été appliqués sur un vase plus grand. Leur destination certaine n'a été déterminée que grâce à la découverte d'un fragment de plateau de verre blanc, où plusieurs de ces pastilles sont fixées. Ces plateaux ont évidemment une destination religieuse, car ces petits disques représentent, en se complétant l'un l'autre, les mêmes sujets que l'on voit sur les fonds de coupe. Il est permis de supposer que c'étaient des patènes que les prêtres, des divers *tituli*, apportaient pleines d'hosties à la messe épiscopale, et remportaient consacrées afin de donner la communion dans leur église. Dans la

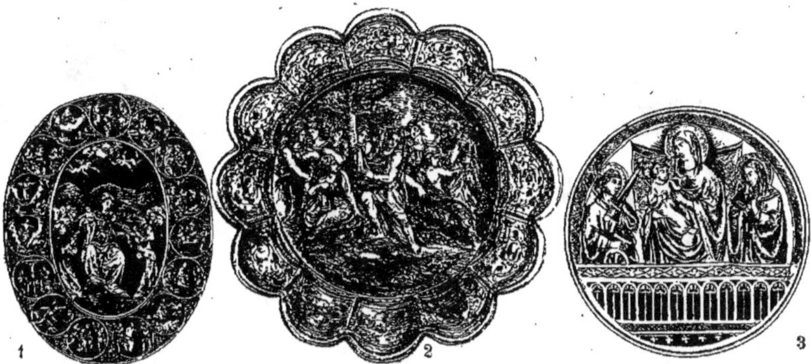

XIVᵉ, XVᵉ ET XVIᵉ SIÈCLES. — ART ITALIEN

Musée des Thermes et de l'Hôtel de Cluny, Paris, et *Collection Spitzer.*

Fig. 268 à 270. — 3, XIVᵉ siècle, Médaillon, la Vierge et l'Enfant Jésus entre deux saintes. Le dessin en est obtenu sur une feuille d'or, et teinté ensuite en vert, en rouge, en bleu et en noir. L'*excipient* est un verre *boudiné* avec *cive à ombilic* au centre. — 1, Fin du XVᵉ siècle, Médaillon, La Vierge au rosaire. — 2, XVIᵉ siècle, Atelier vénitien. Bassin en verre, à sujet églomisé. (Cf. note 1, page 149.)

Vie du pape Zéphirin (203 † 221), Anastase le Bibliothécaire, écrivain religieux qui vivait au neuvième siècle, attribue en effet cet emploi aux patènes de verre.

Les vases de verre, si communs dans les cimetières païens, où ils étaient mis en terre avec les cendres du mort, et qui étaient destinés surtout à contenir des *parfums*, se rencontrent parfois aussi dans les catacombes. On assure qu'ils contenaient des linges ou des éponges imprégnés du sang des martyrs, et leur présence auprès d'un corps est, d'après les décisions de la Congrégation des Rites, un caractère certain que ce corps est celui d'un martyr. D'autres vases contenaient simplement de l'eau bénite.

La piété des fidèles, qui considérait comme reliques d'un saint tout ce qui lui avait appartenu de près ou de loin, se plut à recueillir jusqu'à l'huile de la lampe qui brûlait devant son tombeau.

La *gravure du verre*, dont parle Pline l'Ancien (22 † 79) comme d'une pratique de son temps, se perpétua longtemps, car il existe un assez grand nombre de *verres chrétiens gravés*, trouvés en Italie, que l'on peut faire descendre jusqu'au septième siècle.

Dès la fin du treizième siècle, on employa, pour la décoration de meubles civils et religieux, *des plaques en verre décoré à froid*.

Pour connaître les procédés de fabrication de ces plaques, ayant

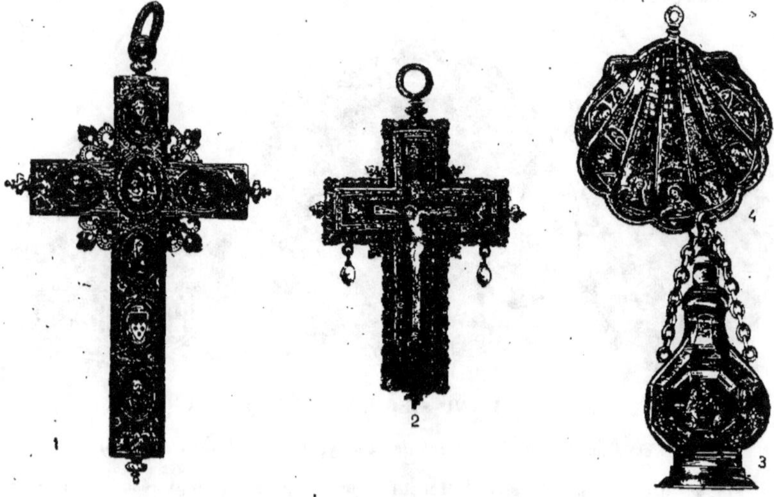

XVIᵉ SIÈCLE. — ART ITALIEN

Fig. 271 à 273. — 1, Croix pectorale en or formant reliquaire. Les croisillons, terminés par des boutons d'or émaillés servant à retenir la plaque du revers qui ferme le reliquaire, sont cantonnés de fleurs de lis d'or émaillé. Sur la partie antérieure de la croix sont enchâssés sept médaillons ovales, en cristal de roche, sous lesquels sont peints le Baptême du Christ, les quatre Évangélistes et la Vierge, vus en buste ; le septième médaillon renferme des armoiries : d'argent à trois étoiles de gueules, 2 et 1, au chef denté de sable. Des entrelacs gravés entourent les médaillons ; d'autres entrelacs sont gravés au revers et sur les tranches. — 2, Bijou en forme de croix. Croix, à double face, en or émaillé, enchâssant deux plaques de cristal de roche peintes et dorées au revers. D'un côté, l'on voit un Christ en croix et, aux extrémités des croisillons, les Évangélistes représentés en buste dans des médaillons circulaires ; de l'autre, l'Assomption de la Vierge : elle est entourée d'anges jouant de la trompette et, au-dessus de sa tête, sont placées trois couronnes. Peinture en grisailles et en or sur fond rouge translucide. La croix est bordée sur tout son pourtour d'un branchage autour duquel s'enroulent des bandelettes émaillées de noir ; deux petites perles baroques sont suspendues aux bras de la croix. Anneau de suspension émaillé de noir naissant d'un petit vase émaillé de blanc. — 3, Flacon en cristal de roche monté en vermeil. Ce flacon à large panse, en forme de bouteille aplatie et taillée à facettes, s'ouvre en deux parties réunies au moyen d'un bandeau d'argent doré percé de trous. qui se rattache au cercle de métal qui borde le pied ; à ce bandeau est attachée une double chaîne de suspension. Chaque face est décorée d'un sujet peint et doré : d'un côté, l'Annonciation ; de l'autre, le Christ au Jardin des Oliviers. — 4, Coquille en cristal de roche montée en or émaillé. Elle affecte la forme d'une coquille dite saint Jacques et, sous chacun des lobes, au milieu d'une fine décoration d'arabesques, on voit un personnage en buste : le Christ, la Vierge et divers saints.

l'éclat des plus brillants émaux et une apparence plus délicate et plus transparente, rendons visite, en compagnie de Viollet-le-Duc, à Jacques le huchier, menuisier de la fin du treizième siècle, qui va nous introduire chez son confrère l'ymagier Guillaume Bériot, habile

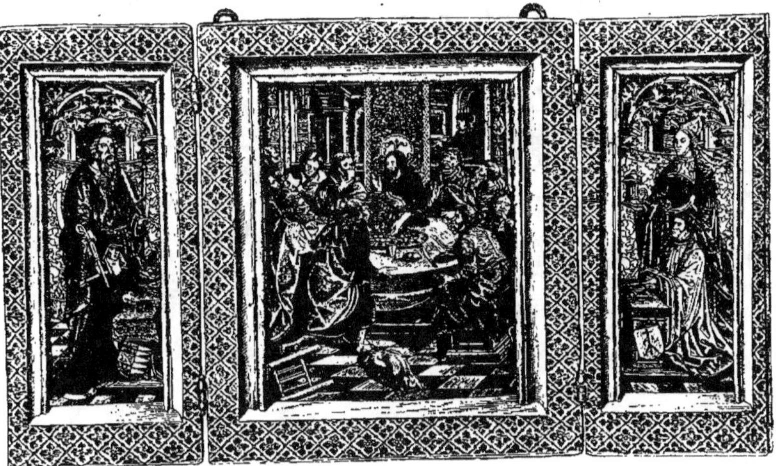

PREMIER TIERS DU XVIᵉ SIÈCLE. — ART ALLEMAND

Collection Frédéric Spitzer.

Fig. 274. — Triptyque composé de trois plaques de verre *églomisé*, l'une formant le centre, les deux autres les volets ; ces plaques sont placées dans une monture en bois doré et peint en rouge, avec un quatrefeuilles peint en bleu.

En voici la description relevée dans *La Collection Spitzer*, avec études de MM. Bapst, Darcel, Frœhner, Giraud, Molinier, Müntz et Palustre, publiée en six volumes in-folio, par Emile Lévy, le regretté éditeur, fondateur de la revue *Art et Décoration*, à qui les antiquaires et les amateurs sont redevables de somptueuses publications relatives aux œuvres et objets d'art.

Partie centrale. La Cène. Autour d'une table ronde sont assis le Christ et les apôtres ; saint Jean est évanoui sur les genoux de son maître qui prend dans un plat du pain pour le distribuer aux apôtres. Au premier plan, Judas tenant une bourse et un chien rongeant un os. Le Christ est seul nimbé et derrière lui pend un riche tapis doré. Au fond, des salles d'une riche architecture et un serviteur portant un plat.

Volet placé à droite : Une abbesse, la *donatrice*, portant la crosse est agenouillée, les mains jointes, devant un prie-Dieu sur lequel est posé un livre fermé. Derrière, saint Jacques, debout en costume de pèlerin ; au fond, un tapis à dessin, exécuté sur fond d'or et une arcade d'architecture ornée de feuillages de style ogival.

Sur le côté du prie-Dieu sont peintes des armoiries : parti au I d'argent semé de billettes d'azur à la fasce de gueules au lion issant d'or. Les armoiries, accompagnées d'une crosse, sont peintes au revers du volet.

Volet placé à gauche : Un prêtre, le *donateur*, est agenouillé devant un prie-Dieu sur lequel est placé un livre ouvert ; derrière lui se tient debout une sainte portant à la main un *vase à parfums* (sainte Marie-Madeleine ?) Elle est vêtue du costume allemand du commencement du seizième siècle et sa tête est recouverte d'une haute coiffure. Au fond, un tapis doré tendu sur une arcade ornée de feuillages de style ogival.

Sur le côté du prie-Dieu est suspendu un écusson d'or à une croix accotée de sable. Le même écusson est peint au revers du volet ; il est accompagné d'un palmier arraché.

dans la fabrication et l'emploi des *plaques dites de verre églomisé*, et nous en décrira la technique (¹).

« On commence, nous enseigne Guillaume Bériot, par coller sous le verre une feuille d'argent battu avec de la gomme arabique pure, mélangée d'un peu de miel. Puis, sur le verre, on peint des ornements délicats avec de l'huile de lin mêlée à la cire, de l'essence de térébenthine et de la sanguine, que l'on fait cuire ensemble à un

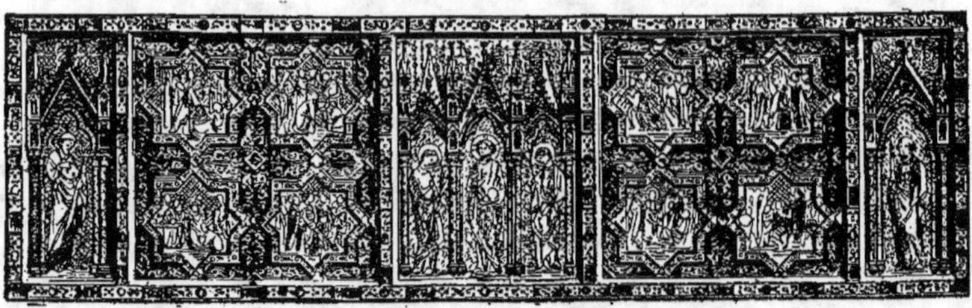

XVᵉ SIÈCLE. — ART FRANÇAIS
Église Abbatiale de Westminster, Londres.

Fig. 275. — Retable recouvert d'un dessin à compartiments rouge, vert et or, rehaussé de feuillages ou d'oiseaux. Le parquet est en bois sculpté, revêtu de vélin fixé au *calcéum*, décoré de gauffrures poussées en or, et de plaques en verre, à motif d'or sous couleurs, d'une exquise finesse.

feu très doux. Sur cette assiette encore molle, on applique de l'or en feuilles ; quand l'assiette est durcie, on brosse l'or, et il ne reste plus que l'ornement ; puis on colle la plaque comme les pâtes de verre. L'ornement doré extérieur projette une ombre sur la feuille d'argent du dessous, cela donne une grande élégance et du relief à l'ornement.

« Pour obtenir des fonds peints de diverses couleurs rehaussées de dorures sous un verre blanc verdâtre, on applique, sous la peinture, qui est transparente, une feuille d'or, et l'on colle la plaque comme les autres ; cela prend un vif éclat et ne peut s'altérer.

« Il faut apporter, dans ces menus travaux, beaucoup de soin et de délicatesse, car de pareils ouvrages paraissent communs s'ils ne sont exécutés par des mains habiles, et ressemblent à ces boîtes que l'on vend dans les foires, aux petites gens pour enfermer leurs bijoux.

« Les sujets colorés sur les fonds gaufrés et dorés, sont peints à l'œuf, et vernis très légèrement au moyen d'une couche d'huile de lin

(¹) Viollet-le-Duc. *Dictionnaire raisonné du mobilier français* de l'Époque Carovingienne à la Renaissance. Paris, Ernest Gründ, éditeur, s. d., 6 vol. in-8.
Publication documentée par de nombreuses figures dans le texte, et de planches hors texte, gravées ou en chromolithographie.

cuite avec de la gomme arabique. Ce vernis s'étend avec la paume de la main, afin de ne faire aucune épaisseur et de ne donner qu'un brillant très doux (¹).

« Quelques parties de la dorure sont également vernies, pour leur donner de la chaleur et leur enlever l'apparence trop métallique, notamment dans les fonds gaufrés; car, si l'on ne prenait cette précaution, la peinture paraîtrait terne et terreuse ».

Et, ajoute Guillaume Bériot, « j'ai fait des lambris et des plafonds ainsi décorés, recouverts de toile fine collée sur le bois, dorés et couverts de pâtes gaufrées et de plaques de verre, de feuilles d'argent, de peintures représentant des feuillages, des oiseaux, et de petites figures en relief peintes au naturel. J'ai fait aussi des bois de lit, de petits tableaux pour oratoires, des armoires et des dressoirs; mais ces ouvrages sont chers et, aujourd'hui, on préfère les meubles de bois sculptés et recouverts de belles étoffes ou de tapisseries ».

ESTAMPES DÉCOUPÉES FIXÉES SUR FOND DE VERRE
UNE MANIE DE TRÈS MAUVAIS GOUT, LA POTICHOMANIE

Vers la fin de 1727, la mode des meubles en découpures fit fureur, si nous en jugeons les *Lettres de M. Constantin à la marquise de *** *, publiées par le *Mercure de France*, décembre 1727. Les hommes, les femmes et même les enfants, découpaient des gravures ou des figurines enluminées pour les fixer sur un *fond de verre*, d'étoffe, ou de bois peint en couleur claire sur lequel on passait un vernis, formant ainsi une décoration d'un goût douteux appliquée aux menus objets usuels, aux meubles, à l'intérieur des chaises à porteurs et des carrosses.

Cette manie dévastatrice était plus agitée chez les femmes que chez les hommes. En visite, les femmes arrivaient avec plusieurs rouleaux de gravures; puis, munies d'une paire de ciseaux, elles se mettaient à découper sérieusement et sans répit, en racontant l'aventure de la veille ou en causant du souper du lendemain. Mlle Aïssé (1695 + 1733), dans ses *Lettres* contenant de curieux détails relatifs à la société de l'Époque Louis quinze, n'exagère pas lorsqu'elle écrit, de Paris, janvier 1728 : « On est ici dans la fureur de la mode pour découper des *gravures enluminées*, tout comme vous avez vu que l'on a été pour le bilboquet. Tous découpent, depuis le plus grand jusqu'au plus petit. On applique ces découpures *sur du verre*, des cartons, et puis on met un vernis là-dessus. On fait des potiches, des paravents, des écrans. Il y a des *livres d'estampes* qui coûtent jusqu'à deux cents livres, et des femmes qui ont la folie de découper des *estampes* de cent livres pièce. »

Une autre manie d'aussi mauvais goût, la *potichomanie* qui fut de mode, en France, sous le Second Empire, vers 1860, eut les honneurs d'un *Poème en trois chants*, ou l'art d'imiter les porcelaines de Chine, du Japon, de Sèvres, de Saxe, les vases étrusques, etc., suivi d'une

---

(¹) C'est ainsi qu'est fabriqué le beau retable déposé dans le collatéral sud du chœur de l'église abbatiale de Westminster, à Londres. (Voir fig. 275).

lettre très intéressante renfermant tout ce que l'on a pu découvrir jusqu'à ce jour sur l'histoire de la potichomanie, et de documents sur l'art céramique, par A.... Paris, Garnier frères, éditeurs, 1854, in-8.

Henri Daumier, le célèbre caricaturiste français (1808 † 1879), a traduit, en une série de planches du *Charivari*, les passe-temps d'artisans mondains qui découpaient des sujets divers : fleurs ou papillons, oiseaux ou petits personnages chinois, imprimés en *décalcomanie*, c'est-à-dire dans un sens contraire à celui sous l'aspect duquel ils doivent être vus, sur un papier aussi mince que possible, enduit d'un mélange composé d'alun, d'alumine et de gomme adragante, et les appliquaient sur la paroi intérieure d'une potiche en verre, assez épais, transparent.

Après avoir fait adhérer ces découpures, on les humectait et, quelques minutes après, on enlevait le papier. Le motif en couleur restait seul fixé. Afin de donner, au verre, l'aspect d'une potiche en porcelaine, on en recouvrait toute la paroi intérieure avec une pâte blanche.

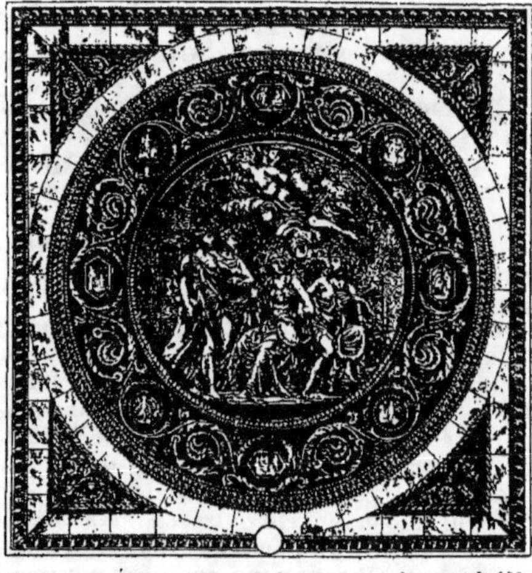

Grand médaillon ou panneau central, avec petits médaillons églomisés.
Cabinet à Bijoux de la Reine Marie-Antoinette (Palais de Versailles).

Ce splendide *Cabinet à Bijoux* a été représenté, fig. 254 à 257, dans le Premier Recueil (1924) des Connaissances nécessaires aux antiquaires, amateurs et officiers ministériels.

Fig. 276. — L'artiste ou les artisans y ont figuré une Renommée ailée tenant en main des couronnes, et l'écusson fleurdelisé de France, voletant au-dessus de quatre muses portant chacune leur attribut. Ces bas-reliefs sont admirables en tous points, et nous ne pouvons leur comparer, comme perfection, que la couronne circulaire qui les entoure, où nous voyons disposés, au milieu d'élégants rinceaux d'une ciselure parfaite, de petits médaillons, *églomisés*, à sujet tantôt de forme circulaire, tantôt de forme rectangulaire. Les quatre écoinçons sont en cuivre ajouré et ciselé, disposés, comme cadre principal, sur un fond de nacre absolument uni. — L'idée d'introduire des peintures sous verre, dans un décor d'ornements en bronze et d'ébénisterie, n'est pas heureuse; mais, est-elle plus condamnable que l'emploi de médaillons en biscuit ou de plaques en porcelaine, dont le rôle dans le mobilier est plutôt blâmable.

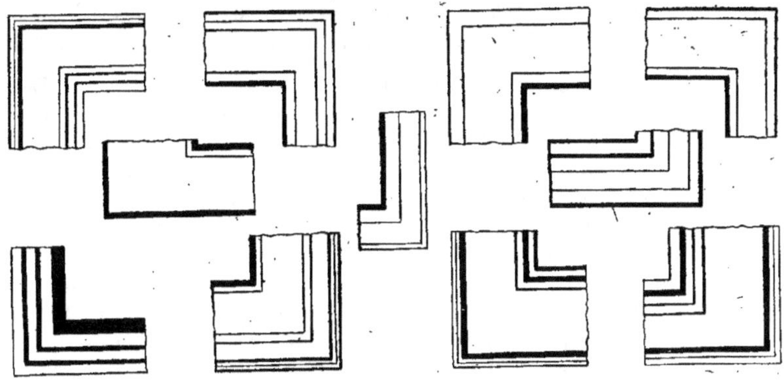

Fig. 277. — Types d'embordures dites à la Glomy. (Voir pages 164, 168 et 169.)

COMMENT METTRE EN VALEUR LES ESTAMPES ET DESSINS

★

EMBORDURES DITES A LA GLOMY

MISE SOUS VERRE CARRÉ, OBLONG, ROND, OVALE, ELLIPSOÏDAL

ACCORD DU TON DES BORDURES AVEC LES NUANCES DES SUJETS

Les estampes et les dessins devant être préservés de la poussière sont, ordinairement, mis sur un carton recouvert d'un verre fixé au moyen d'une étroite bande de papier, collée sur les bords et repliée par-dessous. Quelquefois, on place l'estampe ou le dessin sous un carton ou une carte ayant au centre une ouverture, formant ainsi une sorte de *fenêtre* destinée à leur donner un point d'optique ou de perspective; ces deux sortes d'encadrement ont reçu le nom de *sous-verre* ou *passe-partout*. Cependant cette dernière dénomination, quoique en usage, est impropre, le véritable *passe-partout* étant constitué par une disposition spéciale du carton du fond permettant, au moyen d'une ouverture à charnière, de changer les motifs.

Il ne faut pas exagérer la surface des marges; leur dimension doit être en rapport, non seulement avec celle de l'estampe ou du dessin à encadrer, mais aussi avec ce qu'ils représentent.

Une marge trop grande isole un petit sujet, en diminue la proportion, et fait naître une confusion si la composition comprend un grand nombre de figures, ou de minutieux détails.

Comme il est difficile de fixer des règles exactes à cet égard, on ne doit pas oublier qu'une œuvre ou un objet d'art ne peuvent être analysés et compris, que si le spectateur se place à une *distance égale à trois fois leur surface*. Il est donc indispensable, pour que l'œil saisisse d'un coup et sans déplacer le point de vue optique, l'ensemble et les détails d'une estampe ou d'un dessin encadrés, que la dimension totale du cadre soit calculée d'après ce principe.

Mais, dans tous les cas, et ceci est une règle dont il ne faut pas se départir, les marges doivent avoir la même largeur en haut que sur les côtés et *un tiers environ en plus dans le bas*, surtout si l'estampe ou le dessin, comme cela a lieu le plus ordinairement, doivent être placés au-dessus de la hauteur de l'œil. L'effet de perspective diminuant la marge du bas par rapport à celle des côtés, la composition ne paraîtrait plus au milieu si les marges étaient égales.

L'effet produit serait plus déplorable encore si l'estampe ou le dessin comportaient au bas un titre, une légende ou un nom de graveur.

Il faut donc que l'estampe ou le dessin, à mettre simplement sous verre, possèdent une marge suffisante pour remplir les conditions que nous venons de signaler. On doit commencer par les *dresser*, c'est-à-dire par *ébarber les marges* très proprement et bien d'équerre, en les coupant avec des ciseaux, ou mieux avec une *pointe*, de façon à leur donner la surface exacte que devra avoir le *sous-verre*; il est préférable de tracer préalablement les lignes de coupe au crayon, en prenant pour guide la limite de l'estampe ou du dessin.

Lorsque le sujet est ainsi bien dressé, on en reporte exactement la surface sur une feuille de carton, soit au moyen d'un compas ou d'un mètre, soit en l'appliquant sur le carton et en y traçant le contour.

Le carton dont on se sert pour ces travaux est connu, dans le commerce, sous le nom de *carton de pâte*; on en trouve de plusieurs qualités et de différentes forces. On doit le choisir assez lisse, sans rugosités, et assez épais pour offrir un peu de résistance.

On le coupe avec une *pointe* bien aiguisée, emmanchée dans un fourreau en bois, ayant soin de la faire glisser bien droit le long d'une règle en fer, plate de préférence, légèrement d'abord, pour obtenir le premier sillon puis, en appuyant progressivement à mesure que la pointe pénètre dans le carton, jusqu'à ce que la coupe soit faite. On maintient la règle d'une main ferme et, pour l'empêcher de glisser, il faut la mouiller légèrement à l'une de ses extrémités, du côté où elle appuie sur le carton.

Pour couper le carton, il est préférable de le poser sur une plaque de métal, ou sur une autre feuille de carton laminé qui ne servira qu'à cet usage. Si des *bavures* se sont formées, on les rabat avec un *plioir* en os ou en ivoire.

Sur le carton, amené ainsi à la dimension voulue, on coupe le verre, que l'on doit choisir, après s'en être assuré par transparence, bien blanc, sans *bouillons* ni *soufflures*.

On prend ensuite une feuille de papier un peu fort, et plus large de six centimètres sur chacun des côtés de la dimension totale du *sous-verre*; cette feuille de papier, destinée à la bordure, doit être d'un ton s'harmonisant avec la marge de l'estampe ou du dessin; on la met à plat sur un carton et on l'enduit *en plein de colle de pâte* (¹); puis on pose le verre à peu près au milieu, après avoir eu soin d'en nettoyer le côté opposé, c'est-à-dire celui qui doit être en contact direct avec

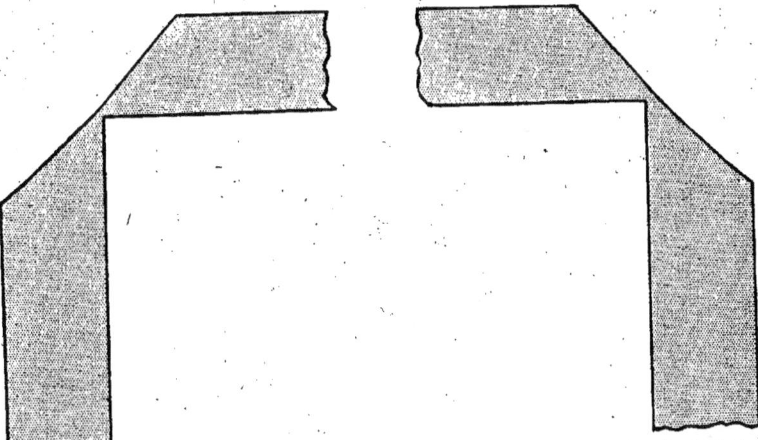

Fig. 278. — Comment embordurer les estampes et les dessins. (Consulter le texte.)

l'estampe ou le dessin. On place la feuille de papier sur le carton en ajustant le tout ensemble sur les bords, de façon que l'un ne dépasse pas l'autre; on en coupe alors les angles à une distance d'un demi-centimètre à peu près de l'angle, fig. 278; on rabat immédiatement les marges sur le carton en les tirant un peu fortement à soi, puis on rabat les angles, fig. 279.

Après avoir retourné le *sous-verre*, on unit le papier sur le verre avec

(¹) La *colle de pâte* se fait avec de l'eau et de la farine. La farine de blé n'est employée que lorsqu'elle est avariée; on préfère celle de seigle, qui sèche moins vite. Pour la préparer, on délaye d'abord la farine avec très peu d'eau, afin qu'il ne se forme pas de grumeaux, puis on en ajoute assez pour former une espèce de bouillie très claire; on chauffe alors, en ayant soin d'agiter continuellement, pour que la farine ne dépose pas et qu'elle ne puisse brûler; la masse s'épaissit quand elle a acquis une température de 70 à 75 degrés, et l'opération est terminée après quelques bouillons. On réunit mieux cette colle quand on achève de délayer la farine avec de l'eau bouillante; elle s'épaissit alors rapidement, ne risque pas de brûler et coûte moins de main-d'œuvre. Le mieux encore est de la préparer au bain-marie.

Pour rendre la *colle de pâte imputrescible* c'est, généralement, l'alun qu'on emploie; mais un procédé meilleur consiste en ce que, avant le refroidissement complet de la colle de pâte, on y incorpore un peu d'essence de térébenthine, environ un demi-quart de litre pour un kilog. de colle. On peut également employer ce moyen pour toutes les dissolutions de gomme arabique qui aigrissent presque subitement.

3. — L. 21

un *plioir*, particulièrement sur les bords; on trace ensuite, autour et au moyen d'un petit compas à crayon, que l'on fait glisser en lui conservant partout la même ouverture, la largeur que l'on veut donner à la bordure, largeur qui ne doit pas dépasser six millimètres, et on coupe sur la ligne tracée en se servant d'une pointe bien tranchante et d'une règle flexible en fer; on enlève le papier qui masque l'estampe ou le dessin; puis on essuie la colle qui est restée sur le verre.

Quoique l'opération qui précède puisse se faire aussitôt après avoir rabattu les marges sur le carton, il est préférable d'attendre que la feuille collée soit sèche. Il arrive souvent, en effet, que le papier encore humide ne se coupe pas nettement; les petites aspérités qui

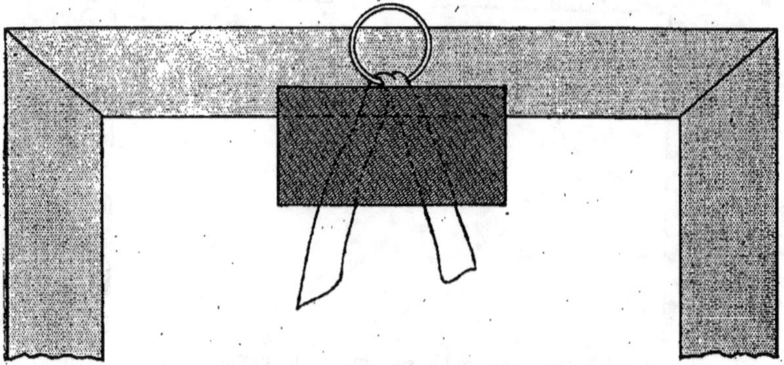

Fig. 279. — Comment fixer l'anneau de suspension.

s'y rencontrent parfois le font arracher par places, on risque alors d'avoir une bordure irrégulière et un peu hachée; le papier bien séché sur le verre est, au contraire, coupé beaucoup plus nettement, et la feuille adhérente au centre s'enlève facilement, après avoir été mouillée avec une éponge.

Il ne reste plus qu'à fixer, au revers, l'anneau devant servir à la suspension : cet anneau, en cuivre, est passé dans un ruban de fil solide, large au plus, de deux centimètres, un peu long et replié sur lui-même en s'écartant à la base, fig. 279. Le ruban doit être collé en plein et, pour lui donner plus de solidité, on le recouvre à la partie supérieure d'un petit carré de papier fort. Il faut s'assurer que l'anneau dépasse un peu le bord du carton, de manière à laisser la place au clou de suspension.

Si le cadre est assez lourd, pour faire craindre que les anneaux ne puissent le supporter, il est préférable de faire usage d'un anneau engagé dans une lamelle de fer-blanc, dont les deux bouts sont recourbés et forment *crochet*.

Avant de s'occuper du papier qui doit servir à envelopper le verre, on fixe le crochet sur le carton. On présente le petit appareil bien au milieu et, pratiquant au carton une entaille aux points A et B, fig. 280 à 282, on y fait passer les crochets X qui, par un léger coup de marteau, seront maintenus aplatis contre le carton.

Avec le ciseau, on échancre le papier aux angles, on le coupe à la marge non rabattue aux points V V, puis, on rabat et on colle les marges à droite et à gauche de l'anneau V' V'. La partie du papier qui reste est alors passée dans l'anneau, et vient recouvrir l'espace M.

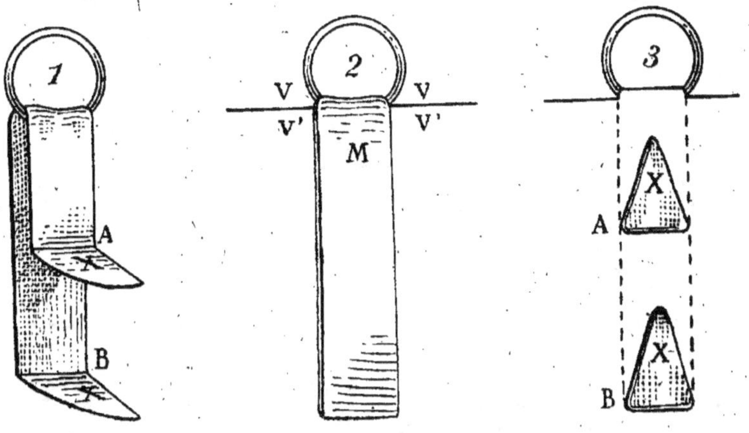

Fig. 280 à 282. — Anneaux pour supports de cadres lourds.

Enfin, et pour plus de propreté, on colle par derrière, sur le tout, une feuille de papier d'un ton gris fer masquant le carton sur toute sa surface, jusqu'à un centimètre du bord.

Au lieu d'employer une feuille recouvrant entièrement le verre, on peut faire les bordures avec de simples bandes de papier; dans ce cas, néanmoins, il est utile que ces bandes soient plus larges que la bordure, car on n'arriverait jamais du premier coup à les coller avec la régularité voulue et à une égale distance du bord; en outre, les feuilles, superposées dans les angles au point de jonction, formant une épaisseur, cet inconvénient disparaît avec le procédé que nous avons indiqué. En donnant la manière de procéder pour faire de simples sous-verre, nous avons supposé que l'estampe ou le dessin étaient sur un papier solide, assez résistant pour ne pas se plisser, et se tenir d'équerre, ou collés sur une *carte de bristol* fort; il n'en est pas toujours ainsi.

Le sujet à encadrer manque quelquefois de marges, ou bien le papier en a été fripé, ou bien il est trop mou et doit être tendu.

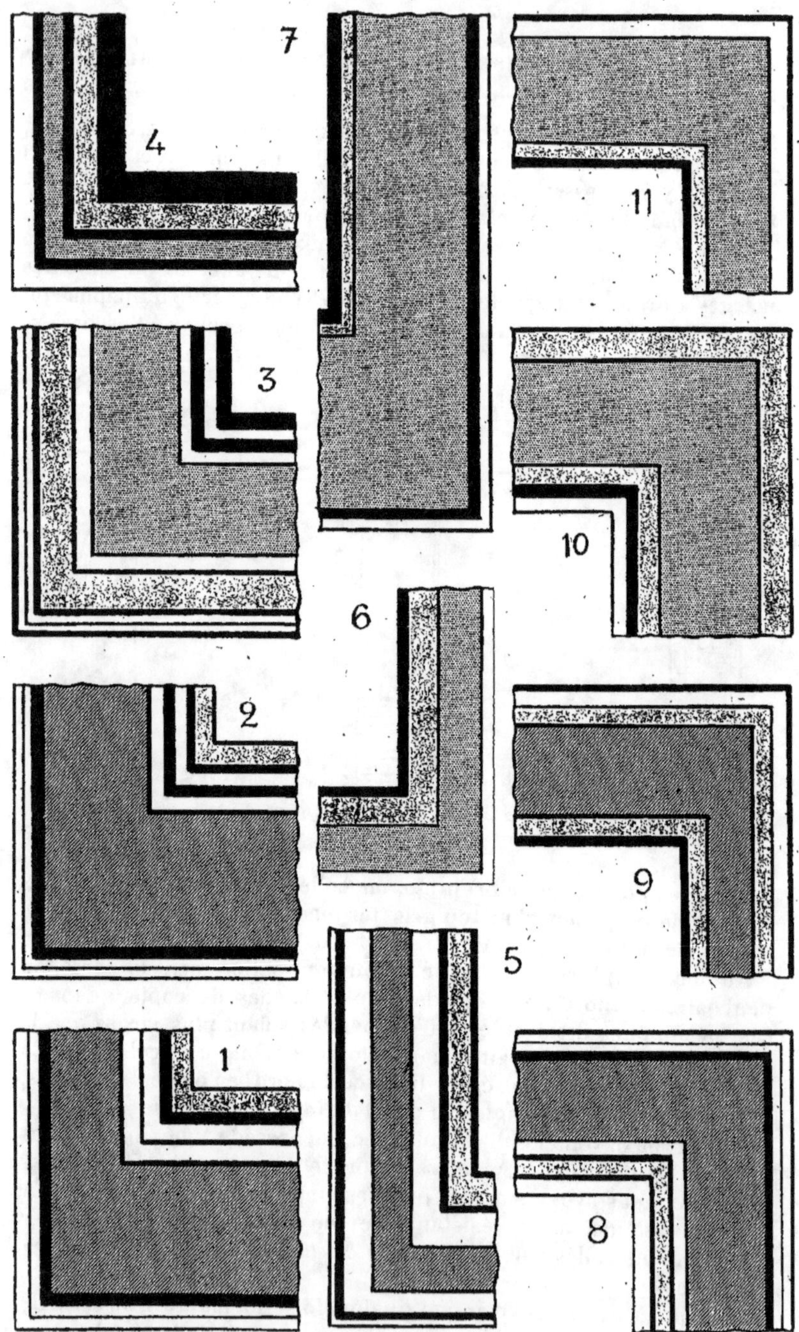

Fig. 283 à 293. — Types d'embordures dites à la Glomy.

Pour obvier à ces inconvénients, il suffira de fixer le papier avec soin par les *angles supérieurs* sur le carton de fond ; il ne faut jamais le coller en *plein*, sous peine d'aller à l'encontre du but que l'on se proposerait ; en effet, il est rare que le carton de fond, sous l'influence de l'humidité occasionnée par la colle et, par suite du *tirage* qu'opèrent sur lui en se séchant les marges repliées des bordures, ne *gondole* pas un peu, c'est-à-dire ne bombe pas extérieurement, formant un creux, par conséquent, sous le verre, à l'intérieur : il en résulterait que l'estampe ou le dessin, collés en plein, suivraient le mouvement du carton.

Il est donc préférable de les tendre en les collant comme nous allons l'indiquer. On commence, après les avoir ébarbés et *dressés*, ainsi que nous l'avons recommandé, à la grandeur que l'on désire donner au *sous-verre*, par les retourner sur un papier propre ; on les mouille légèrement en plein avec une éponge ; puis on met de la colle un peu épaisse sur les bords ou, ce qui est préférable, légèrement aux angles supérieurs. Afin d'obtenir une régularité et plus de propreté, on se sert d'une bande assez large de papier fort qui couvre la gravure ainsi retournée, en laissant dépasser seulement la partie qui doit recevoir la colle ; on reprend avec précaution l'estampe ou le dessin et on l'applique immédiatement sur le carton préalablement coupé de la même grandeur, puis on frotte les bords avec un plioir. En séchant, l'estampe ou le dessin se tendent d'une façon bien plane, même si le carton se gondole ; lorsque l'opération a été bien faite, ce qui n'offre pas de difficulté, les faux plis et les cassures disparaissent.

Dans le cas où l'estampe ou le dessin auraient des marges plus grandes que celles que l'on désire donner à l'encadrement, il est préférable de ne pas les couper : on les rabattra en les collant sur la face postérieure du carton après avoir eu soin, au moyen de mesures prises exactement, d'indiquer par des points les endroits où les angles de carton doivent être ajustés, afin que le tout soit bien droit. Il faut noter que l'estampe, et *non le dessin*, doit être mouillée en plein, afin de pouvoir se tendre en séchant ; on n'en colle les marges qu'après y avoir posé le carton. On en coupe les angles ainsi que nous l'avons expliqué à propos des bordures.

Il arrive fréquemment que le papier de l'estampe n'a pas été *encollé* ; dans ce cas, la colle que l'on pose soit *sur les bords*, soit *aux angles supérieurs*, est vite absorbée autant par le papier que par le carton ; elle se sèche immédiatement et n'adhère pas ; on remédiera à cet inconvénient en y passant, à quelques minutes d'intervalle, plusieurs couches de colle ; c'est quand on l'aura imbibée qu'on la placera sur le carton qui, également, aura été encollé.

Fig. 283 à 293. — Nous avons représenté onze dispositions de filets pour embordures dites à la Glomy. Nous prions nos lecteurs de consulter les figures 296 et 297, pages 168 et 169, ainsi que les types de papiers teintés, page 170.

Lorsque l'estampe ou le dessin n'ont pas de marges, il faut les fixer après les avoir préalablement *dressés*, avec un T ou une équerre, sur une feuille de papier tendue elle-même sur le carton de fond. Il sera donc nécessaire de tailler le carton à la grandeur voulue, c'est-à-

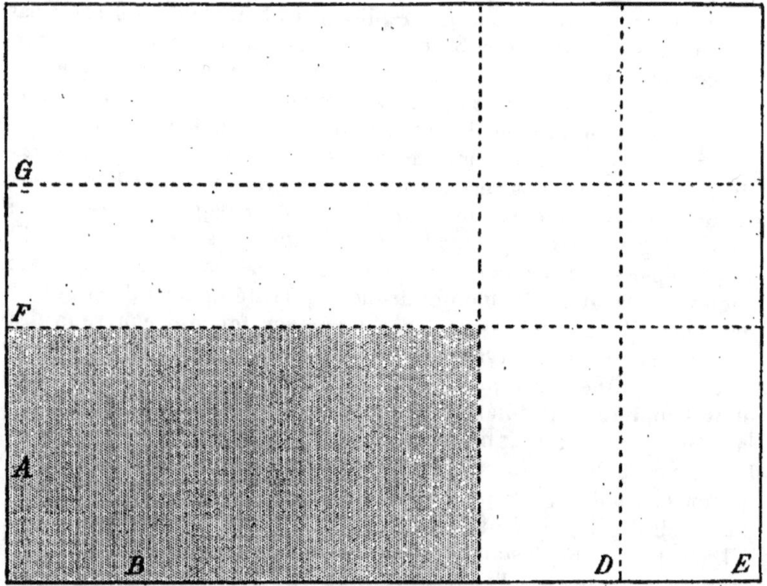

Fig. 294. — Comment procéder pour la mise sous verre.

dire celle que devra avoir l'encadrement. Pour déterminer cette grandeur, voici comment on devra procéder :

Sur une feuille de papier ou sur un carton, fig. 294 ci-dessus, dont deux côtés (A et B) sont d'équerre, on trace dans l'angle formé par A et B la dimension exacte du sujet à mettre sous verre ; puis, après avoir calculé, suivant les principes que nous avons énoncés, la largeur à donner aux marges, on trace cette largeur deux fois pour chacune des marges de côté (D et E) et une fois pour la marge du haut (F) ; on l'augmente ensuite d'un tiers pour celle du bas et on la trace (G) au-dessus de la marge F.

Le point de réunion des lignes G et E donne la surface totale à laquelle il faut couper le carton.

Lorsque le carton est coupé, on tend dessus une feuille de papier un peu fort, en procédant comme nous l'avons expliqué pour les estampes et les dessins à trop grandes marges, c'est-à-dire en mouillant la feuille de papier, puis en rabattant l'excédent sur la face postérieure du carton. Sur cette feuille bien séchée et bien tendue, on reporte, au moyen d'un compas, et on trace légèrement au crayon, la largeur des marges sur chacun des côtés (fig. 295, ci-dessous).

Quand on voudra faire les *passe-partout*, on devra se souvenir de ce

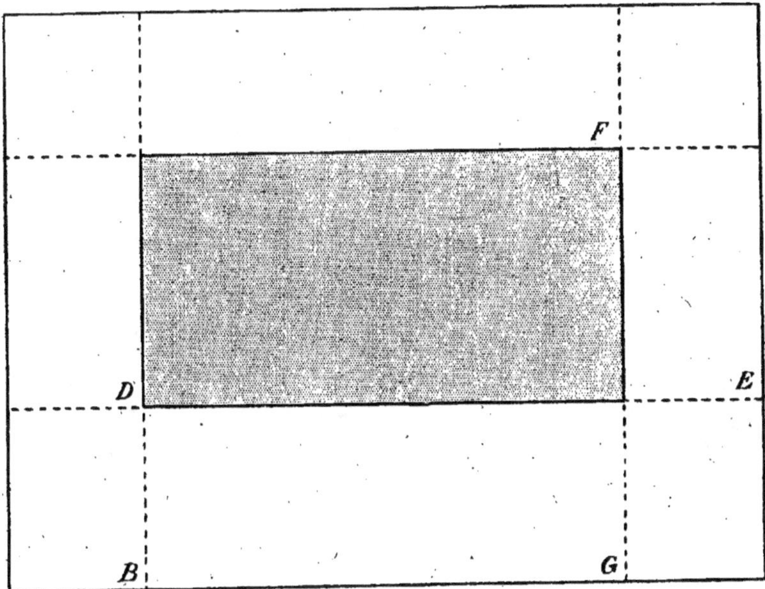

Fig. 295. — Comment procéder pour la mise sous verre.

que nous venons d'indiquer, fig. 294 et 295, afin de tracer, à l'envers de la feuille de bristol, l'ouverture à enlever. Il sera nécessaire de faire le tracé, de la *fenêtre*, deux millimètres plus étroit que la place occupée par l'estampe ou le dessin, afin que le sujet s'y pose bien et puisse en couvrir les bords.

Filets de marges. — Si la feuille de papier sur laquelle on a collé l'estampe ou le dessin est bien tendue, si on a eu soin de la conserver bien propre, il est inutile de faire un *passe-partout* : on coupe parfaitement d'équerre le sujet à encadrer et, après l'avoir fixé à l'endroit exact qu'il doit occuper, ainsi que nous l'avons expliqué, on trace autour, sur le papier du fond, des *filets* devant servir à l'accompagner et qui, en rompant la monotonie des marges, les mettent pour ainsi dire en perspective.

Ce qu'il faut avant tout, c'est choisir le papier de fond, celui sur lequel l'estampe ou le dessin doivent être fixés, de façon qu'il soit bien en harmonie avec le ton du sujet, tout en étant en opposition avec lui comme valeur. (Consulter les types originaux représentés p. 170.)

Les *dessins anciens* sur papier un peu jauni, les *gravures* et les *eaux-fortes* peu colorées, se détachent parfaitement sur du papier légèrement bleuté ; par contre, les *sujets très montés de ton, un peu chargés et un peu noirs*, s'allient avec un *fond gris clair* ou *gris-chamois*. On doit éviter, autant que possible, les *fonds blancs*, et choisir un papier un peu teinté, et surtout bien encollé, afin de pouvoir tracer sur la marge, autour du sujet, des filets entre lesquels on peut passer des

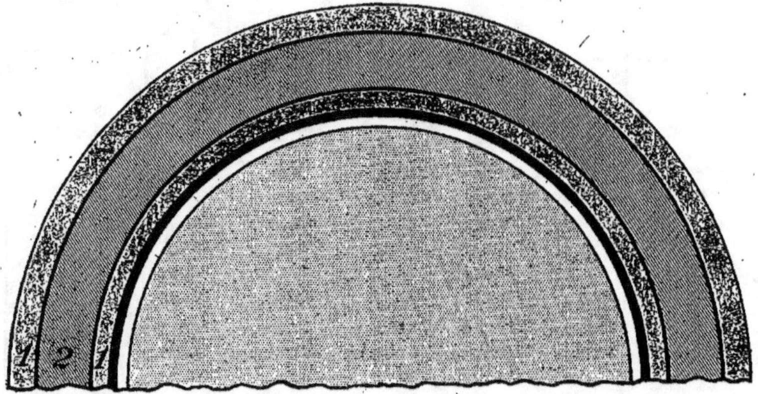

Fig. 296. — Embordure dite à la Glomy (consulter le texte page 169).

teintes plates. Lorsque l'estampe ou le dessin sont fixés à leur place exacte, sur le fond, au moyen de l'opération que nous avons indiquée, s'ils sont secs et bien tendus, on trace la grandeur des marges autour des filets que l'on a disposés suivant la surface et la nature du sujet (¹).

La disposition la plus simple et la moins chargée est préférable. La *Galerie des dessins de Maîtres*, au Musée du Louvre, ainsi que les somptueux numéros annuels publiés, à Paris, par *L'Illustration*, à l'occasion de Noël, offrent des modèles à étudier et à mettre en pratique.

(¹) CARTELS POUR EMBORDURES

Les *cartels* pour embordures d'estampes, dessins, gouaches ou pastels, doivent être sans surcharges d'ornements. La simplicité de ceux que nous présentons est préférable.

Les filets doivent être tracés au moyen du tire-ligne, avec de l'encre de Chine très noire; on les indiquera préalablement au crayon, afin de déterminer les points d'arrêt ou de jonction; la partie teintée sera faite au pinceau avec de l'encre de Chine très étendue d'eau; *il faut avoir soin* d'exécuter ce léger lavis alors que les filets sont

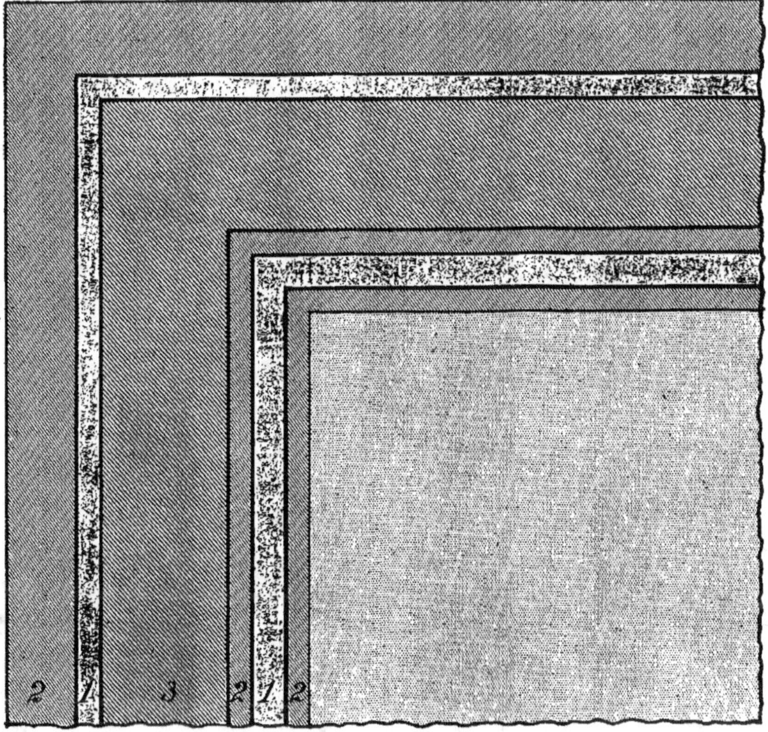

Fig. 297. — Embordure dite à la Glomy. — Consulter le texte ci-dessous.

seulement tracés au crayon; autrement l'eau, en les mouillant, délayerait l'encre et les ferait *baver*.

Dans les exemples que nous en donnons (fig. 296, 297), les bandes 1, sont formées par un étroit ruban de *papier d'or jaune, rouge ou vert,* collé sur le fond, et les bandes 2, fig. 296; 2 et 3, fig. 297, par des lavis ou des papiers dont le ton doit s'harmoniser selon les principes que nous allons énoncer page 171. Le papier d'or devant être coupé *à la règle* avec beaucoup de soin, on se servira d'une pointe ou d'un canif bien tranchant, afin d'obtenir une section très nette; on fixera facilement ce papier avec de la colle de pâte. (Cf. note page 161.)

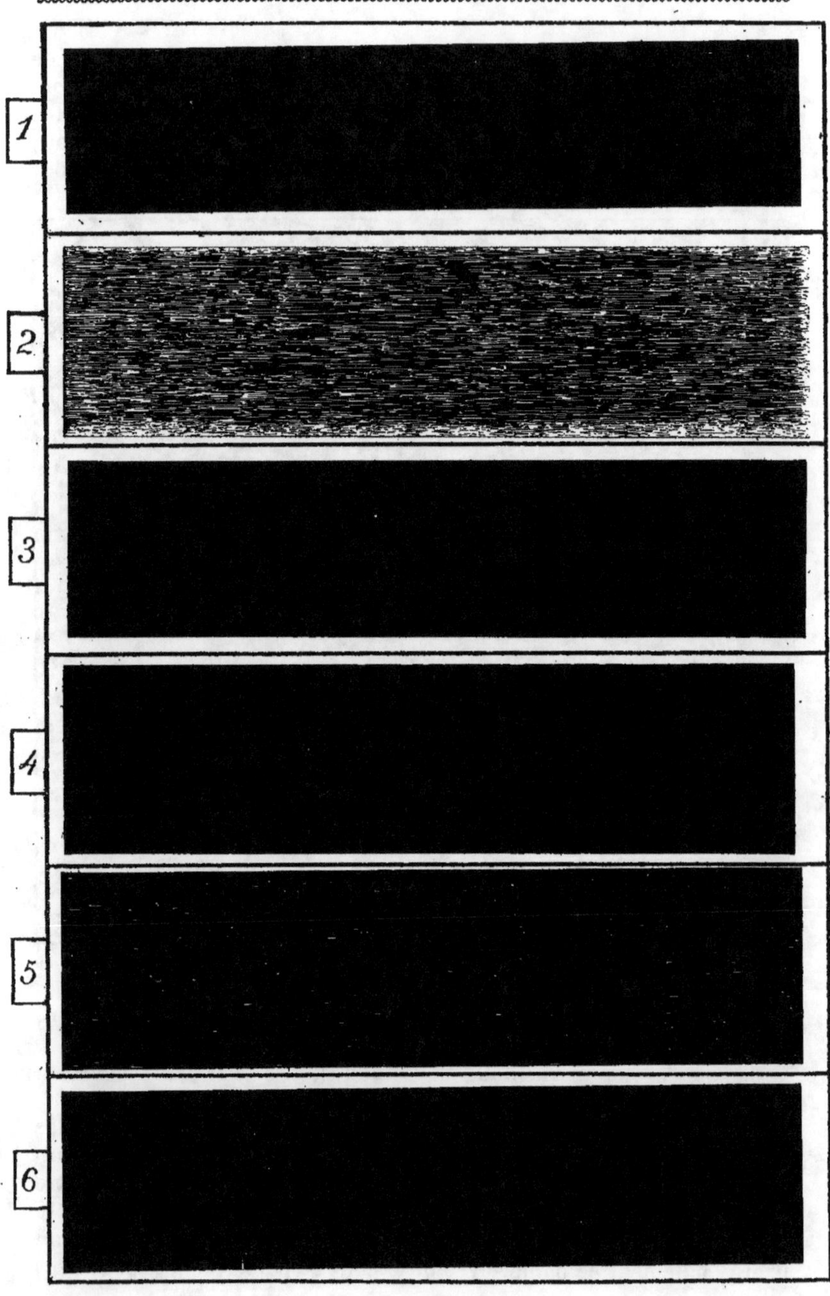

Lorsque le papier doré n'est pas très mince, il est préférable d'en couper les bandes en *biseau* à leur angle de réunion, afin d'en éviter la superposition qui produirait une petite épaisseur.

Il est possible de dorer ces bandes avec l'*or en coquille*, ou avec l'*or mussif* (1); préparés avec un peu de miel et de gomme, on les emploie à l'eau, l'un ou l'autre, comme les couleurs ordinaires.

On peut également tracer, au tire-ligne, des filets avec de l'*encre d'or*; la combinaison de l'encre noire et de l'or, sobrement employée, en bandes ou en filets, produit une mise en valeur.

LE TON DES BORDURES DOIT ÊTRE ASSORTI AVEC CELUI DES ESTAMPES ET DES DESSINS

Pour *assortir le ton des bordures* avec les nuances des estampes ou dessins qu'elles doivent encadrer, il faut observer qu'il est possible de modifier l'aspect des sujets en employant des embordures pouvant les faire valoir, soit comme ton, soit comme perspective.

Notons tout d'abord que la *bordure en papier noir* affaiblit les tons noirs; les tons clairs perdent plus que les demi-teintes, le roux de l'encre est plutôt exalté qu'affaibli.

1. — Si une *bordure gris écorce* n'affaiblit pas les clairs et les demi-teintes, comme le fait le noir, d'un autre côté elle ne les rehausse pas comme le fait le ton de *feuille jaune,* 2; elle leur donne du roux. Mais un effet remarquable qu'elle présente, est une harmonie de perspective qui n'est pas obtenue avec le noir, ni avec le blanc. — *3.* Dans une *bordure feuillage mort*, l'ensemble est moins roux et plus verdâtre.

4. — Une *bordure feuille tombée* produit un effet contraire à celui du gris relativement à l'harmonie d'analogue de perspective.

5. — Une *bordure vert pâturage* affaiblit les bruns; elle rase les demi-teintes et les clairs. La teinte complémentaire est d'autant plus sensible que le jour est moins vif. L'effet d'une *nuance verte* est agréable.

6. — La *bordure bleu lointain* est la plus prononcée et, certainement, la plus remarquable de toutes celles qu'on peut obtenir de la juxtaposition d'une bande de couleur et d'un sujet, estampe ou dessin. La *nuance orangée* à laquelle elle donne lieu, s'étendant sur l'ensemble, produit l'harmonie d'une couleur dominante, et change l'aspect d'un sujet entouré de blanc en un ton bistre ou à la sépia.

On doit éviter, pour les *embordures*, les complications de lignes, les *trompe-l'œil*, qui font paraître le sujet collé sur une surface en relief ou en creux, ainsi que les surcharges d'ornements, de dessins ou de

(1) L'or *mussif* ou *musif*, combinaison de soufre et d'étain (bisulfure d'étain), en poudre, se trouve chez les fabricants de produits chimiques.

feuillages; l'estampe ou le dessin ne peuvent qu'y perdre. Ces *décorations de mauvais goût* les alourdissent et ont le grave inconvénient de distraire l'attention.

Ce qui précède se rapporte à toutes les bordures d'encadrement, qu'elles soient tracées sur les *passe-partout* proprement dits, sur une feuille de papier ou une carte bristol, au milieu de laquelle se trouve placé le sujet à encadrer.

On peut encore, sur une carte un peu épaisse, tracer des filets au moyen d'un corps dur en os, en ivoire ou en bois, dont l'extrémité est taillée en pointe un peu émoussée, de façon à ce qu'il glisse facilement sans couper ni écorcher la carte. On obtient aussi, par compression, surtout sur du bristol teinté, des filets *brunis* d'un effet très harmonieux, s'alliant avec l'or [1].

L'agencement, la décoration des pièces contribuent à faire ressortir les estampes et les dessins. D'après Jules de Goncourt (1830 † 1896), il n'y a, comme fond, que le *rouge mat* et le *noir brillant* pour mettre en valeur les estampes et les dessins anciens; la peinture des boiseries, des portes, des corniches doit être au *poli*, peinture qui comporte des ponçages successifs et dure environ trois mois, mais enferme les choses dans de l'ébène. Pour la tenture, son rouge doit être mat; les étoffes de soie sont onéreuses et le peu d'épaisseur de leur tissu nuit parfois à la qualité de la couleur; les étoffes de laine se mangent, deviennent violettes ou vineuses; seules les étoffes de coton gardent leur nuance intense de géranium.

L'enveloppement complet des dessins, dans une coloration unie et chaude, en fait saillir les blancs et toutes les clartés laiteuses que tue

[1] Quelques amateurs *fixent*, *à jour*, les estampes sur une feuille de soutien en les appliquant sur la surface qu'elles doivent occuper, tracent autour une ligne mince au crayon, puis découpent en réservant quelques millimètres du papier en deçà du tracé, destinés à recevoir et à soutenir les bords de l'estampe.

Il faut avoir la patience d'amincir, au papier de verre double 00, la place où l'estampe et le papier de soutien doivent être joints. Ce *montage à jour* ne doit être pratiquée que pour les estampes *dépourvues de marges*.

Le terme *estampe* appartient aux produits de la *gravure à l'eau forte*, au *burin*, à la *manière noire*, à la *manière du crayon*, du *lavis*. Il est plus correct et plus exact de dire *estampe* que *gravure*; c'est à tort que l'usage de cette dernière locution a prévalu.

L'expression *estampe à claire-voie* s'emploie pour désigner une estampe lorsque le sujet n'est entouré d'aucune forme.

On dit également : *Ovale* ou *Rond*, lorsqu'un filet ou le fond ont cette forme. — *Ovale* ou *Rond équarri*, lorsqu'un médaillon se trouve terminé par des angles ou posé sur un fond carré. — *Carré* ou *Octogone*, lorsqu'un filet ou le fond ont cette forme.

un plafond de plâtre. Mais, ajoute Jules de Goncourt, dans *La Maison d'un Artiste* (Eugène Fasquelle, éditeur), posons en principe qu'il n'y a d'appartement harmonieux, que ceux où les objets se détachent du contraste et de l'opposition de deux tonalités largement dominantes ; le rouge et le noir est encore la plus heureuse combinaison qu'un tapissier ait trouvée comme repoussoir et mise en valeur de ce qui compose un ameublement.

COMMENT OBTENIR DES PASSE-PARTOUT DE FORME OVALE

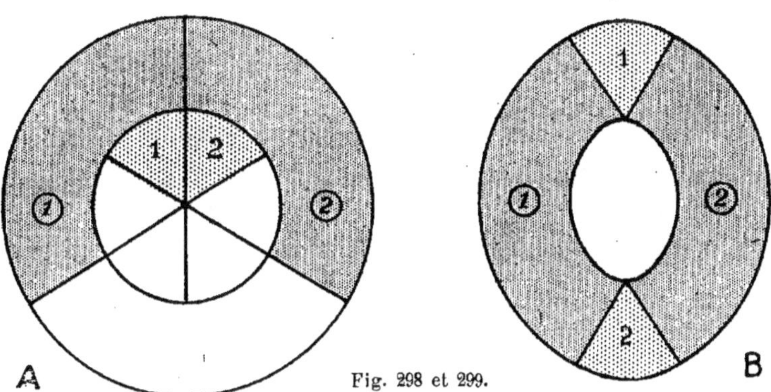

Fig. 298 et 299.

Pour obtenir des *passe-partout de forme ovale*, on emploie un procédé qui ne forme pas une *ellipse rigoureusement géométrique*; mais qui est suffisant : voici en quoi il consiste :

1° Du centre de la pièce circulaire A, décrire un cercle concentrique dont le rayon soit la moitié de celui du grand cercle.

2° Couper la pièce en trois parties égales, c'est-à-dire suivant les divisions de la figure A.

3° De chaque tiers détacher la partie 1 de la partie 2, en suivant le contour du petit cercle; placer les quatre sections comme l'indique la figure B, on obtiendra un *passe-partout de forme ovale*.

[COMMENT OBTENIR DES PASSE-PARTOUT DE FORME ELLIPSOIDALE (¹)

On définit l'ellipse de la manière suivante : *L'ellipse est une courbe telle que la somme des distances de chacun de ses points à deux points fixes appelés foyers est toujours la même et égale au grand axe.* On appelle *grand axe* de l'ellipse la droite qui passe par les deux foyers

(¹) Consulter le *Dictionnaire français illustré des mots et des choses* par Larive et Fleury Paris, Georges Chamerot, éditeur, 1889.

et a ses deux extrémités sur la courbe. Dans la figure 300 la droite A B qui passe par les deux foyers F et F′ de l'ellipse est le grand axe.

On nomme *rayons vecteurs* d'un point quelconque M de l'ellipse les deux droites F M et F′ M menées de chacun des foyers au point M. La somme F M + F′ M de ces deux rayons vecteurs est égale à A B. Pour tout autre point de l'ellipse, pour le point M, par exemple, on a de même : F M + F′ M = A B.

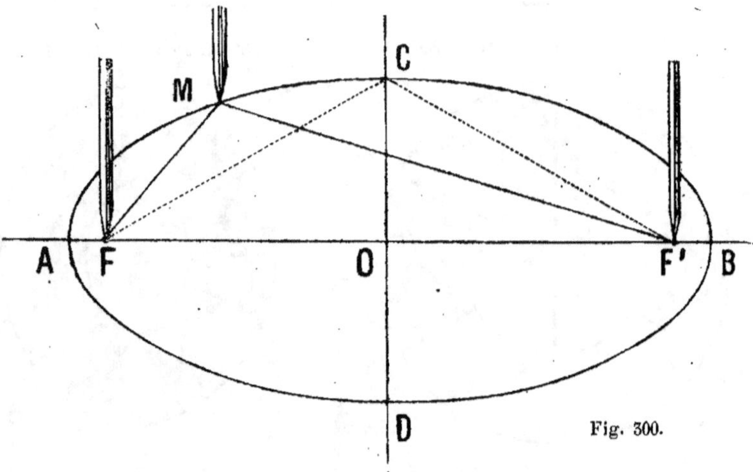

Fig. 300.

On appelle *petit axe* de l'ellipse la perpendiculaire C D élevée sur le milieu O de A B. Le point O où se coupent les deux axes est le centre de l'ellipse. Ce point jouit de la propriété de partager en deux parties égales toutes les droites qui y passent et qui ont leurs deux extrémités sur la courbe. Ces droites sont ce qu'on appelle des *diamètres* de l'ellipse. L'ellipse est symétrique par rapport à ses deux axes. La distance F′ F′ d'un foyer à l'autre se nomme l'*excentricité*.

Il faut se garder de croire que l'ellipse puisse être tracée au moyen d'arcs de cercles qui se raccordent ; elle ne peut l'être que par points ; si on veut la tracer d'un mouvement continu, il faut se servir d'un fil, d'un cordeau ou d'un compas spécial.

Méthode pratique pour le tracé d'une *embordure* de forme ellipsoïdale.

Le moyen le plus pratique pour décrire une *ellipse* est celui qui est ordinairement usité sur le terrain, et connu sous le nom de *procédé des jardiniers*. Il consiste à enfoncer dans le sol deux piquets aux points F, F′ où sont les *foyers*, à attacher au bas de ces piquets les deux bouts d'un cordeau égal en longueur au grand axe A B de l'ellipse (fig. 300), et à faire glisser le long de ce cordeau, de façon à le maintenir toujours tendu, un troisième piquet dont la pointe tracera l'ellipse sur la terre.

Nous avons figuré en M l'une des positions de ce piquet mobile qui tend le cordeau de manière à le diviser en deux parties rectilignes F M et M F'. Ces parties sont les *rayons vecteurs* du point M de l'ellipse.

Pour obtenir des *fenêtres de forme ellipsoïdale* à l'usage de la *mise sous verre des estampes et des dessins*, on peut employer ce moyen *sur le papier* en remplaçant les piquets, qui sont aux *foyers* F F', par deux punaises fixant la feuille de papier sur une planche, le cordeau par un fil, et le piquet mobile M, par *un crayon qui tend ce fil* et dont la pointe *trace l'ellipse sur le papier*.

Notes préliminaires sur la coloration des fonds
dont la tonalité a pour but de faire valoir ou ressortir, sans transitions, les œuvres et les objets d'art et d'harmoniser leur couleur, avec un fond repoussoir.

Si l'harmonie, considérée d'une manière générale, n'est qu'un accord de nombres ayant entre eux une certaine convenance, et que le nombre se trouve dans la lumière comme dans le son, elle ne peut manquer d'y exister. Les harmonies optiques, naturellement variables, pouvant se succéder selon une infinité de suites et à des intervalles régulièrement variables aussi, la mélodie se trouve encore dans la lumière comme dans le son.

L'œil percevant plus de concerts que n'en perçoit l'oreille, il est certain que la lumière est virtuellement susceptible de nous fournir une musique plus riche que ne peut le faire le son.

Notre défaut d'aptitude, que nous ne corrigeons par aucun effort et, par cela même, notre incapacité à sentir la beauté de ses accords et de leurs enchaînements, est la seule cause qui nous empêche de l'estimer avec autant de perfection que nous apprécions celle du son.

Avant d'examiner comment notre sensibilité et notre intelligence ressentent les impressions particulières que fait, sur l'œil, la modification des rayons de lumière réfléchie par les diverses surfaces des corps, et qui excite en nous des sensations nous permettant de distinguer séparément les choses et leur donner la détermination de rouges, jaunes, bleues, orangées, vertes et violettes, il est utile de définir les expressions applicables aux couleurs et aux degrés différents par lesquels elles peuvent passer.

Les *couleurs chaudes*, sont le rouge, l'orangé, le jaune.

Les *couleurs froides*, sont le vert, le bleu, le violet.

Les *couleurs franches*, comprennent le rouge, le jaune, le bleu et celles qui s'obtiennent d'un mélange binaire : l'orangé, le vert, le violet.

Les *couleurs rabattues*, comprennent les couleurs franches qui baissent de tons par l'addition du blanc.

Les *couleurs remontées*, comprennent les couleurs franches qui remontent de tons par l'addition du noir.

Les *couleurs accidentelles*, sont celles qui nous apparaissent lorsque l'organe visuel a été fortement ébranlé ou simplement forcé.

La *gamme*, est l'ensemble de tons d'une même couleur abaissée par le blanc ou rehaussée par le noir.

Le *ton* ou *ton rompu*, est la partie d'une gamme qui a été abaissée par le blanc ou rehaussée par le noir.

La *nuance*, est une couleur modifiée par l'addition d'une ou plusieurs autres couleurs étrangères à la dominante, et pouvant donner ainsi un nombre illimité de nuances.

Toutes les couleurs perdent de leur éclat et de leur ton naturel par leur juxtaposition avec le blanc, elles se transforment, s'assombrissent ou plutôt se noircissent à son contact.

L'œil étant toujours attiré par la lumière, et se portant instinctivement vers le point lumineux qui lui est préparé, l'ensemble décoratif ne doit servir qu'à mettre en lumière et faire ressortir, par cela même, le sujet principal qui est le décor vivant aussi bien que le décor peint ou sculpté.

Il faut donc se préoccuper de les harmoniser au moyen d'oppositions de tons savamment étudiés.

Les *tons repoussoirs*, relégués au second plan, doivent être combinés en parfaite harmonie avec le sujet principal et entendus de façon à préparer la vue à se porter, sans contrainte, vers l'œuvre ou l'objet d'art occupant le premier plan, par le moyen de tons plus sourds et dont la tonalité ne pourra heurter le regard par des oppositions trop violentes, qui donneraient une certaine dureté aux sujets principaux.

C'est d'après ces principes que nous indiquerons, dans notre quatrième Recueil des *Connaissances nécessaires aux antiquaires et aux amateurs*, les diverses influences de chacune des colorations pour parois ou tentures, fixes ou mobiles, dont la tonalité doit avoir pour but de faire valoir et ressortir, sans transition violente, celle des œuvres et des objets d'art et de la mettre en harmonie avec le fond repoussoir.

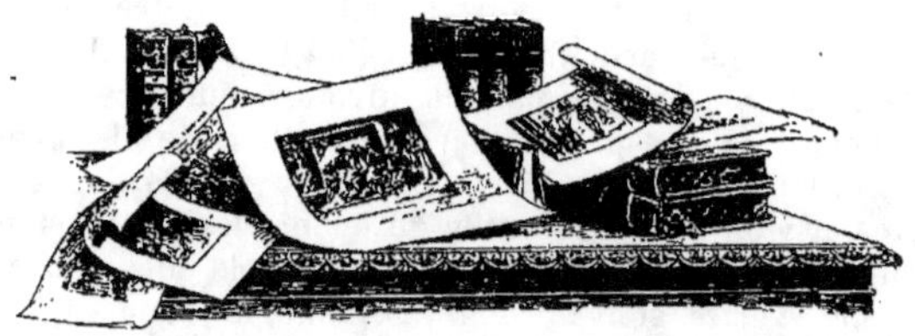

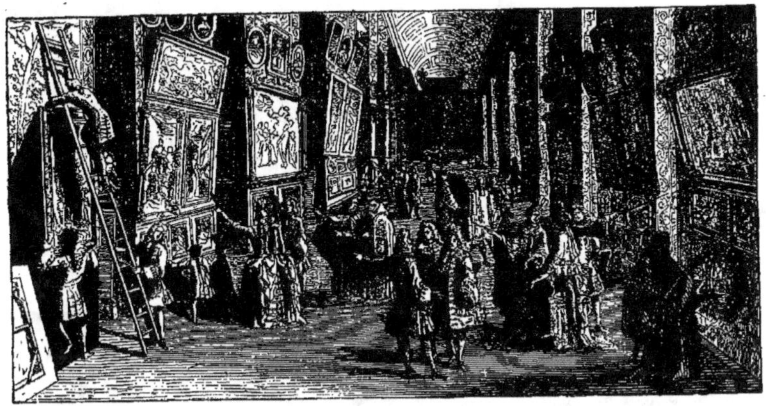

Fig. 302. — Exposition de tableaux au Palais du Louvre, Paris, 1699 (¹).

ÉCLAIRAGE DES GALERIES; MISE EN VALEUR DES TABLEAUX

PRÉCÉDÉ DE NOTES RELATIVES AUX
DÉCOUVERTES, DESTRUCTIONS ET CONSERVATIONS, DE 1815 A 1850,
DE TABLEAUX, ESTAMPES, DESSINS ET ŒUVRES D'ART

Chercher de nos jours ce que l'on trouvait à Paris et en Province, avant la seconde moitié du dix-neuvième siècle, se vanter de faire des découvertes qui en vaillent la peine, est une chimère à laquelle on sacrifierait vainement son temps quoique, en fait d'œuvres et d'objets d'art, la satisfaction soit dans la recherche patiente et dans un scrupuleux examen.

Nous ne sommes plus à l'époque où, sur le Pont-au-Change, sur les marches du palais de l'Institut de France, et en bien d'autres endroits, à Paris, chaque jour, presque chaque heure, amenaient de précieuses épaves : tableaux, estampes, dessins, reliures et coffrets armoriés, etc., dépouilles opimes du dix-septième et, principalement, du dix-huitième siècle.

Obtenir à bas, très bas prix, des œuvres et objets d'art dont personne ne soupçonnait l'intérêt, et qu'un esprit d'investigation éclairé faisait découvrir, était-il rien de plus flatteur pour l'amour-propre d'un amateur ?

Mais les connaisseurs étaient rares alors. L'acquisition de ces pièces précieuses, dont le prix était des plus modiques, demandait peu d'argent. On

---

(¹) Fig. 305. — Document témoignant que les *bordures* (terme en usage chez les peintres et les encadreurs) en bois sculpté et doré, étaient subordonnées aux tableaux qu'elles encadraient, et non *point surchargés d'ornements* comme il en advint à ceux de l'Epoque Louis quinze. (V. fig. 312) Il est en outre intéressant de se représenter une Galerie de tableaux de l'Epoque Louis quatorze, peuplé de personnages en costume du temps.

Les bordures en usage à l'Epoque Louis seize, dont le plus grand nombre est *de composition*, c'est-à-dire en pâte, sont d'une ornementation plus sobre, baguettes unies à la romaine, etc. Nous en avons représenté seize types, avec profils, dans le Premier Recueil (1924) des *Connaissances nécessaires aux Amateurs et aux Antiquaires.*

3. — L. 23

en faisait l'acquisition bien moins pour les revendre, la profession d'antiquaire n'étant pas encore créée, que pour satisfaire une passion considérée comme folle par le public, mais sagace pour les rares initiés.

Ce n'est guère qu'à dater de la révolution de juillet 1830 que l'intérêt, qui s'attachait aux œuvres et objets d'art ancien, en signala l'importance ; de cette époque tout tableau monta au rang de tableau de Maître.

Mil huit cent trente fut l'âge d'or pour les chercheurs, en petit nombre qui, à Paris, explorèrent la rue de la Harpe, la rue Saint-Jacques, le quai aux

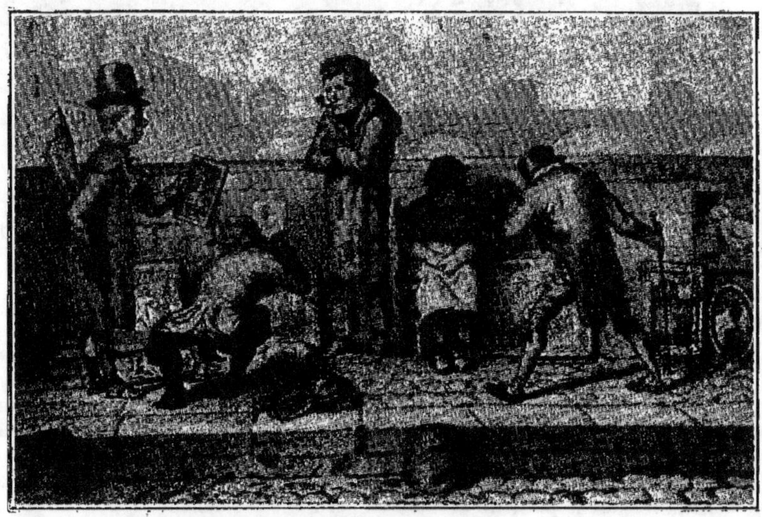

EXEMPLE DE TABLEAUX EXPOSÉS AUX INTEMPÉRIES
Musée Carnavalet, Paris.
Fig. 303. — Les marchands de tableaux sur le Pont-au-Change à Paris, vers 1830, d'après une lithographie de Auger.

fleurs, les ponts et, en particulier, le Pont-au-Change, le passage de l'Abbaye, la rue Childebert, la rue Saint-Benoît et la rue Gozlin.

On y trouvait, pour quelques francs, des tableaux de Watteau, répétitions de *La Halte de troupes* et *Le Départ du Régiment*, qu'il avait peints en 1709 pour obtenir la « pension du Roi » à Rome.

Une commode, Epoque Louis quinze, en vieux laque de Coromandel, avec tiroirs renflés, formant l'arc renversé, décor en pleine pâte, terrains sablés d'or, dessus en *marbre de Ténare*, les chutes, mains fixes, sabots, en bronze ciselé et doré, valait *quarante* francs. On pouvait encore négocier, à bas prix, l'achat de grands flambeaux carrés ou octogones, de *feux*, en bronze ciselé et doré au mat, Epoque Louis seize, les œuvres et objets d'art de cette Époque, avec leur affectation de lignes droites, n'étant pas encore de mode.

La *cour du Dragon*, située proche la rue Gozlin, dont Anatole France tracé un si joli tableau dans *La Vie en fleur* (Paris, Calmann-Lévy, 1922), était un vaste atelier de forgerons qui, impitoyables, transformaient en pelles, pincettes, crémaillères, etc., les barreaux, les verges, les sommiers, les flammes, les astragales et les postes d'admirables grilles de clôtures en fer forgé, corroyé, arrachées à leur destination primitive. C'était l'époque où des plaques historiques gravées sur cuivre formaient des casseroles (¹).

Si des tableaux, malgré leur mauvais état (fig. 303) trouvaient quelques acquéreurs, les chercheurs délaissaient les croquis, esquisses, dessins à la

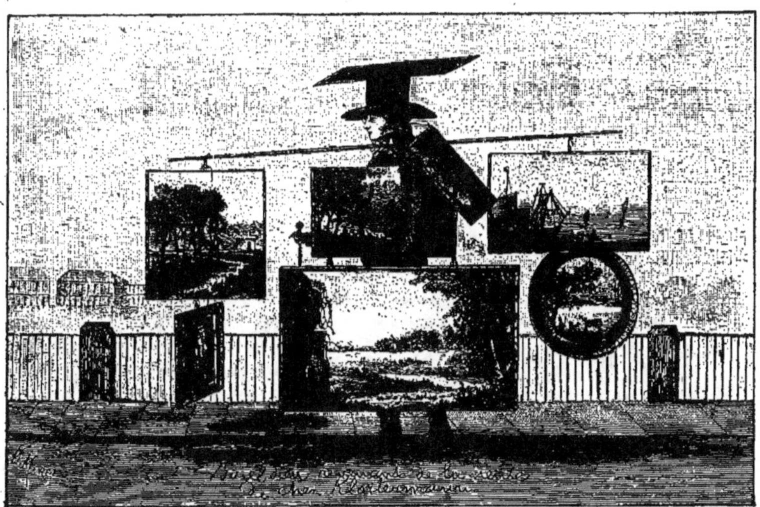

Fig. 304. — F.-A. Boieldieu revenant d'une vente de tableaux à Paris, en 1830.

Dans ce dessin au lavis (*Boieldieu revenant de la vente de chez Klortermann*), François-Adrien Boieldieu (1775 + 1834) qui fut en France, et en Russie où il séjourna de 1803 à 1811, un des maîtres du genre de l'Opéra-Comique, s'est représenté, traversant le Pont des Arts, à Paris, tellement chargé de toiles, qu'il lui a fallu en placer sur son chapeau.

sanguine ou au crayon noir; les cartons du Pont-au-Change en contenaient de Boucher, de Greuze, de Fragonard, de Watteau, et de plusieurs autres petits maîtres, dont le papier fatigué, usé, était souvent pigmenté par l'incolore *Fusarium sp*, ou par le noir *Stachybotrys atra*.

(¹) Sous le n° 7398, le Musée des Thermes et de l'Hôtel de Cluny, Paris, possède une inscription tumulaire arrachée, en 1793, au cercueil du roi Louis XIV.

ICI EST LE CORPS DE LOUIS 14 PAR LA GRACE DE DIEU ROI DE FRANCE ET DE NAVARRE, TRÈS CHRÉTIEN, DÉCÉDÉ EN SON CHASTEAU DE VERSAILLES LE PREMIER JOUR DE SEPTEMBRE 1715. REQUIESCAT IN PACE.

Cette inscription, gravée sur cuivre et que surmonte l'écusson aux armes de France et de Navarre entourées du collier de Saint-Michel et du grand cordon du Saint-Esprit, était fixée sur le couvercle du cercueil du roi à Saint-Denis.

En 1793, lors de la violation des tombeaux, cette plaque fut arrachée ainsi que d'autres des sépultures royales; ce n'est que vers le milieu du dix-neuvième siècle qu'elle a été retrouvée, en même temps que celles de la princesse Marie-Adélaïde, duchesse de Bourgogne, mère du roi Louis XV, et de la princesse Louise-Elisabeth de France, sa fille. *Ces trois plaques ont été découvertes dans la salle d'une auberge de Saint-Denis, réunies et formant une casserole de cuisine, dont les rivets ainsi que les attaches de la queue ont laissé leurs traces encore apparentes.*

Derrière les bureaux du *Journal des Débats* s'élevait un grand mur; le fureteur était là en pleine lumière et au soleil, ce qui avait son prix, l'hiver, pour feuilleter des cartons rangés le long des échoppes, et qui contenaient le *Chevalier* d'Albert Dürer, et la *Mélancolie* du même.

On y trouvait encore la suite des estampes que fit Callot à l'occasion des

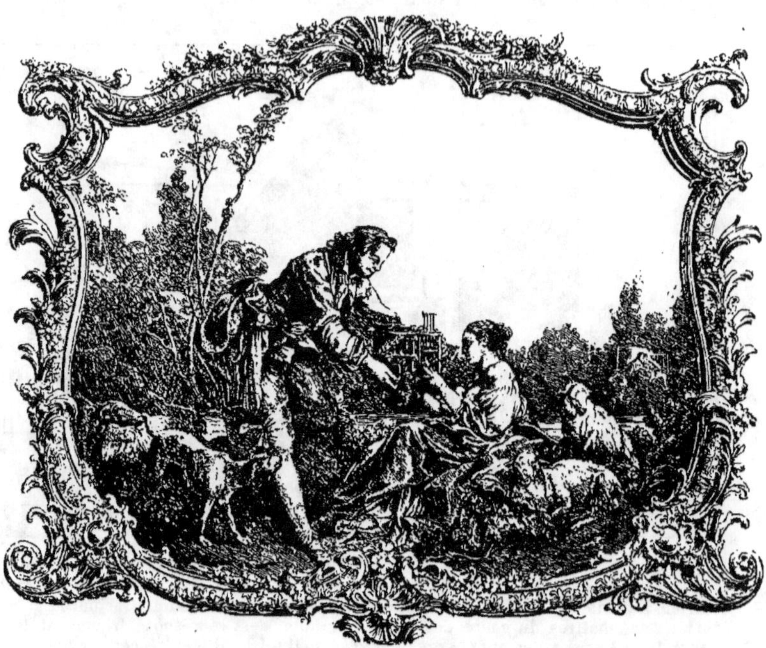

Fig. 312. — (Par suite d'une erreur, les figures 305 à 311 n'existent pas.)
Dessus de porte par François Boucher (1703 † 1770), à l'hôtel de Soubise, actuellement Palais des Archives Nationales, Paris.

« Presque toutes les peintures de François Boucher, écrit M. René Ménard, ayant été conçues en vue de l'harmonie décorative, pour des appartements où dominaient le blanc, l'or et le bleu de ciel, ont paru d'un ton faux et conventionnel lorsqu'on les a éloignées de leur milieu. Aussi ne doit-on pas juger de ses trumeaux décoratifs avec le même œil que d'autres tableaux, très montés de ton, qu'on voit près d'eux dans les Galeries. Quel effet devaient-ils faire dans le salon d'une marquise, où l'on n'admettait que les couleurs tendres, où les fleurs d'un rose pâle et les rubans bleu d'azur s'enlevant partout sur des fonds d'un blanc nacré, et où les femmes poudraient leurs cheveux pour les mettre à l'unisson de la teinte dominante? le ton laiteux et transparent des chairs de François Boucher, qui paraît souvent manquer de consistance, est savamment calculé pour la place qu'elles occupent dans la décoration d'un appartement. »

Festes données en la ville de Nancy, pour le mariage de Madame Nicole de Lorraine, où il y eut des mascarades, des chevauchées, des carrousels. Callot avait été chargé d'inventer et de dessiner les costumes, les caparaçons, les chars et il imagina le fameux dragon roulant sur lequel on voit *Monsieur le prince de Phalsbourg, venant au combat*; c'étaient des *vrais Callot* ceux-là, comme les Dürer, les Rembrandt, les Marc-Antoine, les André Mantegna, étaient des *vrais*. Les faussaires d'estampes, de même que ceux des croquis, miniatures, pastels, etc., en étaient encore à débuter dans leur... industrie.

C'est quai de l'École, réceptacle des estampes, que vinrent échouer d'énormes in-folio, aux splendides reliures en maroquin, tranches dorées, composant l'*Armorial général de France* et une *Histoire des grands officiers de la Couronne*, aux armes de L.-A. de Bourbon. (Voir les *Armes*, n° 63, page 279.)

Ces beaux maroquins provenaient sans doute des châteaux d'Issy ou de Sceaux ; mais qui les avait enlevés et comment se trouvaient-ils sur le quai ? cette masse de papier, pouvant faire le chargement d'une forte charrette, était destinée au pilon : on devait la mettre en pâte !

Sous les arcades du palais de l'Institut, où on les avait laissé s'installer, les marchands offraient les suites de costumes par Le Clerc et Watteau fils. On y découvrait aussi des estampes au pointillé de couleur ; la suite des *Incroyables* et des *Merveilleuses* d'après Carle Vernet valait quelques francs.

Entre la rue du Pas-de-la-Mule et la rue du Pont-aux-Choux, à l'Est de Paris, existait un entrepôt général de vieilles boiseries.

Le contenu de ce magasin, qui débordait sur le boulevard, était la propriété d'un brave enfant de l'Auvergne, dont la spécialité consistait dans le commerce du bois sculpté sous forme de consoles, de fauteuils, de tabourets de Cour, auxquels pendait encore un lambeau de satin azur pâle, retenu par des clous dorés ; mais le bois n'était pas tout le trafic de cet ancêtre des antiquaires. Les meubles, dont il avait déjà vendu le crin et l'étoffe, portaient une épaisse dorure en or fin. Notre brocanteur, ayant appris comment enlever cet or, le cédait à d'autres industriels pour le mettre au creuset.

Chez cet homme, le mieux assorti de Paris, on trouvait, dans un capharnaüm, des cadres carrés, cadres ovales avec de fortes moulures, depuis les cadres massifs, à fleurs fouillées dans la masse, du commencement de l'Époque Louis quatorze, jusqu'aux *anses* de l'Époque Régence, et aux montants tordus et à jour de l'Époque Louis quinze (fig. 312).

A quelques-uns de ces cadres tenaient encore des portraits d'ancêtres, têtes à perruque, grandes dames qui minaudaient dans ce magasin banal, au milieu de ces débris, avec leurs peaux de tigre, leurs croissants aux cheveux ; avec leurs arcs et leurs carquois....

COMMENT PLACER LES TABLEAUX
POUR LES BIEN EMBRASSER EN LEUR ENTIER

Dans une Galerie, l'effet d'un tableau serait insoutenable à l'œil le moins exercé, s'il péchait contre les règles de la perspective, toute la théorie de cet art de représentation se résumant dans la seule règle de dessiner les objets par rapport à *un point de vue*, c'est-à-dire par rapport à une situation unique du spectateur. Si ce tableau est éclairé, comme il convient,

Les antiquaires et les amateurs pourront relever de précieuses descriptions de Galeries célèbres et des analyses d'Ateliers de Maîtres, dans les nombreux *Catalogues* que notre collaborateur M. L. Roger-Milès, expert près la Cour d'Appel de Paris, a présentés aux connaisseurs pendant ces trente dernières années.

Il y a, dans ces publications qui constituent une bibliothèque spéciale, une source abondante d'informations, rédigées avec le souci constant de l'exactitude.

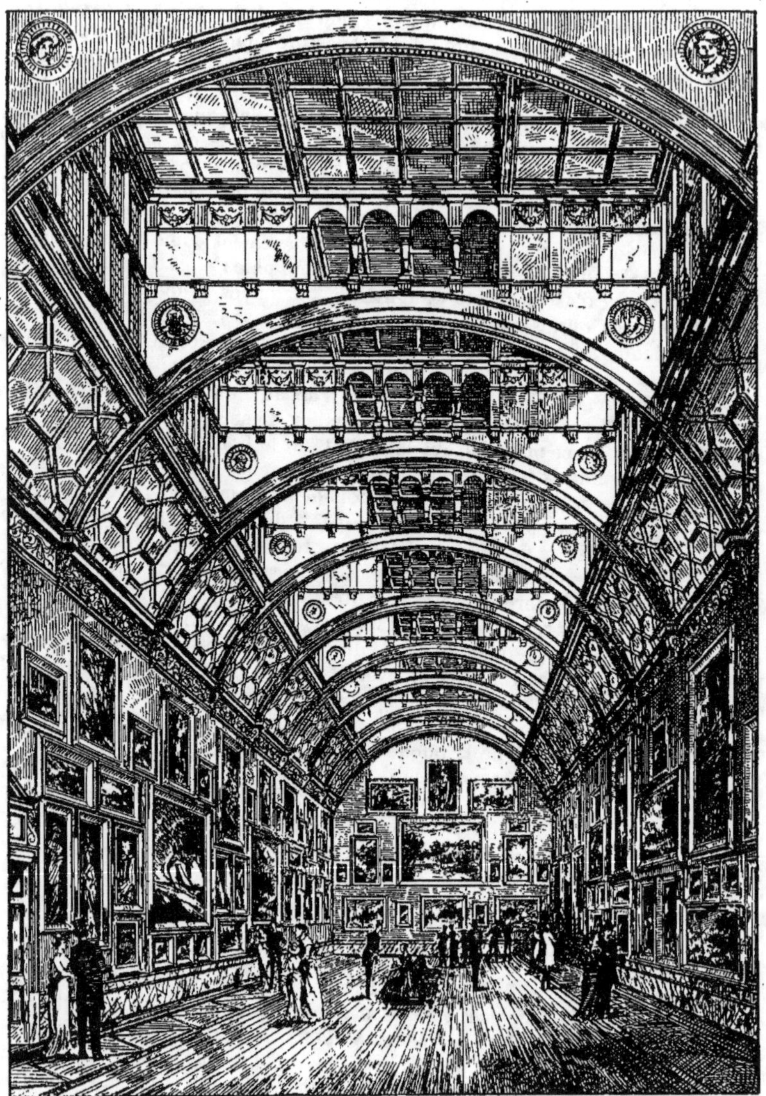

Fig. 313. — Éclairage et disposition d'une Galerie de tableaux, d'après J.-D. Webster.

par une lumière diffuse, l'artiste ou l'amateur qui l'étudient pourront, devront même, pour multiplier leurs impressions, s'approcher et s'éloigner successivement de la toile, s'en écarter à droite et à gauche.

Pour cette observation, Abel Transon n'avait point égard aux circonstances d'une peinture qui serait soumise à une lumière trop directe, puisqu'il faut chercher, comme on dit, à voir le tableau *dans son jour.*

« D'ailleurs, écrivait le savant répétiteur d'analyse mécanique a l'École polytechnique de Paris, dans *De quelques effets d'optique relatifs à la perspective*, les déplacements successifs de celui qui observe un tableau, ne résultent pas de la difficulté qu'il y aurait à retrouver, avec une précision mathématique, cette situation particulière que l'artiste a supposée.

« C'est un fait bien connu que celui du portrait dont le regard vous suit dans toutes les parties de la salle, ou bien de l'archer qui vise à la fois tous les spectateurs.

« Ce fait vulgaire a été ainsi expliqué : lorsque l'objet considéré est en relief, chaque déplacement de l'observateur lui découvre des parties qu'il ne voyait pas encore, et aussi lui cache des parties qui d'abord étaient visibles ; de là le changement d'aspect. Mais, s'il s'agit d'un dessin tracé sur une *surface* sans épaisseur, les mêmes parties demeurent toujours visibles, et toujours elles conservent leurs rapports de situation et de grandeur. Ainsi, il n'y a pas lieu de s'étonner qu'elles produisent toujours la même impression sur l'observateur, quoiqu'il change de place.

« Il serait donc inexact de dire que l'impression du spectateur reste la même quand il change de place à l'égard d'un tableau ; car s'il se met dans une situation extrême, comme d'être à peu près dans le prolongement de la *surface* de ce tableau, le dessin lui apparaîtra complètement déformé, *anamorphosé* ; et, comme cette apparence n'est que le dernier terme d'une déformation qui se fait par degrés insensibles, il est clair qu'à chaque situation nouvelle du spectateur correspond réellement une impression diverse.

« Il ne sert donc rien de dire que toutes les parties du dessin conservent, sur la toile, les mêmes rapports de grandeur et de situation, car *ce n'est pas sur la toile qu'on les voit....*

« En présence d'un tableau, l'amateur ne voit plus la *surface* sur laquelle il a été peint, il voit au delà *un relief idéal*, et c'est en cela même que consiste la *magie* de l'art.

« Si cet amateur est placé dans la situation à laquelle l'artiste a rapporté a perspective, il voit en particulier le relief qu'il a voulu présenter ; mais, pour peu que l'amateur s'écarte de cette situation unique, il voit déjà un relief différent. Le spectacle que le tableau présente se déplace au delà de la toile en même temps que l'amateur change de place au-devant d'elle.

« En quelques mots, cette sorte d'illusion plus ou moins grande que fait naître une peinture, est ce que les physiciens appellent *un phénomène de position*, précisément comme le phénomène de l'arc-en-ciel que deux observateurs voient au même moment sur la nuée, et qui n'est pas le même pour l'un et pour l'autre. »

Ainsi pour rendre compte de cette contradiction apparente que, d'une part un tableau doive être dessiné comme étant vu d'un point unique, sous peine de produire un effet absolument inacceptable, et que cependant une peinture conserve son harmonie étant vue de lieux sensiblement éloignés les uns des autres, on doit connaître d'après quelles lois la variation de ce relief idéal dépend des déplacements du spectateur.

Si nous devons donner des éloges mérités à la splendeur des Galeries de tableaux au Musée du Louvre, il est utile de mettre les amateurs en garde contre le travers qui consiste à sacrifier *la collection à la décoration de la salle*. En subordonnant de la sorte l'étude des œuvres et objets d'art

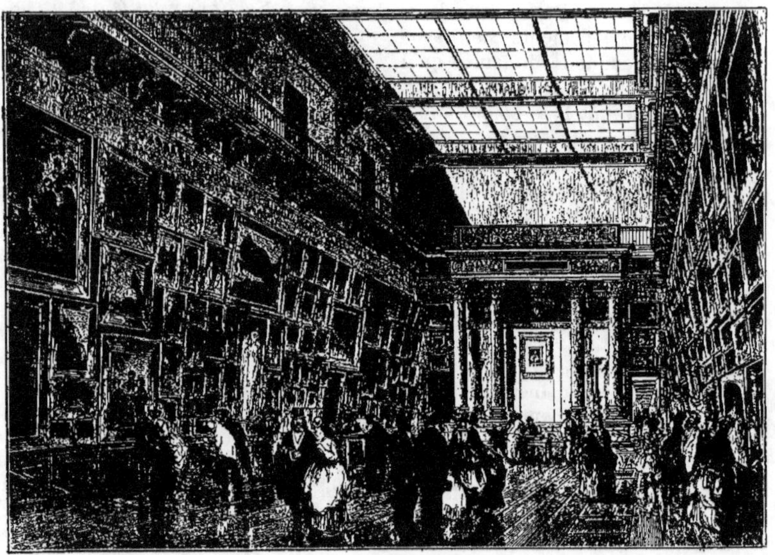

Fig. 314. — Inauguration de la salle La Caze, Musée du Louvre, Paris, lors de son installation dans l'ancienne salle de la Collection Campana.

« Les vieux Musées d'Europe, écrit l'Historien d'Art M. Louis Réau dans la *Revue de Paris*, mars 1919, sont installés dans des palais ou des couvents désaffectés, qui conviennent fort mal à leur nouvelle destination. L'exemple du Musée du Louvre est caractéristique. La sculpture y est reléguée dans des salles voûtées où filtre une lumière blafarde ; les peintures s'entassent dans d'interminables salles des pas-perdus, ou dans des salons d'apparat beaucoup trop vastes et trop pompeux. Toute tentative de classement rationnel est condamné d'avance à un demi-succès. »

à l'effet théâtral, on amène le public à s'arrêter un instant pour considérer l'aspect des salles, et à passer sans s'intéresser à ce qu'elles contiennent ; c'est une vérité que nous sommes forcé de reconnaître pour en avoir été témoin. Signalons aussi la déplorable habitude d'enlever les plus belles œuvres d'art de la place qu'elles doivent occuper, et de les exposer à part comme si, seules, elles méritaient d'attirer l'attention du public ; c'est annihiler des Collections que de les dépouiller ainsi.

Pour satisfaire des ignorants, qui veulent savoir ce qu'ils doivent admirer sans se compromettre, on condamne à l'oubli, sinon à l'indifférence, de nombreuses et précieuses œuvres instructives.

Terminons cet exposé en indiquant, d'après Léonard de Vinci (1452 † 1519) (Cf. *Ms. 2038, Bibliothèque Nationale, Paris. Folio 32, verso, traduction de Charles Ravaisson-Mollien. Paris, Albert Quantin, Éditeur*), la place où doit se tenir celui qui regarde une peinture [1].

Dove. débe. stare quello. che riguarda. lapitura. — poniamo. che. *A. B.* sia. lapittura. vista. eche. *D.* sia. illume ꝗ dicho· chessetti. porai. infra. *C. E.* male.. complenderai la pitura | e massime. seffia, fatta. aolio. overa. mente. vernichata. perche ara lustro | effia. quasi. di natura. dispechio, e perquesta. chagione. quanto. piy. ta | chosterai. al punto. *C.* meno. vederai. perche. quiui. risaltano irazi | dellume. mandato. dalla. finestra. alla pittura. essetti. porai. infra | *E. D.* li fia. bene. operata la tua. vista. e massime. quanto. piv. tapresserai | alpunto. *D.* perche quello. locho. e meno. participante. di detta percu | sione derazi refressi

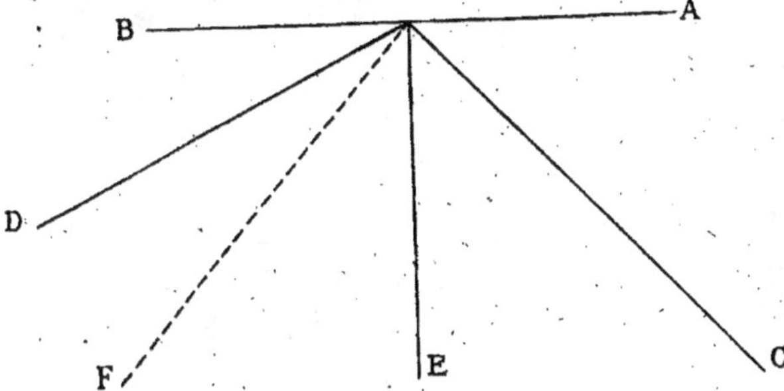

Fig. 315. — Supposons que *A B* soit la peinture vue et que *D* soit la lumière ; je dis que si tu te mets entre *C, E,* tu comprendras mal la peinture, et surtout si elle est faite à l'huile ou bien vernie, parce qu'elle aura du lustre et sera presque de nature de miroir ; pour cette cause, plus tu t'approcheras du point *C,* moins tu verras, parce que là ressautent les rayons de la lumière envoyés par la fenêtre à la peinture ; et si tu te poses entre *E, D,* ta vue sera bien employée, et surtout d'autant plus que tu t'approcheras (en *F*) du point *D* parce que cet endroit est moins participant de la dite percussion des rayons réfléchis.

Jean-François Millet (1815 † 1875) recommandait de placer ses tableaux à une distance convenable, pour les bien embrasser en leur entier, d'un seul coup d'œil. (Voir fig. 316 et 317, pages 186 et 187.)

DANS UN CABINET OU DANS UNE GALERIE
TOUT DOIT ÊTRE SUBORDONNÉ AUX ŒUVRES ET AUX OBJETS D'ART

Le Cabinet ou la Galerie ne constituent qu'une enveloppe, les œuvres et les objets d'art : tableaux, statues, émaux, ivoires, meubles, orfèvreries, dominant le reste, tout doit leur être subordonné.

« Si donc un amateur, écrit Henry Havard dans *L'Art dans la Maison,*

[1] Des *Feuillets, Manuscrits et Carnets inédits* de Léonard de Vinci, nous avons publié : Notes et Dessins sur la Génération ; le Cœur ; les Mesures et les Proportions du Corps humain ; le Thorax et l'Abdomen ; les Nerfs et les Vaisseaux ; les Attitudes de l'Homme ; la Physiognomonie ; les Études Anatomiques ; les Têtes grotesques ; la Botanique ; le Cheval ; les Devises et les Rébus ; les Études de Têtes ; l'Atmosphère ; les Canaux ; Le Traité de Peinture ; la Mécanique (*Royal Library. Windsor*) 22 volumes in-fol. — Sciences Physico-Mathématiques (*British Museum, London*). — Problèmes de Géométrie et d'Hydraulique (*South Kensington Museum, Forster Library. London*) 15 vol. in-4°.

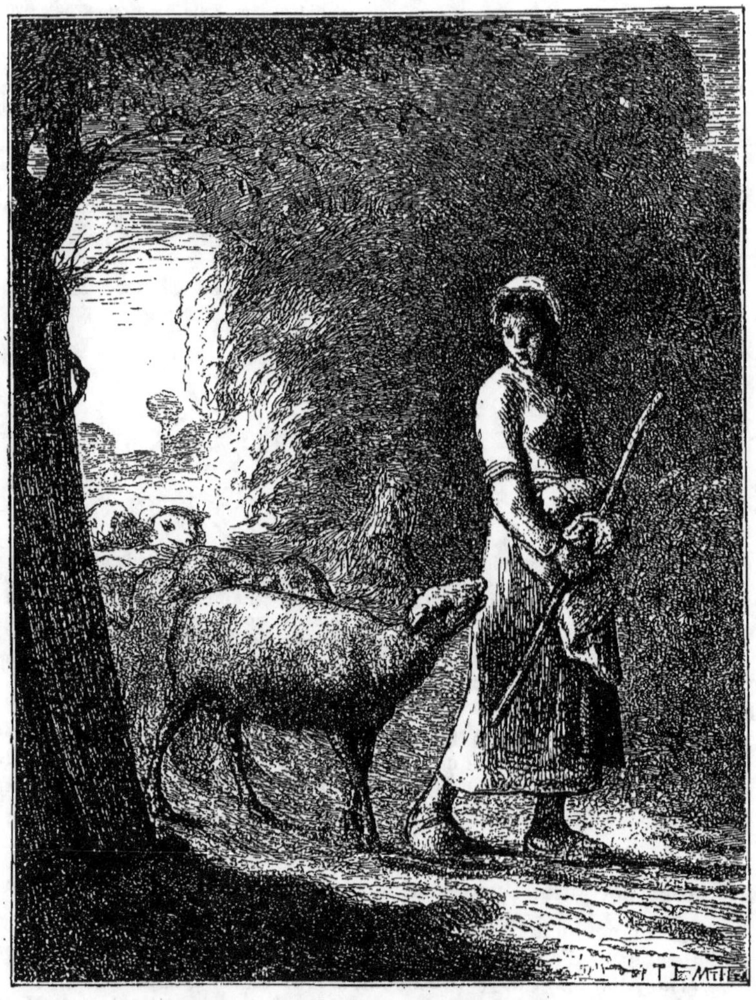

Fig. 316. — *BERGERE AVEC SON TROUPEAU*

Tableau que J.-F. Millet recommande de placer à une distance convenable pour le bien
embrasser en son entier, d'un seul coup d'œil. — (Consulter la *lettre fac-simile* ci-contre.)

Note. — Pour un amateur, doué d'une vue perçante, la distance convenable, afin de bien
embrasser un *tableau*, une *estampe* ou un *dessin*, en leur entier, d'un seul coup d'œil, est
ordinairement égale *une fois et demie* à leurs dimensions.

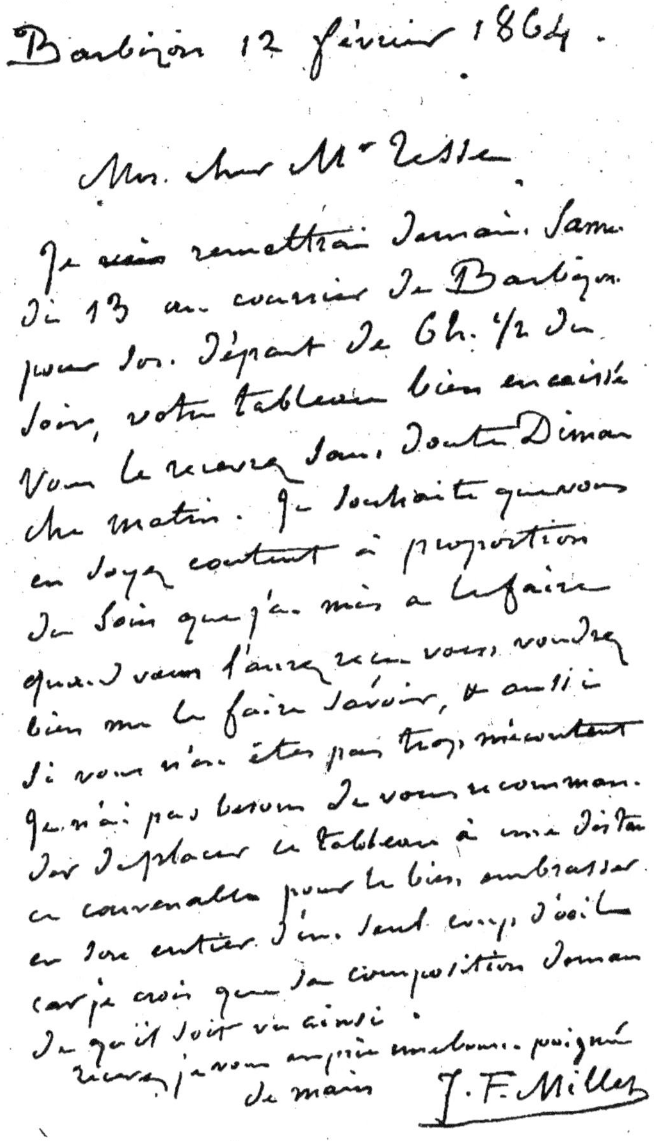

Barbizon 12 février 1864.

Fig. 317. — Lettre de Jean-François Millet (1815 † 1875), à Monsieur Paul Tesse, en lui
envoyant son tableau : *Bergère avec son troupeau*, représenté ci-contre.

estime que l'art italien du quinzième siècle prime tous les autres, il ne donnera pas à l'ensemble la même forme ni le même décor que s'il place son idéal dans une autre période. Étant admis que les questions d'agencement et d'éclairage sont les seuls points sur lesquels il soit permis de tracer des règles absolues, nous ferons remarquer qu'il est deux modes d'éclairer les œuvres et les objets d'art, et que ces modes présentent chacun des avantages spéciaux.

« Le premier est l'éclairage latéral, qui convient surtout aux objets

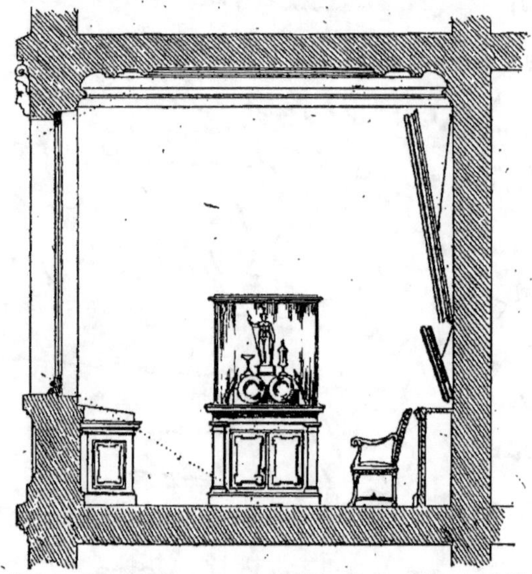

Fig. 318. — Galerie d'œuvres et d'objets d'art, éclairage latéral.

s'exprimant par un relief. Sous l'impression d'un jour de côté, unique et fortement accentué, ces reliefs se modèlent avec plus de franchise, que lorsqu'ils sont éclairés de diverses parts, avec des ombres qui se contrarient. C'est pourquoi l'éclairage bilatéral doit être proscrit.

« Par contre, l'éclairage unilatéral exige des ouvertures larges, des baies spacieuses, montant jusqu'à la corniche, de façon que la lumière vienne de haut, et garnies de grandes glaces de manière que le jour ne soit ni arrêté ni dénaturé au passage. Il faut, en effet, éviter avec soin les rideaux, et il convient de ne pas abuser des vitraux de couleur, qui diminuent la puissance du jour. Une bonne disposition pour une Galerie de grandeur moyenne (quatre mètres de large suffisent le plus souvent) nous paraît être indiquée par la figure 318; la prise de jour y est aussi vaste que possible.

« Contre l'appui de la fenêtre est placée une première vitrine qui peut recevoir des plaquettes, des ivoires sculptés, des émaux, des bijoux et autres petits objets réclamant une lumière intense, alors que, dans le coffre de cette vitrine, on peut placer les casiers d'un médaillier ou les portefeuilles d'une Collection d'estampes.

« Au milieu de la pièce, une seconde vitrine plus grande, plus haute surtout, toute en glace, abritera les statuettes, les pièces d'orfèvrerie, les terres cuites, les émaux, etc., qui demandent à être étudiés sous diverses faces, et dont on pourra ainsi faire le tour.

« Enfin sur la paroi pleine, les toiles et les panneaux de taille différente, les panoplies, les cadres de toutes sortes, recevant une lumière encore intense, mais déjà mitigée et plus discrète, seront bien à leur place et formeront un fond de décor riche et coloré.

« Ce premier mode d'éclairage latéral est le plus usité dans les habitations à étages multiples. C'est celui, en outre, qui nécessite le moins de dépense et, l'exposition étant bien choisie, il peut, bien souvent, donner des résultats satisfaisants.

« Le second mode, celui de l'éclairage par en haut, convient mieux toutefois dans les Galeries spécialement affectées aux tableaux. Il offre, en effet, ce double avantage, en laissant les deux parois libres, d'augmenter singulièrement l'étendue des surfaces disponibles; en outre, il évite la suspension à contre-jour de certains tableaux; enfin. le parti pris de lumière qui, dans les peintures, va tantôt de gauche à droite, et tantôt de droite à gauche, ne risque plus d'être contrarié par la position de la toile relativement aux fenêtres, ce qui permet plus de liberté dans l'ordonnance générale et dans la disposition des œuvres et objets d'art. De tous ces avantages réunis, il est résulté qu'on a pris soin d'éclairer par en haut presque toutes les Galeries publiques et les salles d'exposition de construction récente. Néanmoins, cet éclairage qui, ordinairement, a lieu au moyen d'un plafond central, lumineux, admissible à la rigueur pour un palais ou pour des hôtels isolés, nous paraît défectueux pour une Galerie d'étendue limitée, établie au centre d'une grande ville et dominée par des maisons un peu hautes. De toutes parts, en effet, viennent s'y concentrer la poussière et les détritus engendrés par le voisinage » (1).

Le plafond central lumineux, présente également cet inconvénient de laisser tomber le jour d'aplomb sur le sol qui le rayonne sur les tableaux, et les sommets à des reflets fâcheux; il a enfin ce grave défaut d'être d'une construction coûteuse.

Ce plafond plat doit être garanti contre la grêle, la neige et la pluie par une seconde toiture également vitrée et, entre ces deux toitures, il faut avoir soin de disposer un grillage, pour empêcher la chute

(1) Cf. L'Art dans la Maison, *Grammaire de l'Ameublement*, par Henry Havard, avec illustrations de Corroyer, C. David, E. Prignot. Favier, Fichot, G. Goutzwiller, Kauffmann, P. Laurent, Michel, et Henri Toussaint. Un volume gr. in-8° (412 pages), Paris, Edouard Rouveyre, Editeur, 1883.

des corps ou des projectiles qui, après avoir crevé le premier vitrage pourraient menacer le second. Or, cette double toiture préservatrice, munie de ce grillage, enlève beaucoup de jour, d'où l'obligation d'augmenter l'étendue des baies lumineuses. Enfin, par un temps de neige, le plafond plat, protégé par une seconde toiture faiblement inclinée, devient le plus obscur des moyens d'éclairage.

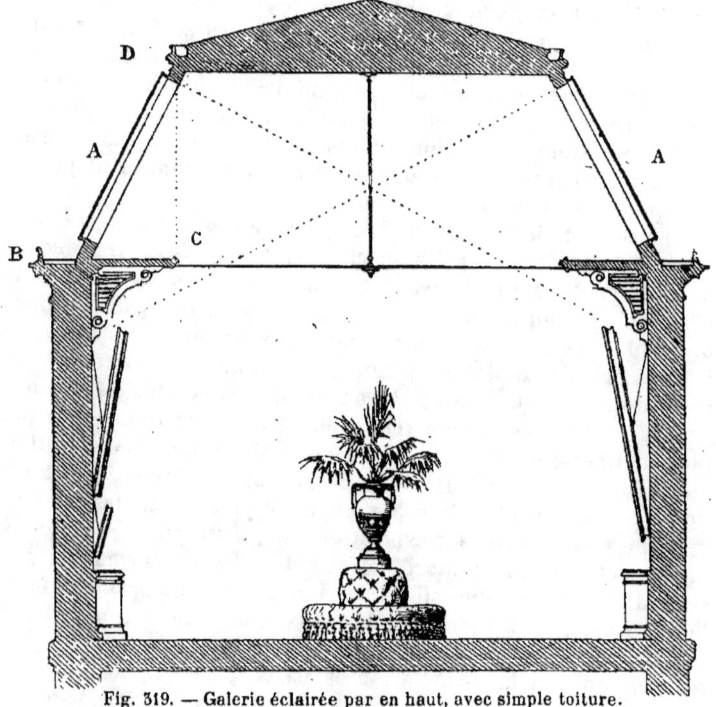

Fig. 319. — Galerie éclairée par en haut, avec simple toiture.

Une galerie de tableaux doit être éclairée par la lumière solaire et non par une lumière artificielle.

Le procédé recommandé par Henry Havard est plus simple. Il consiste à construire une toiture à pans coupés (fig. 319) et à vitrer les deux parties inclinées, désignées par la lettre A. De cette façon, le jour entrant de biais frappe, à droite et à gauche, directement sur la paroi du mur opposé, et inonde les tableaux de clartés qui ne leur sont plus renvoyées par le tapis ou reflétées par les mille objets occupant le centre de la Galerie. Les tableaux, dès lors, rayonnent la lumière, D, au lieu d'être éclairés par un rayonnement.

On remarquera, de plus, qu'à la base de la toiture, une console porte un petit chemin, B C, qui protège le mur et les peintures qui y sont accrochées. Qu'un carreau du vitrage vienne à être brisé, l'eau ne risquera plus de tomber directement au milieu de la pièce; elle sera arrêtée par cette saillie, et conduite dans un chéneau extérieur. En outre ce petit passage permettra de nettoyer facilement le vitrage, et, si besoin est, de le tendre d'un velum.

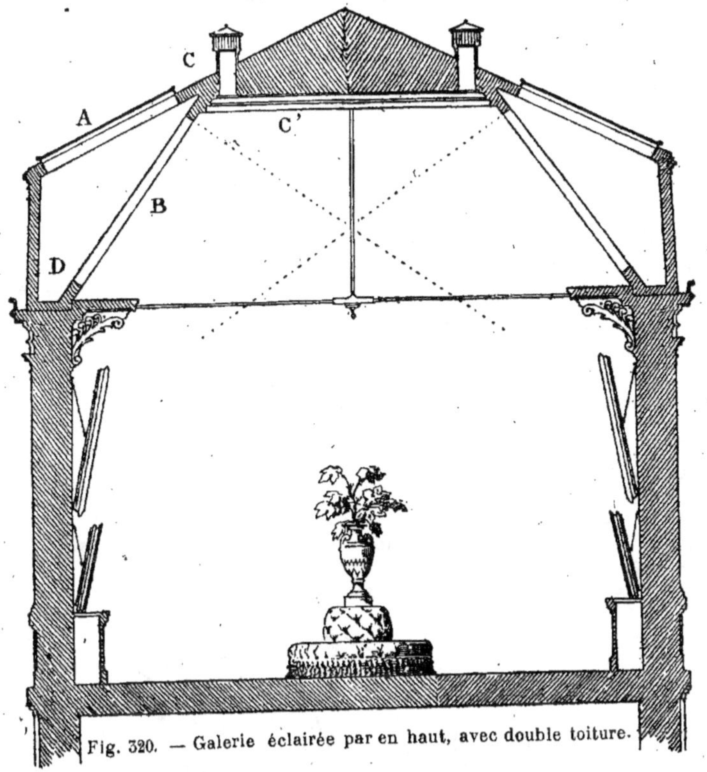

Fig. 320. — Galerie éclairée par en haut, avec double toiture.

Ainsi, plus de neige, plus de grêle à craindre, plus de chocs à redouter; le seul inconvénient qu'on puisse signaler c'est que, pour une habitation constante, cette toiture vitrée offre une grande surface de refroidissement et, par conséquent, nécessite des dépenses assez considérables de chauffage. Ajoutons que la condensation de l'humidité qui règne dans la pièce amène parfois la formation d'une sorte de buée qui retire un peu du jour.

Pour remédier à ces inconvénients, on peut avoir recours à la double toiture, A, B, C, D, présentée par la figure 320. Ce dernier mode qui régularise la température et évite la condensation de l'humidité, prévient toutes les difficultés, sauf celle de la neige, et reste moins coûteux à établir que la toiture vitrée centrale.

Pour la décoration des parois, on ne doit employer que des teintes chaudes et des couleurs puissantes, capables de mettre en valeur les tableaux, les estampes, les œuvres et objets d'art pour lesquels la Galerie a été disposée. (*Consulter, à ce sujet, les pages* 175 *et* 176.)

Ce n'est que vers la fin du règne de Louis XIII (1643) que l'on a fait usage du cadre doré; celui dont on se servait antérieurement était en bois dur, le plus souvent en ébène, avec incrustations d'écaille, de nacre ou d'argent.

Puis apparaît le cadre doré, lourd de forme. Les ornements en sont empâtés, massifs; on dirait un caisson détaché d'un plafond en boiserie.

Le cadre doré de l'Époque Louis quatorze se perfectionne, prend de la magnificence et de la grâce; celui de l'Époque Régence est plus riche encore.

Les cadres de l'Époque Louis quinze ont, aux angles, des fleurs émergeant de la ligne des bordures. D'autres, un peu plus sévères, sont formés par des enroulements et des astragales.

De temps à autre, à intervalles réguliers, le galbe du cadre forme coquille aux angles et au milieu du montant.

Les cadres de l'Époque Louis seize ont des parties mates faites d'un fond de petites raies entre-croisées, imitant la maille de la dentelle; d'autres sont ornés de fleurons, de culs-de-lampe en demi-relief.

(Consulter les figures 852 à 866, pages 174 à 175, du Premier Recueil (1924) des *Connaissances nécessaires aux Amateurs et aux Antiquaires.*)

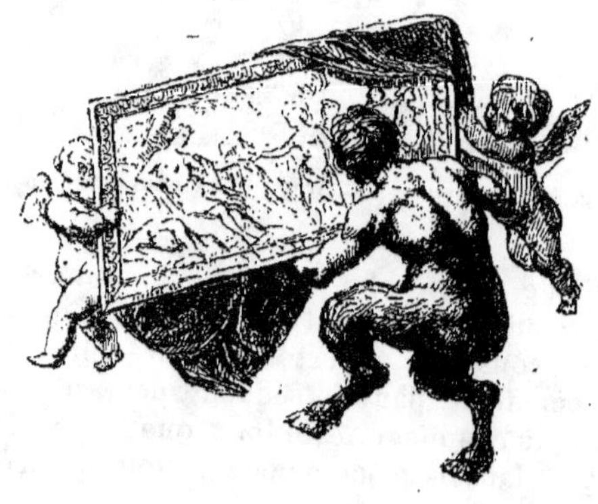

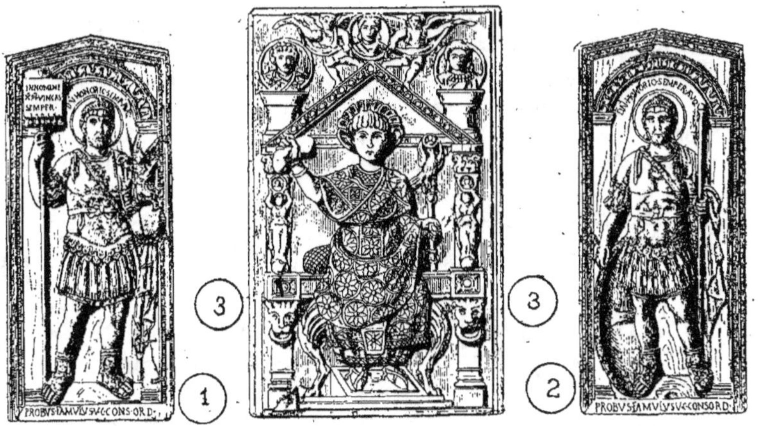

Ve SIÈCLE (1-2) ART BYZANTIN. — VIe SIÈCLE (3) ART ROMAIN

Fig. 322 à 324. — Consulter les légendes au bas de cette page.

COMPRÉHENSION DES OBJETS DITS DE HAUTE CURIOSITÉ

LES IMAGES OUVRANTES EN IVOIRE, EN BOIS, OU PEINTES
DIPTYQUES, TRIPTYQUES, POLYPTYQUES
PAREMENTS D'AUTEL, RETABLES, CONTRE-CHEVET

Les *diptyques* furent, à l'origine, des tablettes enduites de cire sur lesquelles on écrivait avec la pointe d'un *style* et qui servaient à prendre des notes; les plus petites, *pugillaires*, pouvaient être tenues dans la main. Ces tablettes étaient formées de deux planchettes de bois ou d'ivoire, réunies par une charnière, en sorte qu'elles s'ouvraient et se fermaient comme un livre : de là leur nom. C'est sur la face intérieure, lisse, que l'écriture était tracée au

Ve SIÈCLE. — ART BYZANTIN

Fig. 322 à 324 (1 et 2). — Ce *diptyque* d'Aoste, du *commencement* du ve siècle, a été dédié à l'empereur Flavius Augustus Honorius, empereur d'Occident (384†423) par son très humble serviteur (*famulus*) et consul ordinaire Probus, ainsi que le mentionnent les deux inscriptions gravées : D. N. HONORIO. SEMPER. AVG. et PRO-BUS. FAMULUS. V. C. CONS. ORD. — (Voir fig. 327 et 328.)

VIe SIÈCLE. — ART ROMAIN

Ivoire. Bibliothèque Nationale, Département des Médailles et Antiques, Paris

Fig. 322 à 324, n° 3. — Partie supérieure d'un *diptyque*. — Anastase I, né vers 430, empereur d'Orient, de 491 à 518, est, par un *privilège* donné à certains magistrats romains, assis sur une *chaire curule en ivoire*. L'empereur Anastase tient, de la main droite, la *mappa circencis*, avec laquelle le signal des jeux était donné et, de la gauche, le *scipio*, sceptre consulaire.

3 — D. 25

moyen du *style*, tandis que la partie extérieure recevait un décor. L'usage des *diptyques* se maintint jusqu'au quatorzième siècle, époque à laquelle ils furent remplacés par des livrets d'ivoire.

Chez les Romains, il était d'usage, aux jours de fête, d'envoyer

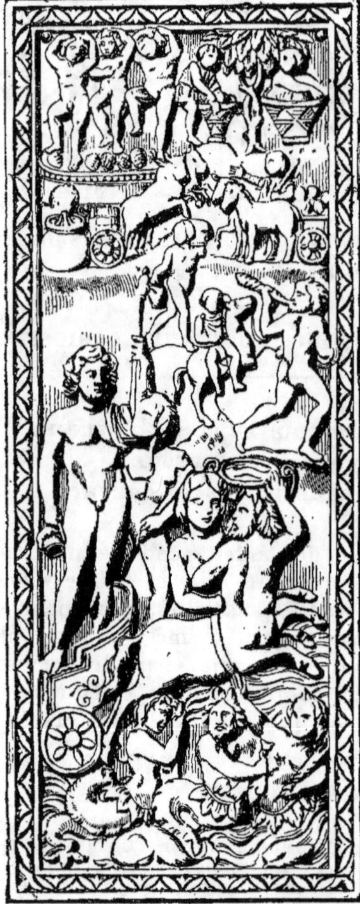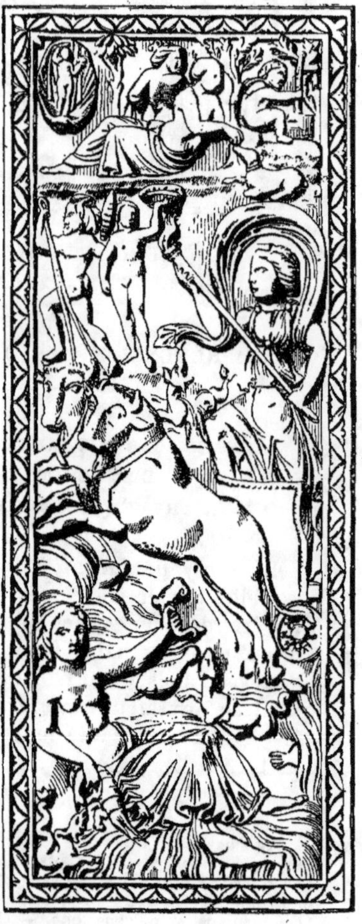

ART GALLO-ROMAIN
Musée de Sens (Yonne).

Fig. 325 et 326. — Les trésors des églises et des monastères renfermaient des œuvres dont l'origine était peu en rapport avec la caractère de leurs possesseurs. Il faut mentionner, pour expliquer ces anomalies, que les évêques gallo-romains reçurent en offrandes, pour leurs églises, les épaves de la civilisation impériale abandonnées par les nouveaux maîtres de la Gaule, sans trop se préoccuper de la figure et de la destination de ces souvenirs du paganisme.

C'est ainsi que la cathédrale de Sens possédait autrefois un *diptyque* en ivoire

des *diptyques* à ses amis. On y mentionnait des souhaits, et des vœux y étaient formulés pour ceux à qui on les destinait. Sous l'Empire romain, d'Auguste jusqu'à la mort de Théodose (29 av. J.-C. — 395 ap. J. C.), les consuls se firent représenter, sur les *diptyques* qu'ils distribuaient, dans toute la pompe du costume consulaire. Parfois encore, ils y faisaient sculpter les scènes des jeux qu'ils donnaient au peuple à l'occasion de leur nomination ; les *diptyques* de ce genre sont désignés : *diptyques consulaires*.

Dès les premiers siècles du christianisme les fidèles inscrivaient, sur des *diptyques*, les noms des martyrs, des confesseurs, ainsi que ceux des bienfaiteurs et des protecteurs de l'Eglise, et les plaçaient sur l'autel. Ces tablettes étaient divisées en deux parties, l'une pour les vivants *diptycha viventium*; l'autre pour les morts *diptycha mortuorum*. Celle-ci contenait les noms de ceux qui étaient morts dans la foi ; tandis que, sur celle-là, figuraient au premier rang, le pape, le patriarche, etc., et, au second rang, l'empereur, les princes, les magistrats et ceux des fidèles qui avaient été jugés dignes de

sculpté, représentant un *Triomphe de Bacchus Hélios*. Ce monument de sculpture antique a été placé dans la bibliothèque de la ville ; il sert de couverture au manuscrit de la *Fête des Fous* ou *de l'Ane*, composé au commencement du treizième siècle par l'archevêque Pierre de Corbeil. Ce *diptyque* est appliqué sur des ais de bois très épais et bordés d'argent. Les scènes en sont variées et poétiques.

On y reconnaît, sur le premier feuillet, Bacchus Hélios, debout sur un char, sortant de l'Océan pour éclairer le monde et présider aux vendanges. Il tient de la main droite un *canthare*, vase à boire, et de la main gauche une *haste*. Ses coursiers, un centaure et une centauresse, élèvent sur leurs têtes un vase plein de vin. Immédiatement au-dessus, un personnage à cheval, vêtu d'une *chlamyde*, représente l'Aurore, que conduit un triton soufflant dans une trompe.

Au-dessus du groupe de l'Aurore vient Ampélus, génie bachique, portant des outres. Quatre scènes de vendanges occupent le haut du compartiment. A l'angle, à droite, deux hommes cueillent le raisin et en emplissent des corbeilles. Au-dessous, un villageois conduit la vendange au pressoir, figuré par une cuve circulaire, sur laquelle trois vignerons foulent le raisin. Le vin s'écoule par une ouverture dans un large vase placé auprès du pressoir ; puis, il est entonné dans des vases placés sur un chariot qu'enlèvent rapidement des taureaux attelés.

Le second feuillet représente Diane Lucifer, sortant de la mer et allant au-devant du Soleil ; elle préside à la germination et tient, des deux mains, un flambeau allumé. Sa tête est encadrée dans un large voile qui flotte au gré du vent. Le char qui la porte est traîné par deux taureaux que guide un personnage tenant de la main droite un buccin. Dans la mer, on remarque la déesse Thalassa, qui tient une langouste et un autre animal cornu. L'Océan est rempli, comme sur le premier feuillet, de divers animaux.

A côté du personnage qui conduit les taureaux de Diane on remarque Flore portant une corbeille de fleurs. Au-dessus sont deux nymphes chasseresses, compagnes de Diane, reconnaissables au chien que l'une d'elles caresse.

Dans un angle est l'étoile de Vénus, figurée par la déesse dans une forme elliptique et, dans l'autre un petit sujet où l'on peut distinguer un génie cueillant des fleurs ou des fruits.

Ce *diptyque* est un précieux type de représentations mythologiques. Nous ignorons la destination de ces deux feuillets d'ivoire dans les temps antérieurs au treizième siècle ; c'est de cette dernière époque que date le manuscrit de la *Fête des Fous* auquel ils servent de couverture.

cette faveur. L'usage de ces *diptyques*, dit *sacrés* ou *ecclésiastiques*, paraît s'être maintenu jusqu'au onzième siècle et, exceptionnellement, jusqu'au douzième.

Sous le terme *diptyque*, on désignait encore les *tableaux ouvrans*

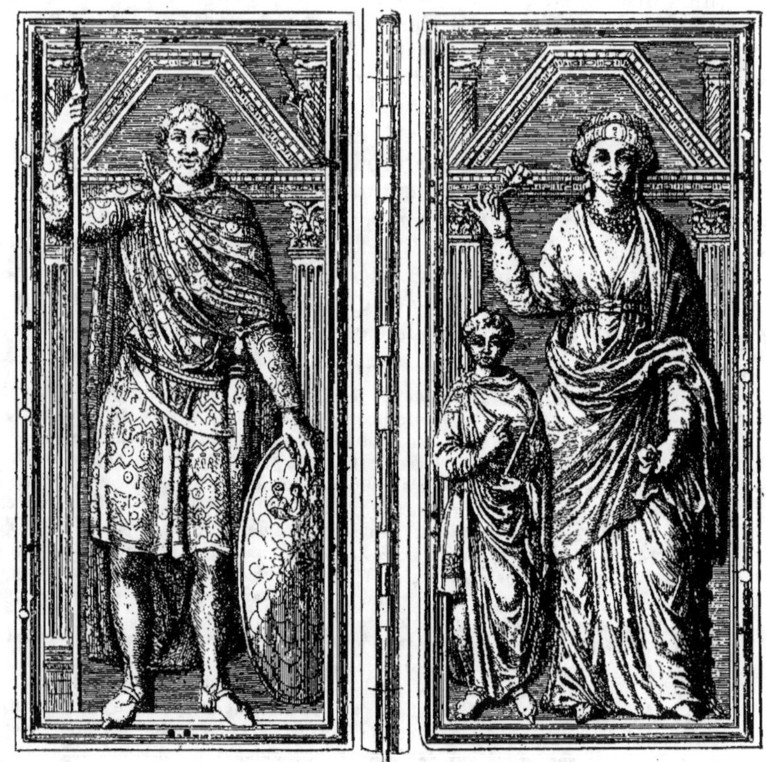

V· SIÈCLE. — ART BYZANTIN
Trésor de la Cathédrale de Monza, près Milan

Fig. 327 et 328. — Ce *diptyque* en ivoire représente trois personnages du cinquième siècle qui ont exercé une notable influence sur les destinées de l'Europe : Gallia Placidia Augusta, fille de Flavius Théodose dit le Grand, Flavius Placidus Valentinianus son fils (419+455), et le général romain Aetius, assassiné par ordre de ce dernier (395+454). Gallia Placidia, morte à Ravenne en 450, en passe pour la fondatrice, puisque ses plus anciens édifices datent de cette époque. Le costume du général Aetius est somptueux, ceux de Placidia et de Valentinius III sont simples.

et *fermans* transmis par le Moyen-Age. Ces tableaux consistent en deux volets, qui sont unis par des charnières et se replient sur eux-mêmes. D'autres plus petits sont formés par trois pièces dont une, celle du milieu, est, ordinairement, plus grande que chacune des deux autres ; on les appelle alors *triptyques*. Quelquefois le

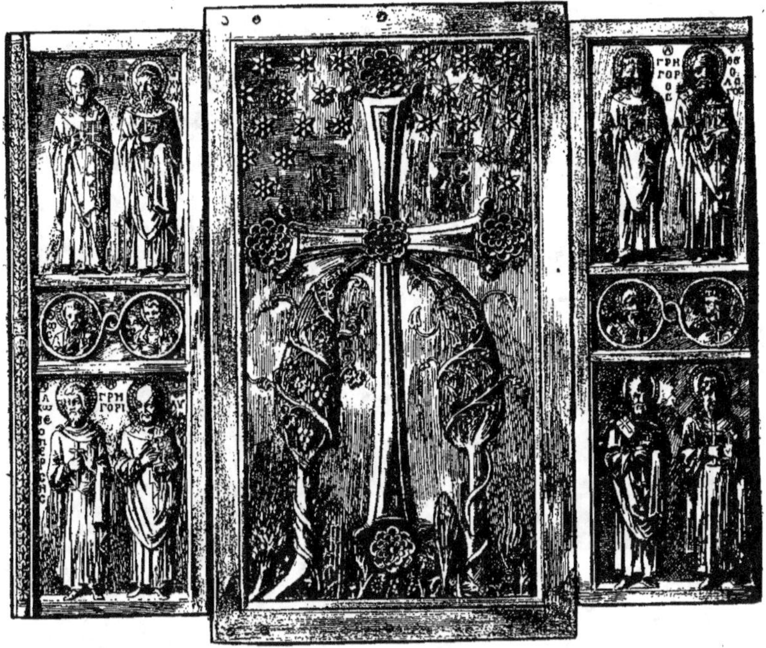

Xᵉ SIÈCLE. — ART BYZANTIN. — *Musée du Louvre, Paris*

Fig. 329. — Les *triptyques byzantins* en ivoire sont fort rares. Le savant connaisseur Émile Molinier, dans le *Catalogue des ivoires du Louvre*, en énumère quinze, qui sont conservés dans diverses collections. Le Musée du Louvre possède (outre celui que nous représentons, et qui est le plus beau et le plus complet de la série), un volet gauche, provenant du Puy-en-Velay et portant la figure d'un saint Théodore, et un panneau central avec l'image du Christ de Majesté. Le *triptyque* dont nous représentons la face postérieure, entré au Musée du Louvre en 1891, provient de la collection Harbaville, à Arras.

La sculpture est traitée, sur les deux faces, avec une égale habileté ; quel qu'en soit le caractère hiératique et traditionnel, elle offre souvent un sentiment décoratif très affiné.

Le panneau central de la face représentée, avec une grande croix dressée entre deux cyprès, sous un ciel constellé d'étoiles et au-dessus d'un terrain planté de végétaux divers parmi lesquels circulent des bêtes, a un grand aspect décoratif : les volets, dont le décor est conçu sur le même plan que celui de leur face antérieure, offrent les effigies des saints Grégoire, Basile, Phocas, Blaise, Nicolas et Sévérien, à gauche, Jean Chrysostome, Clément d'Ancyre, Côme, Damien, Jacques le Persan, Grégoire le Thaumaturge, à droite. L'habile artisan s'est efforcé de varier les figures, selon les types iconographiques.

Note. Vers le milieu du dix-neuvième siècle, on a fabriqué des faux bronzes, de la fausse orfèvrerie, des faux émaux, des faux ivoires, de la fausse menuiserie, ferronnerie, etc. Un grand nombre d'objets religieux : calices, ciboires, reliquaires, châsses, ostensoirs et navettes, croix et chandeliers, statuettes, diptyques et triptyques, instruments de paix, fonts baptismaux, ainsi que presque tous les ustensiles de la vie civile et domestique, ont été contrefaits et sont dénués d'authenticité.

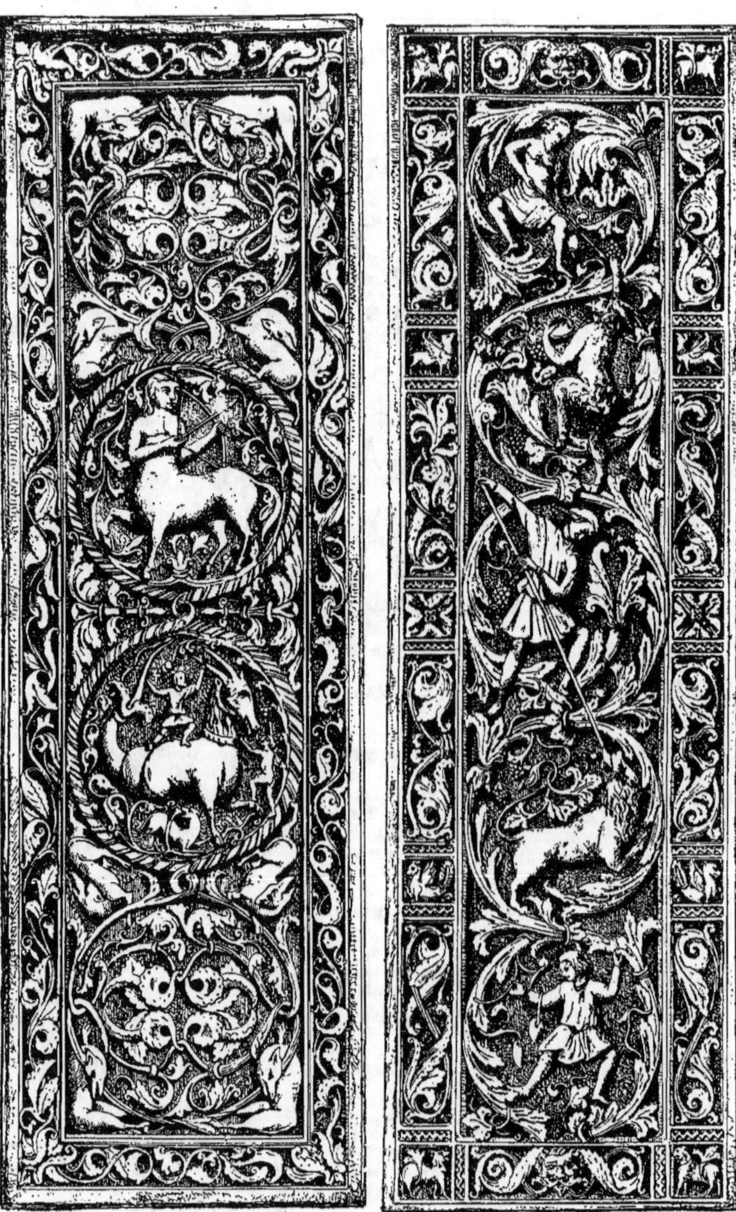

Xᵉ-XIᵉ SIÈCLES. — ART FRANÇAIS
Musée des Thermes et de l'Hôtel de Cluny, Paris (Consulter la légende, fig. 330 et 331).

nombre est de quatre, cinq et même six : ces derniers sont désignés
sous le nom de *polyptyques*. La plupart des *diptyques* sont en ivoire
ou en bois sculpté, en métal, ou peints en émail ; le plus grand
nombre représente des sujets religieux, des saints ou des saintes,

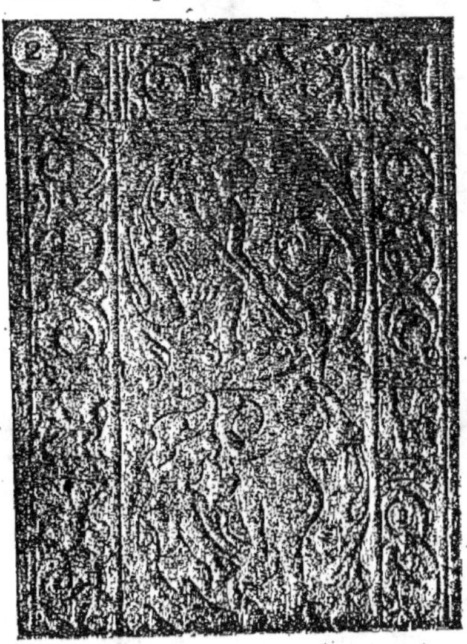 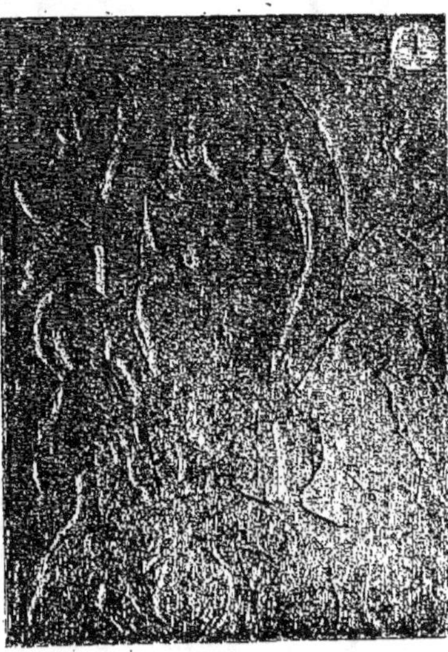

Xe-XIe SIÈCLES. — ART FRANÇAIS

Musée des Thermes et de l'Hôtel de Cluny, Paris

Fig. 332 et 333. — Reproduction partielle du feuillet d'ivoire fig. 331,
sculpté sur les deux faces. Le sujet chrétien (1) a été raboté pour pouvoir donner
une destination profane au feuillet d'ivoire, sur le verso duquel, à une époque
antérieure, on a sculpté les signes du zodiaque. Il y a lieu de présumer que la
face (1) a été rabotée pour lui donner une autre destination, l'ivoire étant rare
au Moyen-Age. — (La partie (2) représente un guerrier menaçant le Lion.)

Les sujets des deux feuillets rabotés, dont nous représentons une partie, comme
exemple, sont tirés de la vie et de la passion du Christ.

Sur l'un le Christ est accompagné de quatre anges ailés, et assis sur un trône
au milieu de sa gloire. Plus bas est un autre sujet composé de quatorze figures,
dont l'une assise sur un siège élevé. On croit y voir la Vierge et les apôtres réunis
dans le cénacle et recevant les langues de feu de la Pentecôte. Les sujets de l'autre
feuillet sont au nombre de trois : le Christ apparaissant à la Madeleine dans le
jardin, le Calvaire et le Christ en croix, puis la Salutation angélique.

des donateurs, ou des scènes de piété. Ce genre de *diptyque* remon-
terait à l'époque des iconomaques et des iconoclastes de l'an 754 à
l'an 842. Les fidèles, ne pouvant alors conserver les saintes images,
en firent des réductions faciles à cacher et à transporter.

Fig. 330 et 331. — Sur le premier de ces feuillets, sculptés sur les deux faces, on
remarque des signes du zodiaque : le Sagittaire et le Capricorne. Sur le second,
figurent le Verseau et le Lion. Cette décoration est d'un beau caractère. Leurs bordures, dissemblables d'exécution, sont à signaler. (Voir fig. 332 et 333).

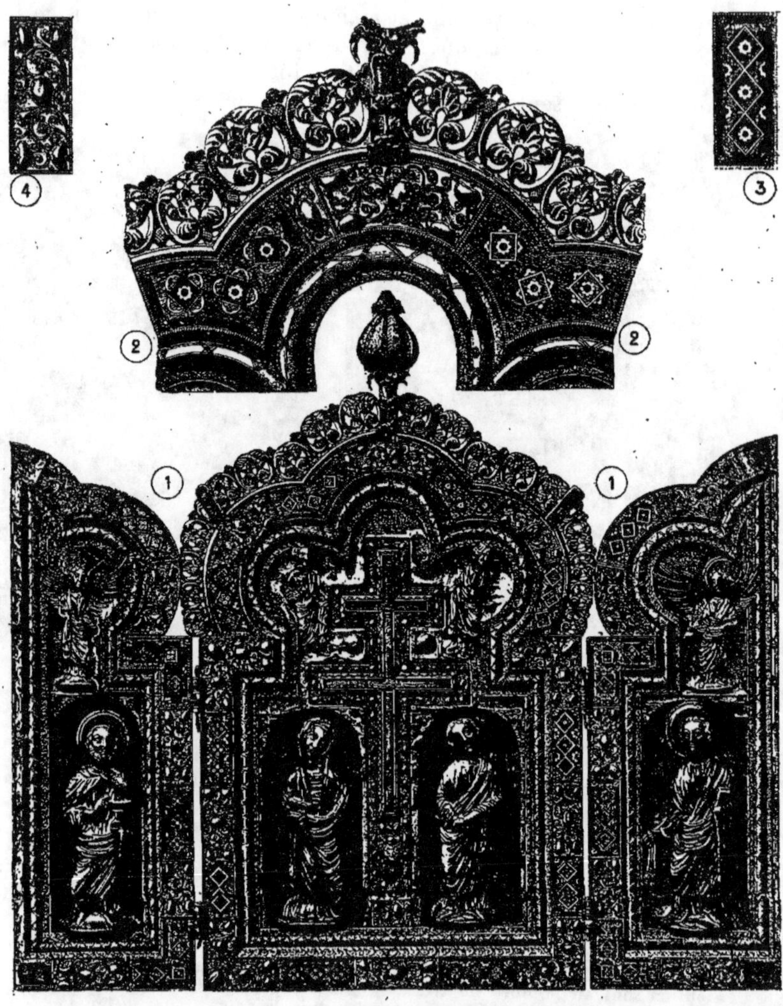

XIIᵉ SIÈCLE. — ART ALLEMAND (Ateliers de Cologne)
Musée Royal d'Antiquités, Bruxelles

Fig. 334. — Ce remarquable reliquaire en forme de *triptyque* d'un beau décor, émaillé et décoré de *filigranes*, renferme, dans .la croix à double branche qui en occupe le centre, des fragments de la vraie croix. C'est là un des plus riches et plus remarquables reliquaires en ce genre et de cette époque ; aucune de ses parties n'est privée d'ornements, et les émaux, les filigranes savamment contournés de pierres précieuses en grand nombre, sont les éléments principaux de la décoration.

La forme générale semble un souvenir de l'Orient, et le reliquaire entier représente une porte tréflée fermée par deux volets.

Dans les sortes de niches de la partie inférieure on voit, à droite et à gauche de

Si nous faisons rentrer dans la *toreutique* la sculpture en ivoire, nous devons analyser de nombreuses richesses inappréciables. Pour nous aider à en parcourir quelques phases, depuis le com-

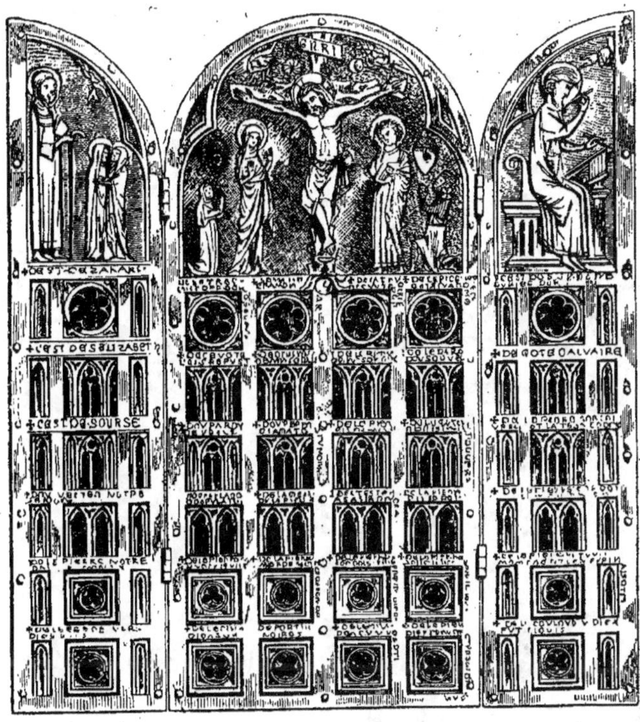

XIIIᵉ-XIVᵉ SIÈCLE. — ART FRANÇAIS
Collection Ernest Odiot

Fig. 335. — Triptyque reliquaire portatif, en bois, recouvert de plaques en cuivre repoussé, gravées et dorées. A l'extérieur, les volets sont décorés de fleurs de lis alternant avec les châteaux de Castille, dans un quadrillage losangé. L'intérieur présente trois sujets au sommet des plaques : au centre le Christ sur la croix entre la Vierge et saint Jean, le soleil et la lune entre deux anges pleureurs ; derrière saint Jean un chevalier et, derrière la Vierge, une femme. Ces deux personnages agenouillés sont les possesseurs du reliquaire : au-dessus de chacun était un écu émaillé. En haut du volet de droite, la Visitation et saint Zacharie ; en haut du volet de gauche saint Jean Bouche d'Or assis devant un *scriptoral* et béni par une *main divine*. Au-dessous de ces trois sujets on voit trente-six petites roses lobées ou fenêtres à lancette, dans lesquelles sont des reliques provenant des Lieux Saints, comme l'indiquent les légendes en français gravées au-dessus.

la croix, la sainte Vierge et saint Jean et, sur les volets, un ange *thuriféraire* et un saint patron. Au sommet sont disposés l'Eglise et la Synagogue, puis deux anges *céroféraires*. La crête de l'arcade centrale est découpée à jour. Nous montrons, fig. 2, 3 et 4, des détails de ce reliquaire provenant de l'abbaye de Floreffe.

3 — D. 26

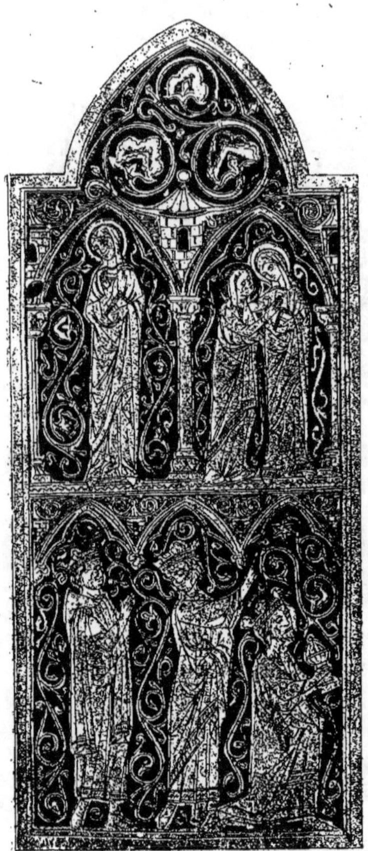 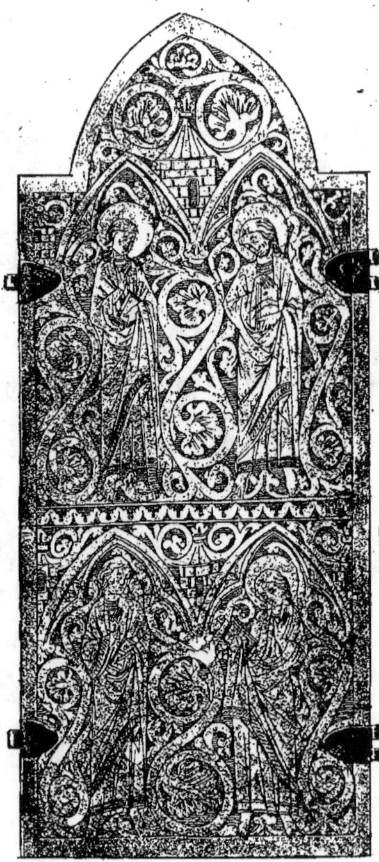

XIIIᵉ SIÈCLE. — ART FRANÇAIS. — ÉCOLE DE LIMOGES

Collection J. Gréau

Fig. 336. — La face, placée à la gauche du lecteur, devait former le feuillet central d'un *triptyque*. La richesse des émaux et la perfection avec laquelle a été exécuté le *champlevage* montrent bien qu'il en est ainsi si l'on compare cette face avec le revers (fig. 337), dont la décoration ne consiste qu'en sujets gravés.

Le registre supérieur se termine par un décor ogival, où s'inscrivent des ornements en rinceaux. Au registre inférieur on voit, sous une triple arcature, les trois Mages venant adorer le Messie. Le premier est agenouillé, offrant déjà son présent; le deuxième montre de la main l'étoile qui les a guidés et le troisième le suit sans hésiter. Ces personnages, d'un beau dessin et d'un grand caractère, se dessinent sur un fond émaillé brun, au milieu de riches ornements *champlevés*. Le registre supérieur montre, sous une double arcature ogivale, la Vierge nimbée et dans une pose recueillie; elle est séparée du groupe voisin par une colonnette. Ici, c'est la Visitation que l'artisan du treizième siècle a figurée, empreinte

mencement de l'Ère chrétienne jusqu'au seizième siècle, par une suite chronologique de *monuments* aussi variés que nombreux, nous aurons recours aux savants travaux de Charles Rohault de Fleury, de Léon de Laborde, et à ceux de Jules Labarte.

« C'est principalement par les *ivoires* que l'on peut percer les ténèbres qui accompagnent la chute de l'Empire romain advenue l'an 395, près de quatre siècles après sa création (29 av. J.-C. — 395 ap. J.-C.), et par les *diptyques consulaires*, auxquels il est presque toujours possible d'assigner une date, que l'on peut suivre la décadence des arts. Les *feuillets d'ivoire* à sujets chrétiens, restés enchâssés sur les reliures de l'époque carolingienne, permettent d'en suivre la renaissance, puis ses époques de transformation aux dizième, onzième et douzième siècles, son épanouissement aux treizième et quatorzième siècles, enfin sa décadence au quinzième.

« Négligée pendant la Période dite Renaissance Française, mais non abandonnée, la sculpture en ivoire reprend, dans un sentiment différent, à la fin du seizième siècle.

« Les ivoires sont, en sculpture, ce que les miniatures des manuscrits représentent pour la peinture, avec cet avantage d'être plus complets en ce qui concerne la décadence romaine.

« Le treizième siècle fut, pour l'Italie comme pour la France, l'époque de la génération de l'art. L'édification des églises, élevées en si grand nombre sous le règne de Louis IX, dit saint Louis (1226-1270), avait créé de nombreux *ymagiers* dont le mérite est attesté par

---

d'une grande naïveté, il est vrai, mais pleine d'une observation attentive des gestes. Comme aux scènes du registre inférieur, les figures sont *champlevées* et se détachent sur un fond d'émail, avec ornements *champlevés*. Les autres tons de l'émail sont rouge, blanc, vert et bleu.

.XIIIe SIÈCLE. — ART FRANÇAIS. — ÉCOLE DE LIMOGES
Collection J. Gréau

. Fig. 337. — Nous avons représenté fig. 336 le côté face de ce beau feuillet de *triptyque* ; le *revers*, pour être moins riche peut-être et moins éclatant, nous paraît cependant aussi intéressant que la face. Cette fois, la gravure au burin est seule mise en œuvre ; l'émail a été volontairement omis, mais la gravure offre une telle abondance, une si réelle perfection d'exécution, une pureté de style si grande, dans les figures comme dans les ornements, qu'on n'éprouve aucune hésitation à en faire l'éloge. Comme dans le feuillet précédent, le champ est divisé en deux registres, séparés par un bandeau orné de feuillages ornemanisés. Deux personnages ont trouvé place dans le registre inférieur, sous des arcatures ogivales, mais ces personnages ne forment aucune scène animée ; ce sont, à n'en pas douter, des saints patrons tenant chacun un livre en mains et drapés d'une façon magistrale, avec une science incomparable du dessin. Les têtes sont à la fois très expressives et d'un beau caractère. Des ornements en rinceaux, d'un galbe puissant, les séparent en se dessinant sur un fond guilloché. Le registre supérieur présente la plus parfaite identité avec le registre inférieur : figures et ornements possèdent les mêmes qualités.

Quatre charnières apparentes servaient au maintien de deux autres feuillets.

des œuvres subsistant aux portails des cathédrales. Les *yvoiriers* ne restèrent pas en arrière du mouvement qui plaçait l'art dans une si belle voie ; durant tout le cours des treizième et quatorzième siècles, la sculpture en ivoire fut cultivée en France et en Italie par

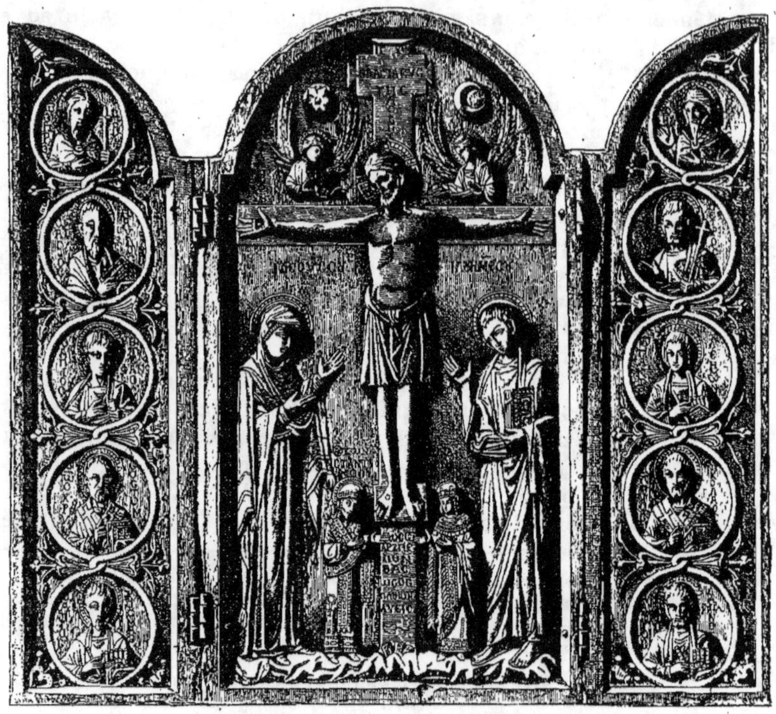

XIIIᵉ SIECLE. — ART BYZANTIN
Bibliothèque Nationale, Département des Médailles et Antiques, Paris

Fig. 338. — Le Christ occupe la partie centrale de ce *triptyque* qui passe pour la plus belle œuvre byzantine en ivoire qui nous ait été conservée. Le Sauveur *crucifié à quatre clous*, étend horizontalement les bras comme les Grecs l'ont toujours figuré. A droite et à gauche du Christ, les deux grands personnages sont la Vierge et saint Jean l'apôtre chéri, et les deux petits représentent sainte Hélène et Constantin. Au sommet, dans la partie cintrée du *triptyque*, se voient, près des astres, les archanges Michel et Gabriel.

Parmi les saints sculptés sur les volets, on reconnaît, en regardant de haut en bas : saint Elie, saint Pierre, saint Paul, saint Pantaléon, saint Etienne, saint Nicolas, saint Chrysostome, puis saint Côme et saint Damien.

les meilleurs artisans, à en juger par des œuvres qui nous ont été conservées. Les ivoires des sculpteurs français du treizième siècle ne le cèdent en rien à ceux des artisans italiens, tel est, au Musée du Louvre, le *Couronnement de la Vierge* (fig. 339).

« Le beau groupe du *Couronnement de la Vierge*, qui est de l'époque de saint Louis, vient démontrer que l'art, sans avoir rien emprunté aux œuvres de l'Antiquité, et par la seule imitation de la nature, était parvenu à un haut degré de perfection. Simplicité de la

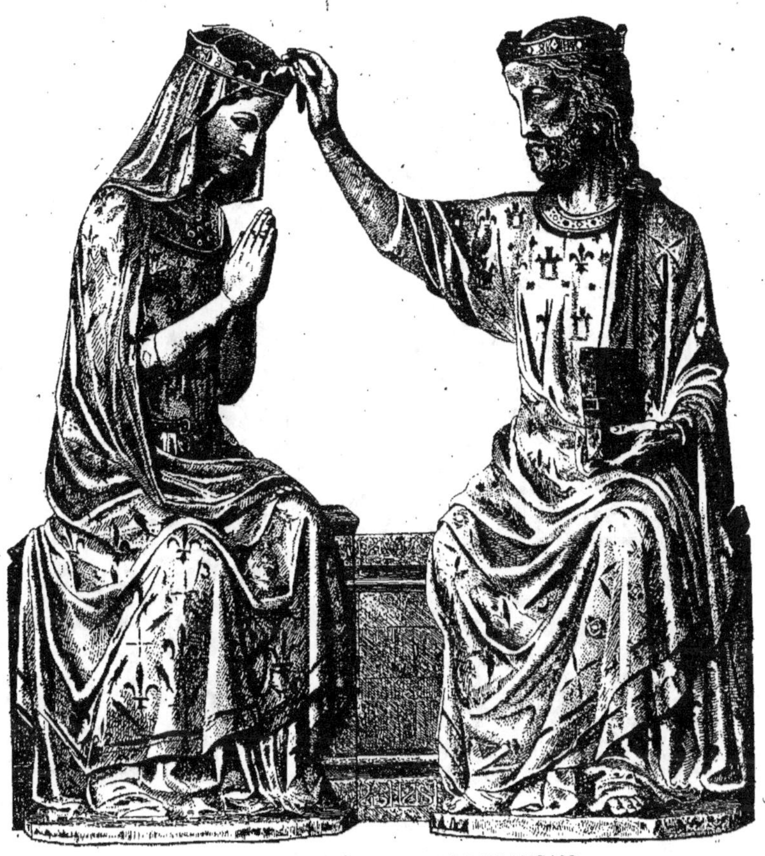

FIN DU XIIIᵉ SIÈCLE. — ART FRANÇAIS
Musée du Louvre, Paris

Fig. 339. — Partie centrale du groupe *Le Couronnement de la Vierge*, ayant conservé sa décoration polychrome.
Les mains ainsi que les avant-bras de la Vierge sont une réparation moderne.

composition, recherche de la vérité des formes, justesse dans les inflexions du corps, imitation de la vie, expression exacte pour les traits du visage, naturel dans le développement des draperies, telles sont les qualités de cette œuvre remarquable.

« Par sa pureté dans le dessin, la noblesse de sa pose, la finesse dans le modelé, l'ampleur et l'élégance dans la disposition de la draperie, cette œuvre précieuse montre à quel haut degré de perfection était parvenue la *sculpture en ivoire* au treizième siècle.

« Les trésors des églises, et ceux des rois et princes du quatorzième siècle et du commencement du quinzième, furent composés de richesses très variées. Les *inventaires*, qui en ont été dressés,

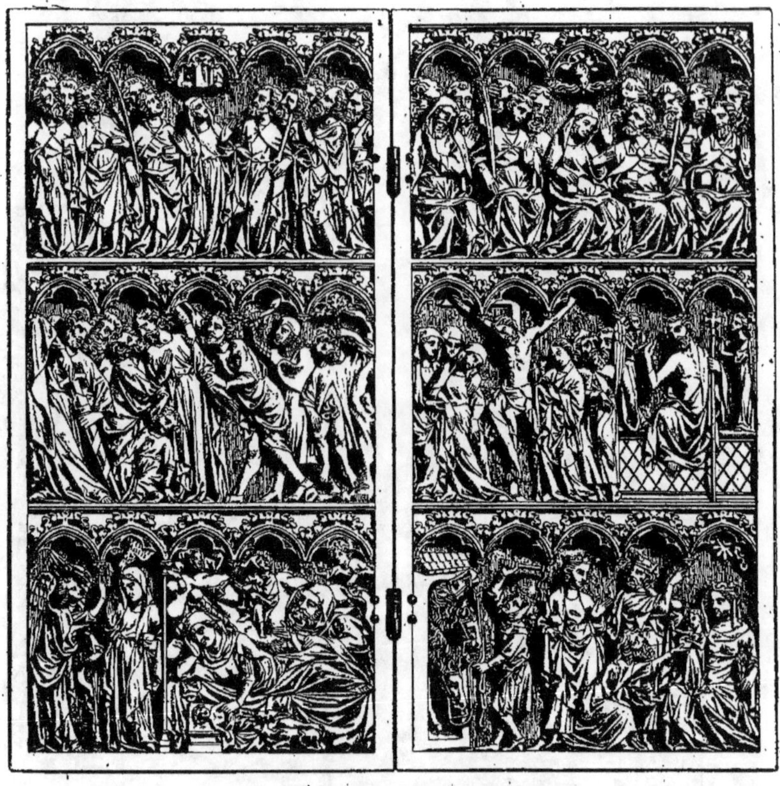

XIVᵉ SIÈCLE. — ART FRANÇAIS

Petit-Palais, Donation Dutuit, Paris

Fig. 340. — Ce *diptyque* en ivoire, travail des plus remarquables, est un témoignage de l'habileté surprenante des ivoiriers français au quatorzième siècle.

constatent l'existence d'un assez grand nombre de *figures de ronde bosse* en ivoire. Ainsi, dans l'*inventaire* de 1340, de la Sainte-Chapelle de Paris, dont le mobilier remontait en majeure partie au temps de saint Louis, son fondateur, on lit : « Item inventa fuit quædam imago eburnea de Beata Maria cum corona argenti. » et dans celui de Notre-Dame de Paris, de 1343 : « Item quædam alia imago eburnea in quodam tabernaculo eburneo. » L'*inventaire*

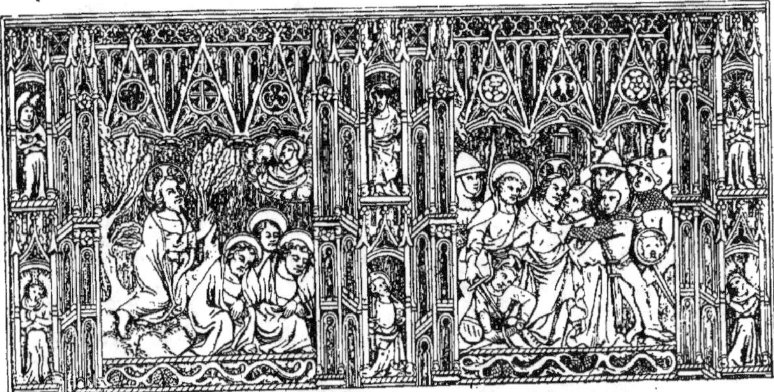

Détail (quatrième registre) du diptyque fig. 341.

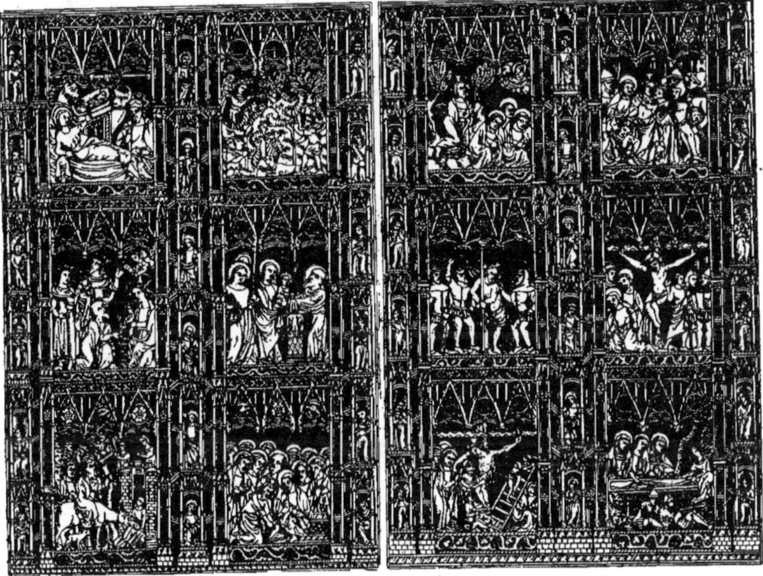

FIN DU XIV· SIÈCLE. — ART FRANÇAIS

Musée des Thermes et de l'Hôtel de Cluny, Paris

Fig. 341. — Feuillets de *diptyques, entièrement sculptés à jour,* représentant la vie et la passion du Christ. Plusieurs parties sont dorées. Chaque feuillet se divise en deux parties séparées par une série de six apôtres, placés sous des arcades dentelées ; les bordures sont formées par d'autres arcades abritant des anges. Les registres relatent les faits principaux de l'histoire du Christ ; l'architecture, fin de la deuxième Epoque de la Période ogivale, est richement dentelée et, comme le tout, repercée à jour avec une grande finesse. Nous avons représenté, au-dessus, le quatrième registre, dont les détails témoignent de l'habileté déployée par l'ymagier.

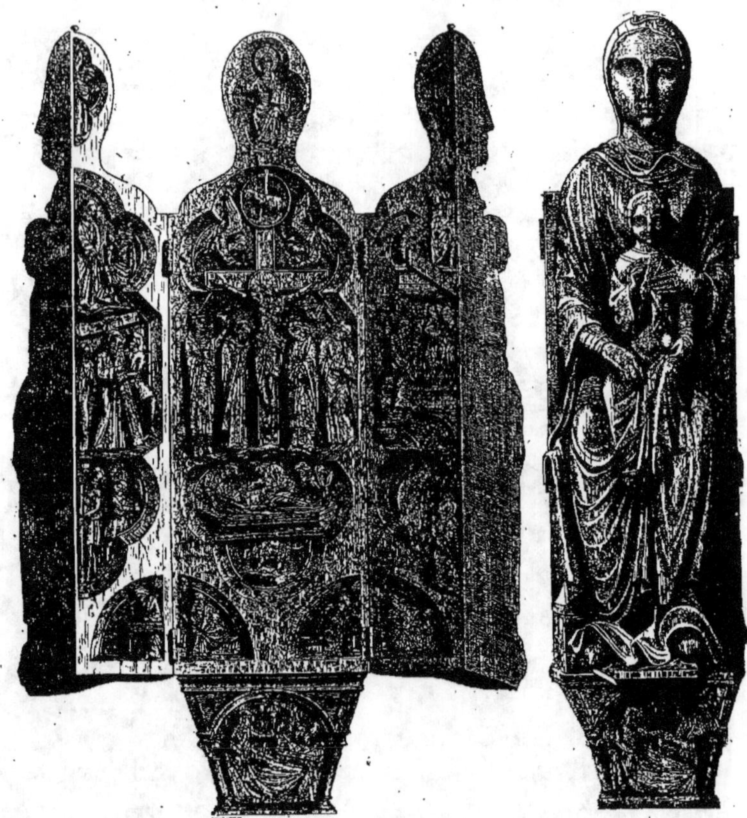

XIV° SIÈCLE. — ART FRANÇAIS

Musée du Louvre, Donation Sauvageot, Paris

Vierge ouvrante en ivoire, représentée ouverte et fermée

Fig. 342. — C'est une conception bien originale et bien caractéristique du
Moyen-Age, que d'avoir formé un *triptyque dans une statuette de la Vierge* ; il èn
existe une analogue au Musée de Lyon. *Description des sujets* : à gauche, Jésus
devant Pilate, il est flagellé et porte sa croix ; au centre, crucifiement, deux anges
tenant le soleil et la lune accotent la croix ; figure symbolique de l'agneau dans
un nimbe ; au sommet, la Vierge et l'Eglise représentées par une femme couronnée
tenant un calice qu'elle élève pour recevoir le sang du Christ, saint Jean et la
synagogue ; au-dessous, le Christ mort et enseveli ; sous le sarcophage, un animal
ressemblant à un loup ; à droite, au sommet, le Christ ressuscité assisté de deux
anges, les saintes femmes viennent au tombeau, l'ange leur montre le sarcophage
vide, les soldats sont endormis sous une arcade, le Christ apparaît à Marie-Madeleine,
il tient un *phylactère* dans la main droite ; les quarts de cercle représentent les quatre
Evangélistes : saint Marc, saint Matthieu, saint Jean et saint Luc, à la base des
compartiments. Dans les lobes pris au-dessus de la tête de la statuette, au centre,
le Christ ressucité, bénissant et tenant le livre des Evangiles ouvert ; à droite et à
gauche deux anges adorateurs ; dans le socle, la Nativité.

du roi Charles V mentionne « le joyau que fist faire le roi Jehan, dit le Bon (1350-1364)... et le soustiennent deux angeloz d'yvire ; ung *ymage* de Notre-Dame d'*yvire* assis en une *chayere* ; ung *ymage* de Notre-Dame d'*yvire* séant en une *chayere d'ybenne* ; ung *ymage* de Sainte Anne d'*yvire*, lequel est dans un tabernacle d'argent à *porte-teltes*...; ung *ymage* de Notre-Dame d'*yvire* à une couronne d'or garnie de turquoises et de *ballaiz* (rubis balais et rubis spinelle), qui a ung fermail en la poutrine, sur ung entablement d'argent doré... » Ces *figures de ronde bosse* de la Vierge ou de saints étaient placées dans de petites armoires, des *tabernacles* décorés de vantaux sculptés ou peints. Ces tabernacles faisaient partie du mobilier des chambres à coucher, et leurs vantaux étaient ouverts le matin et le soir au moment de la prière.

« L'un des plus beaux spécimens de ces statuettes, enfermées dans des niches ouvrantes, existait dans la collection du prince Soltykoff. C'est une image de la Vierge, debout, tenant son Fils ; elle est placée sous une arcade trilobée. Les vantaux sont enrichis de douze bas-reliefs, dont les sujets sont empruntés à la vie de la Mère du Christ. Ce beau monument doit appartenir à l'art italien de la fin du treizième siècle ou des premières années du quatorzième. Au lieu de renfermer une figure, ces autels domestiques en contenaient quelquefois plusieurs groupes.

« Parmi ces statuettes d'ivoire, il en est de très curieuses, ce sont les *images ouvrantes* ; on donnait ce nom à des statuettes qui s'ouvraient par le milieu et laissaient ainsi voir, à l'intérieur, soit des reliques, soit des scènes sculptées (1).

« Le Musée du Louvre possède une *image* de ce genre extrêmement précieuse, tant par sa dimension que par sa beauté. Elle représente la Vierge assise, tenant sur ses genoux l'Enfant Jésus. (Fig. 342.)

« Ces *images ouvrantes* étaient fort en vogue aux douzième et treizième siècles. On lit, dans l'*inventaire* de Notre-Dame de Paris de 1343, la mention d'une *image ouvrante* qui est indiquée comme très ancienne : « Quedam alia ymago eburnea valde antiqua scisa per medium et cum ymaginibus sculptis in appertura, que solebat poni super magnum altare. »

« Les *figures de ronde bosse*, placées dans des tabernacles, exigeaient des morceaux d'ivoire assez importants et le concours d'un artisan habile : les riches églises, les rois et les princes pouvaient seuls faire exécuter ou acquérir des pièces de cette importance, qui, en général, n'étaient pas faciles à transporter en voyage ; on se

---

(1) *Image ouvrante* ou *Ventre* d'une *image* formant reliquaire. On conserve dans les Musées, et on fabrique encore de ces images saintes qui, en s'ouvrant comme un tableau à volet, découvrent dans l'intérieur même de leur corps quelques sujets peints ou sculptés en rapport d'intention ou d'allusion avec le personnage.

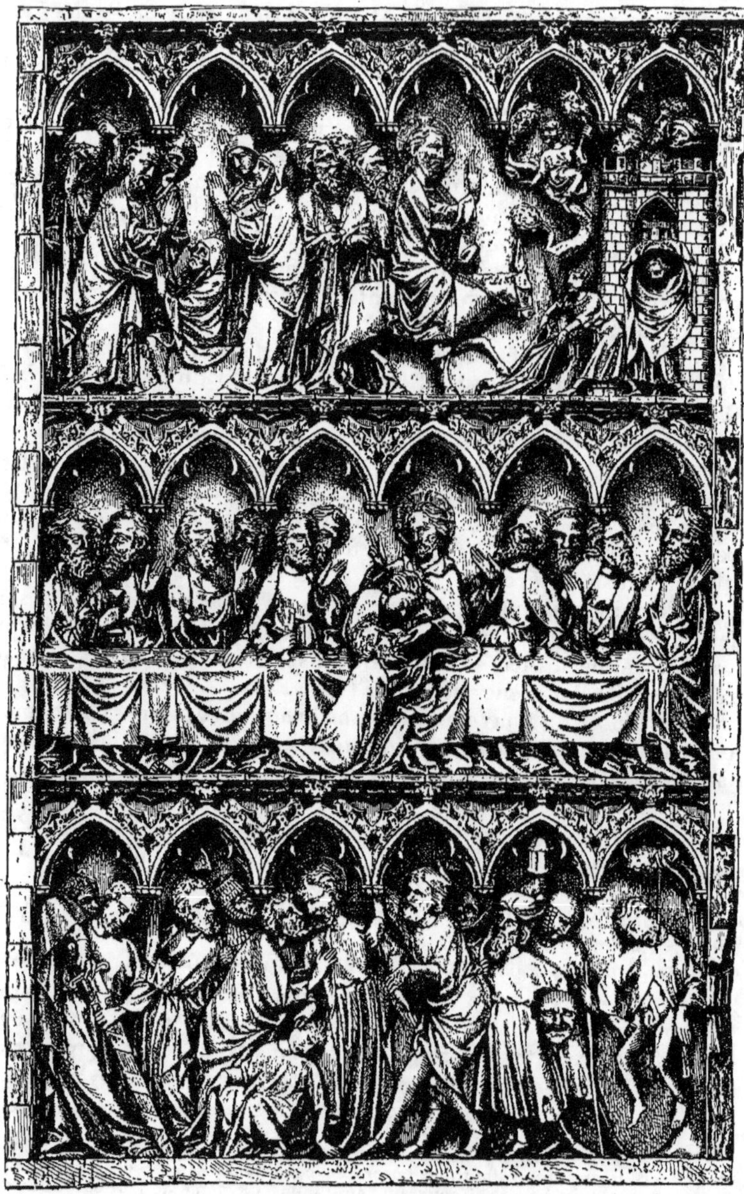

XIVᵉ SIÈCLE. — ART FRANÇAIS
Collection Frédéric Spitzer (Consulter la légende ci-contre, fig. 343).

contentait le plus souvent de *diptyques* et de *triptyques*, d'un usage général au treizième siècle et principalement au quatorzième.

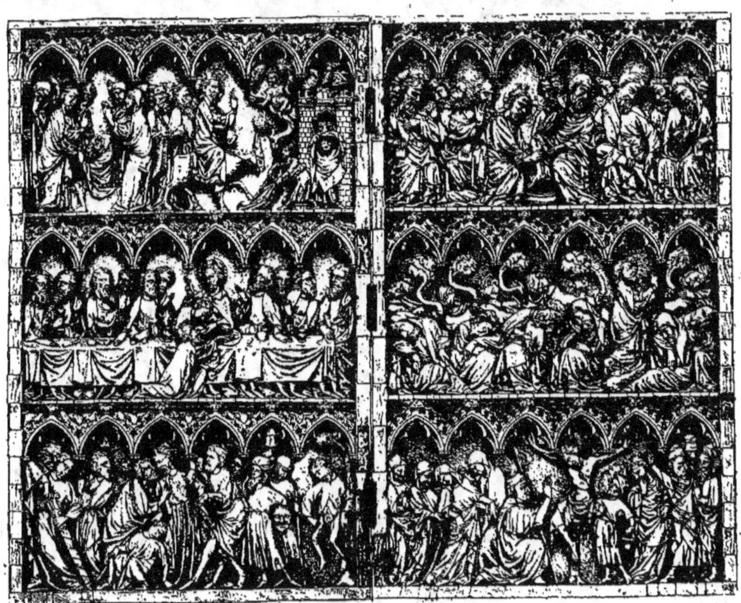

Ensemble du diptyque, dont les feuillets sont représentés fig. 343 et 343 *bis*

« Tous ces *livrets* d'ivoire, où les scènes de la Passion sont figurées, se distinguent par la proportion des personnages. C'est toujours une *hystoire* empruntée à l'Evangile qui sert d'inspiration à l'artisan. Tout le drame de la Passion se développe dans ses différentes phases, mais avec des nuances qui varient du Moyen-Age à la Renaissance.

« Dans presque toūs les bas-reliefs qui n'ont qu'un seul plan, l'ivoire est toujours profondément fouillé de façon à laisser peu de surfaces sans accident. La lumière brisée produit, dans les cavités, les effets les plus heureux.

« Cette manière de sculpter l'ivoire est en parfait accord avec l'architecture contemporaine, qui se fait remarquer par les détails de son exécution et les clartés de son plan. Le diptyque ci-dessus présente une idée de cet accord. Les personnages sont subordonnés aux dispositions architecturales.

XIVᵉ SIÈCLE. — ART FRANÇAIS
Collection Frédéric Spitzer

Fig. 343. — Les artisans qui sculptaient ces ivoires se répétaient fréquemment, et les mêmes scènes, les mêmes figures, les mêmes types exerçaient souvent leur talent. La naïveté n'exclut ni l'habileté, ni la conscience artistique, et les ivoiriers du Moyen-Age possédaient ces qualités. — Les scènes figurées dans les trois registres sont : l'Entrée de Jésus à Jérusalem ; la Cène ; l'Arrestation de Jésus ; la Mort de Judas (V. fig. 343 *bis*).

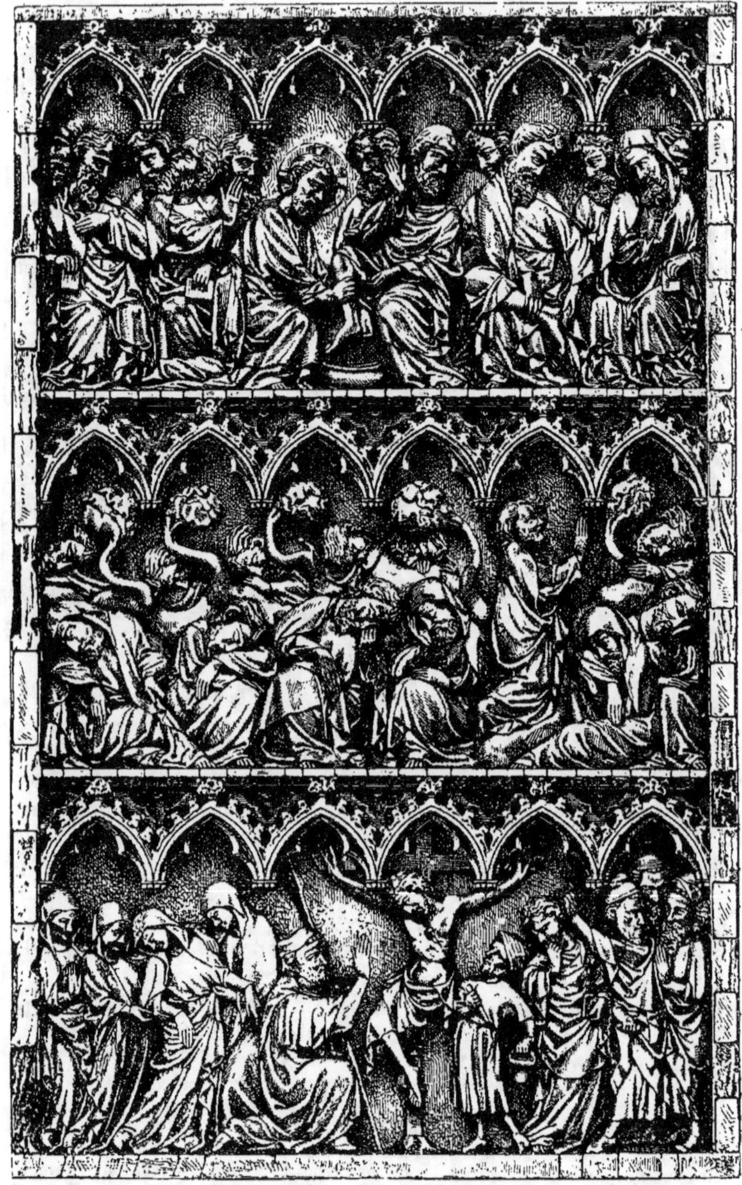

XIVᵉ SIÈCLE. — ART FRANÇAIS
Collection Frédéric Spitzer (Consulter la légende ci-contre, fig. 343 bis).

« Des *inventaires* et des *comptes royaux* des treizième, des quatorzième et quinzième siècles mentionnent des *diptyques* et *tableaux d'ivoire* (1). Dans l'*inventaire* du trésor du Saint-Siège, dressé en 1295 par ordre de Boniface VIII, on lit : « Unam iconam de ebore in cujus

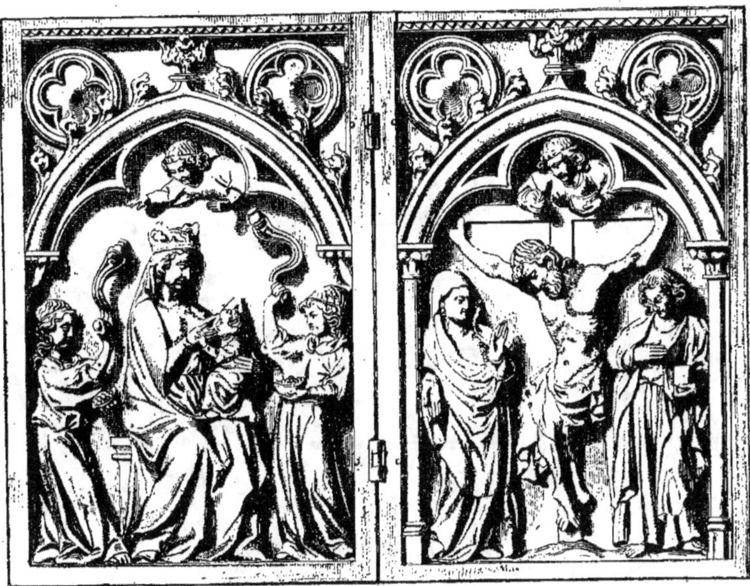

FIN DU XVe SIÈCLE. — ART FRANÇAIS

Collection Louis Fould

Comparaison de la sculpture en ivoire du XIVe siècle avec celle de la fin du XVe

Fig. 344. — Dans ce diptyque, la Vierge assise allaite l'Enfant Jésus. Deux anges, debout à ses côtés, encensent le Sauveur. Un autre ange, non ailé comme les précédents, est placé au-dessus de cette scène.

Sous un arceau de forme ogivale, Jésus-Christ en croix entre la Vierge et saint Jean. Un ange, au-dessus de la croix, tient en main le soleil et la lune.

XIVe SIÈCLE. — ART FRANÇAIS

Collection Frédéric Spitzer

Fig. 343 *bis*. — Nous venons de représenter, fig. 343, le premier feuillet de ce riche *diptyque*. Il était indispensable de le compléter par le second, où nous voyons traitées, d'un ciseau expérimenté, trois scènes de la Passion, séparées entre elles par des arcades trilobées. Les trois scènes figurées dans les registres sont : le Lavement des pieds, Jésus au jardin des Oliviers et la Crucifixion.

(1) *Comptes royaux* de l'an 1380. — Pour don fait par feu le roy Charles, dernier trespassé, dont Dieu ait l'âme, à l'esglise Nostre Dame de Reins au mois de juillet l'an mil ccc iiij^{xx}, au voyage que le dit seigneur fit lors à Reins, — c'est assavoir : une *ymage* d'or de Nostre-Dame qui se *cuvre et clost*, assise en une *chaière* d'or et tient en sa main une fleur de lys d'or, garnie de iiij balez, iij saphirs et viij perles et un ballesseau et en sa couronne viij ballez, iiij saphirs, viij grosses perles et iiij menues, et dedens ledit *ymage*, une coppe d'or, pesant tout xij mars, vii onces d'or.

medio est imago Beate Virginis cum Filio, et in tabulis quibus *clauditur* (les volets) sunt multe imagines ; unam iconam de ebore in qua est tota historia Passionis ; unam alteram iconam de ebore in qua est crucifixus cum duabus imaginibus, et in tabulis est historia

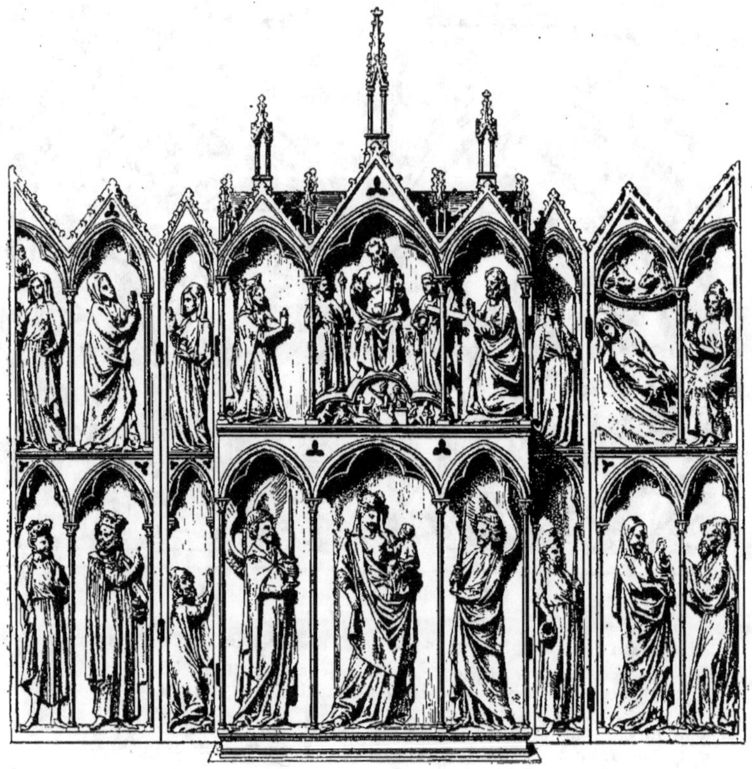

XIVe SIÈCLE. — ART FRANÇAIS

Collection Basilewski

Fig. 345. — *Polyptyque* composé d'une série d'arcades (encadrant chaque personnage), formées de petites colonnettes et d'arcs brisés ; ces arcades sont d'une incontestable élégance ; celles du haut sont surmontées de gables et de clochetons. La statuaire est empreinte d'une certaine afféterie qui s'exagérera au quinzième siècle ; les personnages se cambrent et paraissent poser ; néanmoins les gestes sont précis et pleins de verve. — Les costumes se composent, comme au treizième siècle, de grandes tuniques et de longs manteaux dont les plis, déjà un peu raides, sont largement drapés.

Dans le registre supérieur : le Christ montrant ses plaies, accompagné de deux anges portant la lance, la croix et la couronne d'épines ; la Sainte Vierge et saint Joseph agenouillés ; l'Annonciation et la Nativité. Dans le registre inférieur, la Vierge tenant l'Enfant, accompagnée de deux anges *céroféraires* (qui tiennent un cierge), les Rois mages et la Présentation.

Passionis depicta. » L'*inventaire* de Charles V, dit le Sage (1364-1380),
mentionne « ung petit tableau d'*yvire* de deux. pièces où dedans

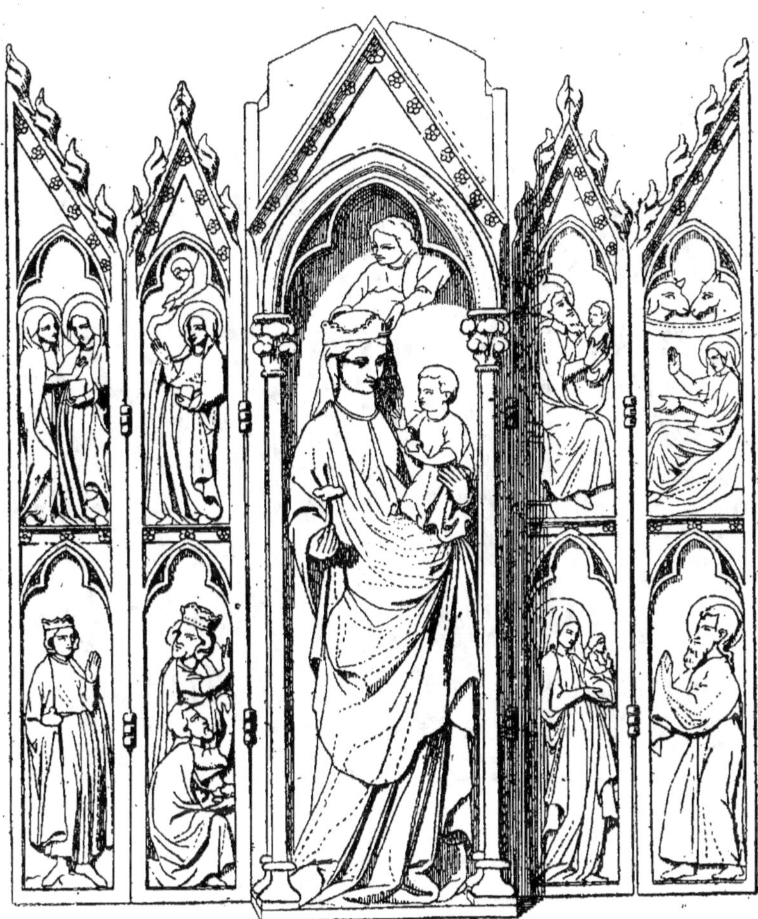

XIVᵉ SIÈCLE. — ART FRANÇAIS
Collection Auguste Orefant

Fig. 346. — *Polyptyque* composé d'une Vierge en *ronde bosse*, debout, portant
l'Enfant Jésus, abritée sous un dais et entourée de quatre volets qui l'enveloppent
lorsqu'ils sont fermés. Ces volets, terminés supérieurement par des frontons aigus
qui s'ajustent sous les rampants du dais central, sont divisés en trois registres où
sont figurées, en bas-relief, plusieurs scènes de l'enfance du Christ. — La couleur y
intervient, importante, mais cependant avec discrétion. Les carnations sont peintes :
la robe de la Vierge est couverte de fleurs pourpres avivées par un glacis ; son
manteau est décoré d'orfrois. Les figures des bas-reliefs s'enlèvent sur un fond bleu.

sont l'Ascension et la Penthecoste ; ung tableau *d'yvire* de deux
pièces historiez de la Passion et garniz d'argent. »

« Souvent, au quatorzième siècle, on coloriait le fond sur lequel

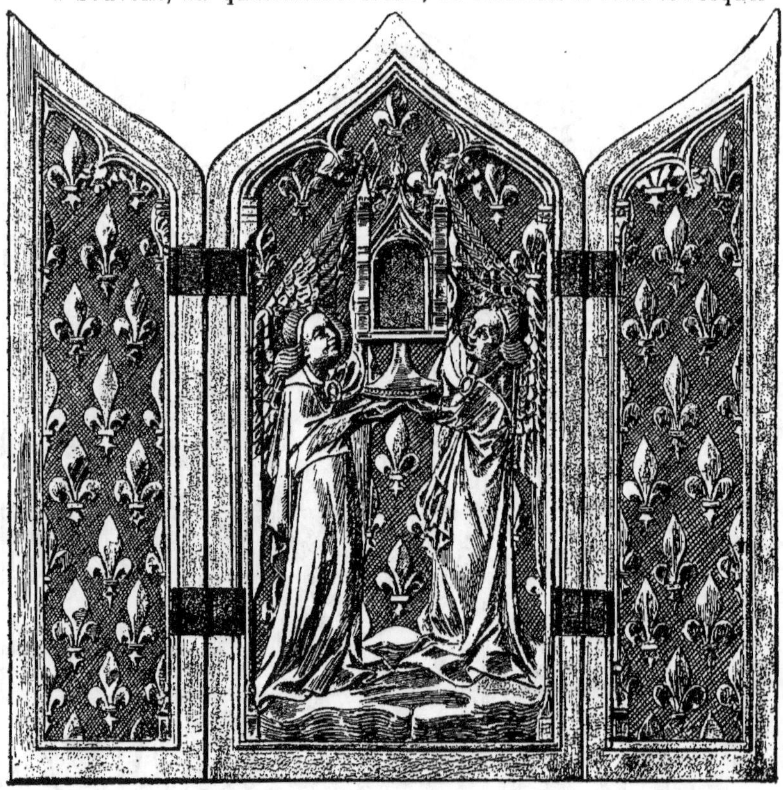

XVᵉ SIÈCLE. — ART FRANÇAIS
Musée du Louvre, Donation Sauvageot, Paris

Fig. 347. — *Triptyque* en ivoire, dont la partie centrale ainsi que les volets
sont profilés à leur partie supérieure suivant un arc en accolade. Le milieu de la
monstrance, creusé et fermé par une plaque de corne, était destiné à recevoir une
relique. Les charnières et le crochet de fermeture sont modernes.

La plupart des *chernières* (charnières), ou attaches *anciennes* des diptyques,
triptyques, etc. (*fermans à chernières*) ont été remplacées.

se détachaient les figures, qui recevaient quelques touches de peinture et des rehauts d'or. Il en reste encore des traces sur quelques-
unes des pièces conservées dans les musées et les collections. Cette
décoration polychrome est d'ailleurs mentionnée dans les *inventaires* ; ainsi on lit, dans celui de Charles V : « Ung tableau *d'yvire*
de deux pièces garniz d'argent et tres-menuement ouvrez et ystoriez
de la Passion, et est le champ esmaillé d'azur ; ungs autres tableaux

d'*yvire* de six pièces qui sont faiz comme d'enlumineure, dehors et dedans, *ystoriez* de plusieurs saints, et sont en aucuns lieux les armes de la royne Jehanne de Bourgogne. »

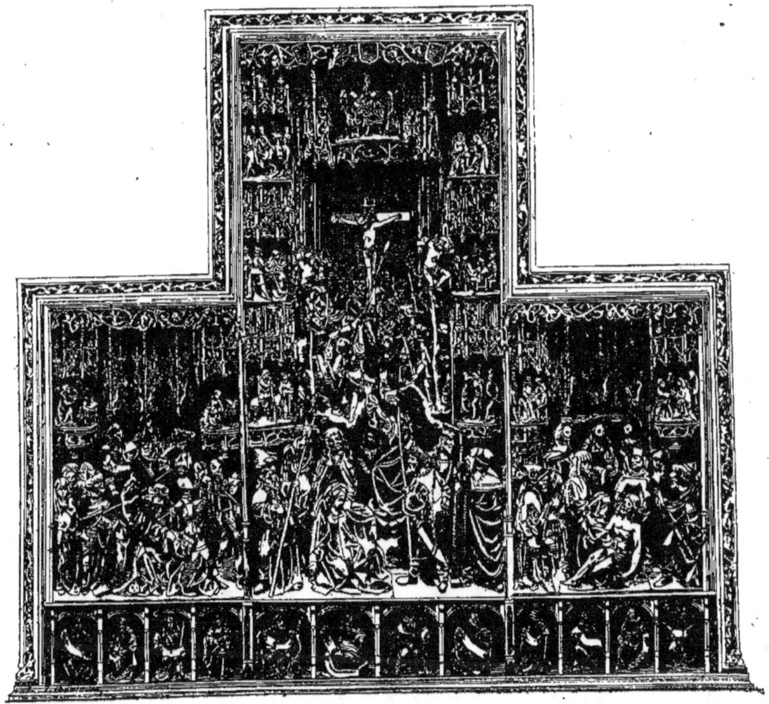

XVᵉ SIÈCLE. — ART FLAMAND
Collection du comte Pillet-Will
Fig. 348. — Retable en bois sculpté et doré

Sous le nᵒ 2737, le Musée du Louvre, Paris, possède le panneau central d'un *triptyque peint*, dont les volets ont disparu. La forme de ce panneau est identique à l'ensemble du triptyque représenté ci-dessus.

Après avoir été attribué soit à Lucas de Leyde, soit à Quentin Matsys, le panneau peint du Musée du Louvre est porté maintenant sur les *inventaires* comme étant l'œuvre du peintre allemand à qui l'on doit le *retable* de saint Thomas à Cologne, et connu sous le nom de Maître du Saint-Barthélemy de la Collection Boisserée.

Les *diptyques* et les *triptyques*, placés à l'intérieur des chambres ou destinés à être transportés, ont donné naissance aux *retables portatifs*. Jusqu'au neuvième siècle, les autels n'étaient chargés d'aucun ornement ; ce fut au dixième que l'on commença à y placer la croix et ce n'est qu'au quatorzième que les chandeliers et les croix en firent partie.

Lorsque le prêtre allait célébrer la messe, deux acolytes portaient

3 — D. 28

les flambeaux, l'officiant le crucifix, et les déposaient sur l'autel ; le service religieux terminé, les cierges et le crucifix étaient enlevés et remis à la sacristie. C'est vers le milieu du quinzième siècle que les *retables* s'élevèrent jusqu'aux voûtes de l'église.

Avant le treizième siècle, l'évêque assistant aux offices sur un siège placé au fond de l'abside, la mise en place d'un retable sur l'autel l'aurait empêché de voir les membres du clergé et le peuple

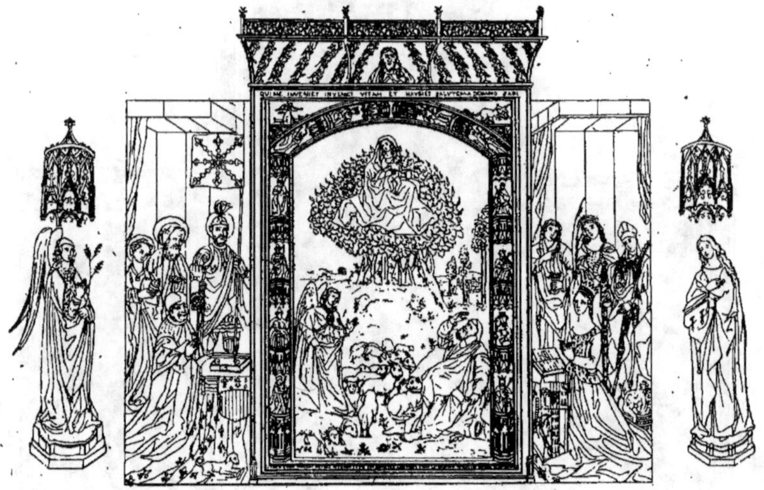

XV° SIÈCLE. — ART FRANÇAIS

Cathédrale Saint-Sauveur. Aix-en-Provence

Le Buisson Ardent, peint sur bois par Nicolas Froment, en 1475-1476

Fig. 349. — Le sujet principal ou tableau est placé dans un cadre de bois sculpté, couronné par une corniche au centre de laquelle est figuré, sur un fond d'or, Dieu le Père ou le Très-Haut ; dans la bordure qui entoure le tableau, sont les douze rois de Juda. Deux *volets* ou portes servent à préserver la peinture des injures de l'air. Ces volets, à l'extérieur, représentent l'annonciation de la Vierge. D'un côté, on voit l'ange Gabriel debout, qui remplit auprès de Marie la mission que Dieu lui a confiée. De l'autre côté, la Sainte Vierge, également debout, exprime sa soumission à la volonté du Seigneur. L'action des deux personnages est indiquée par les mots qui sont peints sur chaque volet : *Ave, Maria grâcia plena*, se lit sur celui où l'on voit l'ange, et *Ecce ancilla Domini* sur l'autre.

La peinture du milieu représenterait Moïse en adoration devant le buisson ardent ; et, au lieu de peindre Dieu le Père, l'artiste aurait figuré la Vierge tenant dans ses bras l'Enfant Jésus. Au milieu de son troupeau, Moïse, assis sur un tertre, témoigne son étonnement ; par humilité, il se découvre et se déchausse, suivant un usage reçu parmi les juifs. Le buisson sur lequel la Vierge est assise est entouré de plusieurs lampes ardentes, et un ange, debout, au nom du Seigneur, entretient Moïse sur la mission qu'il va remplir en Egypte.

Cet anachronisme appartient à l'époque où le tableau a été peint. Cependant,

placé au delà ; mais lorsque, au quatorzième, les autels furent nombreux dans les églises et que le siège de l'évêque fut déplacé, on se servit de petits *retables portatifs* qui, avec le crucifix et les chandeliers, prirent place sur l'autel pendant le Saint Sacrifice (1).

Bien que les premiers *retables portatifs* en ivoire ne fussent pas d'une grande proportion, et que la dimension de trois ou quatre feuillets ne soit pas suffisante pour les composer, on en sculpta sur de petites plaques, rapprochées les unes des autres et fixées dans un encadrement ; on fit également servir à cet usage les os de différents animaux.

Les plus intéressants de ces retables, fabriqués dans le nord de l'Italie aux quatorzième et quinzième siècles, sont reconnaissables, indépendamment de leur style, à la fine marqueterie de bois et d'ivoire qui en borde les bas-reliefs.

Le Musée des Thermes et de l'Hôtel de Cluny, Paris, possède trois beaux retables portatifs de cette provenance remontant au quatorzième siècle : un grand tableau garni de figures et de différents

---

comme le sujet paraît avoir été consacré à la Vierge, on pourait supposer que N. Froment a eu l'intention de peindre la vision qu'Isaïe, fils d'Amos, eut sur la naissance de Jésus-Christ, prédiction qu'il fit à Jérusalem vers l'an 870 avant l'ère chrétienne, sous le règne d'Ozias, ainsi publiée : il sortira de la tige de Jessé une branche qui doit porter la plus brillante des fleurs ; comme une rose qui sort du milieu des épines. En effet, pour représenter la généalogie de la Vierge, on figure un arbre dont la racine prend naissance des pieds de Jessé.

Sur le volet placé à la droite du tableau, on voit le roi René en prière et à genoux devant son prie-Dieu : un tapis de velours, sur lequel est brodé l'écusson du roi, écartelé de Sicile, d'Arragon, de Bar et de Lorraine, couvre le prie-Dieu ; derrière le roi sont les saints protecteurs de l'Anjou et de la Provence. La Madeleine tient le vase qu'elle avait rempli de parfums pour les répandre sur les pieds de Jésus chez le Pharisien. Saint Antoine, vêtu d'une robe de religieux, est près d'elle ; il s'appuie sur un *tau* grec. Saint Maurice, debout comme les autres, le casque en tête et couvert d'une riche armure, est placé devant saint Antoine.

Il y a aussi quatre figures sur le volet gauche. Jeanne de Laval, seconde femme de René, est à genoux comme lui, les mains jointes, devant un prie-Dieu : il l'avait épousée en 1455 ; elle mourut en l'année 1498, sans lui avoir donné d'enfant. Les armes de Montmorency et de Bretagne sont brodées sur le tapis de velours qui couvre le prie-Dieu. La première des trois figures debout que l'on voit derrière Jeanne de Laval, est saint Jean l'évangéliste ; la deuxième, sainte Agnès, et ensuite saint Nicolas, évêque de Myre. Ce prélat est vêtu de ses habits sacerdotaux, et on voit à ses pieds, selon l'usage, un baquet contenant trois enfants. En général, ce triptyque, dont on admire le coloris et le faire précieux, présente beaucoup de vérité dans les expressions et d'exactitude dans les détails.

---

(1) Le *parement d'autel* est un devant d'autel, *antipendium* ou *contre-retable* ; de là est venu *retable*. Le *retable* est un ouvrage d'architecture, fait de marbre, de pierre ou de bois, sculpté, peint et le plus souvent doré, qui forme la décoration d'un autel. On appelle *contre-retable* ou *contre-chevet*, le fond d'un retable, c'est-à-dire le *lambris* dans lequel on place un tableau ou un *bas-relief*, et contre lequel sont adossés le tabernacle et les gradins.

Le *contre-retable* est élevé au-dessus d'un autel pour recevoir un bas-relief ou tableau, représentant le saint auquel l'autel est dédié ; le *contre-retable* ne convient qu'aux autels non isolés. Quelquefois, le *retable* est surmonté par un groupe sculpté, le *séjour des bienheureux*, la *Jérusalem céleste* (fig. 355).

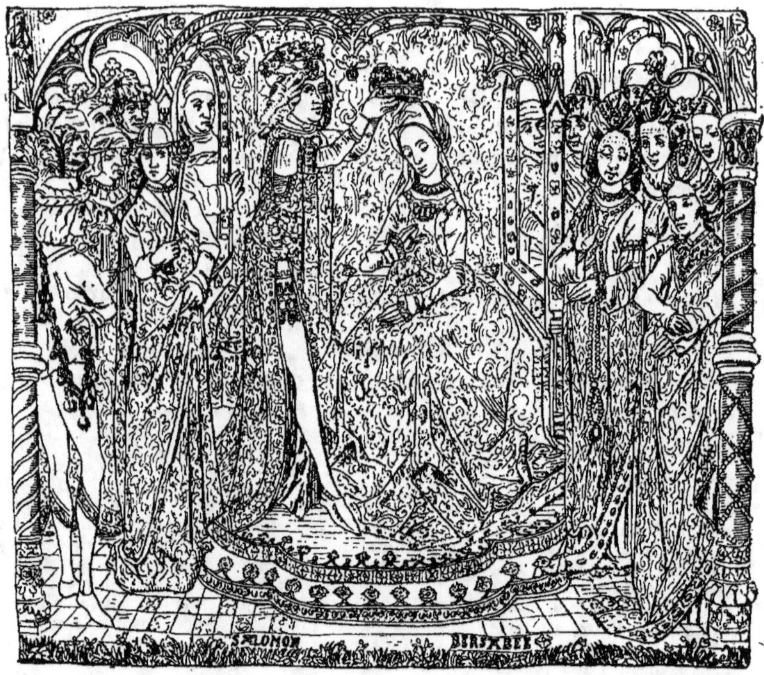

XVᵉ SIÈCLE (VERS 1480). — ART FLAMAND

Cathédrale de Sens

Panneau d'un parement d'autel formant un retable

Fig. 350. — Ce *parement de retable du Cardinal Louis de Bourbon* figurant *les trois couronnements*, un des plus somptueux que nous ait transmis la fin du quinzième siècle, dans la trame duquel *l'or et l'argent* sont mêlés à la soie et à la laine, est composé de trois panneaux disposés, primitivement, en forme de *triptyque* : la partie centrale plus élevée que les deux autres. Il fut offert à la cathédrale de Sens par le cardinal Louis de Bourbon, archevêque de Sens de 1535 à 1557, qui devait le tenir de son oncle, le cardinal Charles de Bourbon, archevêque de Lyon de 1446 à 1448, dont les armes y sont tissées.

Vers le milieu du dix-septième siècle, en 1653, ce beau *parement*, qui était en parfait état, fut réduit aux proportions de la *table* d'or, enrichie de figures en bas-relief et de nombreuses pierres précieuses, transporté à la Monnaie, en 1760, pour y être fondu par ordre de Louis XV.

L'origine en est peu connue. La décoration et les figures possèdent les caractères des œuvres flamandes de la fin du quinzième siècle ; les artisans tapissiers de cette époque se déplaçant fréquemment, il est probable que le cardinal Charles de Bourbon ait fait travailler, à Lyon, des ouvriers nomades venus du Nord, ou que le *carton* soit l'œuvre d'un artisan flamand.

Toutefois le caractère flamand du *carton* ne prouverait rien en ce qui concerne l'atelier où ce *parement* fut tissé ; les exemples sont nombreux de pièces mises en œuvre dans une région sur les *cartons* d'un artisan étranger.

Suivant l'opinion du savant et regretté historien d'art Jules Guiffrey, on pourrait attribuer l'initiative de l'exécution à Étienne Tristan de Salazar, archevêque

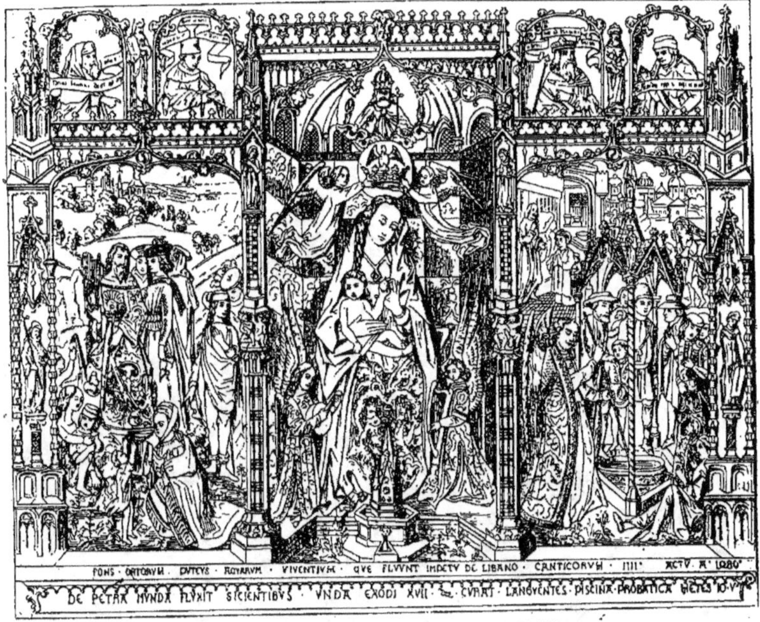

XVe SIÈCLE (1485). — ART FLAMAND

Collection du baron Charles Davillier
Exemple de tapisserie divisée en forme de triptyque

Fig. 351. — Cette tapisserie est divisée en trois compartiments et reproduit un *triptyque* de l'École de Bruges. L'artisan a imité les bordures dorées qui encadrent la composition et jusqu'aux piliers à clochetons séparant le panneau du milieu.

Au centre, dans un encadrement de style ogival, la Vierge, couronnée par les anges, tient sur ses genoux l'Enfant divin ; à sa droite, on voit le frappement du rocher et, à sa gauche, l'ange qui vient remuer, sous un édicule à colonnettes, l'eau de la piscine probatique.

Toute cette composition d'un art déjà fort remarquable, serait datée par l'anachronisme des costumes, si l'artisan n'y avait inscrit : *Actum anno 1485.*

de Sens, de 1475 à 1519 (année de sa mort), célèbre amateur qui avait fondé un atelier de tapisserie dans l'Hôtel des Archevêques de Sens, à Paris. L'archevêque de Sens étant encore, à cette époque, Métropolitain de Paris, dont le siège ne fut érigé en archevêché qu'en 1622, les fréquents séjours de ce Prélat comportaient une résidence spéciale digne du rang qu'il y occupait.

Cette splendide tapisserie représente la réunion de deux *triomphes féminins* accompagnant le *triomphe de Notre-Dame*. Les noms des personnages en français, les uns *Salomon* — *Bersabée* (fig. 350), et les autres *Hester* — *Assuère*, désignent les sujets qui sont des *couronnements humains*, placés de chaque côté du *couronnement divin de Notre-Dame*. Il en résulte que ce *parement d'autel* n'a pas été employé, non comme *antipendium*, mais qu'il a été placé verticalement sur l'autel même, derrière les cierges où il figurait un *retable*.

La présence des armes du cardinal Charles de Bourbon, tissées sur une partie de ce *parement*, nous donne à penser que le morceau sur lequel elles figurent serait composé de diverses pièces. Le panneau central, qui représente *Notre-Dame couronnée par la Sainte Trinité*, était, à l'origine, entouré par deux cercles de chérubins surmontant un concert d'anges.

sujets représentant la vie de saint Jean-Baptiste ; un autre tableau composé de bas-reliefs dont les motifs proviennent des *Évangiles*, et un *triptyque* comprenant plusieurs bas-reliefs tirés de la vie et de la passion du Christ. Ces deux tableaux sont désignés sous le nom

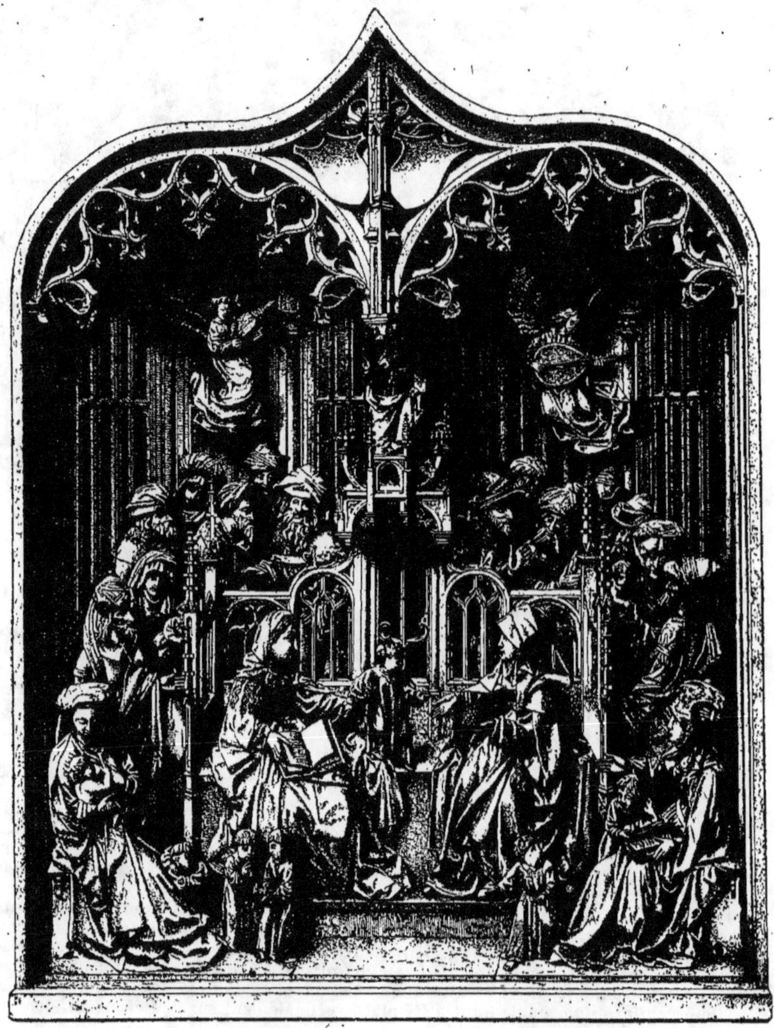

XVe SIÈCLE. — ART FLAMAND

Musée d'antiquités, Bruxelles (Église d'Anderghem)

Fig. 352. — Ce beau volet de *retable* en bois, où la sculpture est à la fois si naïve et si savante, est incontestablement un des plus beaux travaux en ce genre.

d'*Oratoires des duchesses de Bourgogne*, et proviendraient de l'ancienne Chartreuse de Dijon. Edmond Du Sommerard les rattache à un article des *comptes* d'Amiot Arnaut, trésorier du duc Philippe le Hardi, daté de 1392 et 1393 ; il en résulterait qu'ils furent payés

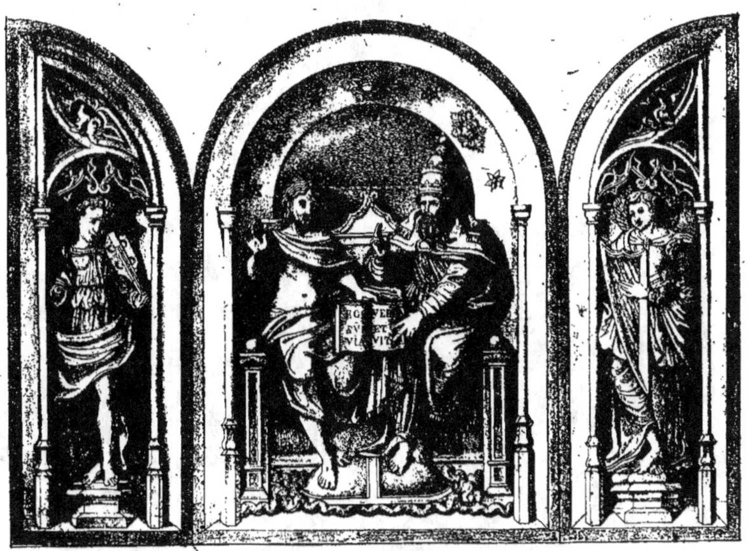

XVIᵉ SIÈCLE. — TABLEAU DE DÉVOTION A VOLETS

Musée des Thermes et de Cluny, Paris

Fig. 353. — Ce *triptyque* représente la Sainte Trinité dans le panneau du milieu ; deux anges, sculptés sur les volets, jouent des instruments de musique. On lit sur les pages placées sur les genoux du Père et du Fils : *Ego sum via, veritas et vita.* Dieu le Père, est représenté en pape, la tiare sur la tête.

Le Fils n'est vêtu que d'un manteau. Derrière ce *triptyque* se lit l'inscription :

A Seur Perrette Dobray

Et luy feut donec L'an MVXLII au moys de decembre par ses frères et seurs. Et a couste XVIII¹ xˣ Iᵈ. Je prie à tous ceulx et celles qⁱ y prendront devoⁿ ce gardent de la gaster et prie poʳ moy et poʳ ceulx qⁱ me lont donnee.

Seʳ Perrette   Dobray.

Le désir de Perrette Dobray a été respecté ; ce *triptyque* est demeuré intact.

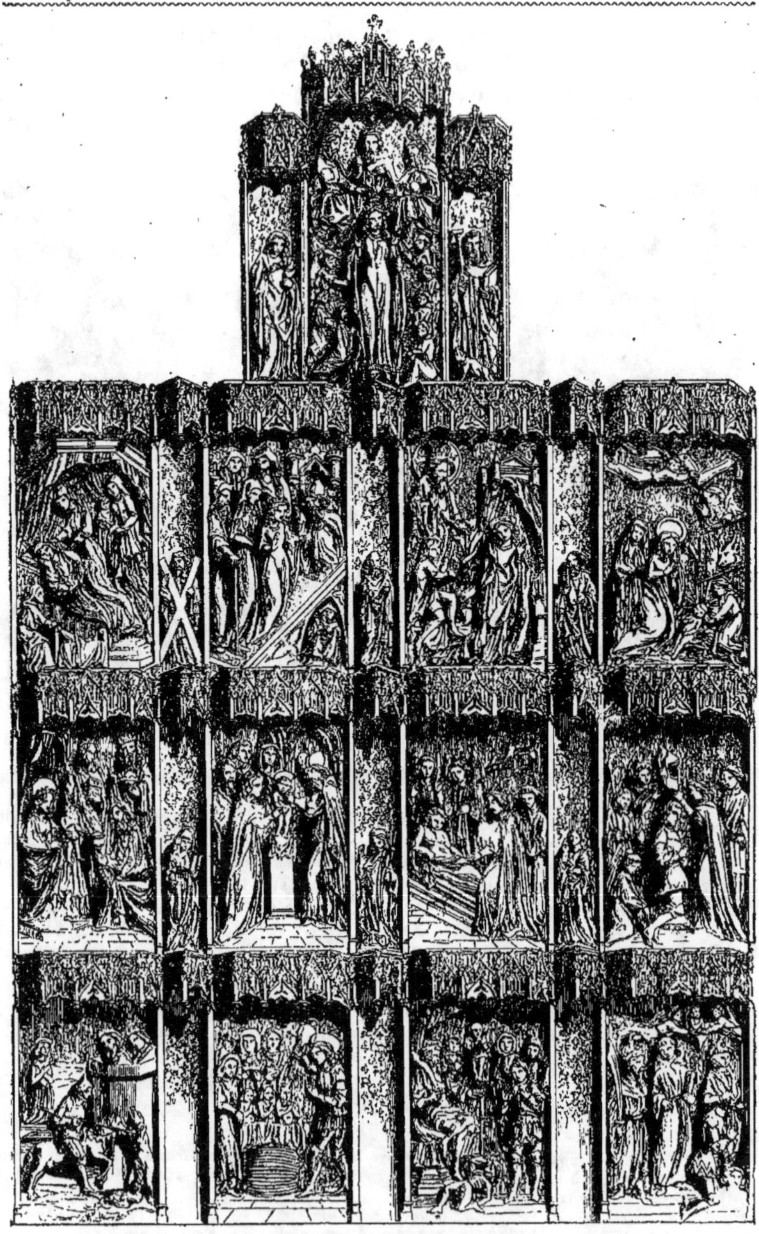

XVIᵉ SIÈCLE. — ART FRANÇAIS
Église de La Celle (Eure)

cinq cents livres à Berthelot Heliot, valet de chambre du duc, et acquis pour les chartreux.

Dès le commencement du seizième siècle, la sculpture en ivoire eut à subir des mauvaises influences qui, en général, avaient abaissé le niveau de l'art ogival; elle fut obligée aussi de lutter contre l'importance prise par la *sculpture en bois*.

Etymologiquement, on appelle *retable* le meuble liturgique élevé derrière l'autel pour l'orner, rehausser son importance, puis exciter la piété du célébrant par de pieuses images.

Dans la primitive église, l'autel affectait la forme commémorative de l'institution de l'Eucharistie : c'est à la suite des persécu-

Fig. 354. — *Retable* composé de treize bas-reliefs d'*albâtre* habilement rapprochés, mais qui devaient faire partie d'une série de compositions dont quelquesunes n'existent plus. Ces bas-reliefs sont remarquables par certaines qualités d'exécution, contrastant fréquemment avec une maladresse naïve. Dans la période de la Renaissance française, les ateliers des monastères, sans être étrangers aux progrès de l'art, avaient coutume de suivre trop scrupuleusement certaines traditions du style primitif chrétien. La chasteté des figures drapées, la simplicité des plis, l'expression placide des physionomies, le peu de vérité des attitudes et des gestes lorsque le mouvement ne se rapporte point aux habitudes de la vie monastique, l'ignorance anatomique dans quelques parties, enfin la monotonie des accessoires, autorisent l'attribution de cette œuvre à des moines, disciples de ceux qui, aux douzième et treizième siècles, exécutaient les châsses et les reliquaires en orfèvrerie.

Parmi ces treize bas-reliefs, le premier se recommande surtout à l'attention par son étendue et son mérite : il représente, au milieu du ciel, la Vierge, le Père éternel, le Christ, le Saint-Esprit et les anges. Le Père est au milieu ; il est mitré et il fait le geste de bénir. Le Fils et le Saint-Esprit soutiennent la couronne de la Vierge. Les anges, qui accompagnent la Vierge, sont vêtus d'habits serrés au cou et sur la poitrine, pareils à ceux des novices dans les couvents. Les draperies des Personnes de la Trinité sont fouillées et repliées comme dans le vieil art ogival. Il en est de même pour la plupart des autres bas-reliefs. En général, les mains, un peu sèches et roides, ne manquent cependant ni de grâce ni d'une certaine distinction. On voit encore, sur les draperies et sur les fonds, quelques traces de peinture où dominent le bleu, le rouge et l'or. Les autres sujets des bas-reliefs sont les suivants : — Naissance de la Vierge. — Présentation de la Vierge au Temple. — l'Annonciation ; la pose de la Vierge est d'une naïveté étonnante ; l'ange qui lui présente un lis est vêtu en page ; il porte une toque et un pourpoint. — Jésus dans la crèche ; le Père éternel regarde ; il en est de même dans l'Annonciation. — Adoration des rois ; la figure de la Vierge est d'une jolie exécution. — La Circoncision. — Saint Georges malade, visité par la Vierge. — Saint Georges armé chevalier ; un ange lui attache les éperons, un deuxième tient son épée, un troisième son bouclier. — Saint Georges combattant le dragon ; la Vierge et Jésus-Christ sont au fond ; une femme avec un nimbe est en prière. Dans ce bas-relief, la très mauvaise exécution du cheval, l'inexpérience complète qui se trahit dans l'arrangement de l'armure et de la selle, prouvent que l'artisan était plus familier avec le cloître qu'avec les tournois et les hauts faits des chevaliers. — Saint Georges baptisant. — Saint Georges devant le juge, aux pieds duquel un bouffon gesticule, tandis qu'un nain, accroupi sur une colonne, joue du violon. — Saint Georges décapité ; le juge est témoin du supplice et porte, sur son bonnet, un petit chien qui semble exprimer l'idolâtrie ; le corps de saint Georges décapité reste à genoux ; au-dessus deux anges emportent au ciel son âme nue et ailée. — Les huit statuettes décorant les niches de chaque côté des compositions sont d'une exécution très supérieure.

3 — D. 29

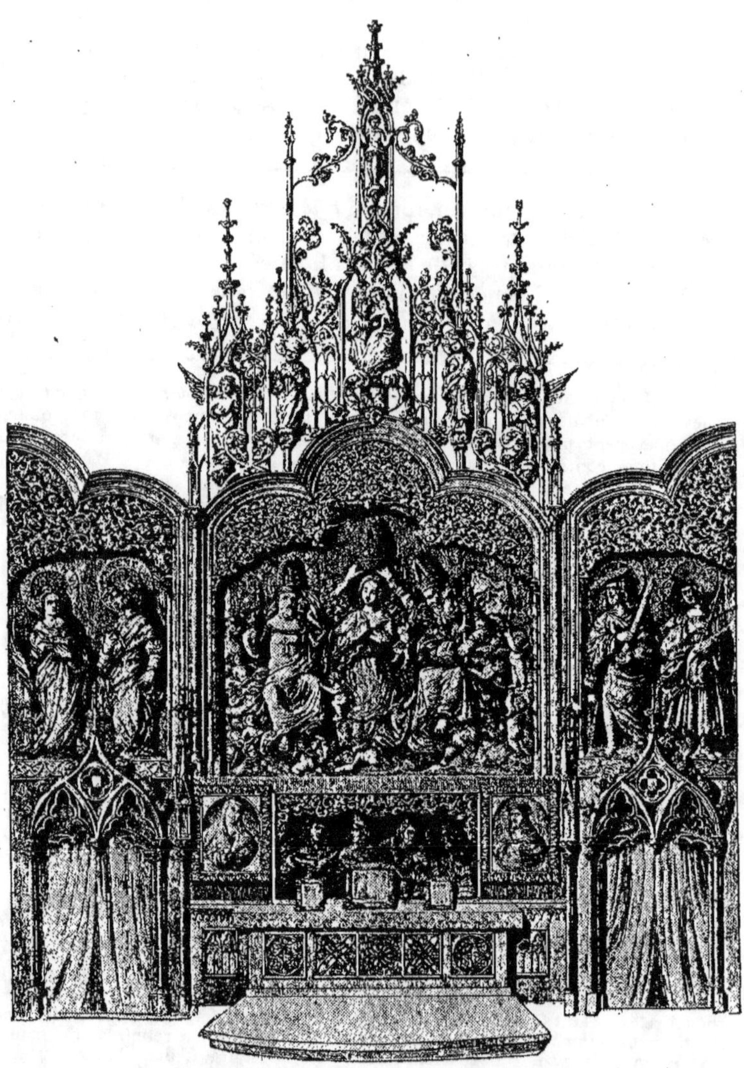

XVIᵉ SIÈCLE. — ART ALLEMAND

Eglise du Vieux-Brisach (duché de Bade)

Fig. 355. — Le *retable* en bois sculpté du maître-autel de l'église du Vieux-
Brisach mérite d'être cité parmi les plus somptueux ; il porte tous les caractères de
l'art allemand du commencement du seizième siècle, c'est-à-dire de la fin de la
troisième Epoque de la Période Ogivale. Occupant toute la largeur et la hauteur

tions qu'on lui donna l'aspect d'un tombeau qui s'élevait sur le corps même d'un saint, ou contenait de ses reliques.

Lorsque l'autel était adossé, toute commémoration de la Cène devenait impossible, non seulement le diacre, le sous-diacre, les acolytes ne pouvaient circuler autour selon les prescriptions du *rituel*, mais encore l'évêque, dans les cathédrales, l'abbé dans les églises conventuelles, n'occupaient point la place que leur assignent la tradition et la liturgie.

Le *retable* ne paraît point avant le onzième siècle : il a fallu, pour le rendre possible, introduire dans les offices, et particulièrement pour la célébration de la messe, de nombreuses modifications ; il a été nécessaire, en outre, indispensable même, d'isoler en quelque sorte le chœur de la nef.

En résumé, le *retable* qui se rattache étroitement au reliquaire, a été une création des *ymagiers*, tant pour permettre la conservation et l'exhibition des reliques, que pour *historier* et *illustrer* la paroi extérieure et apparente du coffre où on les conservait. Les *retables* les plus anciens n'ont, en effet, qu'une faible épaisseur ; c'est ou une dalle en pierre très mince, masquant la *capsa*, la *capsula* (coffre ou coffret), ou un *ais*, un panneau soit de bois, soit de métal, remplissant le même office.

Il en est résulté deux types de *retables* : les *uns fixes* et se rattachant à l'architecture de l'autel ; les *autres mobiles*, faisant partie de la décoration mobilière des églises.

Les premiers, généralement plus simples, offrirent aux *tailleurs d'ymaiges* une surface sur laquelle ils purent exécuter, en réduction, les légendes ou les *hystoires* qu'ils représentaient, en grand, autour du chœur, comme aux cathédrales de Paris et de Chartres.

Les seconds, véritables meubles, analogues aux *chapelles portatives*, furent un thème facile pour le symbolisme et l'art décoratif ; ils fournirent aux peintres, aux orfèvres, aux émailleurs, aux doreurs, aux ciseleurs, à tous les artisans, l'occasion de créer de somptueuses œuvres d'art.

Le *retable mobile*, décoré de niches, d'acrotères, de dais, de clochetons, de pinacles pour abriter les statuettes, de crosses végétales, de figures d'animaux, de tout ce que donnaient la flore et les

---

du chœur, il est réparti en plusieurs divisions. La partie du milieu représente l'Assomption de la Vierge, couronnée par le Père et le Fils. Leurs couronnes ressemblent à des lierres ; cette forme spéciale se retrouve dans une estampe d'Albert Dürer, représentant le Père éternel. Parmi les plis amples de la robe de la Vierge, des petits anges voltent.

A droite et à gauche, les figures des quatre patrons de l'Église : côté de l'Épître : les saints Gervais et Protais ; côté de l'Evangile, les saints Laurent et Etienne ; au-dessous de l'Assomption, dans une niche, au niveau de la table d'autel, les évangélistes avec leurs attributs et, pour couronner l'œuvre, une *Jérusalem céleste* presque grêle, dont l'exécution contraste avec la belle ampleur de l'ensemble.

bestiaires allégoriques du Moyen-Age, devint un monument précieux qu'il fallut préserver contre l'ignorance de leurs possesseurs et la rapacité des voleurs. On le protégea par des *volets* fermés en temps ordinaire et ouverts durant les offices.

Les plus célèbres *retables en bois sculpté*, peint et doré, en or ou en argent, en cuivre repoussé et émaillé, sont conservés dans les Musées, les Trésors des églises et dans quelques Collections.

Des *volets* de buffet d'orgue (fig. 356 et 357) et de nombreux *retables fixes*, ont été *remis à neuf* par des *vandales embellisseurs* qui leur ont fait subir, par de multiples et gâcheuses opérations, des lessivages et des repeints, et quels repeints !

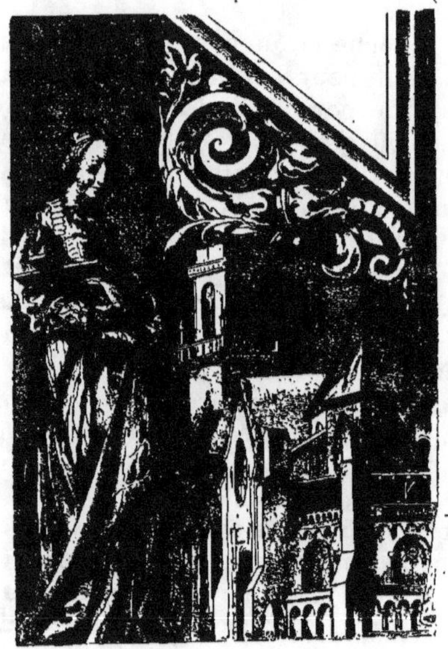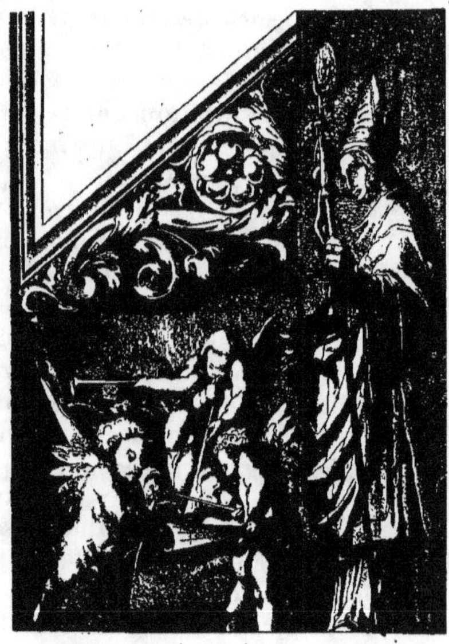

XVIᵉ SIÈCLE. — ART ALLEMAND
Cathédrale de Bâle
Cartons de Hans Holbein, dit le Jeune (1497✝1543)

Fig. 356 et 357. — Volets du buffet de l'orgue de la cathédrale de Bâle. Les originaux peints ayant *perdu tout caractère par suite des lessivages et des repeints qu'ils ont subis*, il nous a paru plus intéressant d'en représenter l'esquisse.

Ces *cartons* sont exécutés au lavis; l'un des côtés figure sainte Hélène avec la cathédrale, à ses pieds, l'autre saint Pantale et un groupe d'anges.

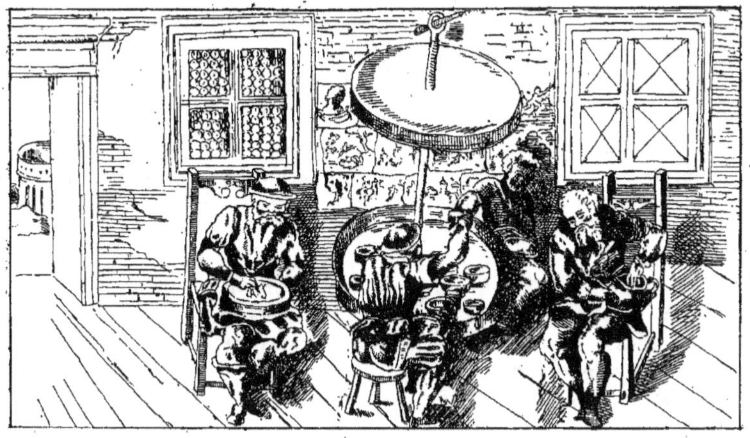

Fig. 358. — *Bottega de Piccolpassi (1548).* — *Consulter la note au bas de cette page*

COMPRÉHENSION DES ŒUVRES D'ART EN CÉRAMIQUE

DÉCORS CARACTÉRISTIQUES DES MAJOLIQUES ITALIENNES
NOMS DES PIÈCES ET DE LEURS DÉCORS
COPIES OU INTERPRÉTATIONS DE DOCUMENTS GRAVÉS

Cipriano Piccolpassi, durantinois, emploie le terme *majolica* comme ayant été réservé, primitivement, aux *faïences à lustre métallique.* On en trouve mention dans son manuscrit *Li tre Libri dell'Arte del Vasaio,* que nous avons consulté à la Bibliothèque du South Kensington Museum, à Londres. Ce document donne des recettes pour obtenir les couleurs métalliques (2).

Quelle que soit la date du commencement de la fabrication des majoliques en Italie, ce nom de *majolica* qu'on leur donne et que tous les lexicographes s'accordent à faire dériver de *Majorca,* où un

---

(1) Fig. 358. — Les artisans en majolique travaillaient sur les genoux, ainsi que le représente une assiette conservée au South Kensington Museum, Londres, et tel que nous le démontrons ci-dessus, d'après le *manuscrit* de Piccolpassi, où l'on voit quatre céramistes assis autour d'un plateau mouvant suspendu au plafond, sur lequel de larges godets sont placés. (Voir fig. 371).

(2) Cav. Cipriano Piccolpassi Durantinois. *Li tre Libri dell'Arte del Vasaio.* Roma, 1857. In-4 de 56 pages, avec titre gravé et atlas de 27 planches fac-simile.
Claudius Popelyn. *Les troys libvres de l'art du potier.* In-4 de xii et 86 pages, avec 40 planches fac-simile. Paris, 1861. — Traduction en français imité du

centre important de céramique *hispano-moresque* existait, indique que la technique et le décor des artisans mores exercèrent une influence sur les peintres céramistes italiens.

Les *bottegas* citées par Piccolpassi en 1548 sont : Urbino, Faënza, Rimini, Forli, Ravenne, Bologne, Modène, Ferrare et Castel-Durante, qui travaillaient les limons des cours d'eau de leurs territoires ; Venise et Padoue se servaient des terres de Ravenne, de Rimini et de Pesaro, l'auteur ne les mentionne qu'incidemment ; il indique aussi Vérone, à propos des pierres siliceuses dont on y fait usage ; Gênes, placée loin de ces contrées, employait de la terre de carrière ; Castelli, exécutait des produits spéciaux. D'après un passage du même auteur, il existait à Foligno des ateliers importants, puisque les couleurs y étaient broyées au moyen de moulins à eau.

A ces villes, il convient d'ajouter :

Caffagiolo, petite ville de Toscane qui, placée sur le revers occidental des Apennins, sur la route de Bologne à Florence, semble avoir été le centre de fabrication de cette dernière ville. Ses produits, connus par de nombreuses pièces, tendent à prendre une place importante dans l'histoire des majoliques italiennes ;

Gubbio, célèbre par ses faïences à *lustre métallique*, décorées par maestro Giorgio Andreoli ;

Deruta, dépendance de Pérouse, connue par des pièces signées ;

Viterbe, que désigne une inscription placée sur un plat du South Kensington Museum, à Londres, datée de 1544 ;

Pise, citée comme centre de majoliques en 1530, mais certainement comme lieu d'exportation pour les majoliques expédiées en Espagne ;

Monte, qui est peut-être Monte-Panicco, connue par une pièce du Musée des Thermes et de l'Hôtel de Cluny à Paris ;

Bassano, atelier fondé au dix-septième siècle ;

Sienne ; de cette ville, nous avons remarqué, au South Kensington Museum, une assiette appartenant certainement au milieu du seizième siècle, et une seconde datée du dix-huitième.

Une fabrique fut établie dans le royaume de Naples, près de Fermo, à Castelli, dans les Abbruzzes, où une famille de peintres, nommée Grue, aurait surtout travaillé.

Deux autres manufactures établies dans le Nord, à Gênes et à Savone, ont été fondées au dix-huitième siècle.

---

seizième siècle, d'après l'édition italienne. Ces publications ne contiennent pas les recettes de la composition ni celles de la fabrication des couleurs métalliques, qui sont données dans le manuscrit original. De plus, les dessins de Piccolpassi possèdent des qualités ne se trouvant pas dans les éditions de Rome et de Paris.

Si nous classons par contrées les centres des ateliers que nous venons de citer, nous trouvons qu'ils se répartissent :

MARCHES : Faënza, Forli, Rimini, Ravenne, Bologne ; — TOSCANE : Caffagiolo, Florence, Sienne, Pise (?) ; — DUCHÉ D'URBIN : Pesaro, Castel-Durante, Urbino, Gubbio, Gualdo, Monte (?)-Castello ; — ETATS PONTIFICAUX : Deruta (Pérouse), Foligno, Viterbe (?) ; DUCHÉS DU NORD : Ferrare, Modène ; — VÉNÉTIE : Venise, Padoue, Bassano, Vérone ; — ETATS DE GÊNES : Gênes, Savone ; — ROYAUME DE NAPLES : Castelli.

D'après Piccolpassi, certaines villes étrangères à l'Italie ont produit de la faïence dans le genre italien. Corfou reçut l'art du potier des mains d'artisans de Castel Durante. Cet art fut introduit à Anvers par un certain Guido di Savino. Les céramistes lyonnais travaillaient le limon du Rhône.

Par suite de la vogue que les faïences anciennes ont acquise, des fabricants anglais, italiens et... français imitent les *majoliques*.

Ces travaux n'ont rien de commun avec l'art, d'autant plus que, à l'aide de procédés frauduleux, les contrefacteurs donnent, à leurs pastiches, un cachet ancien dont le but est de tromper les amateurs et les antiquaires.

NOMS PARTICULIERS DES PIÈCES ET DE LEURS DÉCORS

« Toutes les pièces qui sortaient des ateliers céramiques italiens, écrit M. F. de Mély, avaient un nom particulier. C'étaient, outre les plats et les assiettes, l'*ongaresca* ou *piadente*, coupe montée sur pied bas ;, la *scudella*, coupe à pied élevé ; les *taglieri*, disques plats, destinés à présenter les tranches de pain ; la *canestrella*, corbeille à fruits ; nous y trouvons également le *tondino*, assiette à larges bords, à fond très petit ; la *cuppa amatoria*, avec portrait de femme, dont le nom indique la destination ; enfin, les vases étaient compris sous la dénomination générale de *bronzi antichi*, imitation de bronzes antiques, au milieu desquels on distinguait seulement les *albarelli*, vases de pharmacie. »

Leurs décorations étaient exécutées suivant des traditions qu'il est intéressant de rappeler. — L'artisan les couvrait :

de *foglie*, feuilles ; *tirata*, traits ou entrelacs ; *fiori*, fleurs ; *foglie da duzena*, feuilles à la douzaine, fig. 359 à 362 ;

de *trofei*, trophées ; *sopra bianco*, blanc sur blanc ; *quartiere*, quartiers ; *rabesche*, arabesques ; *groteschi (candelieri)*, grotesques dits candélabres ; fig. 363 à 366 ;

de *groteschi*, grotesques ; *cerquate*, Chesnaye della Rovere ; *paesi*, paysages ; *historie*, scènes historiques, fig. 367 à 370.

Ce sont ces termes que nous allons représenter et définir.

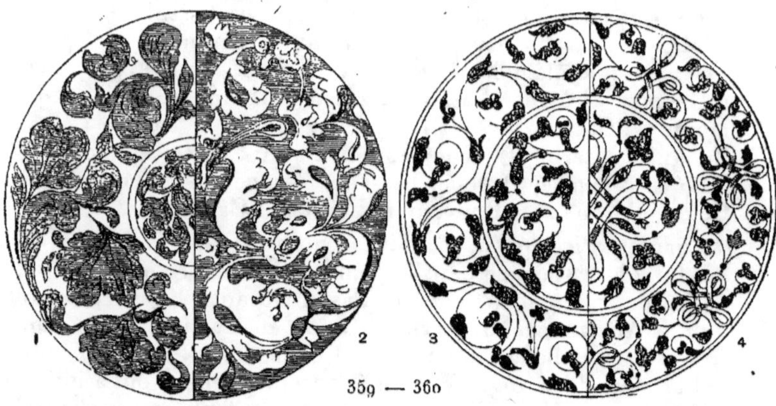

359 — 360

Fig. 359 et 360, 1 et 2. — Foglie, *Feuilles* ou feuillages. — Bouquets, ou larges feuilles contournées, en réserve sur fond colorié ou en contre-partie, couleur sur fond blanc. — Se fonct cestes-cy à Venise et à Gênes, plus qu'en aultres endroicts et se paient 3 libvres le cent (1).

Fig. 359 et 360, 3 et 4 — Tirata, *Traits, Entrelacs*. Combinaisons d'un même décor toujours sur fond blanc ; se rapprochant des arabesques (*rabesche*) qui s'en différencient par un sentiment de dessin plus oriental. — Ceste peincture est générale et se paie 2 libvres le cent et même 20 bolognins.

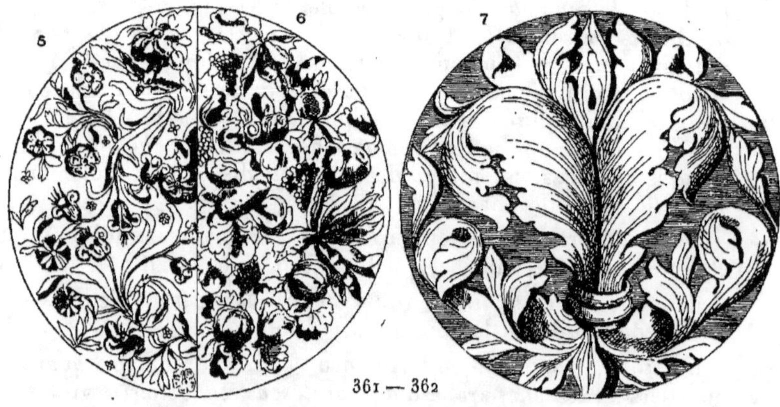

361 — 362

<hr>

(1) Le texte composé en caractères espacés, pages 232 à 236, est la reproduction littérale de celui de Piccolpassi, d'après la traduction de Claudius Popelyn. (Cf. note 2, page 229.)

Fig. 361 et 362, 5. — Fiori. *Fleurs*; et 6, *Fruits*. — Semis de fleurs, roses, œillets, tulipes ou de fruits, parmi lesquels, quelquefois, voltent des oiseaux ou des papillons en camaïeu sur fond bleu clair. — Véritablement, sont cestes-y peinctures Venitiennes chouses moult gentilles et se paient 5 libvres le cent.

Fig. 361 et 362, 7. — Foglie da duzena. *Feuilles dites à la douzaine.* — Large décor de feuilles couvrant la surface de l'assiette. — Ceste peincture est commune et se paie ung demy florin le cent et à Venise 2 libvres.

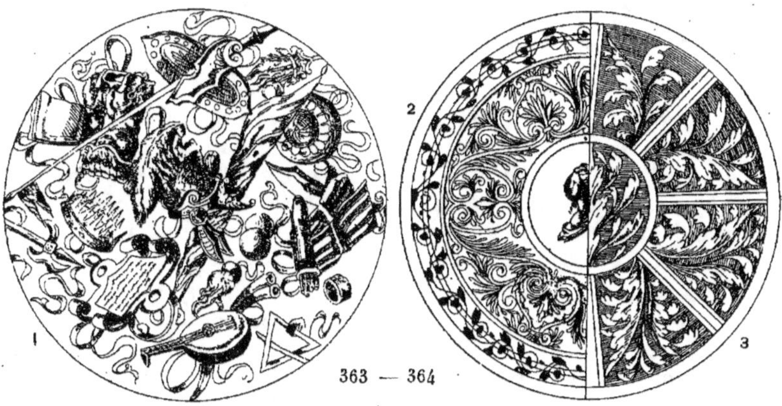

363 — 364

Fig. 363 et 364, 1 et 4. — Trofei, *Trophées*, fabriqués principalement dans l'Etat d'Urbin. Décor formé d'armes antiques et d'instruments de musique militaire, distribués sur un fond colorié. Cestes-iy sont en usaige en tous lieux, mais il est vrai que se font plus tôt dans l'estat d'Urbin qu'en tout aultre endroict et se paient-ils ung escu ducat le cent. — (Voir pour décor n° 4, fig. 365).

Fig. 363 et 364, 2. — Sopra bianco. *Blanc sur blanc,* fabriqué dans le duché d'Urbin et plus fréquent encore à Faenza. Décor formé de palmettes d'émail pur, blanc, sur un fond d'émail laiteux. Cecy est ung usaige d'Urbin (et de Faenza) et se paie un demy escu le cent.

Fig. 363 et 364, 3. — Quartiere. *Quartiers.* Ce décor est commun, principalement pour celui des fabrications primitives. Il est formé, en général, de compartiments divisés par des rayons séparant des feuillages. Ces quartiers se paient 20 bolognins ou 2 ou 3 libvres.

AVIS. — Le numérotage des figures 359 à 370 (pages 232 à 236) correspond à celui de leurs descriptions accompagnées de renvois aux numéros spéciaux.

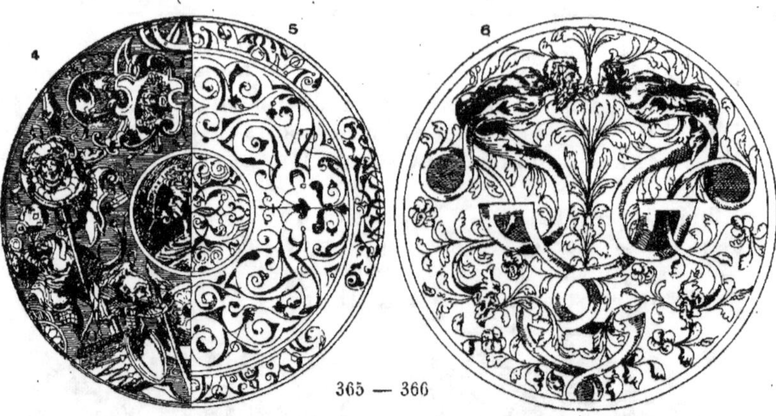

365 — 366

Fig. 365 et 366, 5 (pour la note du 4, voir fig. 363 et 364, n° 1).
— Rabesche. *Arabesques*. Imitations de damasquines exécutées
sur fond blanc. S'emploient davantage à Venise et Gênes
qu'en aultres lieux, et se paient de fasion au peinctre
ung florin le cent à Venise, et à Gênes quatre libvres,
qui est ung hault prix.

Fig. 365 et 366, 6. — Groteschi (*candelieri*) *grotesques dits*
candélabres. Le décor, formé de palmettes, cornes d'abondance, etc.,
s'enlève sur un fond blanc et est constitué, ordinairement, par
un homme ou une femme à membres de feuilles, dont les corps se
terminent en une longue tige s'enlaçant, systématiquement, de
chaque côté d'un axe formé par une tige feuillagée.

Cette symétrie marque la *différence entre les grotesques et les*
candélabres. — Peincture d'Urbin a payer deux florins
le cent ou 8 libvres de Venise.

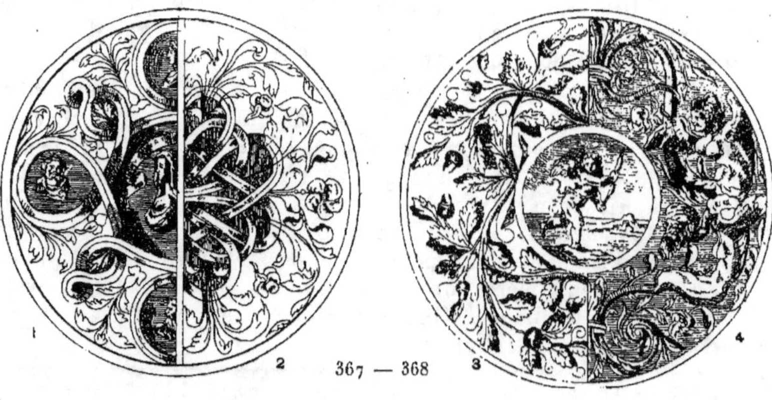

367 — 368

Fig 367 et 368, 1 et 2. — Groteschi, *grotesques*, avec ou sans fond. Cecy est d'ung usaige commun et se paient l'ung (n° 1) demy escu ; l'autre (n° 2) 2 Jules le cent.

Fig. 367 et 368, 3. — Cerquate. *Chesnaye della Rovere*. Branchages de chêne avec feuilles et glands enlacés, quelquefois avec une figure placée dans un cartouche central. Cestes-cy moult sont en usaige pour la vénération et l'obligation qu'avons à la Rovere à l'ombre de laquelle nous vivons joyeulesement, si que se peut dire que c'est la vraye peincture de l'Orbinienne. Se paient dix carlins la centaine sans fonds, et ung escu avecques fonds.

Fig. 367 et 368, 4. — Groteschi. *Grotesques*. Variété de groteschi, enroulements symétriques terminés par une tige formant axe, ou par des sirènes, monstres ailés, chimères à corps de feuillages sur fond colorié. Les grotesques sont quasiment en oubli, et pourquoi ne lais-sie veu que c'est une trez prétieulse peincture dont ne coignys-ie d'ou vient l'usage. Se paient 2 florins le cent en l'estat d'Urbin et à Venise 8 libvres.

Copies ou Interprétations de Documents peints ou gravés

Au nombre des peintres célèbres le plus souvent copiés ou interprétés par les artisans en majoliques, pour le décor de plats à *sujets historiques*, nous citerons : André Mantegna, 1431†1506 ; Andrea de Cosimo, dit Feltrini, a travaillé de 1456 à 1476 ; Udine, dit Nani, 1489†1561 ; Giovani Ricamatore ; Michel-Ange Buonarotti, 1474†1564 ; Raphael Sanzio, 1483†1520 (1) ; Dente Marco,

(1) La ville d'Urbin ayant donné naissance à Raphaël, la fabrique de céramique qui y était établie fut très longtemps dirigée par un parent de ce peintre célèbre. On a prétendu qu'il y avait travaillé dans sa jeunesse ; c'est faire tort au Sanzio que de mettre sur son compte des peintures qui pèchent surtout par le dessin. Aussi est-il vrai qu'il est facile, si elles représentent quelquefois des sujets dont on ne peut contester l'invention, de s'apercevoir qu'elles sont exécutées, non par lui, mais seulement d'après quelques-unes de ses estampes. Il ne faut donc pas donner à ces faïences une valeur qui ne leur appartient pas.

C'est à dater du milieu du quinzième siècle, — car il est à remarquer que la Renaissance italienne devance la Renaissance française de près d'un siècle, — que les décorateurs italiens s'adonnèrent au style ornemental, formé d'arabesques et de grotesques. Leurs successeurs délaissèrent ce genre gracieux et léger pour, vers la fin du seizième siècle, créer un ensemble lourd, maniéré (fig. 377), que nous pouvons comparer au style français de l'Epoque Louis treize.

Le nombre des graveurs ornemanistes des *Quatrocento* et *Cinquecento*, dont les décorateurs de majoliques s'inspirèrent pour leurs travaux, est d'environ soixante. Nous en citerons quatre, choisis parmi ceux dont les arabesques et les grotesques sont des plus typiques. Zoan Andréa (fig. 272 et 273) ; Rosex dit Nicoletto de Modène (fig. 274) ; Augustin Venitien, Musi (fig. 375), et B. Dadi, plus connu sous le nom de Maître au dé (fig. 376).

dit Marc de Ravenne, mort en 1527 ; Giulo Bonaso, 1500†1580 ; André Schiavone, 1522†1582 ; Paolo Farinati, 1522†1606 ; Frederic Zuccaro, 1536†1602 ; Andrea Marelli, 1540†1570 ; Cherubin Alberti, 1552†1615 ; Augustin Carrache, 1557†1602.

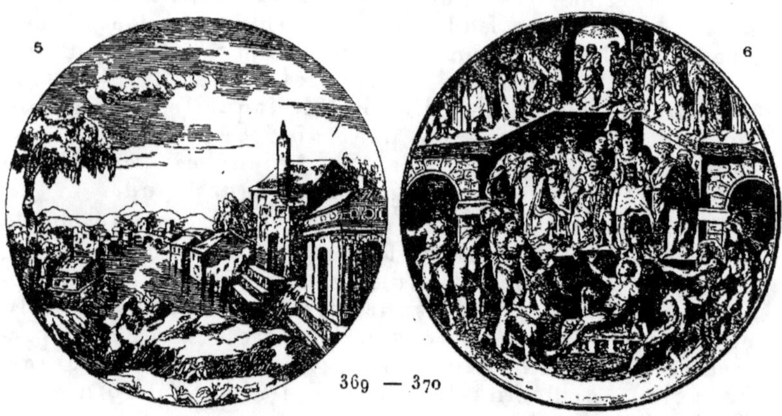

369 — 370

Fig. 369 et 370, 5. — **Paesi.** *Paysages.* Vers le milieu du dix-huitième siècle, en 1743, il y avait trente-cinq fabriques à Castelli. Les *chicheres*, tasses à café, se payaient ordinairement 24 à 36 carlins la douzaine, dès qu'elles étaient décorées de *beaux paysages*, et un peu plus si les peintures représentaient des *sujets historiques*. Une lettre de Carmine Gentille, datée de 1725, mentionne que cet artisan vendait la douzaine de tasses, avec la cafetière, 28 ducats. Iceulx à Venise, à Gênes et présentement (1548) chez nous (Castel-Durante) se paient 6 libvres le cent.

Fig. 369 et 370, 6. — **Historie.** *Historique,* désignation d'un décor composé de sujets mythologiques ou de scènes historiques qui, pour le plus grand nombre, sont des copies ou des interprétations d'après des *cartons* ou des estampes de maîtres célèbres.

Le plat 6 représente le Martyre de saint Laurent d'après Boccio-Bandinelli (1487†1559).

Résumé Historique des Majoliques

L'art des faïences peintes fut, au dix-huitième siècle, apporté à Nevers par des artisans de Savone. Cet art s'étendit à Moustiers et à Rouen, où il existait dès le dix-septième siècle.

Les *majoliques* commencèrent à être en usage en Italie vers le commencement du quinzième siècle, quand les potiers toscans remplacèrent la glaçure plombifère par la glaçure stannifère, exclusivement employée jusqu'alors pour recouvrir les faïences décoratives. Cette innovation eut pour résultat de fournir aux céramistes des fonds blancs unis, éminemment propres à recevoir des couleurs, et, dès cette époque, les artisans céramistes commencèrent à s'adonner à la décoration de nouvelles poteries.

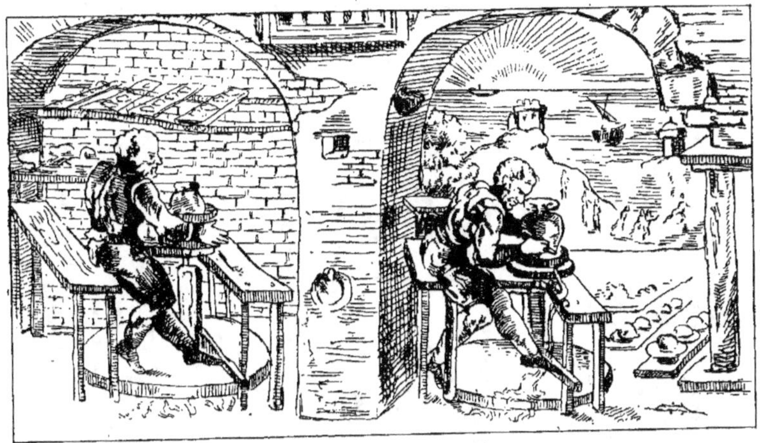

Fig. 371. — La terre la plus ancienne était la meilleure à employer. Les tours sur lesquels on la façonnait se composaient d'une tige verticale évoluant sur une crapaudine et maintenue par un collet. Cette tige traversait, à sa partie inférieure, le centre d'un disque pesant, en bois, formant volant, auquel le pied de l'artisan imprimait un mouvement communiquant à un autre disque plus petit, une *girelle*, emmanchée sur la partie supérieure de l'arbre vertical. C'est sur la *girelle* que l'artisan plaçait les balles de terre qu'il façonnait au moyen d'un calibre. Des bancs étaient disposés sur les côtés des tours; l'artisan prenait place sur l'un et, sur les autres, disposait les balles de terre, ses outils et les pièces façonnées. (V. fig. 358.)

D'après l'opinion générale, les plus anciennes fabriques de majoliques paraissent avoir été celles de Faënza (1425) et de Gubbio (1480). D'autres se formèrent ensuite, et presque en même temps, à Urbino, Castel-Durante, Rovigo (1518), Bologne, Pesaro (1525) et autres centres céramistes.

On classe les majoliques en quatre catégories, d'après les époques où elles ont été fabriquées

Les pièces de la *première époque* (1425 à 1520) sont généralement de grands plats émaillés d'un seul côté et peints largement de couleurs variées, en bleu ou en jaune métallique. Le dessin est presque toujours sec et dur. G.-B. Passeri (1610†1679) cite Timoteo della Vite, artisan d'Urbino, comme ayant fourni un grand nombre de sujets aux céramistes du commencement du seizième siècle.

Les pièces de la *deuxième époque* (1520 à 1530) sont, ordinairement, de moins grandes dimensions que les précédentes. Les plus nombreuses sont des plats et des assiettes. On y remarque des bordures *d'arabesques de couleur* jaune métallique à *lustre chatoyant*, parfois verdâtre ou pourpre, ou rehaussés de jaune d'or métallique et de rouge rubis, posés en traits énergiques (1).

Grâce aux encouragements donnés par Guidobaldo II, duc d'Urbin, aux artisans céramistes, l'époque la plus célèbre des

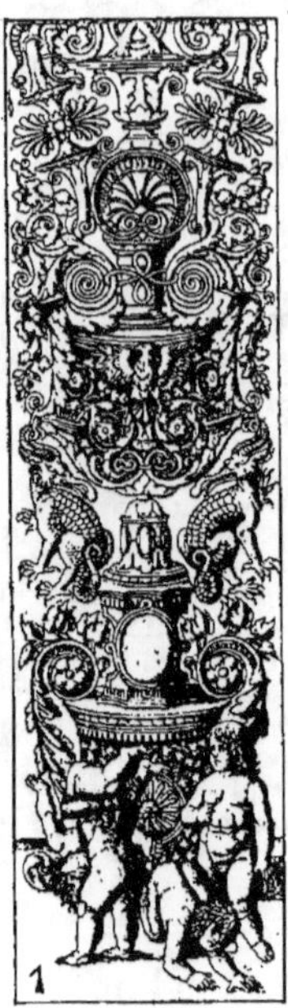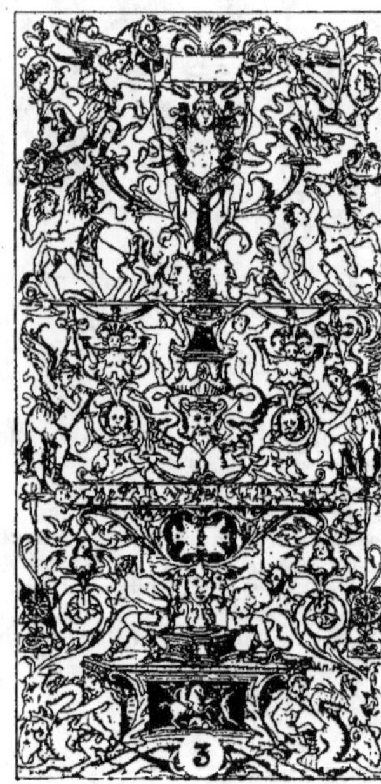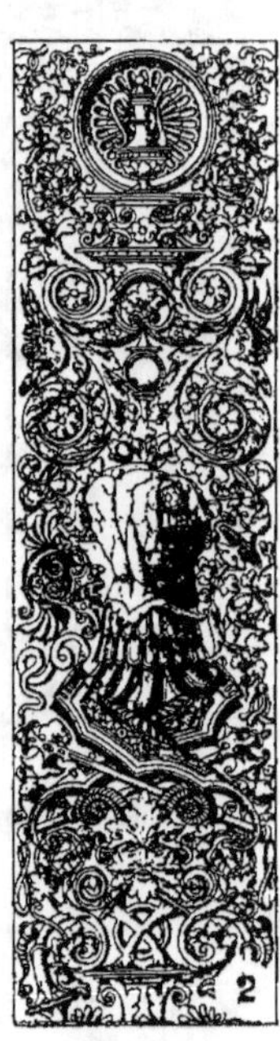

FIN DU XVe, ET XVIe SIÈCLE. — ART ITALIEN. — GROTESQUES

372 à 374. XVe siècle. 3, Rosex (Nicoletto de Modène). XVIe siècle, 1 et 2, Zoan Andréa.

majoliques va de 1530 à 1560. « Ce mécène, écrit Jules Labarte, recueillit un grand nombre de dessins originaux de Raphaël et de ses élèves et les remit pour modèles aux artisans céramistes (2). »

On rencontre souvent, sur les *majoliques*, des compositions dues évidemment à Raphaël, qui n'ont pas été peintes ni gravées, ou bien encore des copies de ses célèbres ouvrages, dont les originaux

---

(1) *Lustre.* Eclat, brillant qu'un objet a naturellement, ou qu'on lui donne, soit en le polissant, soit en faisant usage d'une préparation chimique. *Reflet.* Réflexion de la lumière, de la couleur d'un corps sur un autre.

(2) Consulter la note de la page 235.

diffèrent. Il n'est pas douteux que ces travaux aient été exécutés d'après des esquisses de ce maître qui ont été perdues ; c'est là ce qui aurait fait admettre, par erreur, que Raphaël avait peint sur *majolique*. G.-B. Passeri remarque, à ce sujet, que tous les vases de *majolique* où il a vu des compositions du Sanzio portent une date postérieure à sa mort (1).

Parmi les peintres céramistes les plus célèbres de la *troisième*

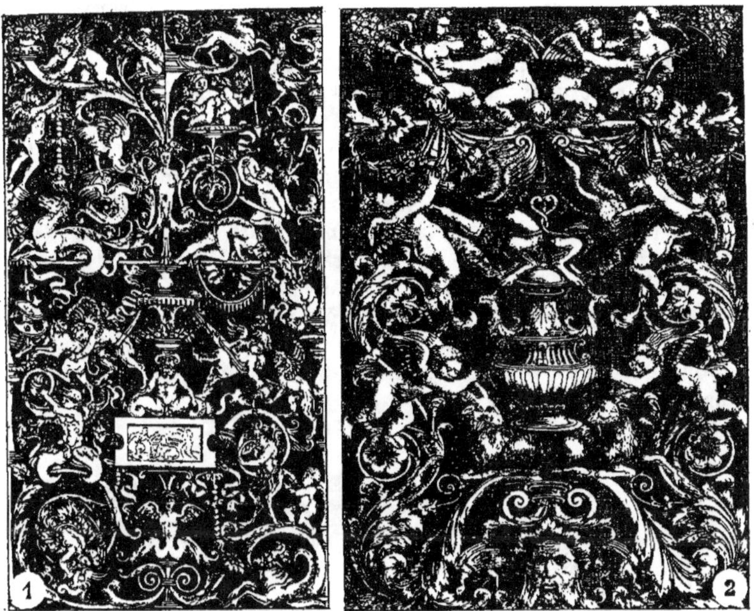

XVIᵉ SIÈCLE. — ART ITALIEN. — GROTESQUES
Fig. 375 et 376, 1, Augustin Vénitien (Musi), et 2, B. Dadi, le Maître au dé.

époque, il faut citer : Orazio Fontana, d'Urbino ; Raphaël dal Colle, Terencio, Taddo Zuccaro, etc. Les succès obtenus par les faïenciers du duché d'Urbino excitèrent l'émulation de tous les peintres céramistes italiens. Nous avons mentionné, d'après le potier Cipriano Piccolpassi, que, de son temps, les *majoliques* les plus recherchées provenaient des fabriques de Rimini, de Forli, de Bologne, de Ravenne, de Ferrare, de Deruta, etc.

(1) GIAMBATISTA PASSERI. *Istoria delle pitture in majolica fatte in Pesaro, e nei luoghi circonvicini.* Pesaro, Stamperia Nobiliana, 1838, in-8. Traduit par MALATUTI. (En manuscrit, Bibliothèque du Musée de la Manufacture de Sèvres) ; et par HENRI DELANGE, *avec appendice.* Paris, 1853, in-8.

La *quatrième époque* de la peinture sur majolique, *époque de décadence*, date, environ, de l'année 1560 et se termine au commencement du dix-septième siècle. Déjà, dès l'an 1542, mort de Xanto, qui en avait emporté le secret, la recette du jaune d'or et du rouge rubis au *lustre étincelant* était perdue.

Les mécènes italiens, croyant que les artisans céramistes pourraient se passer de leurs encouragements et que la vogue suffirait à leur procurer des bénéfices proportionnés à leur talent, cessèrent de les protéger ; cette erreur eut des résultats désastreux. Les produits céramiques dégénérèrent : aux *scènes historiques* généralement usitées pendant l'époque précédente, on substitua les *paysages* et les *arabesques*, ce qui permit de confier les travaux à des artisans de second ordre.

Dès lors, les *majoliques* furent de moins en moins appréciées et, vers 1610, cette imposante industrie italienne disparut.

Il n'est pas facile de distinguer, dans les produits italiens, la vraie faïence émaillée de la *demi-majolique*, qui s'est faite surtout à Pesaro. Cette dernière rentrerait dans la classe des poteries vernissées ; sa blancheur ne serait pas due à l'oxyde d'étain, mais, comme l'explique Passeri, à une sorte d'engobe (probablement plombifère) qui recevait les dessins tracés au manganèse, et dont certaines parties étaient remplies d'une couche jaune que la cuisson rendait étincelante.

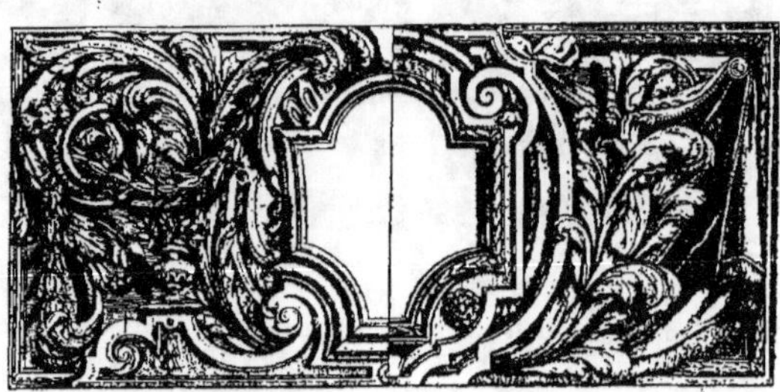

XVIIe SIÈCLE. — ART ITALIEN (Décadence)

Fig. 377. — Types de deux ornements composés par Fr. Bedeschinus

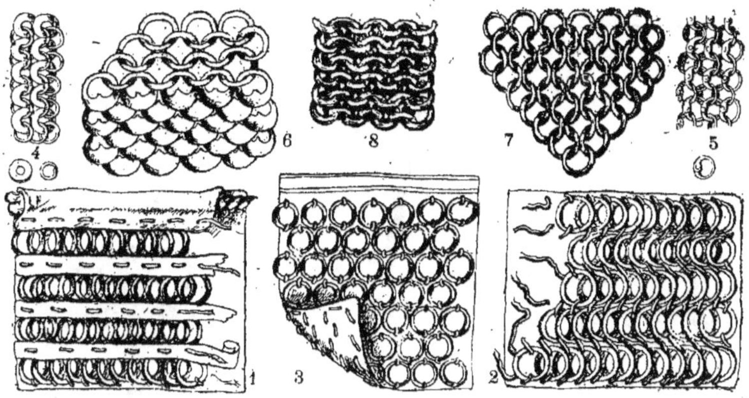

XIᵉ, XIIᵉ, XIIIᵉ ET XIVᵉ SIÈCLES.
Collection Georges Pauilhac, et Musée d'Artillerie, Paris.

Fig. 378 à 385. — Détails de *chemises de mailles* formées par des anneaux joints, enfilés, rivés ou renforcés. (Consulter la légende, au bas de cette page.)

COMPRÉHENSION DES ŒUVRES D'ART EN MÉTAL

LES ARMURES D'HOMME ET DE CHEVAL, XIᵉ AU XVIᵉ SIÈCLE

ARMURE D'HOMME

SCHÈME DES ARMURES DE GENS D'ARMES BARDÉS DE TOUTES PIÈCES.

En vivant avec les œuvres historiques en compagnie des hommes d'autrefois, on considère certaines reliques, avec le pieux attendrissement éprouvé à l'aspect d'objets ayant appartenu à des ancêtres vénérés, ou à des amis endormis du sommeil éternel.

Cette sensation indéfinissable, où les rêves semblent prendre la forme de souvenirs, nous l'avons ressentie en nous arrêtant devant les merveilleux ensembles, d'armures, casques, boucliers, *armes d'hast* (1), formant les Collections du Musée d'Artillerie, du Musée des Thermes et de l'Hôtel de Cluny, à Paris, du Château de Pierrefonds,

Fig. 378 à 385. — XIᵉ siècle. 3. Cotte annelée, anneaux jointifs de la *cotte annelée* cousus les uns à côté des autres. — XIIᵉ siècle, 1 et 2. Annelets de la *broigne*, ni enlacés, ni rivés, mais enfilés dans une ganse ou fort cordonnet. — XIIᵉ siècle, 5. Mailles rivées pour les *hauberts* ou *haubergeons*, dites à *grains d'orge*. Dans les *hauberts* et les *haubergeons*, dont les mailles étaient rivées l'une à l'autre, un maillon fermé en recevait quatre autres ouverts, puis aplatis et rivés. La saillie de la rivure constitue le *grain d'orge*. — XIIIᵉ siècle, 7. Mailles simples. — XIVᵉ siècle, 4, 6 et 8. Mailles pour les régions pectorales ; les *hauberts* ainsi renforcés étaient appelés *doubliers* ou *doublentins*.

(1) *Arme d'hast* est celle dont le *fer*, tranchant ou aigu, est monté à l'extrémité d'un bois léger, souvent très long, nommé *hampe* ou *fût*. Ainsi, la *corsèque*, la *roncone*, l'*esponton*, la *pertuisane*, la *hallebarde*, la *pique*, l'*épieu de guerre*, etc., sont des *armes d'hast* ; toutefois, on ne doit comprendre sous cette dénomination que les *fers*, lames d'épée, de poignard, de dague, etc., montés sur une *hampe*, et non les *javelots* qui sont des *armes de jet*, les *marteaux d'armes*, qui sont des *armes de coup*, des *armes de main*.

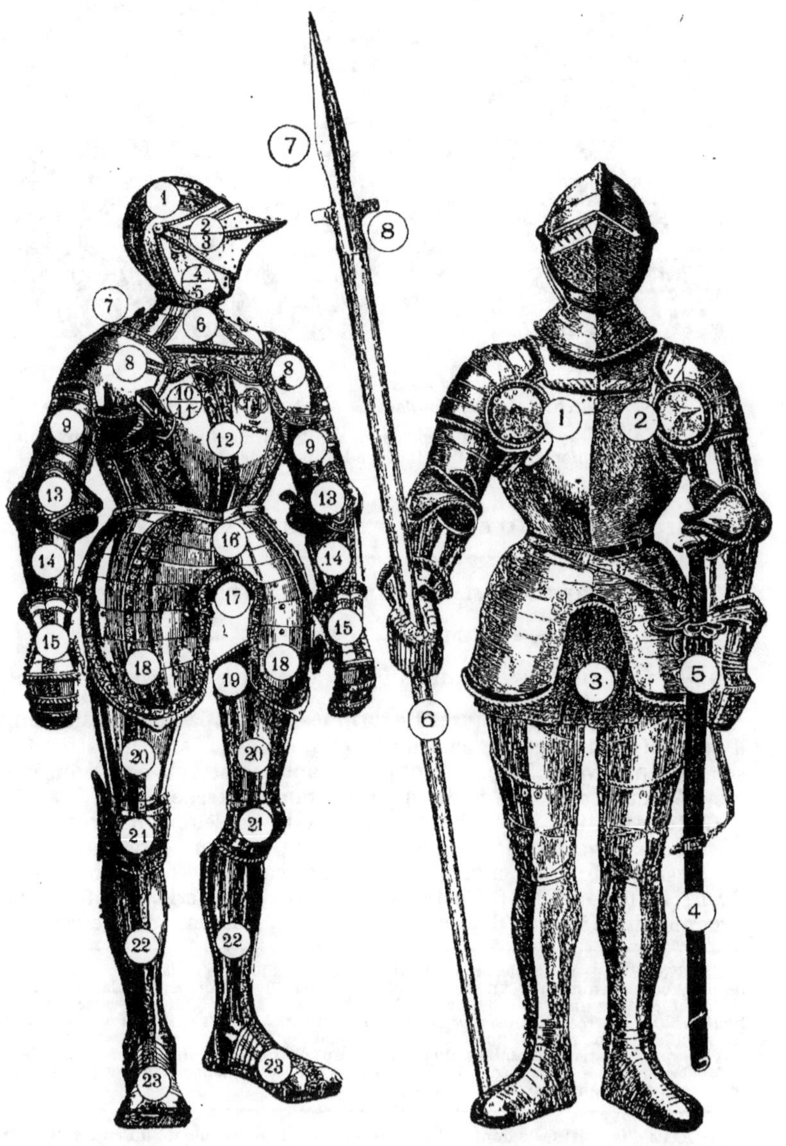

XVᵉ SIÈCLE.

Fig. 386 et 387. — TYPES POUVANT ÊTRE CONSIDÉRÉS COMME LA DERNIÈRE MODIFICATION APPORTÉE A LA DISPOSITION DES PIÈCES FIXES ET ARTICULÉES DES ARMURES.

de Windsor Castle, de l'Armeria Reale, à Turin, de la Real Armeria, à Madrid, de la K. K. Ambraser Sammlung, du K. K. Artillerie-Arsenal Museum, à Vienne, des Musées de Krasnoïé-Sélo, de Berne, de la porte de Hall, à Bruxelles ; ainsi que celles du prince Salm-

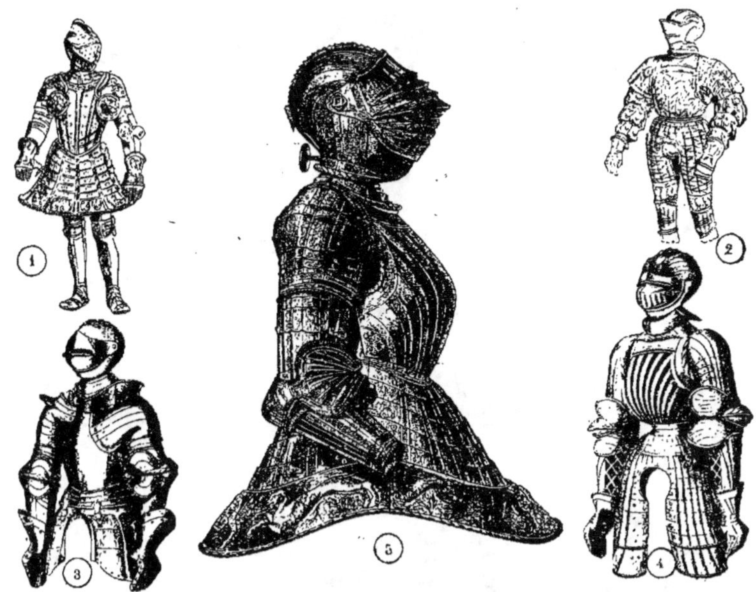

XVᵉ SIÈCLE. — ARTS ALLEMAND, FRANÇAIS ET ITALIEN.

Fig. 388 à 392. — 1 et 2. K. K. Ambraser Sammlung, Vienne. — 3 et 4. Musée d'Artillerie, Paris. — 5. Real Armeria, Madrid.

1 et 5. Armures à tonne, à jupon ou grande braconnière. — 2. Armure à bouillons et crevés. — 3. Armure de plates. — 4. Armure dite Maximilienne.

Les armures à tonne (tonnelet plissé), à grande branconnière ou à jupon, articulés de six lames sont rares, ainsi que les armures à bouillons, à bouffants et à crevés.

DISPOSITION DE PIÈCES FIXES ET ARTICULÉES DES ARMURES

Metropolitan Museum of Art, New-York. Donation W. H. Riggs.

Fig. 386. — Armure composée des pièces suivantes : 1, 2, 3, 4, 5. Armet. — 6. Gorgerin. — 7. Le Garde-Col. — 8. Épaulières. — 9. Arrière-Bras, ou Bracelets. — 10-11. Arrêt de lance. — 12. Devant ou Plastron. — 13. Cubitières. — 14. Avant-Bras, ou Canons d'Avant-Bras. — 15. Mitons, ou Gantelets de plates, ou Gantelets. — 16. Braconnière. — 17. Brayette, ou Gandpisse, ou Braguette. — 18. Tassettes. — 19, 20. Cuissards ou Cuissots. — 21. Genouillères, ou Garde-Genoux. — 22. Grèves de Jambières. — 23. Solerets, ou Piédeux.

Fig. 387. — Cette magnifique pièce de combat, insculpée au poinçon des armuriers de Nuremberg, est remarquable par l'élégance de ses proportions et par son travail de forge. Elle offre le type du perfectionnement de la défense pour toutes les parties du corps.

Les aisselles, protégées par des *rondelles d'aisselle* 1, 2 ; les saignées, le bas du ventre 3, sont garantis par la *maille* ; l'articulation du bas des jambes est adroitement combinée pour faciliter l'aisance des *solerets*. — L'*épée d'arçon* 4, à garde noire et à lame légèrement courbe, a conservé son ancien fourreau, garni du bastardeau, 5. — La main droite tient un *épieu de guerre* (*arme d'hast*) 6, à lame diamantée 7, et à arrêts fixes 8.

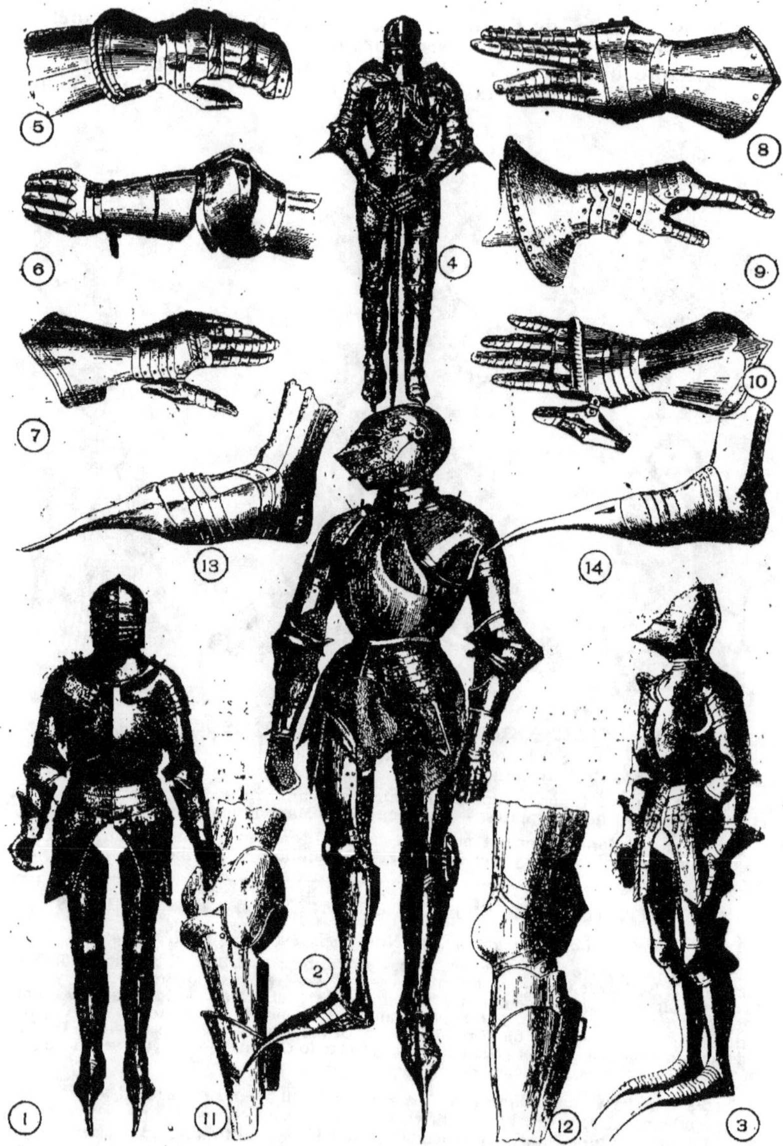

XIVe ET XVe SIÈCLES. — ART FRANÇAIS ET ART ALLEMAND.
Fig. 393 à 406. — 1 à 3. Musée d'Artillerie, Paris. — 4. Cabinet d'armes, F. Spitzer. —
2, 5 à 12. Provenances diverses. (Consulter la légende ci-contre, fig. 393 à 406.)

Reifferscheidt, du marquis de Casa Torres ; mais, l'étude des *Cabinets d'Armes* du duc de Dino, de W. H. Riggs et de M. Georges Pauilhac nous a confirmé, comme l'écrit notre regretté Maître, le philosophe M.-J. Guyau (1854 † 1888), dans *L'Art au point de vue sociologique*, « qu'il est indispensable, pour bien comprendre une œuvre d'art, de se pénétrer de l'idée qui la domine, d'aller jusqu'à l'âme de l'œuvre, ou de lui en prêter une, de manière à ce qu'elle acquière à nos yeux une véritable individualité et constitue comme une autre vie à côté de la nôtre » (1).

Dans les somptueuses *Galeries* de la villa Périgord, à Monte-Carlo, de la rue Murillo, et de l'avenue Malakoff, à Paris, notre attention fut

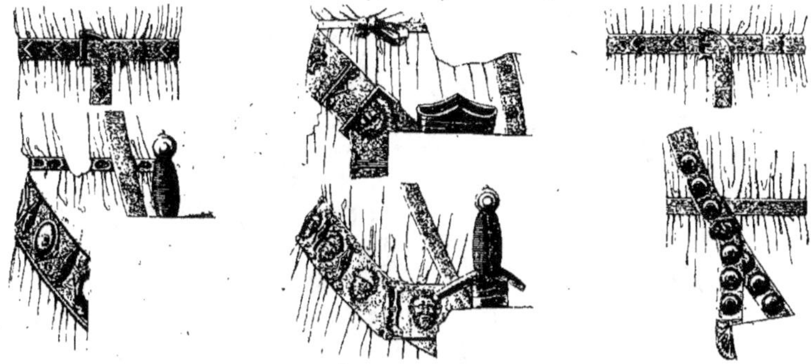

XIV ET XVᵉ SIÈCLES. — ART FRANÇAIS.

Fig. 407 à 412. — Banquelets de ceintures d'armes, relevés d'après des *gisants*.

concentrée sur de martiales armures, d'un haut intérêt historique, chef-d'œuvré de célèbres armuriers allemands, français et italiens, qui évoquaient des chevaliers armés de toutes pièces.

Appuyés sur de splendides épées ou serrant, dans le *miton* ou le *gantelet*, l'*épieu de guerre* ou la *hallebarde*, ces ancêtres étaient immobiles, silencieux, le *heaume* ou le *bacinet* en tête, *ventail* baissé, accomplissant une dernière et éternelle faction ! sentinelles à jamais stationnaires devant l'horloge arrêtée du temps ! tandis que, lentement,

____

(1) Cf. Bashford Dean, *Catalogue of European Arm and Armor*. New-York, published by the Metropolitan Museum of Art, 1905, in-8° ; and *Notes on Arms and Armor*, New-York, 1916. Consulter aussi : *Le Cabinet d'Armes* de Maurice de Talleyrand-Périgord, duc de Dino. Étude descriptive par le baron de Cosson, membre de la Société des antiquaires de Londres et des Sociétés de géographie de Paris et de Londres. Paris, Édouard Rouveyre, 1901. In-folio, avec représentation de deux cent dix pièces.

Ce célèbre *Cabinet d'Armes* ainsi que celui de W. H. Riggs (1837 † 1924), formés par de longues et de patientes recherches, font partie du Metropolitan Museum of Art, New-York. M. Bashford Dean, le distingué « Curator of the Department of Arms and Armor », a donné, dans le *Bulletin* de ce Musée, décembre 1924, une biographie de W. H. Riggs dont il était le fervent disciple.

____

Fig. 393 à 406. — 1, 2, 3. Armures de plates. — 4. Armure dite Maximilienne. — 5. Miton ou Gagnepain (en usage au XIVᵉ et au commencement du XVᵉ siècle). — 6. Gantelet à armer. — 7 à 10. Gantelets perfectionnés, composés de pièces solidaires, reliées entre elles par des rivets. — 11, 12. Genouillères à rondelle. — 13, 14. Solerets à poulaine.

passent sur eux les heures, les jours, les mois, les années et les siècles :
où sont les corps qui habitaient ces *harnois* de fer ou d'acier ?

C'est en vain que les Missaglia, les Negroli de Milan, les Helm-

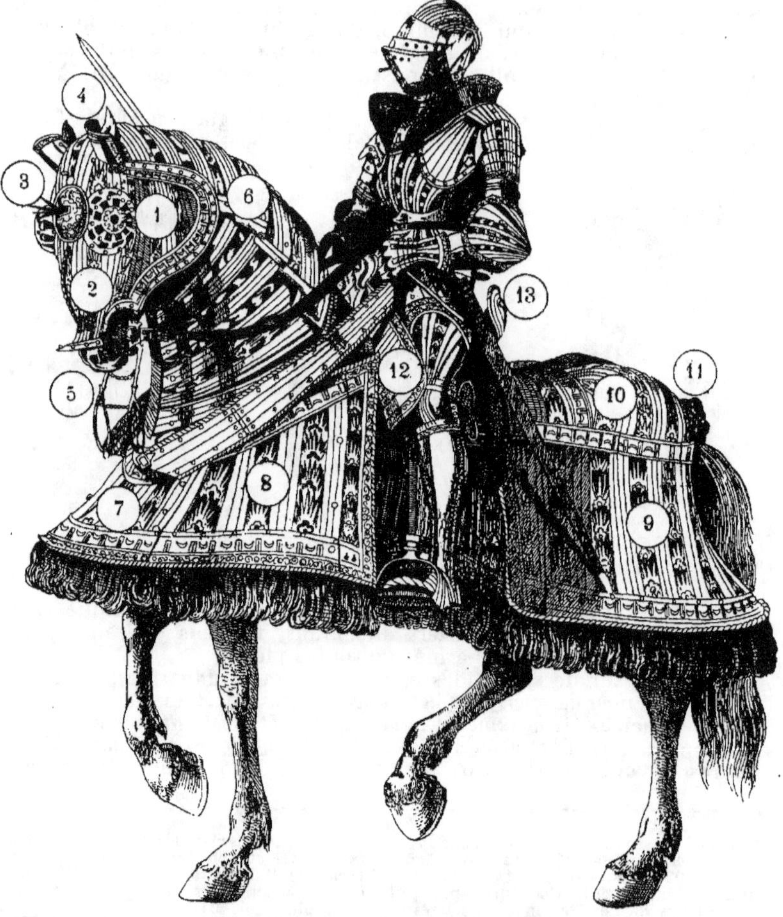

XVᵉ SIÈCLE. — ART ALLEMAND.
Cheval bardé. Équipage du cheval monté en guerre.
SCHÈME D'UN CHEVAL MONTÉ EN GUERRE, HOUSSÉ DE FER ET D'ACIER.

Lorsque les *destriers* avaient assez de force et couraient des dangers, on ajoutait, sous
leur *harnachement*, des *mailles* le long du cou et des jambes. (Voir fig. 378 à 385.)

Fig. 413. — 1. Gardes d'yeux, ou œillères ajourées et ciselées. Il y avait, pour les
joutes, des œillères à *orbevoies* (demi-aveugles) afin d'empêcher le cheval de se dérober. — 2. Testière ou Chanfrein. — 3. Dards ou Dagues. — 4. Menins d'oreilles. —
5. Mors de joute, dit *à la connétable*. — 6. Cervicale ou Barde de crinière (au-dessous,
Girel ou barde d'encolure). — 7 et 8. Barde de poitrail. Poitrail de heurt. — 9. Flançois
et Barde de croupière. — 10. Croupière ou Barde de croupe. — 11. Garde-queue ou
Pissière. — 12. Arçon (devant de la selle). — 13. Troussequin (arrière de la selle).

schmied d'Augsbourg, Lorenzo Guiano de Brescia, ont fortifié la *pan-
sière*, doublé le *plastron*, dissimulé les articulations du *gorgerin* et des
épaulières ; la mort a trouvé un joint invisible : elle a renversé le fier
homme d'armes, et le flot des ans, en s'écoulant, a laissé ces *harnois*
semblables aux coquilles vides, que la mer, en se retirant, dépose sur
le sable et qui conservent les allures des mollusques testacés disparus.

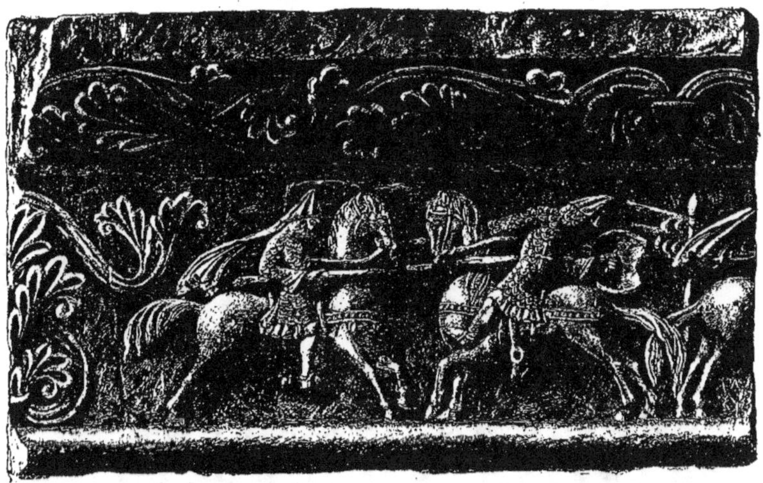

XIIᵉ SIÈCLE. — ART FRANÇAIS, — *Cathédrale d'Angoulême.*
Fig. 414. — Guerriers protégés par des *cottes de mailles annelées*. (Voir fig. 378 à 385.

ARMURE DE CHEVAL

SCHÈME D'UN CHEVAL MONTÉ EN GUERRE, BARDÉ DE FER ET D'ACIER
OU MONTÉ EN JOUTE, HOUSSÉ DE DRAP,
AVEC PIÈCES BATTANTES.

Le chevalier, enfermé qu'il était dans son armure, encastré entre
l'*arçon* et le *troussequin*, ne pouvait se tenir que dans une position verticale. Ses écuyers et varlets, qui l'y avaient placé, devaient
l'aider afin qu'il puisse sortir de cet enchâssement, à moins que les
coups de son adversaire ne lui fissent *vider les arçons*.

Les chevaux de bataille se nommaient *grands chevaux, coursiers* ou
destriers ; ceux de chasse, *quacheors* ; de selle ou de main, *amblans,
haquenés, palefrois* ; de somme, *courtauts* et *roucins*.

Un *Inventaire* du quinzième siècle, donne la définition de trois
espèces de chevaux : « li y a chevaux de plusieurs manières, à ce que
li un sont *destriers*, grans, pour le combat ; li autres sont *palefrois,*

pour chevaucher à l'aise de son corps ; li autres sont *roucins*, pour somme porter ». Le *destrier* était conduit en main par l'écuyer.

Plusieurs passages d'un *roman* en prose du douzième siècle, *Lancelot*

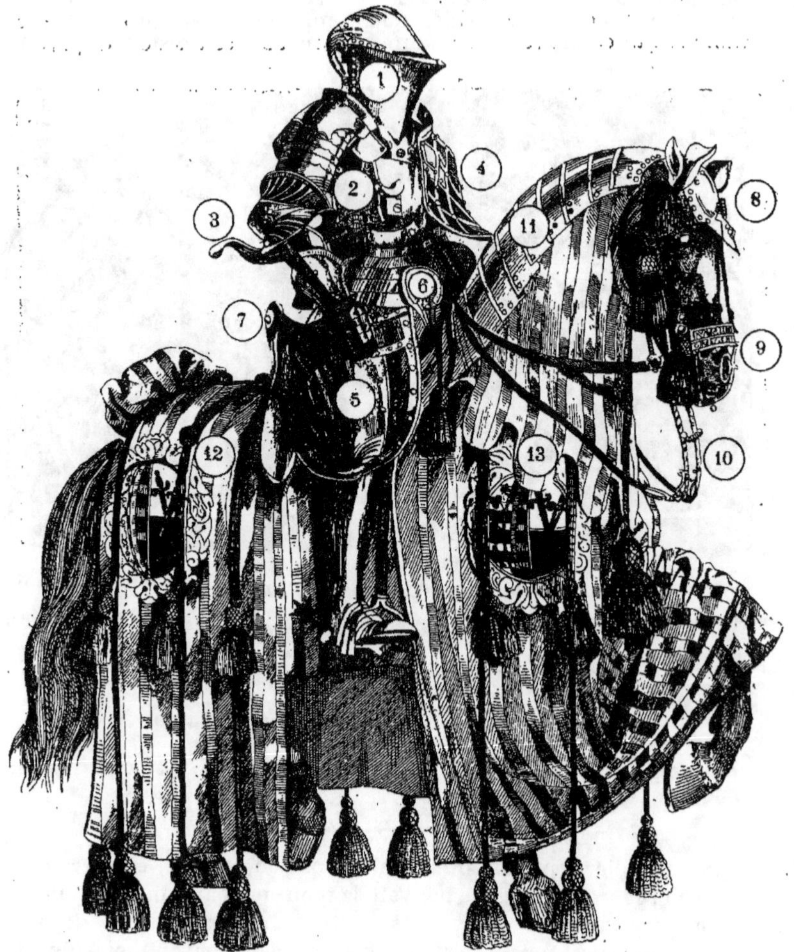

XVᵉ SIÈCLE. — ART ALLEMAND.
Cheval houssé. Équipage du cheval de tournoyeur monté en joute.

SCHÈME D'UN CHEVAL MONTÉ EN JOUTE, HOUSSÉ DE DRAP.

C'est aux quatorzième et quinzième siècles que le caparaçon d'honneur des coursiers, inconnu aux siècles précédents, étala, aux yeux de la foule émerveillée, les plus brillantes étoffes et de fastueuses housses, brodées d'or et d'argent.

Fig. 415. — 1. Heaume (forme dite *tête de crapaud*). — 2 (à droite). Arrêt ferme. — 3. Crochet d'arrêt ferme, formant un tour de spire pour retenir le talon de la lance. — 4. Targe de joute ou Manteau d'armes. — 5. Cuissard et Garde-cuisse. — 6. Arçon (devant de la selle). — 7. Troussequin (arrière de la selle). — 8. Demi-chanfrein (pro-

du Lac, décrivent cette manière de conduire les *destriers* : « Si voit venir monseigneur Gauvain et ses escuyers, dont l'ung menoit son *destrier* en destre. » Et : « l'on rencontra ung varlet qui chevauchoit ung *roucin* fort et bien courrant, et menoit à destre ung *destrier* noir. ».

L'écuyer donnait le cheval à son maître à l'approche de quelque

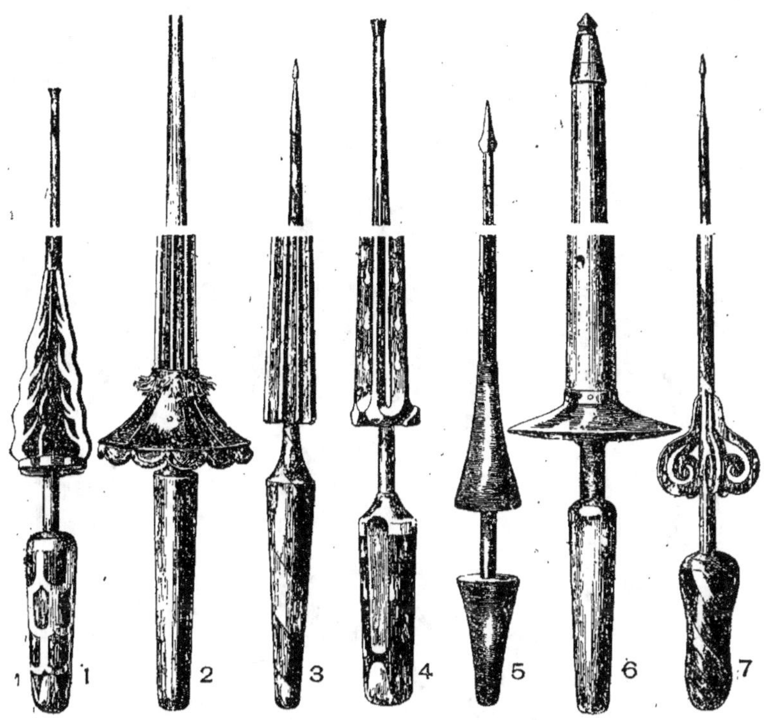

XVIᵉ ET XVIIᵉ SIÈCLES. — LANCES DE 6 MÈTRES DE LONGUEUR POUR TOURNOIS, COURSES A PLAÇON, COMBATS ET CARROUSELS.

Metropolitan Museum, New-York. Donation W. H. Riggs.

Fig. 416 à 422. — 1. XVIᵉ siècle. Lance de tournoi avec décor argent sur azur. — 2. Lance dite *guidon* avec sa rondelle gravée et fer à arêtes. — 3. Lance à fer dite *jeu de bagues*, or sur vert. — 4. *Agrappe* dite *bourdonnaise*, pour la course à plaçon. — 5. Lance de combat avec ferrure à outrance, dite *fer de Bordeaux*. — 6. Lance de joute à *haute selle*, munie de sa rondelle d'acier et d'un fer à pointe diamantée. — XVIIᵉ siècle. 7. Lance de *carrousel*, ailes ajourées.

---

longement de là cervicale). — 9. Muserolle dont le bord supérieur est orné d'une inscription ajourée. — 10. Mors de joute, à longues branches, dit *à la connétable*. — 11. Cervicale ou Barde de crinière. — 12 et 13. Pièces battantes armoriées.

Rien d'étrange comme le *heaume* dit à *tête de crapaud*, au *timbre* presque plat, dont l'ouverture visuelle était pratiquée plus haut que les yeux, et dont toutes les parties, étroitement liées entre elles, se vissaient en outre à l'armure, forçant ainsi le jouteur à se tenir courbé sur sa selle pour voir devant soi.

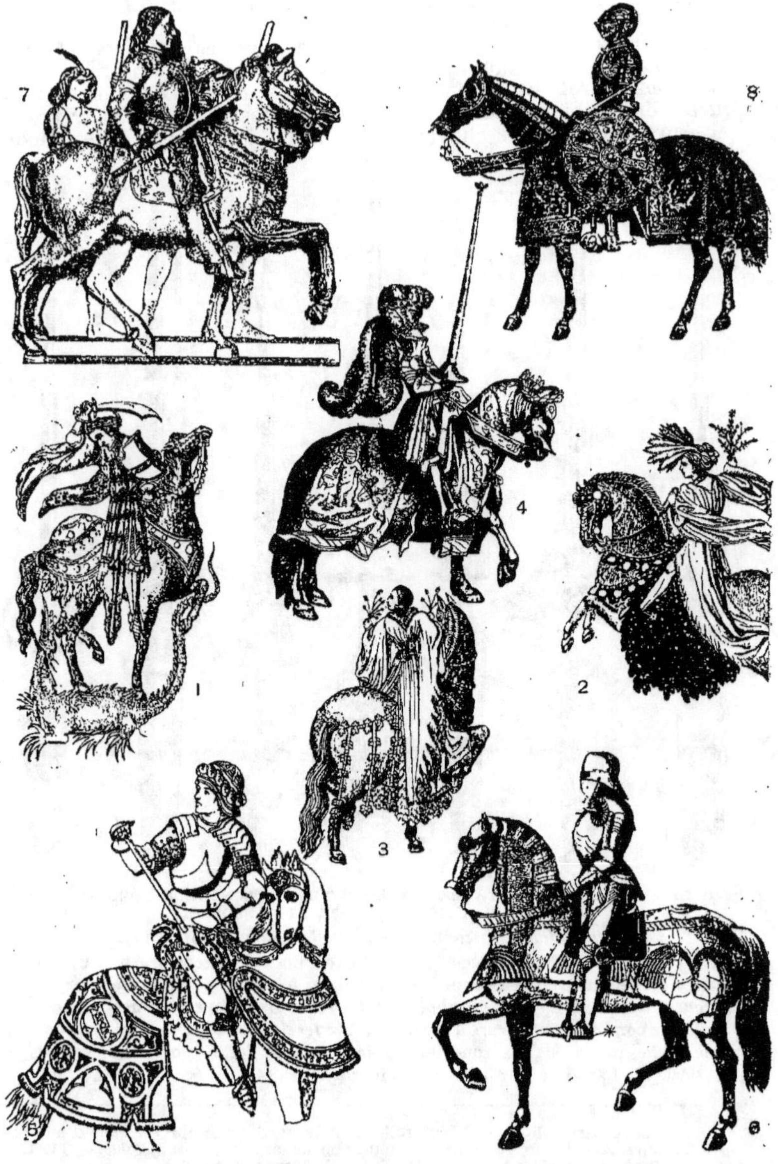

XIV ET XVe SIÈCLES. — ARTS ALLEMAND, FRANÇAIS ET ITALIEN
Harnois d'homme et de cheval.
Fig. 423 à 430. — 1 à 4. Provenances diverses. — 5. Pinacothèque, Venise. — 6. Musée
d'Artillerie, et 7, Musée du Louvre, Paris. — 8. Musée de la Porte de Hall, Bruxelles.
(Consulter la légende ci-contre, fig. 423 à 430.)

péril ou lorsqu'il s'apprêtait à combattre. D'où est venu le proverbe :
monter sur ses grands chevaux.

Les *juments* et les *bastiers* étaient réservés à la culture des terres ;
c'est pour cette raison qu'il était défendu à un chevalier de s'en
servir. Nous lisons encore dans le *Roman de Lancelot du Lac* (1) :
« à celui temps, ung chevalier ne pouvoit avoir plus grant blasme que
monter sus jument. Ne on ne pouvoit ung chevalier plus déshonorer
que de le faire chevaucher une jument pour le blasme, et tenoit-on
depuis que c'estoient chevaliers recreus et de nulle valeur : ne ja plus

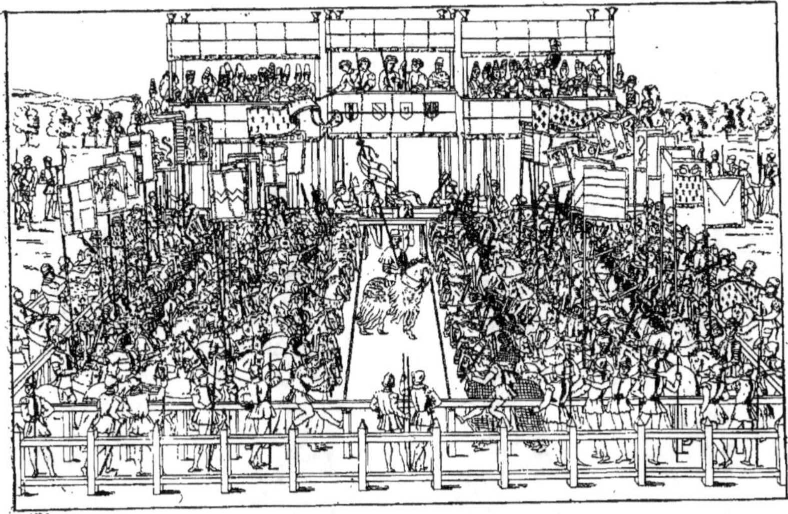

XV° SIÈCLE. — ART FRANÇAIS.

Fig. 431. — Représentation du tournoi donné à Paris, faubourg Saint-Antoine,
le 6 juillet 1484, en l'honneur du couronnement de Charles VIII, roi de France.

chevalier qui ayma son honneur ne joustoit à lui, ne frappoit d'espée
non plus que ung fol tondu. »

Si vous voulez être heureux en amour, disait-on à un nouveau chevalier, ayez un bon cheval, prompt à la course, adroit et souple
au combat, et qu'il soit toujours près de vous, aussi bien que
votre lance, votre écu et votre haubert à l'épreuve ; que le cheval soit

(1) *Lancelot*, roman en prose de Lancelot du Lac, un des principaux héros de la *Table
Ronde*, d'origine celtique, dont les plus anciens textes conservés ne remontent que vers
le milieu du douzième siècle, résumé en prose moderne par Paulin Pâris dans *Les Romans
de la Table Ronde*. Paris, Techener, 1848. 5 vol. in-12.

Fig. 423 à 430. — 1, 2, 3. France, fin du xiv° siècle, Costumes civils. —4. Allemagne,
xv° siècle, Harnois de joute. —5. Italie, xv° siècle, Condottière. — 6. France, xv° siècle,
Chevalier monté en guerre. — 7. Italie, xv° siècle, Robert Malatesta. — 8. Harnois de
Marco Colatto, Vénitien.

de tout point et bien équipé, bien sellé bien bridé et pourvu d'un beau poitrail ; que la *housse*, la *selle*, l'*écu* et la *lance* avec sa *banderole* soient coloriés et armoriés uniformément. Ayez, outre cela, un bon cheval de bât ou roucin (*rossi bastier*), pour porter votre *double haubert*, la lance et l'écu.

Le gentilhomme, chargé de tenir les armes du chevalier, avait soin de sa table, de sa maison et de ses chevaux ; ces fonctions ne comportant aucune idée de domesticité, l'écuyer occupant le grade intermédiaire entre celui de page et le rang de chevalier, étaient remplies par les fils des plus nobles familles.

Au combat, les écuyers se tenaient en ligne derrière les chevaliers, étant prêts à les défendre, à les relever s'ils étaient désarçonnés et à les replacer sur un cheval frais. Ils leur fournissaient de nouvelles armes, combattaient à côté d'eux et gardaient les prisonniers.

Les éperons des chevaliers étaient en or ou en vermeil ; ceux des écuyers en argent.

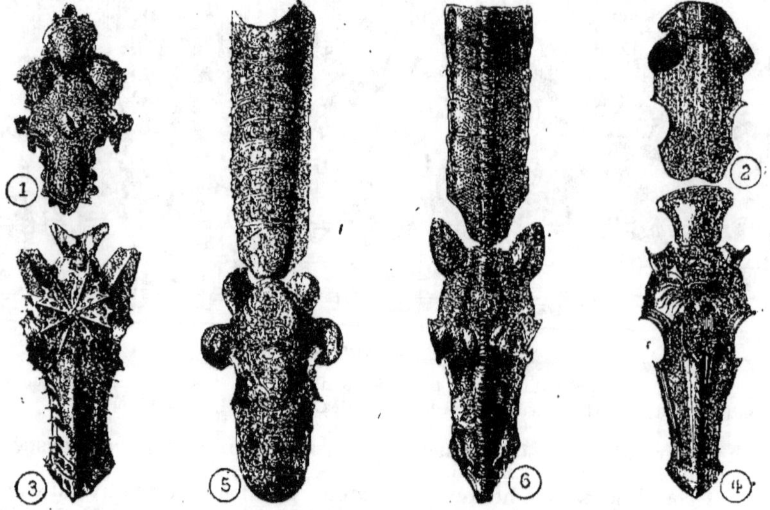

AU XVIe SIÈCLE, LES CERVICALES ET LES CHANFREINS COMPORTAIENT TOUT LE LUXE D'ORNEMENTS PROPRE AUX ARMURES DE CETTE ÉPOQUE.
Real Armeria, Madrid.

Fig. 432 à 439. — *Chanfreins :* — 1. Cheval de Christophe Colomb. — 2. Cheval de Philippe III. — 3. Cheval moresque. — 4. Aux armes impériales. — 5. Cervicale et chanfrein, cheval du duc d'Albe. — 6. Cervicale et chanfrein, forme de dragon.

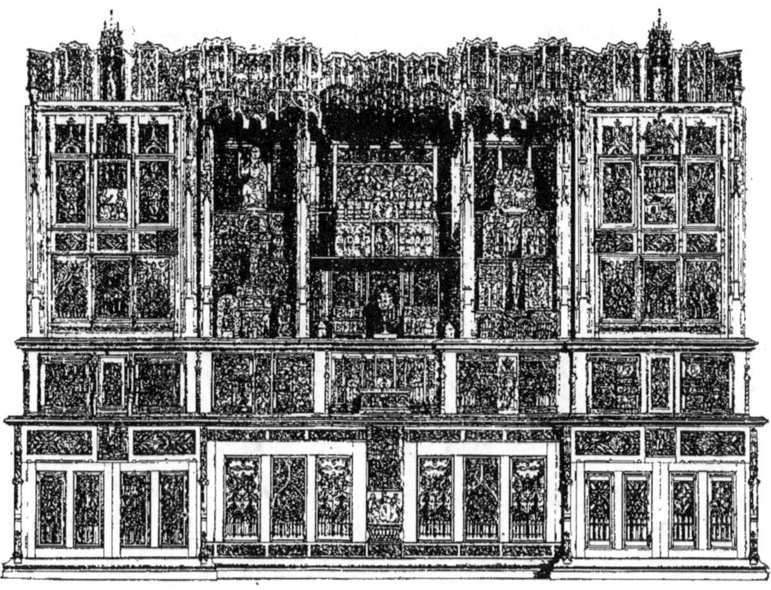

ART FRANÇAIS. — FIN DU XVᵉ SIÈCLE.
Fig. 440. — Dressoir de sacristie provenant de l'Église Saint-Pol-de-Léon (1).
Musée des Thermes et de l'Hôtel de Cluny, Paris.

COMPRÉHENSION DES ŒUVRES D'ART CATHOLIQUE

TRÉSOR DE L'ABBAYE ROYALE DE SAINT-DENIS
ÉNUMÉRATION ET REPRÉSENTATION DE QUATRE-VINGT-DIX
SAINTUAIRES, CHASSES, CALICES, CHEFS, ETC.

Les trésors des rois furent, dès l'origine, la seule caisse royale
et restèrent, jusqu'aux administrations de Sully (1559 † 1641) et
de Colbert (1619 † 1683), une ressource dans les grandes crises finan-
cières de l'État. Ceux de l'art catholique étaient composés d'*ex-voto*
offerts par les princes de l'Église et de la chrétienté. Ces *ex-voto*, qui
consistaient principalement en pièces d'orfèvrerie, mises en œuvre
par des moines artisans avec un sentiment d'art le plus parfait,

(1) La partie centrale de ce beau meuble à trois étages surmontés par un couronnement ajouré, d'une grande finesse d'exécution, consiste en un dressoir sur lequel on
exposait, à certaines dates, les vases sacrés, les châsses, les *chefs*, ou autres précieuses
reliques. Les côtés ont servi de *chappiers* renfermant les vêtements ecclésiastiques.
Sur les *vantaux* sont inscrites les armes de France accolées à celles de Bretagne (Écu
mi-partie de lys et d'hermine). Les serrures, les verrous, ainsi que les *pentures*, en sont
également décorés.
Charles VIII, roi de France, né et mort à Amboise (1470 † 1498), fils de Louis XI,
roi de France, et de Charlotte de Savoie, épousa Anne de Bretagne (6 décembre 1491),
héritière du duché de Bretagne, qui fut ainsi réuni à la Couronne de France.

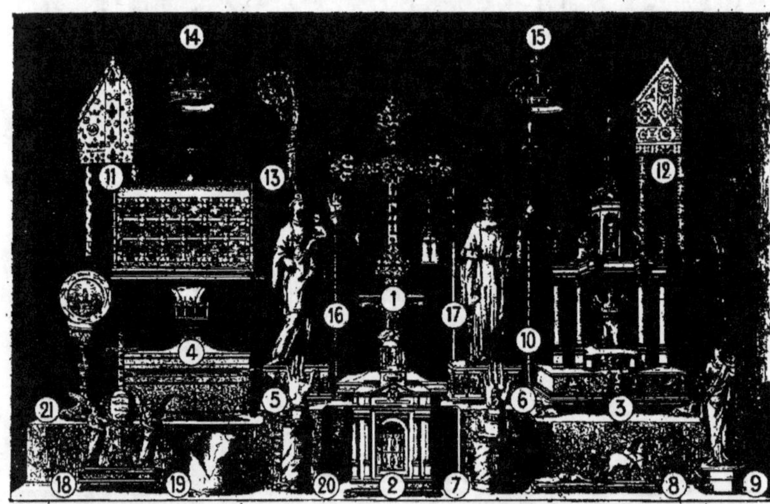

Fig. 441 à 460. — 1. *Croix d'or de Baudoin I*^{er}*, empereur de Constantinople.* — 2. Châsse en vermeil. — 3. Reliquaire de l'un des clous de Jésus-Christ. — 4. *Reliquaire dit: Oratoire de Philippe-Auguste.* — 5 et 6. *Images de la Vierge* et de saint Jean. — 7. Bras reliquaire en or. — 8. Reliquaire représentant le martyre de saint Hippolyte. — 9. Vierge offerte par Jehanne d'Évreux. — 10. Bâton en vermeil. — 11 et 12. Mitres des anciens abbés de Saint-Denis. — 13. Crosse aux armes du cardinal de Lorraine. — 14, 15, 16 et 17. Couronnes et Sceptre du sacre d'Henri IV. — 18. Reliquaire de saint Placide. — 19. Fragment de marbre. — 20. Bras en vermeil. — 21. Calice et Patène.

Les objets indiqués en *caractères italiques* sont représentés, au trait, page 258.

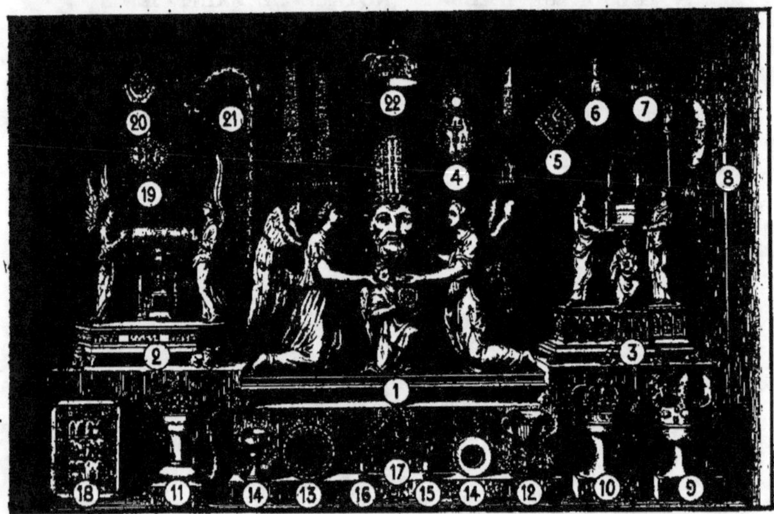

Fig. 461 à 482. — Consulter la légende au bas la page suivante.

et d'une valeur intrinsèque considérable, forment un chapitre intéressant pour l'histoire de l'Art catholique aux différentes époques où ils furent exécutés.

Les œuvres de l'orfèvrerie qui en composent la classe nombreuse sont variées, et présentent des formes se rapportant spécialement à l'objet sacré pour lequel le vœu a été fait : *châsses, ostensoirs,*

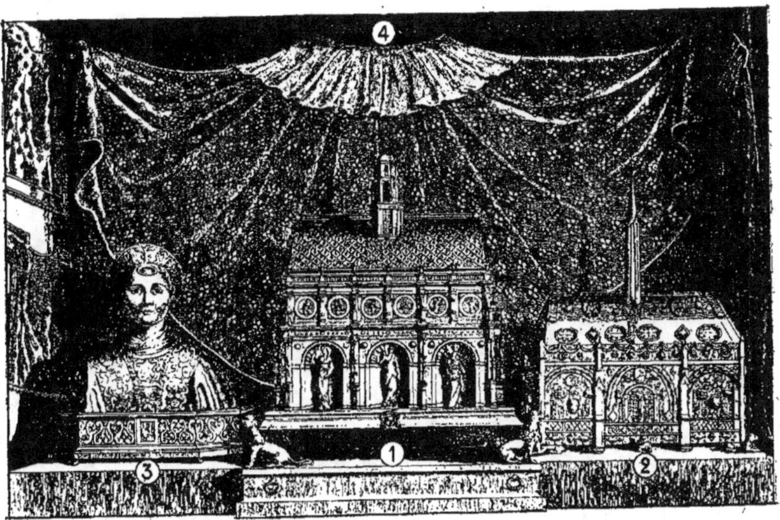

Fig. 483 à 487. — 1. Châsse en vermeil renfermant des ossements de saint Louis. — 2. Châsse couverte de lames en argent, renfermant des reliques de saint Denis. — 3. Buste en vermeil renfermant le Chef de saint Pierre. — 4. Habits royaux dont Louis XIV était revêtu le jour de son sacre.

calices, saintuaires, chefs, etc. Indépendamment des pièces d'orfèvrerie, ces *ex-voto* se composaient aussi de tissus précieux et de vêtements. Quoique les trésors des églises et des abbayes françaises eussent été, pour un grand nombre, dépouillés au cours des fréquentes invasions que la France eut à subir, et pendant les guerres de

Fig. 461 à 482. — 1. Chef de saint Denis soutenu par trois anges. — 2. Reliquaire de saint Thomas. — 3. *Reliquaire de saint Louis.* — 4. Crucifix gravé sur cristal de roche. — 5. Agrafe du manteau de saint Louis. — 6. Reliquaire en forme de main. — 7. Agrafe de chape. — 8. Épée de saint Louis. — 9. Couronne de saint Louis. — 10 et 11. Couronnes ayant servi au sacre de Louis XIV. — 12 et 13. *Calice et Patène de l'abbé Suger.* — 14, 15 et 16. Patène et Burettes de cristal. — 17. Camée sur agathe, entouré de pierreries. — 18. Manuscrit offert en 1408 par l'empereur Manuel Paléologue. — 19. Agrafe de chape. — 20. Anneaux pontificaux. — 21. Partie du bâton pastoral de saint Denis. — 22. Couronne ayant servi aux funérailles de Marie-Thérèse d'Autriche.

Les objets indiqués en *caractères italiques* sont représentés, au trait, page 258.

religion, ainsi que lors des tourmentes politiques, on en rencontre encore de précieux types. Les trésors d'art catholique français les plus célèbres sont ceux des cathédrales ou églises de Paris, de Reims, de Conques, de Saint-Sernin de Toulouse, de Chartres, de Troyes et de Saint-Denis.

Le sanctuaire et le trésor de Saint-Denis réunissaient de prodigieuses richesses en orfèvrerie catholique. Ce sanctuaire, qui était

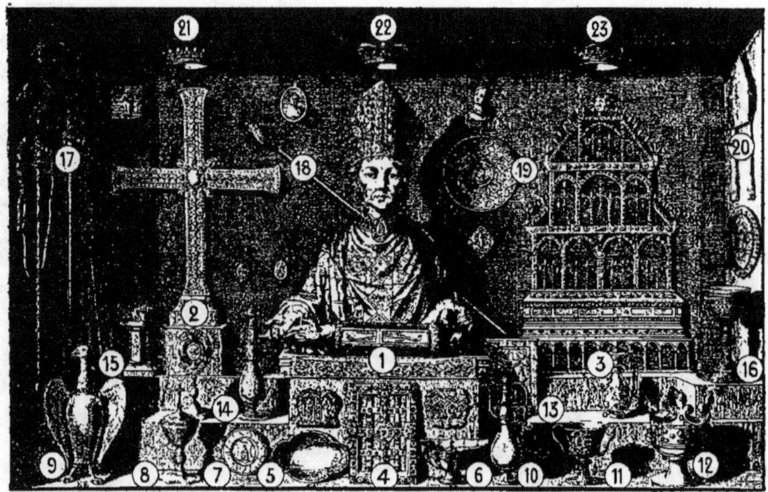

Fig. 488 à 511. — 1. Buste en vermeil représentant saint Benoît. — 2. Croix d'or enrichie de pierreries. — 3. *Reliquaire dit Escrin de Charlemagne.* — 4. Manuscrit, épîtres et évangiles. — 5. *Gondole en agate-onyx.* — 6. Gondole en pierre de jade. — 7 et 8. Calice et Patène en vermeil, provenant de Suger. — 9. *Vase en porphyre avec tête d'aigle en vermeil.* — 10. *Vase en agate orientale dit Vase de Suger.* — 11. Coupe dite des Ptolémées. — 12. *Couronne de Charlemagne.* — 13. Manuscrit pontifical contenant les Cérémonies du sacre. — 14. *Vase en cristal de roche offert par Louis VII.* — 15. *Couronne de la reine Jehanne d'Évreux.* — 16. Calice et Patène en vermeil. — 17. *Épée de Charlemagne.* — 18. *Sceptre en or de Charlemagne.* — 19. Plateau d'or enrichi de pierreries. — 20. Mitre de brocard en or. — 21 à 23. Couronnes royales.

Les objets indiqués en *caractères italiques* sont représentés, au trait, page 258.

tout d'or, suivant l'expression de Suger, fut longtemps protégé contre les voleurs par une inscription gravée à gauche de l'autel :

Si quis prædarum spoliaverit impius aram,
Æque damnatus pereat Judæ sociatus.

C'est-à-dire : « Si quelque impie osait dépouiller cet autel éclatant d'or, qu'il périsse justement et soit damné comme Judas son compagnon. »

Le trésor de Saint-Denis, dont quelques pièces sont conservées au Musée du Louvre, et au Département des Médailles et Antiques de la Bibliothèque nationale à Paris, comprenait d'incomparables œuvres d'orfèvrerie historique, à commencer par le service d'autel qu'on prétend avoir été à l'usage de saint Denis, apôtre des Gaules, premier évêque de Paris, martyrisé vers 720, ainsi que son anneau, et son bâton pastoral couvert d'or et enrichi de perles.

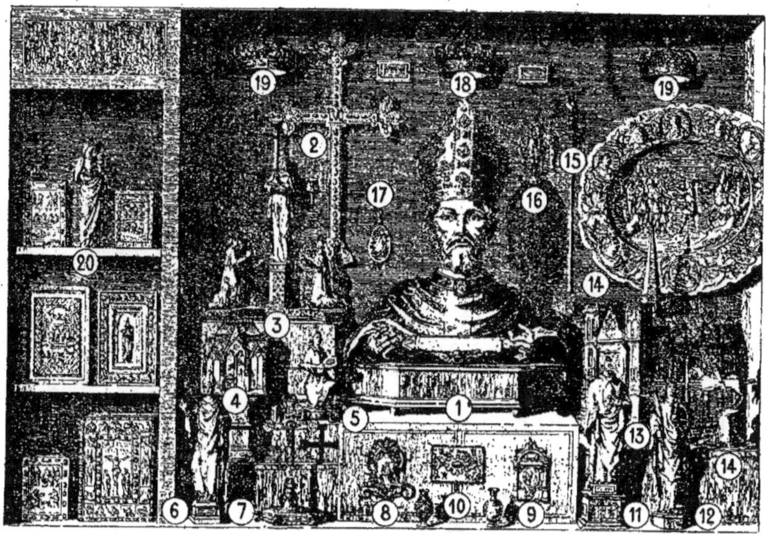

Fig. 512 à 532. — 1. Buste en vermeil renfermant le *Chef* de saint Hilaire. — 2. Croix en or. — 3. Reliquaire en vermeil représentant sainte Madeleine, Charles V, Jehanne de Bourbon et le Dauphin. — 4. Reliquaire en vermeil. — 5. Image en argent représentant saint Léger. — 6. Image en vermeil représentant saint Nicolas. — 7. Croix en vermeil enrichie d'émaux. — 8 et 9. Paix en vermeil. — 10. Pectoral d'une chape. — 11. Image en vermeil représentant saint Denis. — 12. Image en vermeil représentant sainte Catherine. — 13. Reliquaire en forme d'église. — 14. Aiguière et bassin en vermeil représentant Joseph vendu par ses frères. — 15. Bâton en or émaillé. — 16. Aigle en or enrichi de pierreries. — 17. Reliquaire de saint Pantaléon. — 18. Couronne en vermeil ayant servi aux funérailles d'Anne d'Autriche. — 19. Couronne du sacre de Louis XIII. — 20. Armoire contenant une image de Notre-Dame en ivoire et six manuscrits à couvertures en orfèvrerie.

Le n° 2, indiqué en *caractères italiques*, est représenté, au trait, page 258.

On y remarquait le bâton royal, sceptre de Dagobert (711-715), et l'aigle d'or avec saphirs et pierreries, ayant servi d'agrafe à son manteau ; on voyait aussi des dons de Charlemagne (742 † 814) ; son *escrin* ou oratoire, petit monument à trois rangs d'arcades, rehaussé d'or et de gemmes, et surmonté d'un camée antique, sa couronne enrichie de saphirs, de rubis et d'émeraudes, son sceptre d'or, son épée et ses éperons d'or.

On admirait encore des châsses, des croix, des calices en orfèvrerie gemmée et émaillée, que l'abbaye tenait de la munificence de

3. — C. 33.

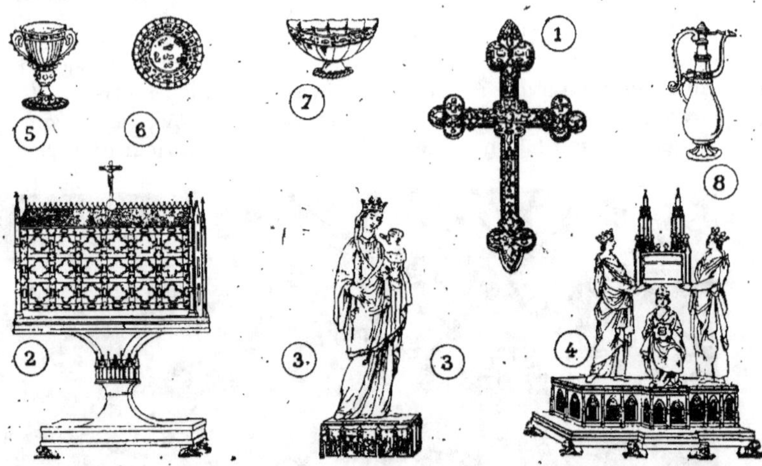

Fig. 533 à 535. — 1, (1). Croix en or de Baudoin Ier, empereur de Constantinople. — 2, (4). Reliquaire dit : Oratoire de Philippe-Auguste. — 3, (5). Image de la Vierge. = Fig. 536 et 537. — 4, (3). Reliquaire de Saint-Louis. — 5 et 6, (12, 13). Calice et Patène de l'abbé Suger. = Fig. 538 et 539. — 7, (5). Gondole de sardonyx. — 8, (10). Vase en agate orientale, dit Vase de Suger.

Les chiffres en **caractères gras** rènvoient à ceux des objets représentés figures 441 à 460 ; 461 à 482 ; 488 à 511.

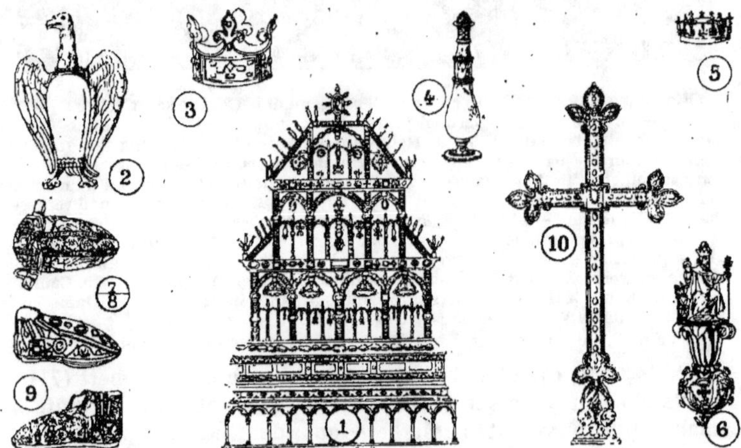

Fig. 540 à 549. — 1, (3). Reliquaire dit Escrin de Charlemagne. — 2, (9). Vase en porphyre, avec tête d'aigle en vermeil. — 3, (12). Couronne de Charlemagne. — 4, (14). Vase en cristal de roche, offert par Louis VII. — 5, (15). Couronne de la reine Jehanne d'Évreux. — 6, (18). Sceptre en or de Charlemagne. — 7, 8 et 9. Chaussures de Charlemagne brodées d'or. = Fig. 550. — 10, (2). Croix en or.

Les chiffres en **caractères gras** renvoient à ceux des objets représentés figures 488 à 511, 512 à 532.

Charles le Chauve (840 † 877), ainsi que la merveilleuse coupe en agate orientale, dite Coupe des Ptolémées.

Louis VII (1137 † 1180), suivant les conseils de son ministre Suger (1081 † 1152), donna au trésor de Saint-Denis plusieurs vases et de nombreux reliquaires, dont le travail était de beaucoup plus précieux que la matière.

Suger avait trop de zèle pour ne pas chercher à égaler les somptueux dons royaux par ceux qu'il fit à son abbaye. La France possède encore le grand calice orné de topazes et d'améthystes, pesant cent quarante *onces* d'or (1), et la patène, en serpentine, avec dauphin d'or au centre et pierreries au pourtour.

Ces renseignements, que Surger nous fournit dans sa *Chronique*, témoignent de la splendeur de l'orfèvrerie au treizième siècle.

L'orfèvrerie catholique marchait de pair avec l'architecture et, quand celle-ci, abandonnant le style roman, déploya toutes les richesses, toutes les merveilles d'ornementation qu'elle avait empruntées à l'Orient, celle-là s'élança en flèches et en ogives, s'enroula en colonnettes et en fuseaux, se hérissa en arêtes, se multiplia en chapiteaux, se diapra d'émaux et de gemmes, formant une chapelle svelte et hardie, éblouissante de dorures.

Telles furent alors les *châsses* et les *reliquaires*, qui auraient pu être exécutés en pierre aussi bien qu'en or, comme à la Sainte-Chapelle de saint Louis, érigée en 1248 par Pierre de Montereau ; c'étaient toujours des motifs d'architecture ogivale, que les artisans cherchaient à représenter, non seulement pour l'orfèvrerie catholique, mais encore pour l'orfèvrerie civile.

L'ogive avait remplacé le plein cintre, même dans les formes d'un vase à boire, d'un coffret, d'une salière, d'un drageoir.

L'édifice catholique, de sévère et massif qu'il était, devenant léger, les ouvrages en métaux précieux, emboutis au marteau ou fouillés au burin, ne pouvaient avoir un caractère moins élégant que ceux construits en pierre de lais, qu'on travaillait au ciseau.

Les *inventaires* du trésor de l'abbaye royale de Saint-Denis, dressés en 1505 et 1739, ont été donnés en 1901, par M. Henri Omont, membre de l'Institut, dans la Collection des *Mémoires de la Société de l'Histoire de Paris et de l'Ile-de-France*, fondée en 1874 et éditée par Honoré Champion (1846 † 1913), réputé comme un des plus érudits libraires-experts de la fin du dix-neuvième siècle et du commencement du vingtième, à qui les savants sont redevables de nombreuses publications relatives à l'Histoire des anciennes Provinces.

Ces *inventaires* donnent l'énumération et la description d'objets précieux et de reliquaires, en suivant l'ordre des armoires et coffres

---

(1) L'*once*, ancien poids qui forme la huitième partie du *marc* ou la seizième partie de la *livre*, équivalait à 30 grammes 58 centigrammes.

en bois dans lesquels ils étaient conservés, soit au trésor même de l'abbaye, soit au chœur ou dans les chapelles de l'église.

Ce sont d'abord des couronnes et des croix d'or, des châsses et des reliquaires ; puis des vases d'agate ou de porphyre, des coffrets, des pierres précieuses, inestimables ; des calices, des paix et des fioles de verre ; quelques manuscrits à reliure orfévrée ; des échecs et un éléphant d'ivoire ; une série d'objets en or ou en argent parmi lesquels figurent des épées royales, puis encore des chasubles et des chappes ; deux pierres d'autel en porphyre, et un grand nombre de rares œuvres d'art, dont les experts, les antiquaires et les amateurs trouveront quelques représentations, figures 441 à 550, d'après les documents publiés en 1710, par dom Michel Félibien (1666 † 1719), dans son *Histoire de l'abbaye royale de Saint-Denis*.

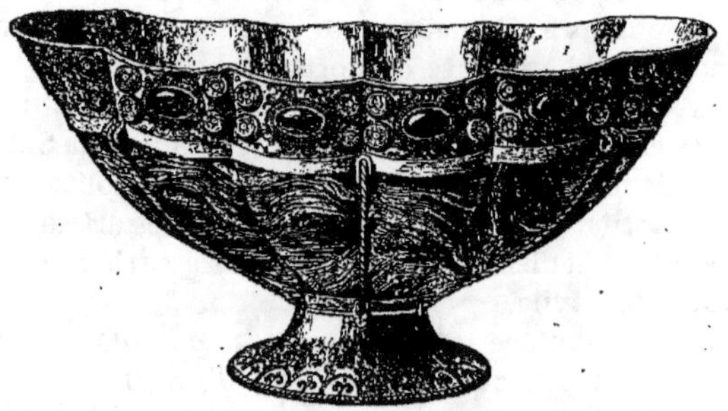

MONTURE ART FRANÇAIS, XIᵉ SIÈCLE.
Bibliothèque Nationale, Département des Médailles et Antiques. Paris.
Fig. 551. — Nef ou Gondole *antique* de Sardonyx, avec monture d'orfèvrerie, provenant du Trésor de l'Abbaye royale de Saint-Denis.

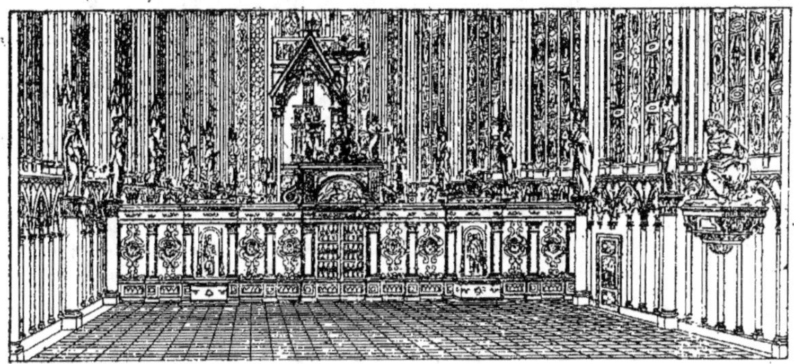

Fig. 552. — *Jubé et Autel de la Sainte Chapelle, Paris.*

Le Christ en croix, faisant face aux fidèles donne sa droite et sa gauche et détermine ainsi, la droite et la gauche de l'autel et de l'église, qui sont à l'inverse de la droite et de la gauche du célébrant. Il n'y a donc pas lieu, pour définir la droite et la gauche d'une église, de tenir compte du célébrant, placé face à l'autel, ni des fidèles qui ont les regards fixés sur ce même autel.

POUR COMPRENDRE LES ŒUVRES D'ART CATHOLIQUE

IL FAUT POUVOIR LES REMETTRE A LEUR PLACE PRIMITIVE

Les œuvres ou objets d'art catholique, les sculptures, les verrières, empruntant une partie de leur intérêt et de leur splendeur à l'édifice dont elles font partie, les en arracher, c'est détruire leur raison d'être.

Déplacer les œuvres d'art catholique des sanctuaires pour la décoration desquels les artisans les ont conçues, c'est effacer le caractère hiératique et symbolique qui les distinguent ; enlevées à leurs ombres accoutumées, vues sous une lumière indifférente, elles prennent un aspect lugubre.

Pour les analyser, les comprendre, il faut pouvoir les remettre, par la pensée, à leur place primitive, dans les édifices dont *on doit connaître le plan*, ce « grand poème de lignes et de surfaces », ainsi que l'écrit M. Jean-Louis Vaudoyer.

On appelle *plan*, en architecture et dans les arts qui emploient le dessin pour exprimer leurs conceptions, la représentation horizontale d'un objet placé dans sa position naturelle.

Le principe d'utilité est rendu par les *plans*, tandis que les *élévations* expriment les principes scientifiques et esthétiques. En Occident, le *plan* des églises fut d'abord celui des basiliques, où les chrétiens se réunissaient pour célébrer les cérémonies du culte ; ce plan fut conservé dans les édifices élevés après la conversion de Constantin (313), jusqu'au moment où l'extension en longueur des transepts et leur entre-croisement avec la nef majeure, permirent de figurer la croix. Dans son *Histoire ecclésiastique des Francs*, saint Grégoire de Tours (538 † 595) nous enseigne que cette modification fut consacrée dans la construction des églises de la Gaule, avant lui et de son temps.

Le *plan en croix* représente la croix et non le Crucifié. Ainsi tombe, à notre avis, ce symbolisme faux, inconnu de l'Antiquité chrétienne et des écrivains ecclésiastiques, qui brise l'axe, pour imiter l'inclinaison de la tête du Sauveur au moment de sa mort.

Au XIe siècle, un nouveau changement se produit dans le *plan des églises* : les collatéraux, qui entourent la nef principale, se prolongent à l'abside et forment un déambulatoire autour du sanctuaire. Cette disposition permet l'établissement de trois chapelles accessoires, dont l'une, dédiée à la Vierge, est placée au fond de l'abside ; les deux autres l'accompagnent.

Au XIIe siècle, le chœur, plus important, est parfois élevé au-dessus de l'aire du reste de l'église. Les chapelles absidales deviennent plus nombreuses ; on établit dans quelques églises de larges galeries ou tribunes, le long de la nef majeure, au-dessus des collatéraux, dont elles ont toute la largeur ; mais souvent ces galeries ou tribunes restent de simples passages aveugles.

Au XIIIe siècle, le chœur devient plus spacieux ; le nombre des chapelles absidales est doublé, comme celui des bas-côtés, placées postérieurement entre les contre-forts ; nous en avons un exemple à Notre-Dame de Paris, (p. 270).

Jusque vers la fin du premier quart du XIIIe siècle, le nombre des nefs parallèles est de cinq dans les grandes cathédrales. Les premières chapelles, qui se trouvent placées à droite et à gauche des nefs collatérales ou bas-côtés de la nef centrale, sont exécutées en sous-œuvre dans l'intervalle des contreforts qui, d'extérieurs, deviennent intérieurs, et le *plan des cathédrales*, comme celui des grandes églises, se complète par l'adoption de chapelles accessoires : chapelles familiales, chapelles corporatives, etc.

Aux XVe et XVIe siècles, le *plan* ne varie pas d'une manière essentielle.

La cathédrale française, au sens moral du mot, est née avec le pouvoir monarchique ; celle de Paris est la première qui ait été commencée avec un plan vaste, destiné à répondre aux tendances à la fois religieuses et politiques de la fin du XIIe siècle.

Bien que, à partir du XIIIe siècle, la forme des églises devenant arbitraire, la plus grande liberté eût été laissée aux architectes, l'auteur du *Dictionnaire de droit canonique*, s'appuyant sur le *Rationale divinorum officiorum* de Durand, observe que les évêques ont soin, quand les plans le comportent, de faire placer le maître autel de façon qu'en célébrant le prêtre ait la face tournée vers l'Orient.

Les cathédrales françaises les plus longues, hors œuvre, sont celles de Reims (149 mètres), d'Orléans (147), de Bourges (144), d'Amiens (143), de Rouen (135), de Chartres (134), du Mans (130), de Bordeaux (129) et de Metz (124).

Tout, dans une église, convergeant vers l'*autel*, la droite et la gauche de l'église sont déterminées liturgiquement d'après celles de l'autel.

Le Christ en croix, faisant face aux fidèles, donne sa droite et sa gauche et détermine ainsi, d'après une règle générale et uniforme, la droite et la gauche de l'autel et de l'église qui sont à l'inverse de la droite et de la gauche du célébrant. Il n'y a donc pas lieu, pour définir la droite et la gauche d'une église, de tenir compte du célébrant, placé face à l'autel, ni des fidèles qui ont les regards fixés sur ce même autel.

D'après les anciennes rubriques du *Missel romain*, nous savons « que le prêtre, montant à l'autel, se dirige d'abord du côté gauche, qui est celui de l'Épître, mais à la droite du prêtre. S'il y a des *reliques* placées sur l'autel, l'officiant encense en premier celles qui sont à la droite de l'autel, du côté de l'Évangile puis, en second, celles qui sont à la gauche de l'autel, du côté de l'Épître ». Le *Cérémonial des évêques* veut, en outre, que dans une église orientée, la droite soit au nord, c'est-à-dire à gauche du fidèle qui entre dans l'église. La droite étant considérée comme plus noble que la gauche, c'est à la droite de l'église (soit la gauche des fidèles) que se place le trône de l'évêque.

De même dans un tableau, le personnage qui en occupe le milieu indique, pour ceux qui l'entourent, sa droite et sa gauche.

Dès la fin du XIIe siècle, l'ogive triomphe du plein cintre dans les églises : les cryptes profondes, les galeries sombres, secrètes, mystérieuses, pavées de dalles funéraires, se transforment en édifices majestueux où peut entrer la lumière. L'idée religieuse, jusque-là concentrée dans le silence et l'initiation du cloître jaillit enfin, libre et fière. De toutes parts, la ligne courbe se redresse et s'élance ; les piliers massifs de l'église de la Période Romane, sous leur couronne de feuilles, paraissent tristes et nus ; on y perche des oiseaux venus d'Orient, tandis que le chant de l'orgue fait vibrer l'enceinte silencieuse. Les roses s'ouvrent diaphanes et flamboient au grand jour, comme des queues de paon ; le soleil répand sur les dalles, à travers les *verrières*, une lueur fantastique qui, tour à tour, se ravive ou s'obscurcit.

Au dehors, l'église a l'aspect d'une volière, d'une ménagerie, riche d'animaux indigènes et exotiques, tels que le singe, le perroquet, le crocodile, le taureau et le dragon. Les artisans, jusque-là si austères et si graves, se permettent des licences inouïes ; l'esprit du temps aiguise sa pointe acérée avec leur ciseau et leur burin : grotesques et parodies se succèdent ; plus d'un évêque, d'un roi, d'un grand seigneur, y déchire son blason.

Au XIIIe siècle, l'architecture est souveraine ; c'est l'art universel, qui parle aux yeux, à l'esprit, au cœur, à l'imagination, et connaît les sarcasmes, les lazzis amers, le persiflage, l'ironie sanglante.

Il faudrait être dépourvu de sensibilité pour contempler, sans émotion, les églises de la Période Ogivale, où les heureuses proportions observées par les *Maîtres de l'œuvre*, la forme des arcades et des baies, la vaste étendue des nefs, les murs aériens, semés d'élégantes dentelles rehaussées par la clarté mystérieuse d'une lumière, passant au travers de *verrières* aux multiples couleurs, impriment à l'âme un sentiment éminemment religieux.

Le visiteur est saisi par une sorte de tressaillement d'exaltation lorsque, placé sous le porche d'une cathédrale, son regard parcourt la nef centrale, glisse avec étonnement sous des voûtes, légères et gigantesques, pour se perdre au loin.

Passant de l'intérieur à l'extérieur, ce visiteur n'en sera pas moins charmé par les proportions, à la fois vastes et gracieuses, du *vaisseau*, l'élégance des tours, et la profusion des clochetons, des arcs-boutants ou des contreforts ; un examen attentif pourra le convaincre qu'une pensée a inspiré cet élancement vers le ciel.

On ne peut méconnaître l'expression d'une idée mystique dans cette direction unique, qui se reproduit dans toutes les parties dominantes des édifices catholiques, dans les frontons, les tours et les clochers, comme dans les fenêtres en lancettes, et contribue à leur donner une apparence de hauteur qu'elles n'ont pas toujours. Qui sait même, selon le savant Théophile Beaudoire, si la forme triangulaire de l'ogive n'était pas un symbole aux yeux des *architecteurs ?* De cet accord dans les formes, naissent l'harmonie et l'unité qui distinguent, si heureusement, les édifices de la première Époque Ogivale (1).

Sans insister sur des considérations qui intéressent la philosophie de l'Histoire de l'Art, remarquons que, si l'architecture des anciens est d'un art plus pur, celle des trois Époques formant la Période Ogivale est plus touchante et plus religieuse ; elle imprime aux édifices catholiques un caractère solennel que des imitations, plus ou moins heureuses de l'architecture antique, n'ont jamais pu atteindre. Malgré leur grandeur et leur somptuosité, les basiliques de Saint-Pierre de Rome, de Saint-Paul de Londres, du Panthéon à Paris, n'excitent pas en nous le même sentiment de vénération.

Dans les édifices catholiques de la Période Ogivale, tout est calculé pour faire naître, dans les âmes, le sentiment de l'immensité et faire comprendre Dieu par l'infini. Une cathédrale du XIIIe siècle est une forêt vierge de pierre ; les colonnes montent hardiment, en jets frêles, comme les tiges des bambous ; les minces nervures qui s'échappent du haut des chapiteaux figurent les feuilles côtelées du palmiste ; plusieurs centaines de végétations sculptées : trèfles, acanthes, choux frisés, fleurons, roses, arabesques, aux pousses désordonnées et folles, grimpent de toutes parts, s'accrochent aux piliers, aux rinceaux, serpentent le long des voûtes et retombent comme des stalactites, ou des lianes pétrifiées. De sinistres oiseaux sont perchés sur les volutes des chapiteaux ; des hiboux, des goules, des dragons, ailés, des crocodiles à la mâchoire en lame de scie, des crapauds ventrus, ont des attitudes étranges ; des rosaces tendent leur toile d'une ogive à l'autre comme de monstrueuses araignées ; le jour, tamisé par les *verrières*, est rompu et coloré par des reflets prismatiques ; ce jour sombre, mélangé de lueurs éclatantes, rendrait seul les anciens édifices catholiques bien supérieurs aux modernes, s'ils ne l'étaient déjà pour l'élévation de la pensée.

Théophile Gautier (1811 † 1872), apôtre enthousiaste du Romantisme, qui n'était ni rêveur ni très dévot, se figurait souvent qu'il allait, dans une cathédrale de la Période Ogivale, au détour d'une nef obscure, se trouver, face à face, avec un grand vieillard vêtu de bleu, à barbe d'argent descendant jusqu'aux genoux et symboliquement partagée en trois pointes, ayant la main élevée, l'index et le médium allongés, un nimbe d'or derrière le crâne, glissant sans remuer les pieds et laissant après lui une traînée lumineuse sur les dalles humides.

Dans une église de la Période Moderne, Notre-Dame-de-Lorette, à Paris, par exemple, on est assuré de ne rencontrer qu'un bedeau

---

(1) *Genèse* de la Cryptographie Apostolique et de l'Architecture rituelle du Premier au Seizième siècle, accompagnée de 396 figures. Paris, Honoré Champion, 1903. un vol. gr. in-8°.

houssé de noir, avec baguette d'argent, au port d'armes, ou un suisse, armé en guerre, avec aiguillettes, baudrier brodé, hallebarde sur l'épaule gauche, et canne à pomme en la main droite.

Pour bien comprendre l'architecture des édifices catholiques, il faut en étudier les développements, toutes les phases, toutes les transitions, par l'Histoire, les relations, les climats, les mœurs, les temps, la religion, la foi du cœur et la philosophie de l'esprit. Il faut les rattacher au culte, aux exigences hiératiques qui les vivifiaient et les modifiaient, les mettre en rapport avec les coutumes d'autrefois ; il faut se rappeler que tout ce qui était force matérielle dérivait d'eux, faisait corps avec eux, qu'il y avait concordance, simultanéité, harmonie complète entre la société, les costumes et les mobiliers civils, les peintures des manuscrits, etc. Il faut connaître les formes et les différentes parties de ces édifices, telles que :

PÉRIPTÈRE. — Édifice entouré d'un rang de colonnes isolées. PSEUDO-PÉRIPTÈRE, temple dont les colonnes adhèrent à la *cella*, salle ou était placée la statue du dieu.

DIPTÈRE. — Temple entouré d'un double rang de colonnes.

DÉCASTYLE. — Façade ornée de dix colonnes.

BASILIQUE. — Édifice public romain dans lequel on rendait la justice, où on parlait d'affaires commerciales, et qui servait parfois de marché couvert. Les basiliques se composaient de trois nefs et d'une abside ; dans la suite elles devinrent des temples chrétiens : leur plan fut imité dans la construction des premières églises, qui, lontemps, furent désignées sous le même nom.

PARVIS. — Place située devant le *frontispice* des cathédrales.

PORCHE. — Petit vestibule couvert, qui précède quelquefois le portail des églises, surtout quand ils sont décorés de sculptures. Les portails, qui ont été peints, ont presque toujours été précédés d'un porche qui les mettaient à l'abri de la pluie.

NARTHEX. — Portique placé à l'entrée des basiliques et des églises : c'était là que se tenaient, dans la primitive Église, les catéchumènes et les pénitents.

NEF. — Division principale comprise entre les ailes d'une cathédrale ou d'une grande église. Espace existant entre le portail et l'entrée du chœur. On désigne quelquefois sous le nom de *nefs* les divisions longitudinales des églises ; ainsi la *grande nef* est la division centrale des églises depuis l'entrée jusqu'à la courbure des ailes, derrière le sanctuaire et les nefs latérales, où les bas-côtés sont les petites nefs.

AILES. — Divisions latérales d'une église, c'est-à-dire les nefs secondaires, que l'on nomme bas-côtés. Les ailes ou bas-côtés s'arrêtent souvent près de l'abside, dans les églises antérieures au XIIᵉ siècle ; pour d'autres églises, elles en font le tour.

BAS-COTÉS OU COLLATÉRAUX. — Voyez AILES.

TRAVÉE. — Élévation d'une partie d'église prise d'un pilier à l'autre : les divisions symétriques, se répétant dans toute la longueur d'une nef, offrent conséquemment un spécimen de son ordonnance architectonique.

TRANSEPT. — Nef transversale qui donne aux églises la forme d'une croix. On se sert quelquefois du pluriel pour indiquer cette nef tout entière, et on distingue chacun des bras de la croix sous la dénomination de *transept nord* et *transept sud*. Il y a des églises à deux transepts. — On donne également le nom de transept à l'ensemble des deux bras de la croix, dite de Lorraine, qui en traversent la hampe (Voir fig. 561).

CHEVET. — Nom qu'on donne, avec celui d'abside, à l'extrémité du chœur, derrière le maître-autel. Quand il n'y a pas d'abside, le chevet est droit ; il est alors éclairé, suivant l'importance de l'édifice, par plusieurs fenêtres, ou par une large fenêtre à plusieurs baies.

ABSIDE. — Partie circulaire à l'extrémité des édifices : le sanctuaire des églises se termine souvent par une abside. C'était là que, dans les premiers siècles, siégeait l'évêque accompagné de ses prêtres assistants, la face tournée vers le peuple. Les églises présentent, parfois, plusieurs absides distribuées dans différentes parties de l'édifice.

CRYPTE. — Église ou chapelle souterraine pratiquée sous le chœur des grandes églises. Les cryptes sont, en général, contemporaines de l'architecture romane ; on n'en voit peu après le XIIᵉ siècle.

3. — C. 34.

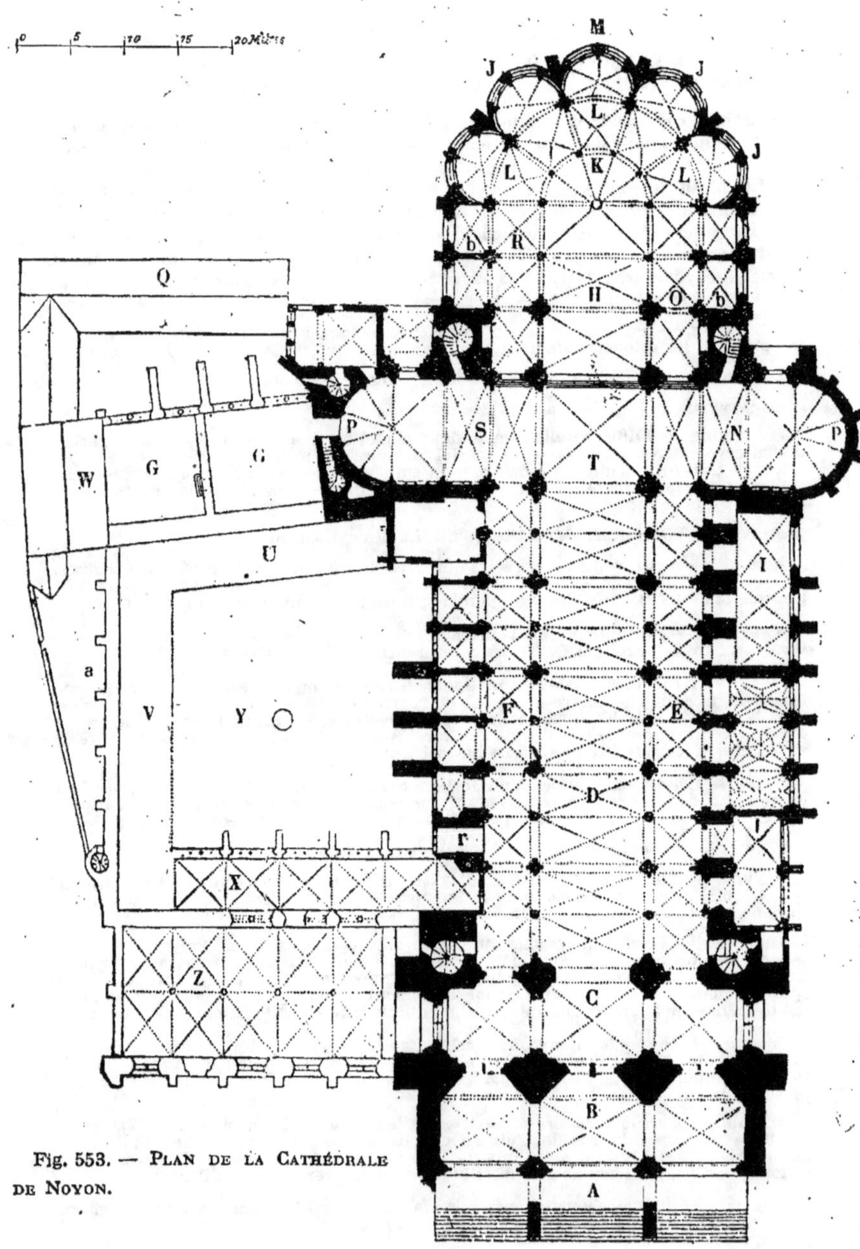

Fig. 553. — Plan de la Cathédrale de Noyon.

Architecturalement, les églises se distinguent par leur plan et reçoivent des noms divers d'après leur forme ; ainsi on dit : une église *circulaire*, en *croix grecque*, en *croix latine* (fig. 561), en *tau*, à *bas-côtés simples*, à *bas-côtés doubles*, etc.

Hiérarchiquement, les églises se distinguent par leur usage : ainsi on nomme :

Pontificale, celle de Saint-Pierre, à Rome ;

Patriarcale, siège d'un patriarche ;

Métropolitaine, siège d'un archevêque ;

Épicospale, siège d'un évêque ;

Collégiale, desservie par un collège de chanoines ;

Paroissiale, paroisse ;

Conventuelle, partie d'un couvent.

La *Cathédrale* est l'église principale d'un évêché.

Afin que nos lecteurs se rendent compte des différentes parties d'une église (Consulter le texte de la page 265), nous donnons, ci-contre, le plan de Notre-Dame de Noyon, un des mieux disposés pour remplir ce but ; en voici l'explication :

A. — *Perron*.

B. — *Porche extérieur*, au-dessus et en retrait duquel s'élève le *frontispice*, dit la façade principale, dont les deux tours portent sur huit gros piliers qui forment le *porche* ou *narthex intérieur*, C.

D. — *Nef*.

E. — *Bas-côté* du sud.

F. — *Bas-côté* du nord.

H. — *Chœur*.

I I. — *Chapelles latérales du bas-côté sud*.

r. — *Chapelles latérales du bas-côté nord*.

J J J J. — *Apsidoles* ou *Chapelles absidales* formant l'*extrémité orientale* de l'église.

K. — *Rond-point* ou *Abside* qui termine le chœur.

L L L. — *Déambulatoire* ou *pourtour du chœur*.

b b. — *Chapelles latérales des bas-côtés du chœur*.

M. — *Chapelle terminale* dite de la *Vierge*, qui est une des cinq *Apsidoles* ou *Chapelles absidales*.

N. — *Croisillon* sud, et S, *Croisillon* nord. Ces deux *croisillons* sont ici terminés exceptionnellement par des *Absides* P P.

O. — *Bas-côté sud du chœur*.

R. — *Bas-côté nord du chœur*.

S T N. — *Transept* qu'il faut diviser en *croisée* T.

On remarque de plus, sur le plan, un *cloître* U V X, dont une des galeries X existe encore et dont le mur nord (a) est fortifié.

Y. — Indique le *préau de ce cloître*.

Z. — *La salle capitulaire*.

G G. — *Les sacristies*.

Q. — *La bibliothèque*.

W. — Ancienne prison.

Fig. 553. — Le *plan* ci-contre, correspondant au milieu du XIIᵉ siècle, emprunte le *transept allongé* S T N à l'architecture du XIᵉ, conserve le *porche* extérieur B et le *narthex* intérieur C.

Cette représentation, que nous donnons d'après Daniel Ramée (1805 † 1887), simplifie les difficultés que pourraient faire éprouver les descriptions les plus clairement détaillées

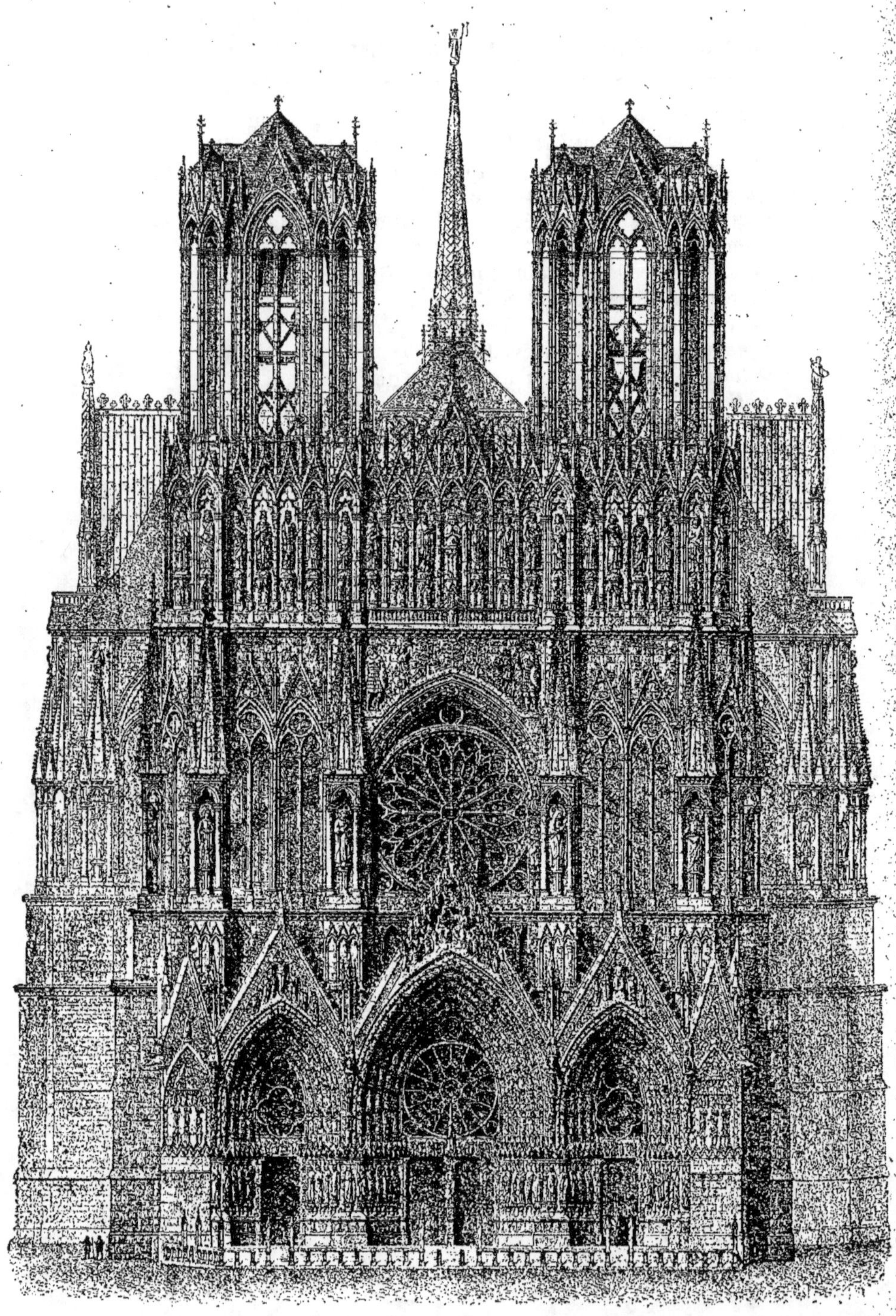

Les édifices catholiques du Moyen Age français sont le reflet de la société qui les a créés ; ils ont le langage précis de la géométrie, le caractère alternativement ferme et doux, majestueux ou léger, rationnel ou mystique; qui caractérise les évolutions du sentiment humain ; enfin ils révèlent les multiples ingéniosités de notre Art national.

Pour comprendre une cathédrale, motiver l'admiration qui lui est due, se rendre compte de l'époque où elle a été édifiée, il ne suffit pas d'en regarder furtivement le *frontispice*, il faut analyser sa construction, étudier ses détails.

Apprécier l'art architectural français de la Période Ogivale, par le seul fait d'en lire, superficiellement, le portail, les galeries et les tours d'un édifice catholique, est déplorable ; pourtant, comme cette méthode n'exige aucune connaissance, elle s'est accréditée.

C'est une grave erreur : on ne se prononce pas sur le mérite d'un livre d'après sa reliure, quelle qu'en soit la richesse.

Un édifice catholique a sa structure, son squelette ; c'est de cette ossature que dépendent ses formes extérieures et ses dispositions intérieures.

Dans une vaste église, le visiteur doit trouver plusieurs mesures qui l'avertissent de la grandeur de l'œuvre. De simples moulures, pouvant

. FRONTISPICE DE L'ÉGLISE-CATHÉDRALE DE REIMS.
(Les deux hommes figurés à sa droite en donnent l'échelle.)

Fig. 554. — Représentation de tous les caractères de l'architecture la plus riche de la Période Ogivale, quoique, dans cette splendide conception, la multiplicté de détails nuise à l'ensemble et qu'on n'y sente pas une rigoureuse cohésion.

Ce *frontispice* a toute la force de celui de la cathédrale de Chartres, sans en avoir la lourdeur ; il réunit les indispensables conditions de la beauté dans les arts : la puissance et la grâce.

La première zone, formée par le portail dit *portail royal*, fut élevée de 1350 à 1381 ; la deuxième et la troisième (galerie des rois, au centre de laquelle sept statues représentent le baptême de Clovis) furent terminées en 1391. L'achèvement des deux tours et des quatre tourelles qui les cantonnent date de 1428-1430.

En résumé, la cathédrale de Reims, où la conception du premier Maître de l'œuvre fut respectée, donne l'idée de ce que devait être un édifice religieux conçu au commencement du XIIIᵉ siècle.

Il y a une telle hardiesse dans la construction de ces édifices, qui ont résisté aux siècles et, en partie, à la mutilation des tourmentes politiques et des guerres, qu'il ne serait pas possible d'imiter de si glorieuses créations.

Le nombre des combinaisons possibles de l'art architectural de la Période Ogivale est incalculable, si l'on se rend compte que trente-six chiffres, trente-six lignes droites, peuvent se combiner de trente-deux millions de manières différentes.

Pour exprimer les combinaisons possibles de quatre-vingts chiffres, de quatre-vingts lignes, il faudrait un nombre qui occupât tout l'intervalle de la terre au soleil.

L'architecture de la Période Ogivale n'a pas seulement employé des lignes droites, elle en a aussi employé de courbes très variées. Le nombre de ces lignes et de ces courbes, dans les édifices catholiques du XIIIᵉ au XVᵉ siècle, dépasse le chiffre de cent et arrive à quelques milliers. Or, il n'y a pas un seul calculateur qui puisse énumérer les combinaisons arithmétiques ou géométriques de mille éléments quelconques.

En supposant que les chiffres nécessaires pour les exprimer partissent de notre globe, ils atteindraient les étoiles et, au delà, s'enfonceraient dans les abîmes de l'immensité.

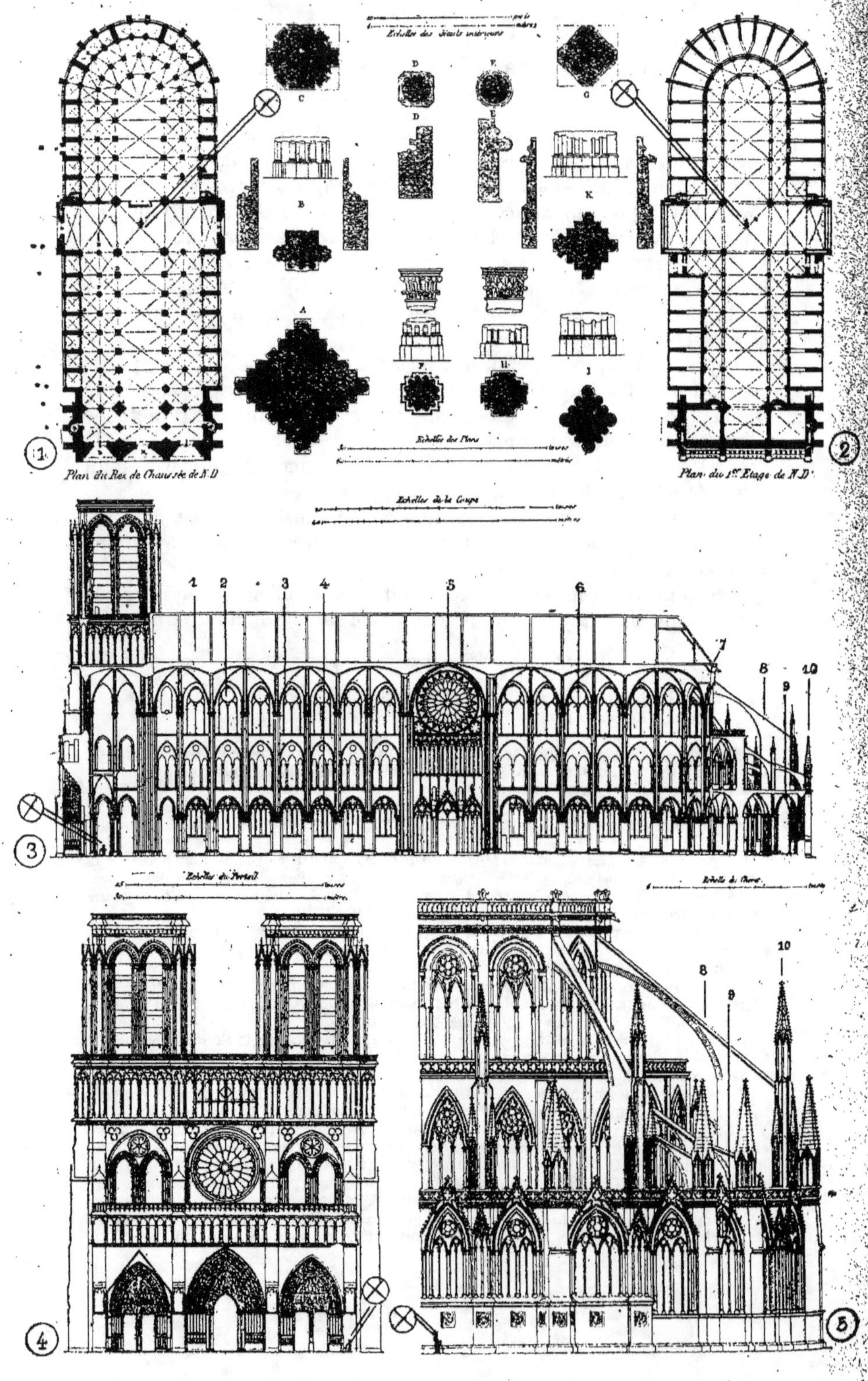

Echelles des joints intérieurs
D
F
G
D
C
K
B
A
F
H
I
Echelles des Plans
Echelles de la Coupe
1
Plan du Rez de Chaussée de N.D.
2
Plan du 1er. Etage de N.D.
3
1 2 3 4 5 6 7 8 9 10
Echelles du Portail
Echelles du Flanc
4
5
8 9 10

donner l'*échelle*, certifient que les *architecteurs* s'en sont habilement servis pour atteindre ce but. Observons qu'un objet *meuble* peut fournir une mesure aussi fidèle qu'une partie de la construction. Toutefois la stature humaine est l'*échelle* que les *Maîtres de l'œuvre* ont préférée, car cette mesure est celle que l'œil juge facilement (1).

Nous l'avons adoptée pour la représentation des *plans,* *coupe, frontispice* et *chevet* de l'église-cathédrale de Paris, *avant les réparations* entreprises sous la direction de E. Viollet-le-Duc (1814 † 1879).

Afin que nos lecteurs puissent s'en rendre compte, nous figurons, aux places indiquées par un × cerclé et un double trait, la longueur

ŒUVRE COLOSSALE D'UN HOMME ET D'UN PEUPLE, création puissante et féconde comme la création divine, écrit Victor Hugo (1802 † 1885), la Cathédrale de Paris semble en avoir dérobé le double caractère : variété, éternité.

Si, dans la Cathédrale de Paris, on ne remarque point, comme à la cathédrale de Reims, une profusion de sculptures, où l'*ymagier* a prodigué tous les trésors de l'imagination, on reste frappé par l'alliance de la force avec la sobre richesse. L'harmonie de l'ensemble serait parfaite, si on se remet en mémoire que, à l'origine, cette masse était surélevée par treize marches, dont la suppression nuit à son élancement.

Fig. 555 à 560. — Plans, Détails, Coupe, Élévations, représentés à l'*échelle*. —1. Plan du rez-de-chaussée. — 2. Plan de la partie supérieure. — 3. Coupe longitudinale. — 4. Frontispice. — 5. Chevet.

Avec une forte loupe, nos lecteurs pourront distinguer, sur le Plan 1, Rez-de-chaussée, l'emplacement des piliers désigné par une lettre de renvoi, dont les plans, coupes et détails sont figurés de A à K.

La disposition simple du *plan du rez-de-chaussée* [1] doit tenir le premier rang dans l'architecture de la première Époque de la Période Ogivale.

Le *Plan de la partie supérieure* [2] se présente avec grâce. La galerie qui tourne autour du chœur produit un bel effet.

La *Coupe longitudinale* [3] rend compte de l'effet que produit l'ensemble de son architecture. La construction remarquable des piliers sur lesquels s'appuient les deux tours et l'évidement qui existe entre les gros piliers dessinant intérieurement le porche provoquent l'étonnement. On remarquera, dans cette coupe, le développement entier des bas-côtés du rez-de-chaussée, ceux de la galerie supérieure, des baies et du chevet, ainsi que celui de l'éblouissante rose de la porte méridionale.

Coupe, 3. (1. Combles ; — 2. Verrières ; — 3. Arc-boutant ; — 4. Chapelles placées postérieurement entre les contreforts ; — 5. Rose du transept ; — 6. Voûtes du chœur ; — 7. Chevet ; — 8. Arc-boutant ; — 9. Chapelles du déambulatoire ; — 10. Contrefort surmonté d'un pinacle.)

On peut lire, sur le *Frontispice* [4] comme dans un livre, les dispositions qu'il annonce : la grande nef avec sa porte principale ; les deux nefs secondaires avec leurs entrées moindres ; cette zone est reliée au-dessus par une galerie qui, depuis sa réparation par Viollet-le-Duc, s'anime par une rangée de statues et accuse la ligne du triforium. Ensuite viennent la grande rose, deux baies, puis, dans une quatrième zone, une autre galerie ajourée qui rappelle les hauteurs des toitures et couronne ce qui constitue réellement le *frontispice*. Enfin, deux tours se dressent d'un seul jet, avec deux gigantesques ouvertures ; des pyramides de pierres auraient pu les surmonter encore, selon la pensée du *Maître de l'œuvre* Jehan de Chelles ; on ne le regrette pas, tellement l'ensemble impressionne l'âme.

L'examen des nombreux contreforts, arcs-boutants, pinacles, du *Chevet* [5] produit en sensation étrange, indéfinissable. Ces multiples points d'appui, ces vertigineux arceaux, témoignent des précautions que les *architecteurs* prenaient pour consolider les cathédrales françaises et en assurer la durée.

(1) La représentation figurée d'un colosse égyptien n'indique en rien sa grandeur ; mais, vienne un Arabe qui se penche à son oreille, à l'instant cette stature en donne l'*échelle*.

et la hauteur du corps humain proportionnées aux différentes échelles : pour les plans 1 et 2, un homme allongé ; pour la coupe 3, le frontispice 4 et le chevet 5, un homme debout.

En accordant un peu d'attention à toutes ces démonstrations, les amateurs et les antiquaires ne se trouveront plus dans la position d'un anatomiste devant qui des ignorants, n'ayant jamais vu que des statues, discuteraient la structure du corps humain.

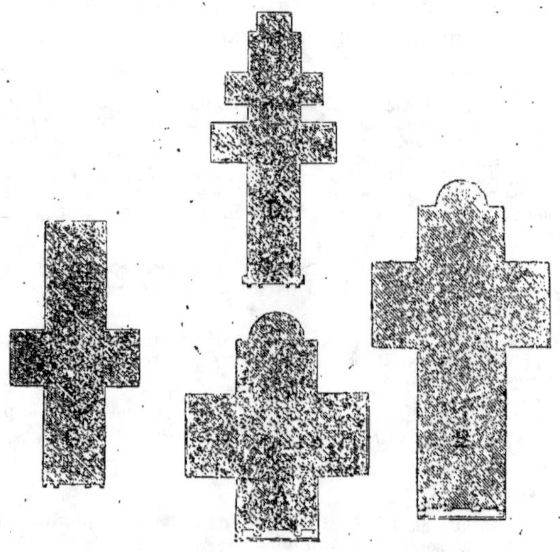

Fig. 561. — **A.** Une église est en forme de *croix grecque*, lorsque la nef, les transepts et le chœur sont de même dimension. — **B.** Représente une *croix latine*, lorsque la nef est plus longue, conformément à l'usage le plus habituel. — **C.** Quelquefois cette croix est renversée ; le croisillon le plus long étant celui qui se trouve occupé par le chœur. — **D.** Des plans figurent une sorte de *croix de Lorraine* ou archiépiscopale.

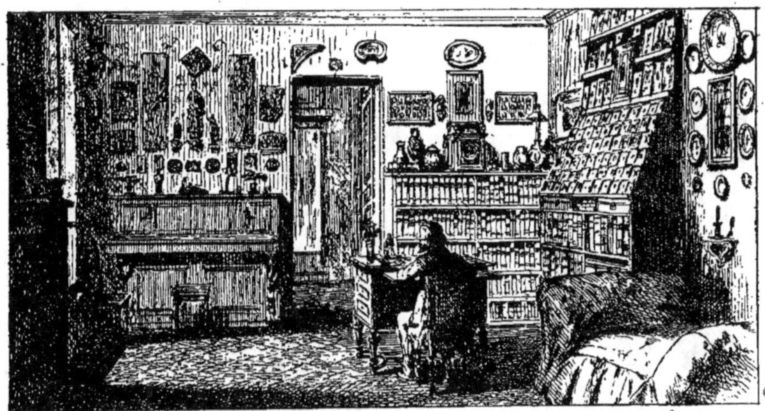

Fig. 562. — Aglaüs Bouvenne dans son Cabinet de Reliures Historiques (1865).

COMPRÉHENSION DES PROVENANCES HISTORIQUES

RELIURES, ÉTUIS ET COFFRETS AUX ARMES DE LA MAISON DE FRANCE
CENT BLASONS DU QUINZIÈME AU DIX-NEUVIÈME SIÈCLE
REPRÉSENTÉS ET IDENTIFIÉS

NOTES SUR LES COLLECTIONS ROYALES DE RELIURES HISTORIQUES

La recherche des reliures, des étuis et des coffrets armoriés, date de quatre-vingts ans environ. Les *Catalogues* des plus importantes collections livrées aux enchères pendant la première moitié du dix-neuvième siècle, mentionnent bien que telle reliure, tel étui ou tel coffret, est en maroquin, mais sans indiquer de provenance.

L'initiative de l'intelligence des *reliures aux armes* revient au célèbre bibliographe Jacques-Charles Brunet (1780 † 1867), auteur du *Manuel du Libraire et de l'Amateur de Livres*, puis à un modeste connaisseur Aglaüs Bouvenne (1830 † 1902), auteur des *Trois cent soixante Monogrammes Historiques* représentés et identifiés dans le Deuxième Recueil (1925) des *Connaissances nécessaires aux Amateurs et aux Antiquaires*.

LES COLLECTIONS ROYALES DE RELIURES HISTORIQUES (¹)

Vers la fin du quinzième siècle, l'imprimerie apparut et favorisa la formation des collections de livres. Louis XI fut un des premiers à recueillir les œuvres *coulées en molle*, c'est-à-dire composées de carac-

(¹) Ce chapitre est extrait d'un volume qui a pour auteur Henri Bouchot : *Les Reliures d'Art à la Bibliothèque Nationale*, précédé d'une étude sur les *Ouvriers de la reliure* et les *Collectionneurs*, accompagné de quatre-vingts représentations de reliures historiques, d'après les originaux, par Aron frères. — Paris, Edouard Rouveyre, Editeur, 1888.
Les chercheurs et les curieux de notre génération conserveront un souvenir affectueusement reconnaissant à Henri Bouchot (1849 † 1906), apprécié et aimé autant par ses

Ces représentations sont extraites de l'*Armorial du Bibliophile* (première édition) par Joannis Guigard, dont notre confrère, M. Lucien Gougy, Expert près le Tribunal Civil, Paris, prépare une troisième édition revisée et considérablement augmentée.

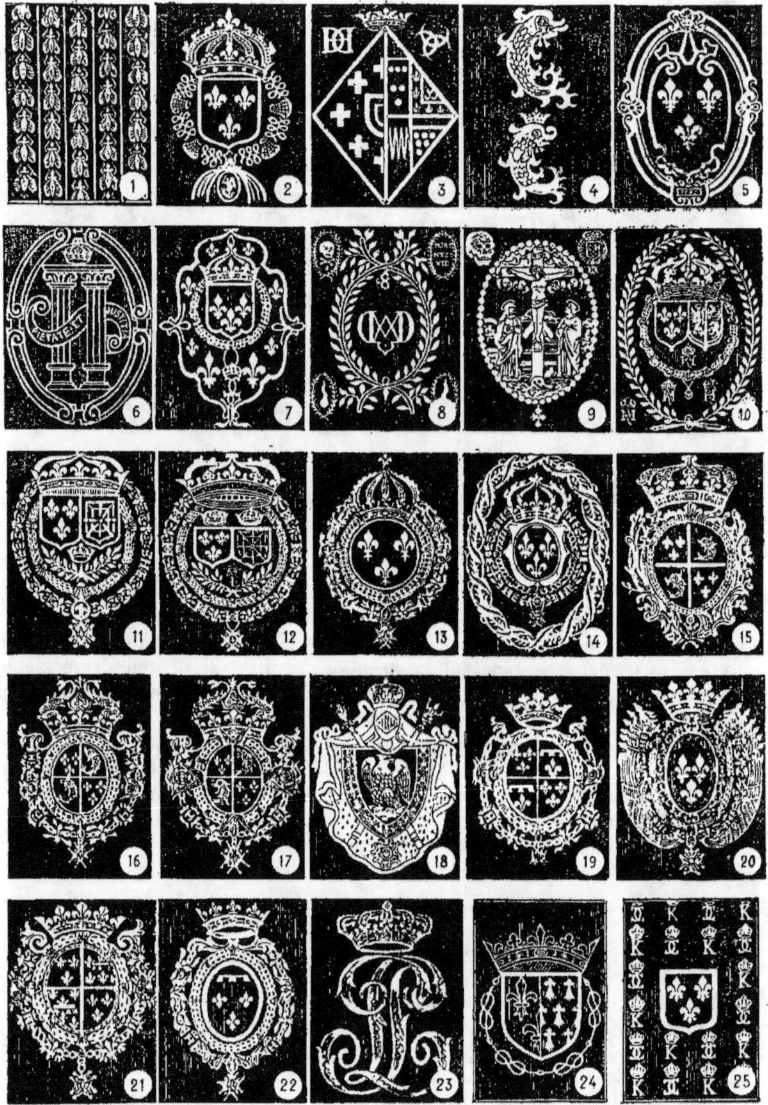

Fig. 563 à 587. — Armes et Chiffres 1 à 25, identifiés page suivante.

tères mobiles, et Laurent Paulmier en fut le garde. Les reliures de ces ouvrages ne différaient point encore sensiblement de celles des manuscrits : toujours les velours, les soies, les fermoirs de métal, les pipes même. Aussi bien, le livre écrit à la main n'était-il point délaissé encore, les scribes continuaient la concurrence pour les tra-

CENT BLASONS DE LA MAISON DE FRANCE

Les dates de naissance et de décès sont placées après le nom.

ROIS — REINES — PRINCES — PRINCESSES

REPRÉSENTÉS ET IDENTIFIÉS

—————— ROIS DE FRANCE ——————

1. — Louis XII (1462 † 1515), roi de France de 1498 à 1515.

2. — François Iᵉʳ (1494 † 1547), roi de France de 1515 à 1547.

3. — Diane de Poitiers, duchesse de Valentinois (1499 † 1566), maîtresse du roi Henri II. (En fait de livres on ne peut guère séparer Henri II de Diane).

4 et 5. — François dauphin, puis François II (1544 † 1560), roi de France, 1559-1560.

6 et 7. — Charles, duc d'Orléans (1550 † 1574), puis Charles IX, roi de France de 1560 à 1574.

8 et 9. — Henri, duc d'Anjou (1551 † 1589), puis Henri III, roi de France de 1574 à 1589.

10. — Henri III, roi de Pologne de 1573-1574.

11. — Henri IV, (1553 † 1610), roi de Navarre en 1572, roi de France et de Navarre de 1589 à 1610.

12. — Louis XIII (1601 † 1643), roi de France de 1610 à 1643.

13 et 14. — Louis XIV (1638 † 1715), roi de France de 1643 à 1715.

15, 16 et 17. — Louis, dauphin (1754 † 1793), puis Louis XVI, roi de France de 1774 à 1793.

19. — Louis, comte de Provence (1755 † 1824), puis Louis XVIII, roi de France de 1814 à 1824. — 20 et 21. — Charles, comte d'Artois, (1757 † 1836), puis Charles X, roi de France, de 1824 à 1830. — 22 et 23. — Louis-Philippe, duc d'Orléans, 1772 † 1850), puis Louis-Philippe Iᵉʳ, roi de France de 1830 à 1848.

18. Napoléon Iᵉʳ (1769 † 1821), empereur des Français, 1804 à 1814.

—————— REINES DE FRANCE ——————

24. — Anne de Bretagne (1476 † 1514). Mariée en 1491 à Charles VIII, roi de France, puis en 1499 à Louis XII, roi de France.

25 et 26. — Catherine de Médicis (1519 † 1589). Mariée en 1553 à Henri, Dauphin de France, qui régna sous le nom de Henri II.

collègues de l'Institut de France et de la Bibliothèque Nationale, que par les nombreux travailleurs qui, de 1898 à 1906, ont fréquenté le Département des Estampes.

D'une inlassable obligeance, d'une patience infinie, Henri Bouchot était devenu l'indispensable auxiliaire de tous ceux qui avaient recours à son érudition. C'est à ce savant que sont dues l'organisation, l'installation et la présentation des premières expositions à la Bibliothèque Nationale : *Expositions des Primitifs et des Miniatures.*

Doué d'une activité intellectuelle à nulle autre pareille, ce chartiste averti, ce styliste et critique sagace, cet iconographe le plus érudit qu'on ait vu depuis longtemps, est l'auteur de nombreuses publications d'art que son collègue à l'Institut de France, Fréderic Masson (1847 † 1924), chiffrait à plusieurs milliers de pages. — Henri Bouchot a donné au travail, à son travail, une vie noble dont toutes les œuvres resteront.

Fig. 588 à 612. — Armes et Chiffres 26 à 50, identifiés page suivante.

vaux soignés. Charles VIII, Anne de Bretagne, Louis XII recherchaient, pour leur bibliothèque, tout aussi bien les travaux manuels que ceux de la presse; les *missels*, les *évangéliaires*, étaient le plus souvent manuscrits, témoin le livre des *Heures de la reine*, historié par Jean Bourdichon, l'œuvre la plus parfaite de la peinture et de la calligraphie françaises de la fin du quinzième siècle. Dans ses expéditions d'Italie, Charles VIII emportait avec lui un mince volume, enfermé dans des ais d'acajou, au revers desquels se trouvaient deux portraits, encore conservés aujourd'hui, et qui le représentaient faisant vis-à-vis à la reine son épouse. Parfois, les armes apparaissent sur les plats, comme dans la *Couronne du roi Charles VIII*, où les blasons de France et de Jérusalem sont peints sur les ais de cuivre doré, premières manifestations d'une mode bientôt répandue et qui devait se continuer sans interruption aucune.

Avec Louis XII, les reliures gaufrées au fer chaud, sur cuir, tendent à se généraliser; elles étaient courantes dans les *Livres d'Heures* imprimés, sortis des officines de Pigouchet aux frais de Simon Vostre. Pour le roi, elles se décorent d'armoiries, de devises, grossièrement dessinées, lourdes et maladroites, mais particulières au prince et spé-

27. — Marie Stuart (1542 † 1587). Mariée en 1559 à François II, roi de France; veuve en 1560, et reine d'Ecosse.

28. — Louise de Lorraine (1554 † 1601). Mariée en 1575 à Henri III, roi de France, veuve en 1589.

29 et 30. — Marguerite de Valois, fille de Henri II (1553 † 1615). Mariée en 1572 à Henri de Navarre, plus tard Henri IV. Son mariage fut annulé en 1599.

31, 32 et 33. — Marie de Médicis (1575 † 1642). Seconde épouse de Henri IV (1600), veuve en 1610.

34. — Elisabeth de Valois, fille de Henri II (1545 † 1568). Mariée en 1559 à Philippe II, roi d'Espagne.

35 à 38. — Anne d'Autriche (1602 † 1666), épouse de Louis XIII en 1615, veuve en 1643. — 39 et 40. Marie-Thérèse d'Autriche (1638 † 1683), épouse de Louis XIV, reine de France, à dater de 1660. — 41. Marie-Louise d'Orléans (1662 † 1689), épouse de Charles II, et reine d'Espagne en 1679.

42. — Marie Leczinska (1703 † 1768), fille de Stanislas, roi de Pologne. Mariée en 1723 à Louis XV, et reine de France.

43. — Marie-Antoinette d'Autriche (1755 † 1793). Mariée en 1770 au Dauphin de France, qui devint Louis XVI.

——————— PRINCES DE LA MAISON ROYALE DE FRANCE ———————

44. — Charles d'Orléans, prince et poète (1391 † 1465).

45. — David, bâtard de Bourgogne (mort en 1496), évêque de Cambrai, 1446, puis de Thérouanne (1451) et d'Utrecht (1457)

46. — Bourgogne (Hermann de) (1570? † 1626), comte de Falais-sur-Méhaigne, gouverneur, pour le roi d'Espagne, de Limbourg et des Pays d'Outre Meuse.

47. — Bourbon (Jean Ier, duc de) (1381 † 1433), et Marie de Berry (? † 1434), son épouse depuis 1400.

48. — Les Ducs de Bourbon.

49 et 50. — Bourbon (François de), prince de Conti (1558 † 1614), fils de Louis Ier de Bourbon, prince de Condé, épouse Louise-Marguerite de Lorraine.

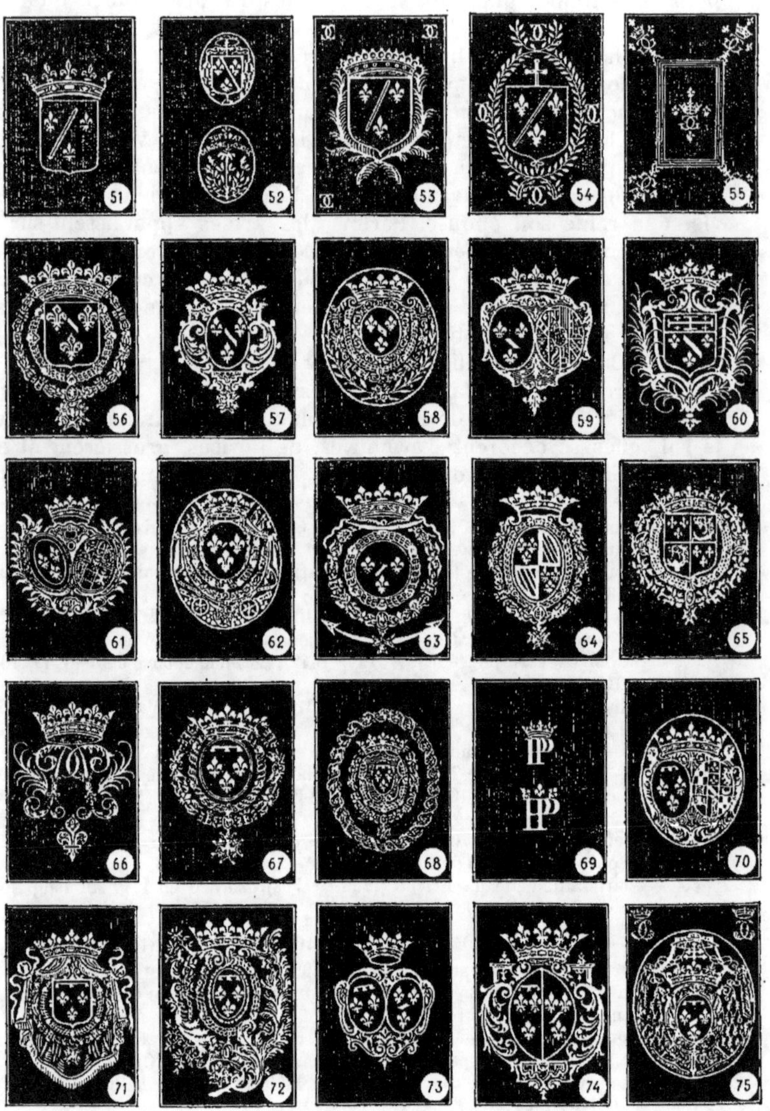

Fig. 613 à 637. — Armes et Chiffres 51 à 75, identifiés page suivante.

cialement destinées à sa *librairie*. Le porc-épic, adopté par lui comme emblème, y est imprimé sur les plats, au-dessous des blasons de France et de Bretagne.

Louis XII, non plus que Charles VIII ni qu'Anne de Bretagne elle-même, ne mettait, dans la recherche des livres la passion hautaine, inassouvie, du vieux duc Jean de Berry ou de Charles V ; au rebours de ce qui se passe ordinairement, les sujets en remontrèrent à leurs princes et accentuèrent le mouvement. Ces amateurs étaient les ancêtres des fermiers généraux qui devaient, à deux siècles de là, porter si haut les coquetteries typographiques.

François 1er imprime sur ses reliures la Salamandre, sème les plats d'F couronnés, de blasons royaux, d'entrelacs, de compartiments et de mosaïques. Le connétable de Montmorency qui y met ses armes de premier baron chrétien, et sa devise grecque Απλανως; Martin de

(Suite de ce texte, page 282).

51. — Bourbon (Henri de) (1601 † 1682), fils légitimé de Henri IV et de Mlle d'Entragues, évêque de Metz.

52. — Bourbon (Charles de) (1523 † 1590), cardinal, oncle d'Henri IV.

53 et 54. — Orléans-Valois (Louis-Charles d') (1573 † 1650), fils naturel de Charles IX et de Marie Touchet, comte d'Auvergne et d'Angoulême.

55. — Orléans (J.-B. Gaston de France, duc d') (1608 † 1660), frère de Louis XIII,

56. — Condé (Louis II, prince de) dit le Grand-Condé (1621 † 1680).

57. — Bourbon (Henri-Jules, duc de) (1643 † 1709), prince de Condé, premier Pair et Grand Maître de France.

58. — Bourbon-Condé (Louis-Henri de) (1692 † 1740), Pair et Grand-Maître de France.

59. — Bourbon (Louis-Joseph de) (1736 † 1818), prince de Condé.

60. — Bourbon-Busset (Louis-Antoine-Paul de) (1753 † 1802), Mestre de camp, premier gentilhomme de la Chambre du comte d'Artois.

61. — Bourbon (Louis-François-Joseph de) (1734 † 1814), prince de Conti.

62. — Bourbon (Louis-Auguste de) (1670 † 1736), fils légitimé de Louis XIV ; duc du Maine, Grand Maître de l'Artillerie, colonel des Suisses, premier lieutenant-général.

63. — Bourbon (Louis-Alexandre de) (1678 † 1737), fils légitimé de Louis XIV, comte de Toulouse, amiral de France.

64. — Bourbon (Louis-Joseph-Xavier de), duc de Bourgogne (1751 † 1761), fils du Dauphin fils de Louis XV.

65. — Louis Dauphin, fils de Louis XV (1729 † 1765).

66 et 67. — Orléans (Philippe d') (1640 † 1701), fils de Louis XIII, duc d'Anjou jusqu'en 1660.

68 et 69. — Orléans (Philipe d') (1674 † 1723), duc de Chartres jusqu'à la mort de son père ; régent de France pendant la minorité de Louis XV, de 1715 à 1723.

70. — Orléans (Louis, duc d') (1703 † 1752), fils du Régent, et Auguste-Marie-Jeanne, princesse de Bade (1704 † 1726), mariés en 1724.

71. — Orléans (Louis-Philippe, duc d') (1725 † 1785), fils du précédent.

72. — Orléans (Louis-Philippe-Joseph d'), dit Philippe-Égalité (1747 † 1793).

73 et 74. — Orléans (Louis-Philippe-Joseph d') dit Philippe-Égalité, et Marie-Louise-Adélaïde de Bourbon-Penthièvre (1753 † 1824), mariés en 1769.

75. — Saint-Albin (Charles de) (1698 † 1764), fils naturel du Régent, évêque et pair de France, légitimé en 1706.

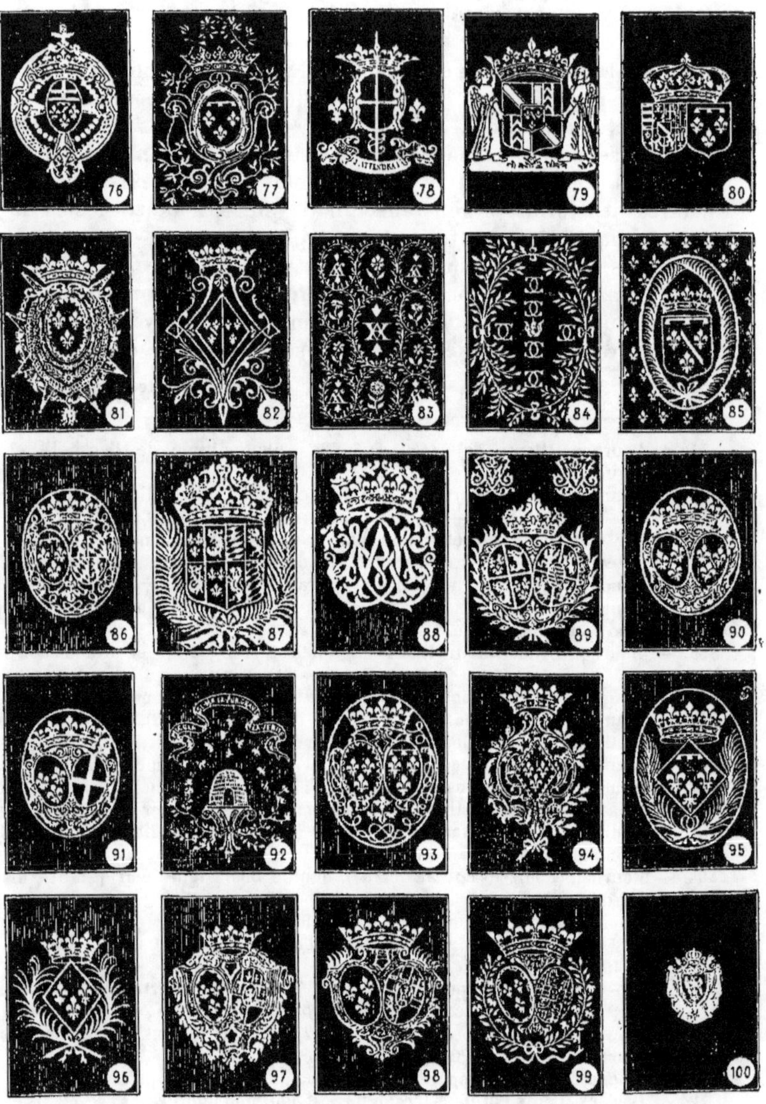

Fig. 638 à 663. — Armes et Chiffres 76 à 100, identifiés page suivante.

76. — Orléans (Jean-Philippe, dit le Chevalier d') (1702 † 1748), fils naturel du Régent, grand prieur de l'ordre de Malte, général des galères.

77. — Beaujolais (Louis-Charles d'Orléans) (1779 † 1808) (appelé à tort Alphonse-Léodgar, comte de), fils de Philippe-Égalité.

78. — Aumale (Henri d'Orléans, duc d') (1822 † 1897).

79. — Rothelin (Charles d'Orléans, abbé de) (1691 † 1744).

80. — Lorraine (Léopold, duc de) (1679 † 1729), et Elisabeth-Charlotte d'Orléans (1676 † 1744), nièce de Louis XIV.

81. — Berry (Charles-Ferdinand de Bourbon, duc de) (1778 † 1820), fils du comte d'Artois, qui devint Charles X.

—————— PRINCESSES DE LA MAISON ROYALE DE FRANCE ——————

82. — Anne de France ou Anne de Beaujeu (1462 † 1522), fille de Louis XI, régente de France pendant la minorité de Charles VIII. Epouse de Pierre II, seigneur de Beaujeu. — 83. Antoinette de Vendôme, duchesse de Guise (1494 † 1583), épouse de Claude de Lorraine. — 84. Bourbon (Catherine de), duchesse d'Albret (1558 † 1604), sœur de Henri IV. Mariée en 1599 à Henri de Lorraine.

85. — Longueville (Anne-Geneviève de Bourbon, dite la Duchesse de) (1619 † 1679). Mariée en 1642 à Henri II d'Orléans de Longueville.

86. — Charlotte-Elisabeth de Bavière (1652 † 1722). Mariée en 1671 à Monsieur, frère de Louis XIV.

87 et 88. — Marie-Anne-Christine-Victoire de Bavière (1660 † 1690). Mariée en 1680 au Dauphin Louis de Montpensier.

89. — Marie-Josèphe de Saxe (1731 † 1767), fille de Frédéric-Auguste III, roi de de Pologne, El^{eur} de Saxe. Mariée en 1747 à Louis de France, Dauphin, fils de Louis XV.

90. — Condé (Louise-Françoise de Bourbon, dite Mademoiselle de Nantes, princesse de) (1673 † 1743), fille légitimée de Louis XIV. Mariée en 1685 à Louis III de Bourbon, prince de Condé.

91. — Bourgogne (Marie-Adélaïde de Savoie, duchesse de) (1685 † 1712). Mariée en 1710 à Louis de France, fils du Grand-Dauphin.

92. — Maine (Anne-Louise-Bénédicte de Bourbon, duchesse du) (1676 † 1753), fille de Henri-Jules de Bourbon. Mariée à L.-A. de Bourbon, duc du Maine et d'Aumale.

93. — Berry (Marie-Louise-Elisabeth d'Orléans, duchesse de) (1695 † 1719). Mariée en 1710 à Charles de France, duc de Berry.

94. — Artois (Louise-Marie-Thérèse d'), dite Mademoiselle (1819 † 1864). Mariée en 1845 à Ferdinand-Charles de Bourbon, duc de Parme. — 95. Orléans (Philippe-Elisabeth d'), dite Mademoiselle de Beaujolais (1714 † 1734). Fille du Régent.

96. — Mesdames de France, filles de Louis XV : Marie-Adélaïde, dite Madame Adélaïde (1732 † 1800). — Victoire-Louise-Marie-Thérèse, dite Madame Victoire (1733 † 1799). — Sophie-Philippine-Elisabeth-Justine, dite Madame Sophie (1734 † 1782).

97. — Artois (Marie-Thérèse de Savoie, comtesse d') (1756 † 1805), fille de Victor-Amédée III, roi de Sardaigne. Mariée en 1773 à Charles-Philippe de France, comte d'Artois, qui devint Charles X.

98. — Provence (Marie-Joséphine-Louise de Savoie, comtesse de) (1753 † 1810), sœur de la précédente. Mariée en 1771 à Louis-Stanislas-Xaxier de France, plus tard Louis XVIII.

99. — Berry (Marie-Caroline-Ferdinande-Louise de Bourbon, duchesse de) (1798 † 1870), fille de François Ier, roi de Naples. Mariée en 1816, à Charles-Ferdinand d'Artois, duc de Berry, fils de Charles X.

100. — Napoléon Ier (1769 † 1821), empereur des Français, 1804 à 1814.

Beaune, fils de Semblançay, archevêque de Tours, se sert d'initiales.; Claude d'Urfé, grand-père de l'auteur de l'*Astrée*, applique des reliefs de métal où ses armoiries se détachent en bosse. Sa bibliothèque du château de la Bâtie renferme près de cinq mille volumes, parmi lesquels deux cents manuscrits sur vélin couverts de velours vert. Avec Henri II les fantaisies ne connaissent plus de bornes; ce roi dépense de grosses sommes à la décoration extérieure des livres qu'il garde pour lui, ou de ceux qu'il réserve à sa maîtresse Diane de Poitiers. Les croissants, symbole de la déesse Diane, se glissent perfidement sur les œuvres mêmes destinées à la reine Catherine, qui feint de n'y rien voir, et adopte pour elle un monogramme ambigu où se retrouvent aussi bien un C qu'un D. Quant aux croissants, elle les revendiquera plus tard comme siens, et sur les vitres de la Sainte-Chapelle de Vincennes elle fera peindre, longtemps après la mort du roi, les carquois et les croissants de Diane, avec les armes de son mari défunt. Il s'en faut donc de tout que les reliures d'Henri II, ornées de ces figures, aient fait nécessairement partie de la librairie d'Anet. En bonne Italienne, Catherine vivait avec son mal; épouse offensée, elle s'était donné la tâche d'égarer les critiques, elle n'y est que trop parvenue.

Quand elle est veuve et qu'elle n'a plus rien à craindre, elle met sur les plats de ses volumes la lettre K, initiale italienne de son nom. Elle a ses devises de femme inconsolable, où son amour est figuré par une flamme que rien ne peut éteindre. Quant à la favorite, elle porte le même deuil, mais elle n'a point la même crânerie. Elle revient au blason des Brezé qu'elle avait oublié au temps de sa splendeur, mais elle cache les œuvres dues à la munificence du roi Henri.

Et tandis que tant d'autres engouements disparaissent, que la mode des crayons, par exemple, s'éteint peu à peu chez les grands, que les opinions littéraires se transforment, que plus rien ne reste vers la fin du siècle de ce qui l'avait passionné à ses débuts, l'amour des livres grandit et pénètre partout, sans se blaser, aussi envahissant, aussi dominateur que jamais. Les rois ont à présent des conseillers spéciaux « sur le fait de l'imprimerie », et s'ils sont eux-mêmes trop indolents ou trop négligents pour songer de cette affaire, le dépôt ne s'en augmente pas moins d'année en année. François II, Charles IX, ont auprès d'eux des hommes qui ne laissent point chômer les libraires et les relieurs; l'ornementation extérieure n'est ni moins soignée ni moins recherchée que du vivant du roi Henri II, il n'y a qu'un amateur de moins.

Ce troisième fils de Catherine de Médicis, hystérique en art comme en amour, voulut, par une bizarrerie macabre, répandre les images de la mort sur les habits de fêtes, aux oreilles des coquettes, sur la couverture même des ouvrages gais, ou des commentaires historiques. Il aimait à varier les motifs, à multiplier les devises. Pieux à la manière italienne, sa religion n'excluait pas la folie. *Son espoir était en Dieu. Le ciel était son but final!* Les Ève excellaient à le suivre dans ses conceptions étranges, où les têtes de morts, les os décharnés, se mariaient aux fleurs de lis, aux H couronnés, aux λ grecs adoptés par Louise de Lorraine, sa femme, comme initiales de son nom. Des triangles, des flammes, des crucifix, des armoiries de France et de Pologne, complétaient ces ensembles extraordinaires où la science du praticien finissait par trouver son compte.

Dans les ouvrages de petit format, le roi employait assez généralement la couverture molle en parchemin fleurdelisé, or sur blanc, mise à la mode par les Ève. La reine Marie de Médicis conserva ces reliures même après la mort de son mari, quand elle entourait les armes de France et de Toscane de la cordelière de veuve.

Louis XIII adopta plusieurs emblèmes et devises pour sa *librairie*. Dauphin, il a les couvertures molles à ses armes. Après 1612, il choisit deux λ entrelacés. Philippe Desportes, le poète, avait les deux Φ, puis plus tard, le surintendant Fouquet reprendra les mêmes signes; les frères Dupuy, gardes de la bibliothèque, emploieront le double Δ en étoile. Louis XIII recherche les velours, les soies; son exemplaire de l'*Euphème des François*, de Jean de Loyac, est habillé de velours brodé. Sur la fin de sa vie, le roi se plaît à poser en Hercule vainqueur des monstres; il a pour devise une massue avec ce fragment d'hexamètre latin : *Erit hæc quoque cognita monstris.*

A son avènement au trône, Louis XIV fut entraîné par le mouvement universel. Ses conseillers intimes, férus de la passion générale, n'eurent point très grand'peine à le diriger dans cette voie. Sans avoir sur les beaux-arts les idées générales de quelques-uns de ses prédécesseurs, le prince honorait les artistes de tout genre de cette protection hautaine et dominatrice, que François Iᵉʳ avait su rendre féconde.

Les membres de la famille royale avaient aussi leurs *Cabinets* de livres où venaient s'enfermer les œuvres rares imprimées sur vélin, décorées par les soins de donateurs intéressés. Le Grand Dauphin possédait à Versailles et à Meudon, sa résidence particulière, de beaux livres dispersés à sa mort comme ceux d'un amateur ordinaire. La vente eut lieu en 1711 au château de Meudon où les marchands furent admis et, si l'on en croit les *Mémoires* de Saint-Simon « chacun achetoit à l'enchère; on examinoit les pièces, on rioit, on causoit, en un mot un franc inventaire, un vrai encan! » Les reliures portaient les armes du Dauphin sur les plats, avec des L entrelacées et couronnées aux angles, travail étoffé épais mais d'assez fière tournure.

Philippe duc d'Orléans, et son épouse la duchesse Palatine, enfermaient les livres courants dans des couvertures en veau uni assez grossières; leur fils Philippe, depuis Régent de France, ne se contenta plus de ces travaux sommaires : le luxe qui se déployait en tout rejaillit en partie sur sa bibliothèque. Les artisans inventaient pour lui des mosaïques fleuries dans le **goût** des tissus alors à la mode, dont les grenades entr'ouvertes, les feuilles et les fruits formaient les motifs principaux. Son blason au lambel d'Orléans, enfermé dans un écu ovale, se mariait à celui de son épouse, Mademoiselle de Blois, bâtarde de Louis XIV. La petite duchesse de Bourgogne cultivait elle aussi « le jardin des Muses » avec une coquetterie féminine et une passion d'enfant gâtée non sans charme.

Louis XV continua la tradition de son bisaïeul dans les œuvres de pratique de la bibliothèque royale. Son épouse, Marie Leczinska, adopta une décoration à elle où les armes de Pologne apparaissaient à côté de celles du Roi. Mais, tandis que les dessinateurs, les graveurs et les typographes portent bien haut l'art exquis de la décoration intérieure, un mauvais goût règne dans le travail des relieurs. Une couverture de velours brodée d'or, encadrant médiocrement une miniature de Louis XV, aujourd'hui conservée à la Bibliothèque nationale, donne la mesure de ces pauvretés prétentieuses.

Les œuvres les plus simples du dix-huitième siècle resteront les meilleures, à en juger par les reliures de Madame de Pompadour, celles du duc de la Vallière, du marquis de Paulmy et de Beaumarchais. Plus tard Louis XVI et Marie-Antoinette rechercheront les mosaïques compliquées et les dentelles, mais rien ne subsiste plus de ce qui avait fait la gloire des praticiens d'auparavant : la race des grands collectionneurs semble aussi disparaître dans le fracas des luttes politiques. Bientôt les belles bibliothèques particulières seront bouleversées ou confisquées. Sur la garde d'un volume relié en maroquin vert par Derome pour Madame Victoire, tante de Louis XVI, un commissaire de la Convention écrira cette simple note, *N° 1996 Victoire Capet A n° 1996.*

Et les épaves ainsi préservées, jointes aux dons antérieurs, aux acquisitions ininterrompues de plus de six siècles, constituent la Bibliothèque nationale de Paris, ce dépôt français sans rival au monde, où les raretés ne se comptent plus, et qui demeure comme le musée magnifique, l'encyclopédie de la science du livre et des connaissances humaines, depuis les Mérovingiens jusqu'à nos jours.

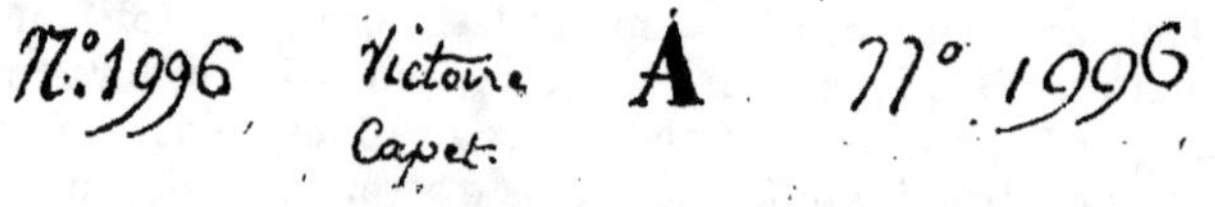

Fig. 664. — *Fac-similé de la note du Commissaire de la Convention.*

Consulter les travaux de MM. Henri Bouchot, le docteur Louis Bouland, Maurice Escoffier, Joannis Guigard, Georges Hermal, le docteur Eugène Olivier, Pavet de Courteilles, Edouard Rahir, le capitaine R. de Roton.

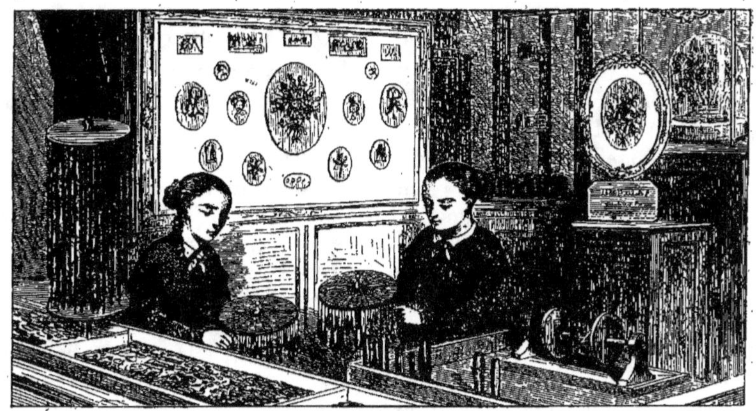

Fig. 665. — Ouvrières transformant des cheveux en châtons de bagues, chaînes de montre, broches, médaillons, etc. Exposition Universelle, 1855. (Consulter le texte p. 290).

COMPRÉHENSION DES OBJETS DITS DE VITRINE

COURTINES ET MIGNARDISES GALANTES

FORMÉES, AU MOYEN-AGE, PAR UN MÉLANGE DE CHEVEUX, D'OR ET DE SOYE

BOUCLES, PALMES, VIGNETTES, URNES, ETC., EXÉCUTÉES EN CHEVEUX
POUR BAGUES, BROCHES, MÉDAILLONS, BRACELETS, ETC.

Les femmes françaises des douzième et treizième siècles, imbues des mœurs chevaleresques et galantes de cette époque, que des récits d'aventures fabuleuses ont conservées, mêlaient de leurs *cheveux* à la *soye* pour tisser les *courtines* ou *mignardises,* rubans destinés à enjoliver les *accoutrements,* vêtements à l'usage de la vie civile, ou à décorer les *haumes* et *cervelières,* casques portés par les chevaliers dans les tournois, les mêlées ou aux combats.

Des *Romans de chevalerie,* des *Chroniques,* relatent ces raffinements pleins de grâce et de passion : rubans de soie tissée d'or et de *cheveux,* chemises à manches bordées de *cheveux,* etc.

Dans le *Roman de Cligès,* roman de la *Table ronde* (¹), douzième siècle, manuscrit de la Bibliothèque nationale, Paris, c'est Soze d'Amors, maîtresse d'Alexandre, fils de l'empereur de Constantinople, décorant « une chemise de soie *fu,* blanche et bien faite... » en mêlant de ses *cheveux* à l'or de la couture et de la broderie.

Vers la fin du même siècle, le *Roman de l'Escoüffe,* manuscrit de la Bibliothèque de l'Arsenal, Paris, mentionne que la fille d'un roi de

(¹) Les plus anciens textes des *Romans de la Table ronde* d'origine celtique, remontent au milieu du douzième siècle. Gaston Pâris (1839 † 1894) les classe en biographiques ou épisodiques; vie ou épisode de la vie d'un héros, en vers ou en prose. On en trouve l'analyse dans la publication donnée par Paulin Pâris (1800 † 1881) sous le titre : *Les Romans de la Table ronde.* Paris, J. Techener, 1868—1877, 6 vol. in-8°.

Perse « por son ami » broda de fil d'or une manche de soie, et y tissa une inscription avec ses *cheveux*.

La *Dame de Fayel* (*Chronique du Chastelain de Coucy et de la Dame de Fayel*), treizième siècle, « quant elle sceut qu'il s'en devoit aller (le sire de Coucy) fist un laqs de soye moult bel et bien fait, et y avoit de ses *cheveux* ouvrez parmi la soye; dont l'œuvre sembloit moult belle et riche, dont il lioit un bourrelet moult riche par-dessus son *heaume*, et avoit longs pendans par derrière, à gros boutons de perles ».

En 1235, le Roman provençal *Flamenca*, manuscrit de la Bibliothèque de Carcassonne, malheureusement incomplet, relate que la belle *Flamenca* tissa un ruban avec les beaux *cheveux* d'un jeune clerc bourguignon, *cheveux* qu'elle avait précieusement recueillis sous les ciseaux du chapelain. — C'est aussi, vers le milieu du treizième siècle, le roi Ris, dans *Le Chevalier aux ij Espées*, manuscrit de la Bibliothèque nationale, Paris, prévenant sa maîtresse « qu'il lui enverra un manteau bordé avec la *barbe* de neuf rois, déjà vaincus, et ourlé avec celle d'Arthur, qui était à vaincre ».

Les *Romans de chevalerie* et la *Chronique*, que nous venons de citer, mentionnent des précieux témoignages de tendresse, et non des *bijoux en cheveux*, dont l'usage date du commencement de la Période dite Renaissance française.

C'est au seizième siècle que l'on voit paraître les *bracelets de cheveux*, portés indistinctement par les femmes comme par les hommes.

Pendant son séjour forcé chez le duc de Montmorency, où il s'était réfugié pour se soustraire au bannissement, le poète Théophile de Viau (1590 † 1626), auteur du *Parnasse satyrique* et à qui est attribué le *Cabinet satyrique*, écrit, dans sa *Plainte à un sien amy*, en célébrant les plaisirs de la campagne :

> Là, d'une passion ny ferme ny légère,
> J'aurois donné ma flamme aux yeux d'une bergère,
> Dont le cœur innocent eust contenté mes vœux
> D'un bracelet de chanvre avecques ses *cheveux*.

On trouve à ce sujet, dans l'*Histoire universelle*, 1550-1601, d'Agrippa d'Aubigné (1552 † 1630), un trait qui mérite d'être rapporté. Durant les guerres de Henri IV, d'Aubigné, dans une bataille, combattait corps à corps contre le capitaine Dubourg. Au plus fort de l'action, d'Aubigné s'aperçut qu'une arquebusade avait mis le feu à un *bracelet de cheveux* de sa maîtresse, qu'il portait à son bras; aussitôt, sans songer à l'avantage qu'il donnait à son adversaire, il ne s'occupa que du soin d'éteindre le feu et de sauver ce précieux bracelet, qui lui était plus cher que la liberté et la vie. Le capitaine Dubourg, touché de ce sentiment, le respecta; il suspendit ses coups, baissa la pointe de son épée, et se mit à tracer sur le sable un globe surmonté d'une croix.

Tallemant des Réaux (1619 † 1692), dans ses *Historiettes*, auxquelles il doit sa grande réputation, cite plusieurs *bijoux en cheveux*; le même auteur, à propos de Sous-Carrière, fameux galant du temps de

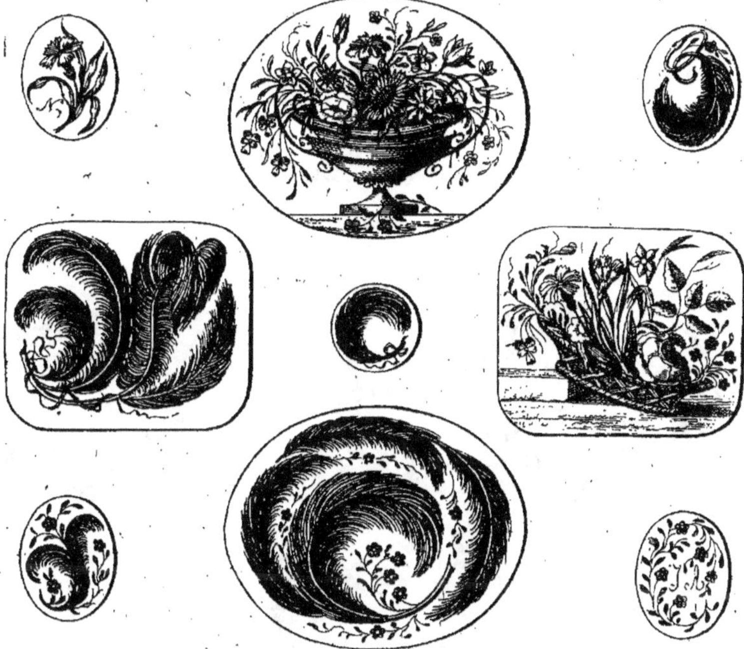

Fig. 666 à 674. — Ces figures, ainsi que celles des pages 288 à 291, représentent des urnes, boucles, palmes, vignettes, tombeaux, etc., exécutés avec des cheveux pour décoration de chatons de bagues, de broches et de médaillons, ou pour des tableautins.

Louis XIII, raconte que la belle Anne Rogers « avoit donné un *brasselet de cheveux* à Villandry, et qu'il avoit eu des rendez-vous ».

Dans l'*Almanach des Marchands*, publié à Paris en 1780, nous lisons que le sieur Penot, bijoutier, rue Saint-Louis, a entrepris d'exécuter un portrait du Roi (Louis XVI) en *cheveux*. « Le temps et l'application qu'il a donnés de ce morceau ont été récompensés par le succès du côté de la ressemblance, et beaucoup plus encore par l'attention que Sa Majesté elle-même a bien voulu prêter à son travail, qu'on prendrait pour un dessin fait à la plume ».

Nous ignorons si ce *portrait en cheveux* est le même que celui appartenant au comte de Rochechouart, dont il est fait mention dans le *Catalogue de l'Exposition de Marie-Antoinette et son Temps*, préface par Germain Bapst. Paris, Galerie Sedelmeyer, 1894, in-8°, sous le n° 97. « Un cadre avec portrait du roi Louis XVI, *en cheveux*, donné par Louis XVIII au comte de Rochechouart. »

Parmi les artisans en *cheveux* du dix-huitième siècle citons aussi

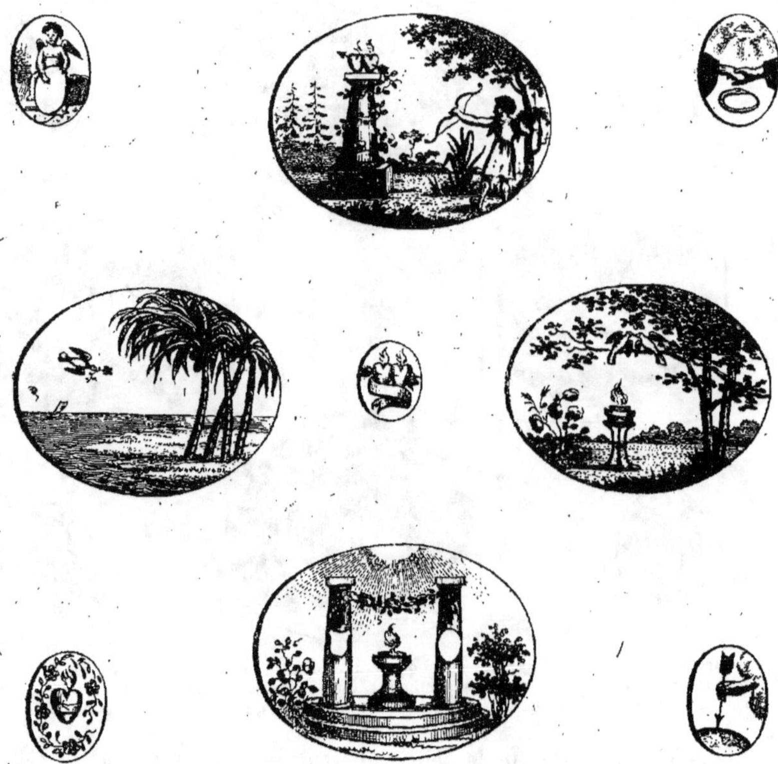

Fig. 675 à 683. — Consulter la légende, fig. 666 à 674.

Christine-Matthieu Fouchère, peintre en miniature, qui acquit une certaine réputation pour les portraits qu'elle composa pendant la révolution de 1789, portraits où elle faisait entrer les *cheveux* des personnes qui avaient été condamnées à mort. Étant d'une grande piété, elle obtint de son mari, Bernard Piron, alors âgé de près de quatre-vingt-dix ans, neveu du poète Piron (1689 † 1773), le sacrifice de ses poésies profanes, qu'il brûla. Comme conséquence naturelle et, sous forme de compensation, elle décida Bernard à traduire les *Psaumes de David*, à l'exemple de son oncle.

C'est à dater du dix-neuvième siècle que la *bijouterie en cheveux* prit le plus d'extension. « Notre époque est si sentimentale, écrit à ce sujet la comtesse de Genlis, dans son *Dictionnaire critique et raisonné*

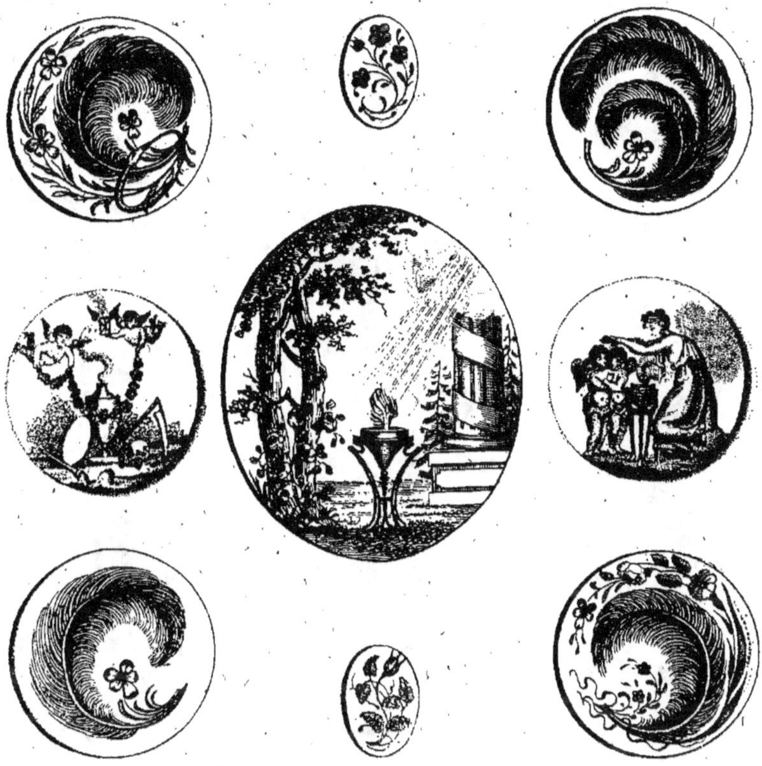

Fig. 684 à 692. — Consulter la légende, fig. 666 à 674.

des étiquettes de la Cour, etc. Paris, P. Mongie, 1818, qu'il n'y en a certainement jamais eu où l'on ait tant fait de bracelets, de bagues, de chiffres, de chaînes en *cheveux*. On a vu des femmes porter des ceintures des *cheveux* de leurs amans. Nos grands-pères et nos grand'-mères étaient loin de cette touchante prodigalité de *cheveux*. »

Si, dans la *bijouterie en cheveux*, on ne considère que les tableautins, les portraits, les fleurs, les tombes avec saules pleureurs, inscriptions

et autres *objets de vitrine* en ce genre que l'on obtient avec les *che-*
veux; il faut avouer que cette façon d'envisager l'art d'imitation est
d'un goût au moins singulier.

« La douleur est respectable, écrit à ce sujet le comte de Laborde.
dans son *Rapport sur l'Exposition universelle, Paris, 1855, Beaux-*

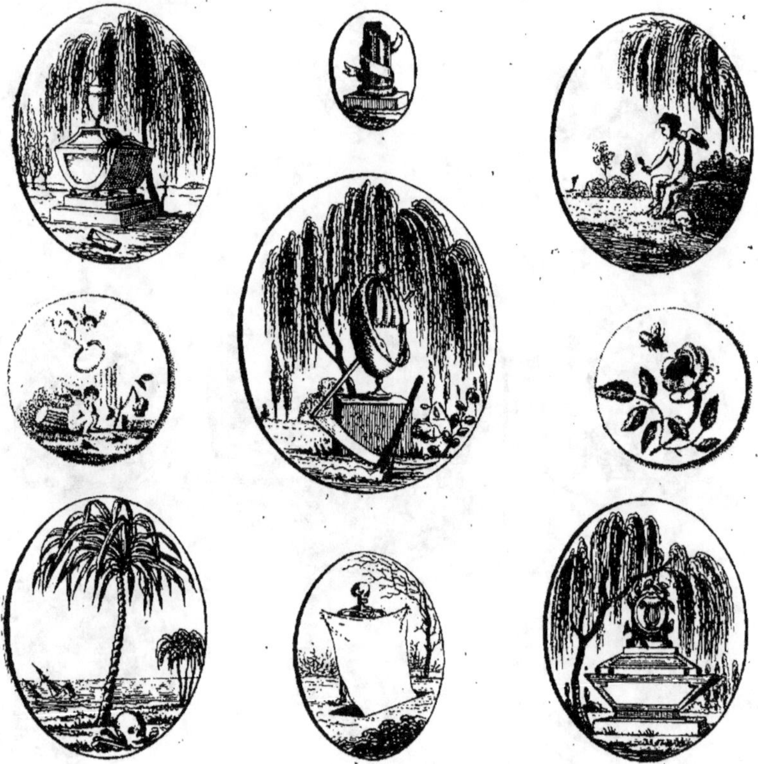

Fig. 693 a 701. — Consulter la légende, fig. 666 à 674.

Arts, alors même qu'elle ne sait pas se respecter. Consacrer des *che-*
veux, souvenir précieux d'une personne regrettée, à faire des paysages
avec ruines et moulins à eau, c'est ridicule ; tisser des cheveux, en
faire des étoffes pour envelopper des portefeuilles, que dis-je, pour
garnir des cravaches, c'est un procédé horrible.

« Et cependant cette industrie accuse un chiffre d'affaires assez
considérable à son trafic sentimental ». Après les *bijoux en cheveux*

vinrent les *collections de cheveux* ayant appartenu à des célébrités.

Dans l'*Inventaire des Reliques de l'Abbaye de Saint-Bertin*, à Saint-Omer (Rôle composé de sept feuilles de parchemin, cousues bout à bout), dressé en 1465, on trouve la mention suivante : « Une bourse dans laquelle est renfermée une grande quantité de *cheveux* de saint Pierre l'apôtre, et

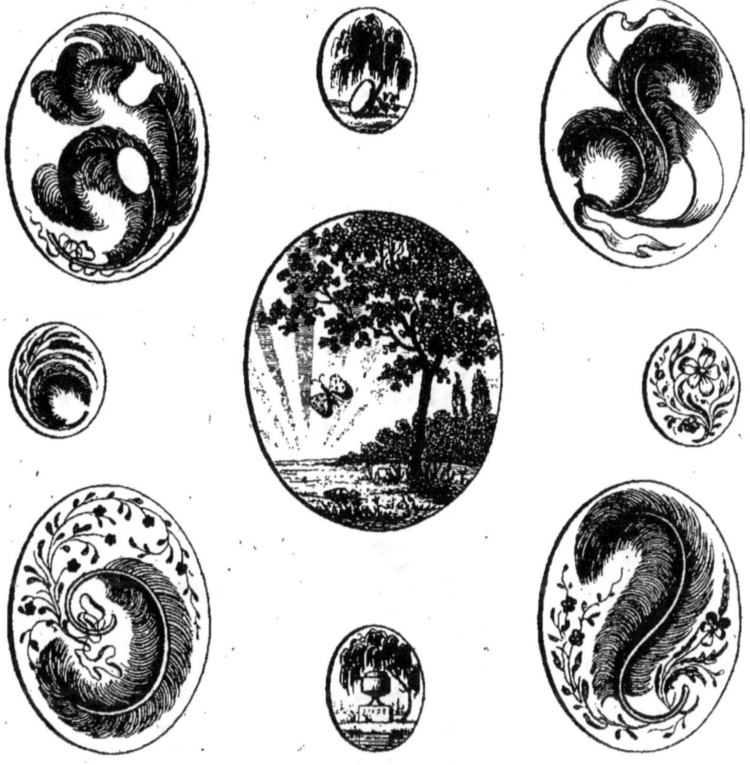

Fig. 702 a 710. — Consulter la légende, fig. 666 à 674.

un morceau de la table de pierre sur laquelle Dieu donna la loi à Moïse. » *Rotulus. 6. In capsa quadam eburnea circumdata ignaminïous de ere de aurato sanctorum Nerei et Achillei habentur reliquuie.*

Lors de la *Vente des œuvres et objets d'art* qui, au dix-huitième siècle, formaient la collection du célèbre Horace Walpole (1717 † 1797), lord John Russell se rendit acquéreur d' « une *boucle de cheveux* du roi Édouard IV, mort en 1483, coupée sur sa tête, le jour où l'on découvrit son cercueil dans la chapelle Saint-Georges à Windsor, en 1789 ». On adjugea également au comte de Derby « une *boucle de cheveux* de Marie Tudor, morte en 1558, coupée sur sa tête à l'ouverture de sa tombe dans l'église de Sainte-Marie à Edmunsburry, en 1784 ».

Citons encore qu'à la vente de la *Galerie Pourtalès*, n° 1958 (Paris, 1865), les enchères se multiplièrent à propos d'un reliquaire en cuivre doré du seizième siècle, forme hexagone, flanqué à ses angles de six tourillons, attachés par des arcs-boutants à un couronnement composé d'un petit édifice surmonté de la croix. Les deux faces principales de ce reliquaire, divisées chacune en six compartiments, contenaient les objets suivants : — Fragments d'os du Cid et de Chimène, recueillis dans leur sépulture, à Burgos. — Fragments d'os d'Héloïse et d'Abailard, extraits de leurs tombeaux, au Paraclet.

On y ajouta, postérieurement, des *cheveux* d'Agnès Sorel, inhumée à Loches, et d'Inès de Castro à Alcaboça. — Partie de la *moustache* de Henri IV, roi de France, trouvée entière lors de l'exhumation des corps des rois, à Saint-Denis, en 1793. — Fragment du linceul de Turenne. — Fragments d'os de Molière et de La Fontaine. — Dent de Voltaire. — *Cheveux* du général Desaix.

Dans les deux faces latérales de ce reliquaire se trouvaient : la signature autographe de Napoléon et un morceau ensanglanté de la chemise qu'il portait lors de sa mort, une mèche de ses *cheveux* e enfin, une feuille du saule sous lequel il a reposé à Sainte-Hélène.

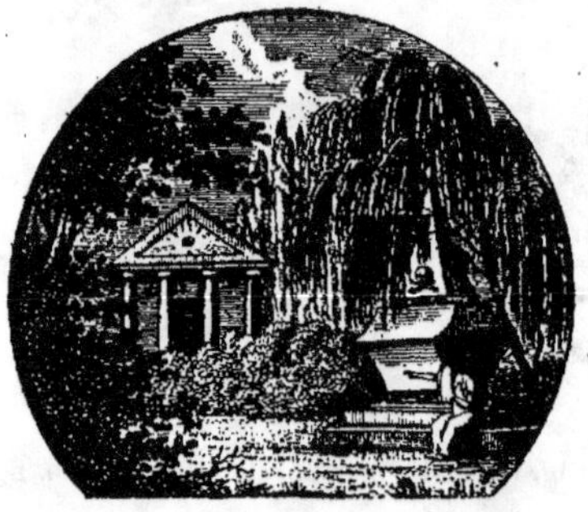

Fig. 711. — Tableautin dont les traits sont dessinés avec des cheveux hachés et collés On obtient les modelés avec une huile formée par une poudre impalpable de cheveux.

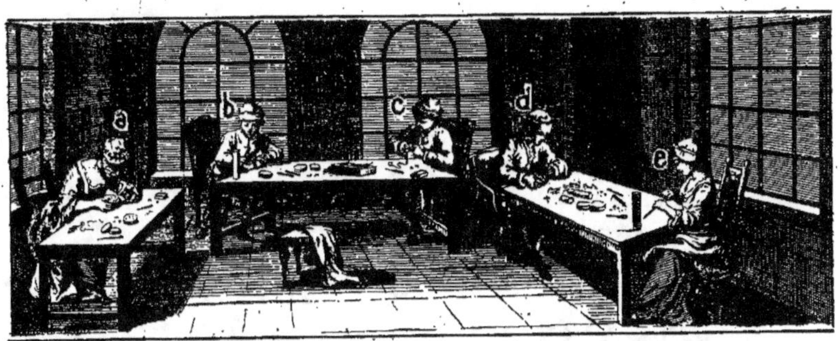

XVIII· SIÈCLE. — ART FRANÇAIS. ÉPOQUE LOUIS SEIZE.

Ciseleurs, brodeurs, piqueurs, incrusteurs d'objets de vitrine: tabatières, étuis, nécessaires, etc.

Fig. 712. — a, en coulé; b, e, en brodé; c, en piqué; d, en incrusté. (V. fig. 732 a 756).

LES OBJETS DE GALANTERIE ET DE CONTENANCE

BOITES A MOUCHES, A SECRET, BOITES DES ORFÈVRES, DE JOURNÉE
TABATIÈRES A PORTRAIT, GUILLOCHÉES, EN FIXÉS, ETC.
ÉTUIS ET SURTOUTS EN GALLUCHAT

Le traité de Paris, signé en février 1763, avait laissé la France amoindrie par la perte de ses possessions d'outre-mer, humiliée par ses revers, sans influence politique extérieure, sans représentation militaire ; mais, telle est la culture étendue et variée de l'esprit français, que la science du beau releva le courage des artisans.

Une technique admirable, une habileté acquise par la pratique, permirent aux industries de luxe de se développer à nouveau, à tel point que, vers la fin du règne de Louis XVI, d'après l'*Aperçu de la Balance du commerce français*, 1790, la France exportait annuellement près de 20 millions de tapisseries, dentelles, meubles somptueux, menus *objets de vitrine*, estampes, tableaux, etc. Par cet aperçu on voit que, parmi ces industries, figurait celle consacrée aux menus objets désignés, dans le commerce de la Curiosité, *objets de vitrine*, *objets de galanterie* ou, mieux encore, *objets de contenance* (¹).

De ces précieux objets, il y en a qui sont ornés de petits tableaux, médaillons, cartouches ou cartels, à sujets variés : paysages, ruines,

---

(¹) On désigne *objets de contenance* les miroirs, flacons à parfums, cachets, etc., suspendus à la ceinture, et que les dames tenaient à la main pour se donner une *contenance*. Les matières d'or et d'argent, servant à la fabrication d'un grand nombre de ces objets, n'étaient pas exempts d'alliages. Bien qu'un arrêt du parlement, 30 mars 1756, ait réglementé le *garnissage des ouvrages de bijouterie*, il fut fait un emploi frauduleux d'un alliage, imitant l'or et l'argent, découvert en 1729 par Renty, orfèvre du roi Louis XV.

Quelques années après, vers 1731, un fondeur nommé Leblanc trouvait une composition permettant de fabriquer toutes sortes de pièces en *similor*, marines, animaux, chasses, fleurs et fruits, scènes galantes, sujets libres, très libres, bergerades, etc., peints en *émail translucide*, en miniature à l'huile, à la gouache, au pastel, à la *manière éludorique* plus connue sous le nom de *sous verre* ou *fixé* (¹), en grisaille ou en imitation de camées, à l'encre de Chine, ou décorés d'ornements *guillochés*, etc.

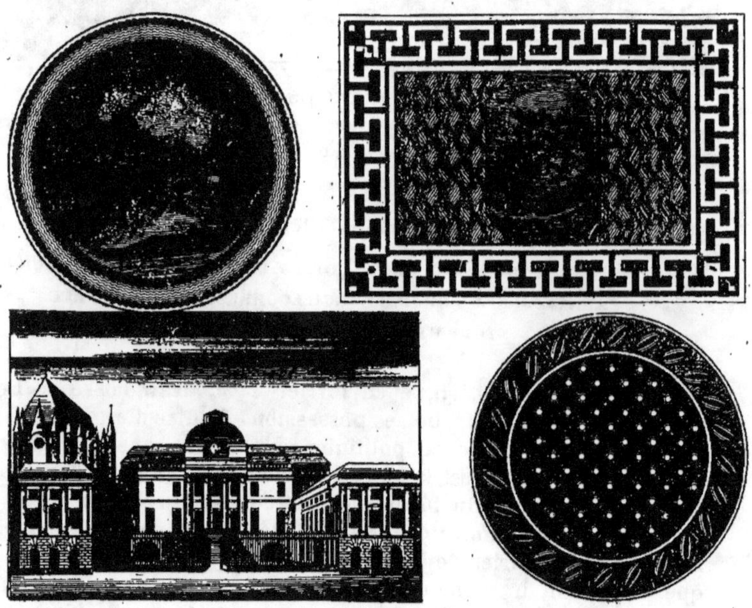

Fig. 713 à 716. — Types de guillochés.

vaisselles et services de table, garnitures de toilettes, vases décoratifs, boucles de ceintures et de souliers. Cette composition servit aussi pour des tabatières et des boîtes, offertes par les rois Louis XV et Louis XVI, qui, pour la plupart, étaient de forme rectangulaire, à pans coupés ou ovales, couverts d'*ornements guillochés*, c'est-à-dire de traits gravés ondulés parallèles ou entrecroisés, ou de légères cavités *vermiculées*, disposées capricieusement de manière à représenter des traces de vers (fig. 717 à 731).

Sous Louis XVI, en 1785, Tugot et Danmy fondèrent, à Paris, une fabrique d'*argenterie fourrée et plaquée*, qui fut autorisée à prendre le titre de Manufacture royale. L'usage de cette *simili argenterie* a été toléré, même pour le service de la Cour.

Le *guilloché* est un ornement que l'artisan *guillocheur* produit au moyen de divers traits ondulés, parallèles, entrelacés symétriquement les uns dans les autres, et qu'il exécute à l'aide d'un tour ou d'un outil particulier qu'on nomme *guilloche*.

(¹) Le dix-huitième siècle inventa plusieurs manières de peindre plus ou moins bizarres, plus ou moins ingénieuses, *peinture à la cire*, *peinture au lait*, *peinture à l'eau d'œuf*, etc. Il y eut aussi la *peinture à la manière éludo-*

Des tabatières avec *surtouts à portrait*, présents diplomatiques enrichies de diamants, de roses, de rubis, de perles fines, d'émeraudes, etc., des bonbonnières, boîtes à mouches, boîtes à secret. boîtes des orfèvres, etc., en or, argent ou vermeil de diverses couleurs, sont admirablement œuvrées : des tores de lauriers, des cordons et des rubans finements ciselés ou *guillochés*, les décorent.

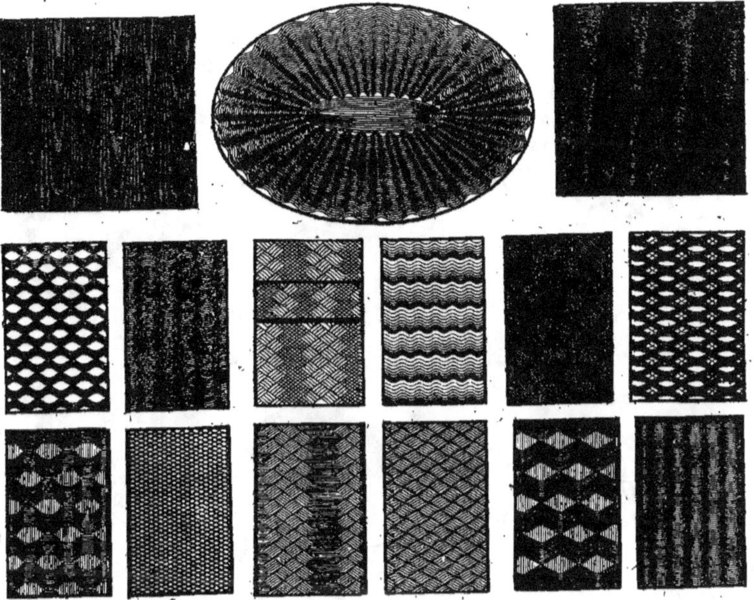

Fig. 717 à 731. — Types de guillochés.

rique dont plusieurs membres de l'*Académie de Saint-Luc* furent des adeptes. « La *manière éludorique*, écrit Lebrun dans l'*Almanach historique raisonné des architectes, peintres, sculpteurs*, Paris, Delalain, 1776, ne consiste qu'à tendre sur une glacé le taffetas imprimé à l'huile, et peindre ensuite des personnages ou autres motifs, selon les procédés ordinaires. Lorsque le travail est à peu près fini, l'artisan le laisse pendant quelques heures dans l'eau, pour juger des parties faibles auxquelles il doit retoucher.

« Après cette retouche, on remet de nouveau l'ouvrage dans l'eau, pour y être parfaitement dégraissé; et, lorsqu'on le retire, on le place et on le fixe derrière une glace qui lui sert de vernis, avec une composition de gomme et de sucre candi dissous dans l'eau ».

Lebel, Monpetit et de Mailliée, membres de l'Académie de Saint-Luc, s'étaient faits une réputation comme *peintres à la manière éludorique*.

Le secret de la *peinture éludorique*, c'est-à-dire à l'huile et à l'eau, lisonsnous encore dans les *Nouvelles de la République des arts*, 1779, consiste à n'employer que l'huile absolument nécessaire pour attacher la couleur, à exclure toutes sortes de vernis, et y suppléer par un cristal rendu adhérent par le moyen d'un très léger mordant passé à un certain degré de chaleur.

Parmi les orfèvres qui exécutèrent ces *objets de vitrine*, nous cite-rons : Aubert, Auguste, Barbe, Blerry, Cassin, Denangis, Drais, Gaillard, Gallanty, Hauer Lirstein, Laurent, Le Bastier, Lenfant, Maillard, Mathieu de Beaulieu, Sageret, etc. (¹).

Louis van Blarenberghe (1719 ┼ 1783) et son fils Henri-Désiré (1734 ┼ 1812), en décorèrent de compositions gracieuses, d'une finesse

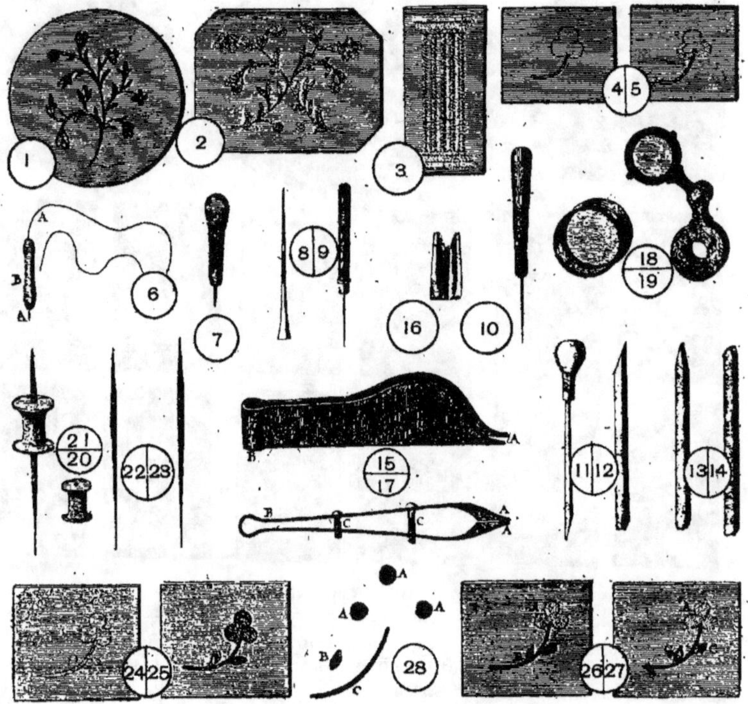

Fig. 732 à 748. — Consulter lés légendes ci-contre.
Technique du piqué, du coulé, de l'incrusté, du brodé. (Voir fig. 712.)

(¹) Outre de nombreux *objets de vitrine*, en écaille blonde ou brune, en nacre ou *burgau, cerclé, piqué, coulé, posé* ou *brodé d'or* vert, jaune, rouge, etc., il en a été fabriqué en porcelaine de diverses manufactures.

On désigne sous le nom *azziminia*, du nom persan *azzim*, un travail dont Venise avait reçu les procédés d'artisans armuriers persans, et dont elle semble avoir exercé le monopole aux seizième et dix-septième siècles. Ce travail consiste en une *application de petites lamelles d'or où d'argent sur un fond d'écaille*, d'ivoire ou de *métal*, où elles adhèrent au moyen de légères stries formant une surface rèche comme une lime. — Il ne faut donc pas confondre le *piqué* avec l'*azziminia*, qui se fabriquait à Venise.

élégante, microscopique ; scènes d'intérieur ou villageoises, vues de paysages animées de nombreuses figurines minuscules, peintes à l'huile ou à la gouache dans un coloris des plus harmonieux. On confond si bien leurs manières, que ce n'est que par une grande pratique qu'il est possible de les distinguer.

Jean-Jacques de Boissieu (1736 † 1810) ; Borel (1716 † 1783?) ; Joseph Boze (1746 † 1831) ; Campana (1705 † 1786) ; De Gault (1715 † 1790) ; Demachy (1720 † 1808) ; Pierre-Adolphe Halt (1736 † 1773) ; Noël Hallé (1711 † 1781) ; Jean-Baptiste Isabey (1797 † 1855) ; Nicolas Lafrensen, plus connu sous le nom de Lawreince (1737 † 1807) ; Jean-Etienne Liotard (1702 † 1790), « qui rendit si parfaitement une peinture en émail de Petitot, que peu s'en fallut que la copie n'égalât l'original » ; Jean-Michel Moreau, dit Moreau le jeune (1741 † 1814) ; Jean-Laurent Mosnier (1734 † 1792) ; Pierre Pasquier (1639 † 1806) ; Louis-Jean Rouveyre (1709 † 1785) ; Lioux de Savignac (1713 † 1772) ; Jacques Thouron (1737 † 1790), etc., maîtres intelligents et laborieux, dans les œuvres desquels on trouve les grâces du dessin, la franchise du pinceau et une délicatesse de touche, apportèrent leur concours aux bijoutiers et

Fig. 732 à 748. — Le piqué. — Pour piquer un bijou il faut, avant tout, en former le dessin ; ensuite, on doit le calquer sur une plaque d'écaille ; puis, on perce un trou à la main avec l'un des perçoirs 7, 10, 11 ; le trou fait, on le remplit aussitôt avec la pointe A (fig. 6) du fil d'or ou d'argent que l'on coupe plus ou moins saillant avec la pince, fig. 15, 17, selon l'épaisseur que l'on veut donner aux troués du dessin. Le trou, échauffé par la pointe qui le forme, s'agrandit et, après avoir reçu le fil, se resserre sur lui et le tient serré de manière à ne pouvoir s'échapper.

Le coulé. — Le coulé se fait en incrustant le fil dans une rainure pratiquée exprès dans l'écaille. — Cette rainure s'ouvre en s'échauffant par le travail du burin, fig. 7, et se resserre sur le fil d'or ou d'argent que l'on insère dedans.

L'incrusté. — L'incrusté se fait par plaques de différentes formes, suivant le dessin que l'on place dans le fond d'un moule semblable à ceux des tabletiers. Ces plaques d'or ou d'argent s'incrustent, par une pression violente, dans l'épaisseur de l'écaille échauffée et disposée à les recevoir.

Le brodé. — Le brodé est un composé de piqué, de coulé et d'incrusté, réunis et disposés suivant le goût de l'artisan : en voici la démonstration :

1, Dessin préparé pour un piqué sur un fond d'écaille. — 2 et 3, Autres dessins piqués sur fond d'écaille. — 4, Fleur calquée sur fond d'écaille. — 5, La même fleur à demi-piquée. — 6, Fil d'or ou d'argent. A, le fil à piquer. B, le canon. — 7, Burin à couler. — — 8, Le même burin démanché. — 9, Pointe à piquer à manche à coulisse. — 10, Autre pointe à piquer. — 11, Burin à grain d'orge. — 12, 13 et 14, Pierres à polir ; la première à *grain d'orge*, la deuxième à *ciseau*, la troisième à *gouge*.

15 et 17, Elévation, coupe et plan de la pince à couper le fil. A A, les taillants ; B, le ressort ; C C, les conduits de la pince. — 18, Lunette pour voir le travail. — 19, Loupe destinée au même usage que la lunette. — 20 et 21, Foret monté sur sa boîte. — 22 et 23, Différents forets. — 24, Dessin calqué sur plaque d'écaille, préparé pour être travaillé. — 25, Le même dessin piqué. — 26, Le même dessin piqué et coulé. A, le piqué ; B, le coulé ; — 27, Le même dessin piqué, coulé et incrusté ; A, le piqué ; B, le coulé ; C, l'incrusté. — 28, Différentes pièces d'or ou d'argent préparées pour être incrustées et former le même dessin. A A A, les fleurs ; B B, les feuilles ; C, la tige.

3. — L. 38

aux orfèvres et ne tardèrent point d'acquérir une grande réputation.
Ils décorèrent, non seulement des *objets de vitrine*, choisis parmi ceux
que nous avons énumérés précédemment, mais aussi des chatons de
bagues, des bracelets, des éventails, des *boëtes*, des *journées* (¹), etc.

PRÉPARATION, TYPES ET NETTOYAGE DU GALLUCHAT

Le *galluchat* tire son nom de l'artisan qui en est l'inventeur.
M. Germain Bapst a retrouvé, dans les *Tablettes royales du vrai mérite*,
publiées en 1778, l'adresse de Galluchat : « *Galluchat* père, quai des
Morfondus (Paris), un des plus renommés gaisniers, est celui qui le
premier a trouvé l'art d'adoucir et mettre en couleur les peaux de
roussette et de *requin*, dont on garnit les *surtouts de montres*, boîtes à
lancettes, étuis à ciseaux et à rasoirs, et autres objets, qui depuis ont
conservé le nom de *Galluchat*. » Plusieurs *mémoires* de ce gaînier
figurent dans les *Comptes des Menus-Plaisirs*, années 1752, 1757 et 1759.

L'*Almanach général d'indication d'adresses personnelles*, ancêtre du
Tout-Paris et du *Bottin-Mondain*, mentionne que, en 1769, « Odinet,
gaînier quai de l'Horloge du Palais, à Paris, fait de nouvelles tabatières d'écailles en *roussette*, de toutes couleurs. »

Le *galluchat* se prépare avec la peau des squales, poissons de la race
la plus vorace : le requin, le chien de mer, la scie et, particulièrement, avec la peau du poisson connu sous le nom de *roussette*. Ces
peaux, très douces, présentant des aspérités, des granulations, que l'on
réduit par le frottement, peuvent recevoir un très beau poli. Après
préparation, on employait le *galluchat* dans sa couleur naturelle; souvent aussi, on le teignait en vert clair, et on le décorait. Le *galluchat*
à larges grains, formant des *miroirs*, est le plus rare.

En Chine, dès le quatorzième siècle, la peau de *roussette* servait à

(¹) Aux dix-septième et dix-huitième siècles on entendait, généralement,
par *boëtes*, des tabatières. L'usage des très riches *tabatières à portraits* commença sous Louis XIV. C'est François-Michel Le Tellier, sieur de Chaville,
puis marquis de Louvois (1641 † 1691) qui, le premier, eut la plus somptueuse
de ces tabatières. La comtesse de Genlis (1746 † 1822), la posséda par héri-
age et la perdit dans un voyage en Hollande.

On mit d'abord les portraits à l'intérieur des tabatières ; mais, les peintures jaunissant, Alexandre-Joseph Le Riche de La Popelinière, fermier
général (1692 † 1762), imagina de placer les portraits sous le couvercle. La
plupart des portraits décorant les tabatières étaient entourés soit de diamants, soit de tons divers peints en *émail translucide sur flinqué*, c'est-à-dire
que le métal était *guilloché* pour faciliter l'adhérence de l'émail.

La *boëte* dite *journée* était petite, ronde, en écaille, couvercle à *gorge d'or*,
cercle d'or placé à l'intérieur, sans charnière, dans laquelle les femmes
mettaient des bonbons pour une *journée*.

polir le bois «.Ung poisson qui a la peau aspre de quoy l'en polist le boys (¹). »

Au Moyen-Age, les *gainiers, écriniers*, formaient une corporation importante. La fréquence des déplacements pendant cette Période, non seulement de la classe élevée, mais de la bourgeoisie commerçante, et l'habitude qu'on avait alors de transporter avec soi les ustensiles de table et de toilette. a fait qu'on se servait toujours d'étuis fabriqués spécialement pour chaque objet.

On fabriquait des *gaines de cuir*, de *metal*. d'*os*, pour enfermer de

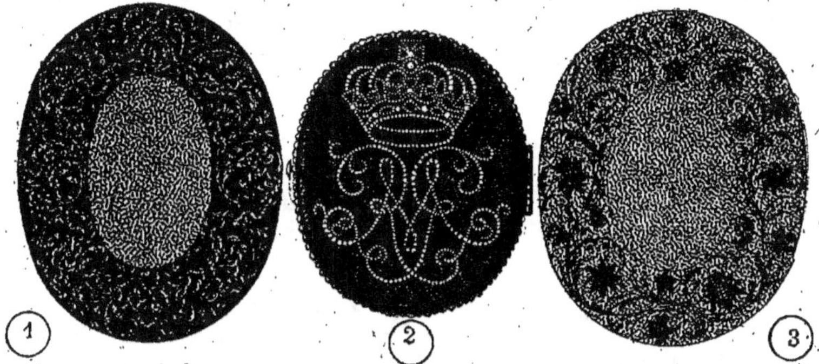

XVIII° SIÈCLE. — *Collection de la comtesse Barbe Brzostowska.*

Fig. 749 à 751. — 2 *Surtout à portrait* en galluchat, au chiffre du roi Michel Risznionzecki, exécuté au *pique d'or*. — 1 et 3, *Surtouts à portraits*, recouverts en galluchat.

petits ustensiles tels que cuillers couteaux, ciseaux. objets de toilette :

« Hue Pourcel, gainier, pour une gainne entaillée à ymages d'or livrée à Jehan le Braissler pour le Roy, 20 s. p.

« Le dit Hue, pour un estuy à mectre et garder la cuiller d'or dudit seigneur, 10 s. p.

« Le dit Hue, pour une gainne à uns petits couteaux d'or... Le dit Hue Pourcel, pour un estuy à mestre le gobelet d'or du dit seigneur. »

« Pour une gayne d'argent esmaillée à ymages, pesant 7 onces 15 esterlins, à tous 1 coustel, qui est de la forge de Maulve, tous prisés 7 escuz. »

Les *Archives nationales* 0¹2990 , mentionnent une *boîte à double fond*, couverte de *maroquin rouge*, doré, armorié, doublée de soie à

(¹) *Catholicon Latin-François* (xiv° siècle). Bibliothèque Nationale, Paris Département des Manuscrits. Nouv. acq., 1042.

Edmond et Jules de Goncourt ont employé le terme *galuchatisé* pour exprimer l'aspect d'un visage *galuchatisé* par l'alcool, avant les teintes et les rugosités de la peau appelée *galluchat*.

l'intérieur, avec *galons d'argent*, fournie par *Galluchat* fils, aux Menus-Plaisirs, pour le Dauphin. La serrure et les riches garnitures en vermeil, portaient aussi des armes gravées.

Nous y relevons encore, 0ʳ3014, que de somptueuses tabatières d'agate et d'onyx, de cailloux et pierres diverses, de cornaline, de cristaux, d'écaille, de laque, en vernis Martin, la *Chine*, émaillées, à miniatures, de nacre, d'or, de porcelaine, de sardoine, de vernis noir, etc., étaient recouvertes par des *surtouts en galluchat*.

Galluchat, qui se vantait d'être le premier ayant « trouvé l'art d'adoucir et mettre en couleur les peaux de requin dont on garnit les *surtouts de montres*, étuis à lancettes, à ciseaux, à rasoirs, boîtes et autres objets qui depuis ce temps ont conservé le nom de *galluchat* », travaillait souvent pour la famille royale. En 1741, il exécuta une belle écritoire destinée au duc d'Orléans, couverte en *galluchat*, doublée de moire bleue galonnée d'or fin, avec un faux fond à secret, du prix de 120 livres dont nous reproduisons la quittance, figure 752. Le même Galluchat fit une « cassette à mettre les instruments pour les dents de Monseigneur ».

COMMENT NETTOYER LES OBJETS EN GALLUCHAT

Faire dissoudre, à chaud, 45 grammes de savon de Marseille blanc, dans 30 grammes d'eau; lorsque le liquide est presque refroidi, ajouter 2 grammes d'ammoniaque. Ce mélange produit une pâte qu'on applique puis qu'on essuie avec un morceau de flanelle.

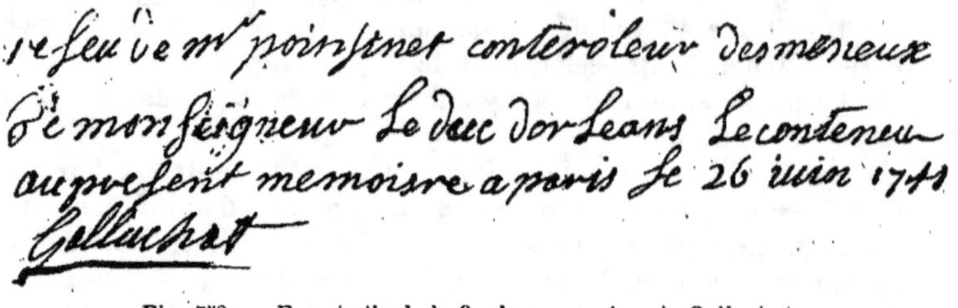

Fig. 752. — Fac-simile de la fin d'un *memoisre* de Galluchat.

Légende de la fig. 753. — Cestuy engin nommé *tour*, se méut avecques le pied, et ainsi se fait-il torner vistement. Tornant le *tour*, torne aussi la terre gisant sus la *girelle* ou l'escuelle, laquelle terre pressée entre les mains, facsone toutes sortes d'oubvraiges. (*Consulter la note des pages* 229 *et* 230).

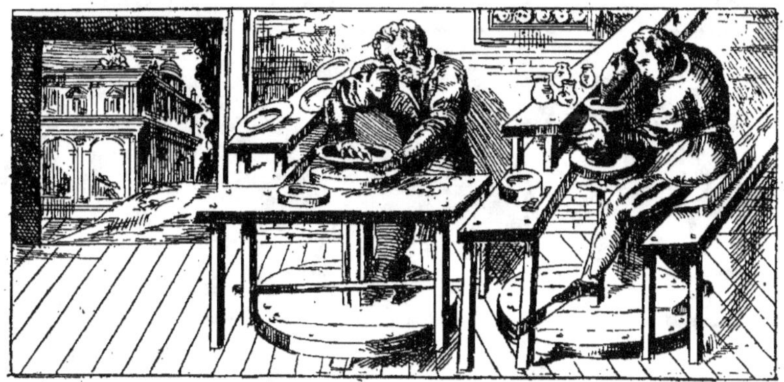

Fig. 753. — *Bottega de Piccolpassi* (1548). (Légende au bas de la page précédente).
Consulter les notes des pages 229 et 230, et les figures 358 et 371.

COMMENT RÉPARER LES ŒUVRES D'ART EN FAYENCE

*Nous donnons, d'après les travaux d'Édouard Garnier, le très érudit et regretté
historien d'art céramique, des procédés permettant de réparer la fayence.*

Le cas qui se présente le plus communément est celui d'une fracture de
la pièce. Si cette fracture est ancienne et que les bords des morceaux soient
encrassés, il faut les nettoyer avec de l'esprit de vin ou de l'essence de
térébenthine, puis les enduire simplement de cette colle forte liquide que
l'on trouve dans le commerce, et qui est pratique.

On pose ensuite avec précaution la pièce bien verticalement, en l'adossant
contre une paroi, et en la faisant porter sur une planchette en bois, dans
laquelle on aura fixé deux petites pointes fines destinées à l'empêcher de
glisser (fig. 1, p. 302). S'il y a plusieurs petits fragments à réunir au corps
principal, ce qui arrive lorsque la fayence a reçu un choc sur un point quelconque, on les recollera plus facilement en fixant par-dessous, à la colle de
pâte, une feuille de papier adhérant à la masse en bon état, et qui servira à
maintenir les morceaux ; quand ceux-ci auront été recollés et seront bien
secs, on mouillera légèrement le papier qui s'enlèvera sans difficulté.

Quelquefois les fragments sont si petits qu'il est presque impossible de
les replacer ; dans ce cas il est préférable de boucher la place qu'ils doivent
occuper avec une pâte composée, soit de blanc d'Espagne et de gomme,
soit de plâtre fin, dit plâtre à mouler, additionné de dextrine. Cette pâte
doit être employée assez épaisse afin d'éviter le retrait qui se produit à la
dessiccation ; on la mettra un peu en excédent et, quand le tout sera bien
sec, on l'égalisera à la ripe puis au papier de verre n° 0. La même pâte peut
servir pour boucher les éclats d'émail qui laisseraient apercevoir la terre.

Tout ce qui précède est facile à exécuter ; il n'en est pas de même quand
il s'agit de remplacer un morceau manquant et qu'il faut refaire entièrement. Lorsque ce morceau est petit, on n'éprouve pas une grande difficulté si on colle, sous la pièce, à l'endroit qu'il doit occuper, une feuille de

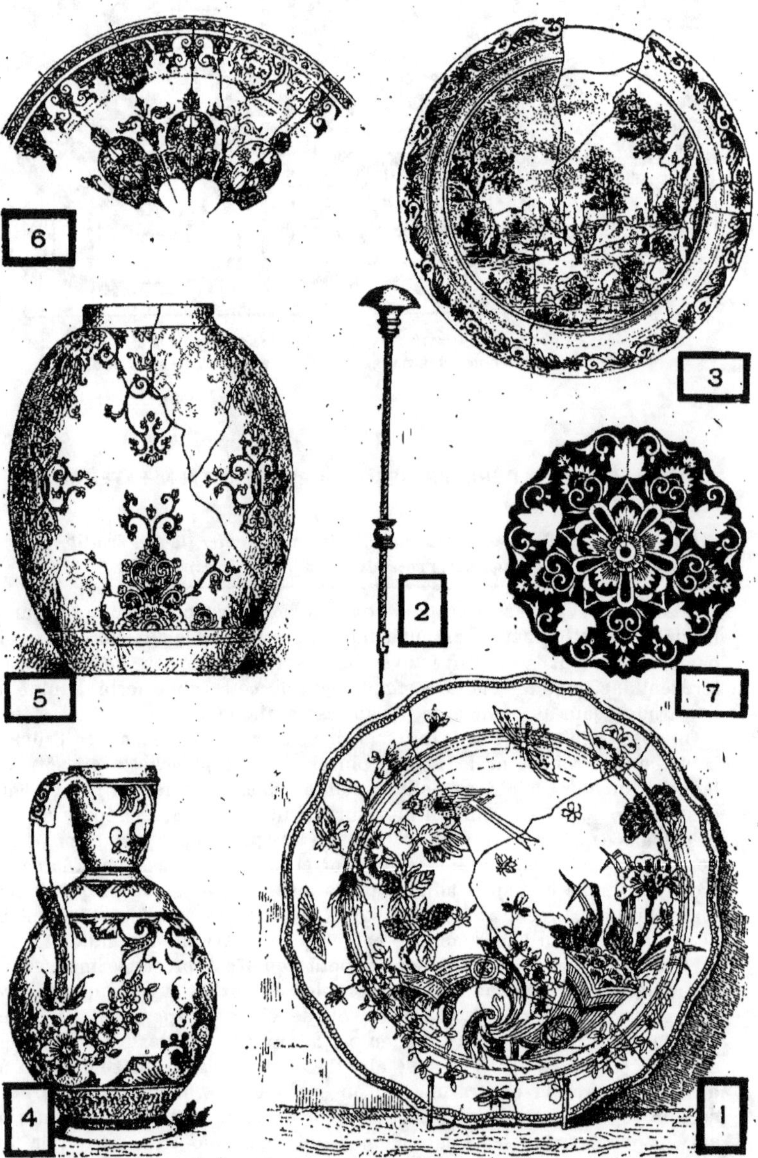

Fig. 754 à 760. — 1, Mise en place; 2, Burin pour percer les trous; 3, 4 Courbes données au fil de fer pour un plat ou pour une anse 5, mise en place de poncifs piqués a l'aiguille.; 6, 7, Motifs rayonnants ,décomposition simplifiée par répétition du décor.

papier qui suffira à le maintenir jusqu'à ce qu'il soit sec ; mais, si le morceau est d'assez grande dimension, pour n'être pas suffisamment soutenu par les parties qui l'entourent, il sera nécessaire de le consolider à l'aide d'un fil de fer galvanisé, que l'on fixera dans l'épaisseur de la faïence en perçant, avec un petit burin bien trempé (fig. 2), deux trous assez profonds pour retenir les extrémités du fil de fer.

Quand les trous seront suffisamment creux et nettoyés, et qu'il ne restera aucune poussière au fond, on les mouillera légèrement, puis on donnera au fil de fer la courbure voulue (fig. 3), on le fera entrer en forçant un peu après en avoir enduit les extrémités avec la pâte dont nous avons parlé. On gâchera ensuite du plâtre bien mélangé avec un dixième de dextrine, et on refera le morceau en soutenant le plâtre avec un papier collé dessous.

Les amateurs et les antiquaires doivent se tenir en garde contre un procédé, généralement employé par la plupart des répareurs de faïence, consistant à recouvrir, par une couche de peinture à l'huile d'une teinte se raccordant avec le ton général de la pièce en céramique, non seulement le morceau refait, mais encore les traces des cassures.

Ce procédé offre plusieurs inconvénients dont le principal consiste en ce que la pièce, sortant des mains de l'artisan, paraît absolument intacte ; mais peu à peu, la partie réparée prend une légère teinte jaunâtre qui va en augmentant jusqu'au jaune poussiéreux, ce qui produit une tache d'un effet d'autant plus fâcheux que, souvent, les répareurs en couvrent le plus possible la pièce, même sur les parties intactes, afin de rapprocher tout l'ensemble du ton qu'ils emploient.

Aussi a-t-on abandonné, au moins pour les Musées et pour la plupart des Collections d'étude, ce genre de réparation ; quand une pièce est endommagée, on la répare aussi bien que possible, mais sans chercher à masquer les traces de cassure et sans vouloir la faire passer pour intacte ; souvent même, on se borne à refaire les morceaux qui manquent, en plâtre légèrement teinté, afin d'ôter la trop grande crudité du blanc, et sans retoucher, ni repeindre le décor.

On doit toujours éviter les retouches faites à la peinture à l'huile ; pour cela il faut teinter le plâtre et le rapprocher du ton général de l'émail qui est verdâtre, gris, bleuté, ou un peu laiteux, ou rosé, selon sa provenance, en l'additionnant très légèrement de couleur en poudre ou, en passant très rapidement dessus, lorsqu'il est sec, un large pinceau imbibée d'une eau teintée. A cet effet on peut préparer des petits morceaux de plâtre, sur lesquels on fera des essais que l'on comparera avec la pièce à réparer.

Pour employer le plâtre, on peut encore se servir d'eau dans laquelle on a fait dissoudre de la colle forte ou de la colle de poisson ; l'eau gommée est excellente aussi, à la condition de se procurer du plâtre bien fin et qui ne soit pas éventé.

Le procédé, spécialement recommandé pour des morceaux à refaire sur les plats et les assiettes, peut également être employé pour les vases et pour les anses (fig. 4) ; il faut seulement avoir soin de ne pas forcer afin de ne pas faire éclater le plâtre.

Si l'on a des ornements en relief à modeler, il faut procéder par estampage et une certaine habileté est nécessaire. Avec une cire à modeler molle on appuie doucement, mais partout bien également, sur les parties intactes et l'on jette, dans le moule ainsi obtenu, du plâtre liquide qui, lorsqu'il est pris, se détache facilement de la cire toujours un peu huileuse ; il sera facile ensuite d'appliquer ce motif à la place qu'il doit occuper.

Les morceaux étant ainsi refaits, on enlève l'excédent à la ripe, et on passe au papier de verre, d'abord un peu fort, puis très doux, de façon a obtenir une surface bien unie et sans rayure ; on laisse sécher le plâtre pendant quelques jours, et on refait le décor en le peignant avec des couleurs à l'aquarelle qui conservent, lorsqu'elles sont bien employées, la transparence des couleurs vitrifiées.

C'est alors surtout qu'il faut procéder avec le plus grand soin ; afin de ne pas salir par de faux traits le fond blanc sur lequel on doit peindre. Edouard Garnier conseille de calquer, sur les parties restées intactes, le fragment du motif à reproduire et, après avoir finement piqué le calqué à l'aiguille (fig. 5, page 302), de le poncer à l'aide d'un petit tampon de toile dans lequel on aura mis du fusain en poudre en tapotant très légèrement le tampon sur le papier piqué, le dessin se reproduit avec assez de netteté pour que l'on puisse peindre facilement (fig. 6, page 302) ; on peut au besoin repasser le trait au crayon à la condition toutefois de ne pas prendre un crayon dur qui rayerait le plâtre.

Dans les faïences de Rouen à décor bleu, surtout dans celles de *style rayonnant* (fig. 6 et 7, page 302), les motifs, quoique d'apparence compliquée, sont des plus simples lorsqu'on les décompose ; on arrivera donc à une plus grande précision, et le raccord sera fait plus facilement si on se borne à calquer la moitié seulement du motif, que l'on reportera ensuite en retournant le papier après l'avoir essuyé du côté où l'on a déjà poncé.

Avant de peindre, il sera bon d'essayer, sur de petits fragments de plâtre préparés à cet effet, le ton que l'on doit employer ; on pourra alors le modifier de façon à ne s'en servir que lorsqu'il sera tout à fait semblable à celui de l'original.

En terminant, Edouard Garnier recommande de conserver, aux parties repeintes, la liberté d'exécution et même les petites imperfections que l'on remarque dans la céramique ancienne. Il ne restera plus qu'à passer, sur les parties refaites, un peu de vernis blanc afin de rendre le plâtre brillant.

Pour la pagination, consulter les Sommaires imprimés sur papier teinté.

M. ÉDOUARD ROUVEYRE, Rue de la Tour, 102, Paris, XVIᵉ prie les amateurs et les antiquaires qui auraient des documents intéressants, concernant les œuvres et les objets d'art, de vouloir bien lui en donner communication.

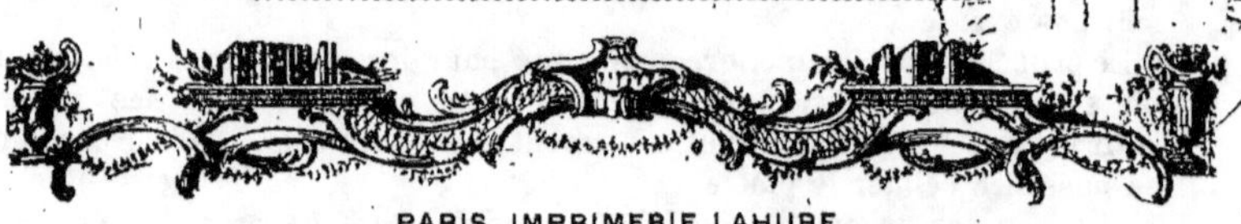

PARIS, IMPRIMERIE LAHURE

LES ŒUVRES ET LES OBJETS D'ART
PRÉSENTENT UN INTÉRÊT CONSIDÉRABLE
POUR LES SOURCES DU GÉNIE DE TOUS LES PEUPLES
L'UNIVERSELLE RÉPUTATION DU GOUT FRANÇAIS
ET
LA PRATIQUE DES ARTS INDUSTRIELS ET DÉCORATIFS

Au point de vue historique, rien de ce qui concerne le genre humain ne doit être indifférent. Des rapprochements inattendus peuvent sortir de faits ou de détails en apparence les plus insignifiants. — Avec un simple cartouche, mentionnant le nom de Ptolémée II. dit Philadelphe (*Ami de ses frères*, par antiphrase) (304 ✝ 247 av. J.-C.), roi d'Égypte, célèbre par la protection qu'il accorda aux arts et aux métiers, Jean-François Champollion, dit le Jeune (1790 ✝ 1832), parvint à déchiffrer les hiéroglyphes que nous voyons sur des édifices égyptiens, et qui paraissaient devoir être autant de signes à jamais mystérieux.

L'Humanité perd souvent ses titres, elle les retrouve quelquefois ; ne les ayant pas retrouvés elle s'en crée d'imaginaires : c'est ce qui est arrivé à plusieurs reprises pour l'industrie, aussi bien que pour l'art et même pour la science.

La filiation ayant été perdue de vue, ce qui est pris pour de la nouveauté est souvent du vieux-neuf.

Pendant la première moitié du dix-neuvième siècle il était de bon ton de médire des collectionneurs, de les ridiculiser ; on est, depuis, revenu à de meilleurs sentiments sur leur compte.

« Il y a, écrivait Charles Nodier (1780 ✝ 1844), dans toutes les civilisations qui marchent et particulièrement en France, un penchant déterminé pour le nouveau, une répugnance invincible pour l'ancien, parce qu'on ne s'avise pas que c'est avec l'ancien qu'on fait du nouveau, et que les sociétés modernes sont incapables d'en faire autrement. »

En considérant la liaison intime existant entre l'art et l'industrie, surtout avec cette partie de l'industrie qui ne fait qu'étendre, même aux objets d'usage domestique, le sentiment du beau et de l'élégance, on admettra que les œuvres et les objets d'art, d'une époque antérieure à la nôtre, puissent former soit un Musée, soit une Collection d'un très réel intérêt.

Les Trésors de Paris, conservés au Musée du Louvre, au Musée des Thermes et de l'Hôtel de Cluny, au Petit Palais et au Musée

Carnavalet, aux Archives nationales, aux Départements des Médailles et Antiques, Estampes, Manuscrits et Imprimés de la Bibliothèque Nationale, dans les Bibliothèques dites de l'Arsenal, la Mazarine, Sainte Geneviève, ou composant des Musées portant le nom de leurs généreux donateurs, forment la part la plus féconde du patrimoine d'amateurs qui ont rendu d'inappréciables services à l'Histoire en sauvant, de la destruction ou de l'oubli, des œuvres précieuses, des objets rares et des pièces originales, uniques pour le plus grand nombre : œuvres, objets et pièces présentant un intérêt considérable pour les sources du génie de tous les peuples, l'universelle réputation du goût français et la pratique des arts dits industriels et décoratifs.

Ces connaisseurs étaient, de même que ceux de notre époque, des prévoyants collectionnant parce qu'il leur plaisait de rechercher, avec passion et guidés par le sentiment du beau, les œuvres et les objets d'art que nos ancêtres nous ont légués.

L'analyse et la compréhension de tout ce qui est du domaine de ces œuvres et de ces objets, échappés à la triple action dissolvante du temps, du vandalisme et des invasions, seront un délassement intellectuel pour les amateurs et les antiquaires qui, soit pour se récréer l'esprit, soit par profession, désirent ne pas rester étrangers aux enseignements que doit leur en procurer l'étude.

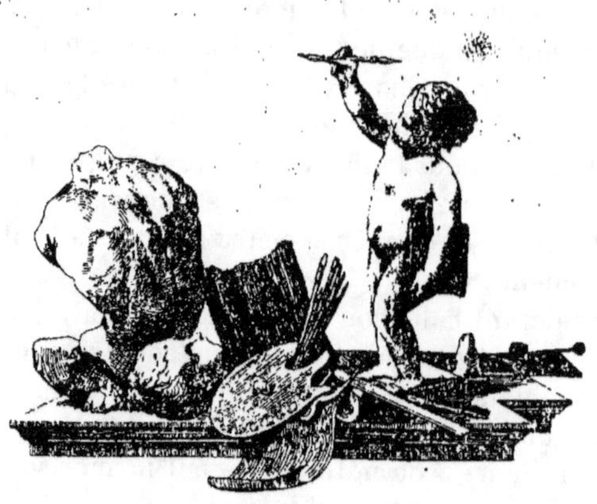